정치사상과 한국민족주의

정치사상과 한국 민족주의

이용희

동주 이용희 전집 *2*

연암서가

서문 1
《정치와 정치사상》(1958)

정치사상의 핵심은 '사람에 의한 사람의 지배'라고 쉽게 부를 수 있을런지 모른다. 그러나 지배의 행위는 직선적이 아니고 또 솔직하지도 않아서 행위의 틀로서 생각되는 제도나 기구조차도 의태擬態와 분식粉飾에 가득 차 있다. 또 지배는 깊숙이 사람의 퍼스낼리티에까지 미쳐 있어서 피지배자는 대개 물리적 압력은 고사하고 심리적으로도 권위감에 압도되어서 감히 지배의 성격을 따지려 들지 못한다.

심지어 학문으로 있다는 정치학까지도 지배와 통치의 의태를 합리화하는 수가 허다하였다. 내게는 이러한 현상이 못마땅하다. 정치가 끝끝내 사람의 원시감정과 신화의식을 북돋고 그리고 물리적인 힘을 겸용하여 사회생활의 일면을 판박아 놓는 것이라면 정치는 '악마의 술術'이라는 옛말을 아니라고 할 수 없을 듯하다. 정치에 대한 학문은 이러한 정치의 현실 속에 숨겨있는 악마적인 요소, 곧 사회집단이 지니고 있는 원시감정적인 착란을 찍어내고 긁어내서 한 발이라도 지배와 피지배가 진정으로 일치하는 경지에 이르는데 이바지하는 것이어야 될 줄 안다.

그러나 여기에 모인 글월은 이 점에서 보면 하잘 것 없는 구고舊

稿, 계륵을 추린 데 불과하다. 만일 이기원李基遠, 김홍철金洪喆 양 학사가 모아서 출간할 궁리를 하지 않아 주었던들 아마 잊어버리고 말 뻔 하였던 것인지 모른다. 그리고 보면 이 책은 이 두 학사님의 것이라고 하여도 과언이 아니리라. 끝으로 출판을 맡아주신 일조각 주인 한만년韓萬年 씨에게 감사의 뜻을 표하는 바이다.

동주학인東洲學人

서문 2
《한국민족주의》(1977)

한국민족주의는 경험으로 느끼기는 쉬워도 글로 따지고 이론하기에는 적이 까다로운 문제 같다. 이 책에 실은 글들은 내 지난날 학자생활의 입장에서 이 문제를 가지고 때에 따라 적고 쓴 것을 모아놓은 것이다. 개중에는 내 기억에서 일시 사라졌던 것도 있고, 또 내 생활에 파동을 일으켰던 것도 있으며, 이 문제를 정면으로 다룬 것도 있고 〈사대주의〉와 같이 민족주의와 대척되는 국제정치의 틀을 들어 간접적으로 민족주의의 바탕을 따진 것도 있다. 〈현대민족주의〉는 《신동아》 20주년 기념행사를 위하여 지었던 것인데, 여러 가지 사정으로 그 이듬해에 발표된 것이고, 〈한국민족주의의 제문제〉, 〈한국근대화의 기본문제〉 등은 한국국제정치학회 학술대회에 제출한 기조논문이로되, 나머지는 대개 신문, 잡지의 요청에 따라 졸지에 토로한 대담 거리들이다. 그 중 〈정치의 앞날을 위하여〉[전집 4권 수록] 따위는 지면 관계인지 신문사에서 적당히 가위질을 하여 지금 읽으면 앞뒤가 약간 어긋나는 곳이 있고, 그리고 〈한국의 근대화와 민족주의〉라는 글은 본시 좌담물인데, 내 발언 부분만을 초록한 탓에 전체의 문맥을 몰라서 읽는 이가 혹은 어리둥절할지 모르겠다. 그러나 저러나 이 구문舊文들을 일체 고치지 않고 그대로 두기로 한다. 다른 뜻이 있어서가 아니라 손을 대면 끝이 없는 까닭이다.

사실을 말하면, 이렇게 책이 된 것은 내 이순耳順을 기념한다고 옛 동료, 특히 혜사惠史 노재봉 교수가 수고해서 옛글을 모으고 차례로 엮은 덕택이다. 미안도 하고 고맙기 짝이 없다. 그리고 글 가운데에는 대담에 참가하신 분의 허락이 있어서 여기 수록된 것이 있다. 신일철 교수, 노재봉 교수, 경향신문사 이환의 사장, 그리고 지금은 가서 안 계신 박종홍 박사의 유가족에게 감사드리는 바이다.

끝으로 내 책을 낼 때마다 노고가 많은 서문당 최석로 사장에게 고마움을 표한다.

정사년(丁巳年) 양오월

8

차례

일러두기

- 이 책은《정치와 정치사상》(서울: 일조각, 1958)의 일부 논고와《한국민족주의》(서울: 서문당, 1977)의 일부 논고를 재편집한 것이다.
- 한글 표기를 원칙으로 하되, 필요한 경우 한자를 병기하였다.
- 띄어쓰기, 문장기호 등은 저자의 의도를 해치지 않는 범위 내에서 현대 한글 철자법에 맞게 고쳤다.
- 외래어 고유명사(국가명, 지명, 인명 등)의 한글 표기는 국립국어원의 외래어 표기법에 맞게 수정하였다.
- 동양서의 경우 책명, 신문명, 잡지명은 겹화살괄호《 》로 표시하였고, 논문이나 기사의 경우 홑화살괄호〈 〉를 사용하였다. 서양서의 경우 일반적인 방식을 따랐다.
- 당시 관용적으로 사용한 고유명사를 현재 표기 방식으로 바꾼 경우도 있다.

제1부

정치사상

고대
신화적 지배의 세계
(1957)

1. 정치사상사란 무엇을 다루려는 것이냐?

예로부터 사람이 모여 사는 곳에는 반드시 정치라는 사람이 사람
을 지배하는 현상이 있었다. 그리고 지배에는 반드시 권력이라는
수단, 곧 병력, 경찰력 같은 물리적 강제력의 조직과 또 지배가 정
당하다는 의식을 가져오는 권위를 독점적으로 써왔다. 그렇다면 정
치라는 현상을 올바로 알려 할진댄 불가불 강제력의 성격과 더불
어 사람으로 하여금 마땅히 복종하여야 된다고 생각하게 하는 집
단적 권위관념의 내용과 성격을 살펴보아야 할 것이다. 어느 시대
에 있어서나 사람은 그 당시의 정치권위, 따라서 정치양식에 따르
거나 그렇지 않으면 항거하거나 둘 중의 하나였다. 만일에 대부분
이 따른다면 그 시대의 정치양식은 안정되어 있다고 할 것이며, 반
대로 대부분이 항거한다면 마침내 새로운 정치가 요망되고 있다
고 판단될 것이다. 정치사상이란 요컨대 이러한 정치적 권위에 대
한 복종과 항거의 관념이며, 또 한 시대의 정치사상이란 그 시대의
사회에 있었던 이러한 관념의 '집단적 표출'이며, 끝으로 정치사상

사란 궁극적으로 이러한 복종과 항거의 관념형태의 역사이다. 그리고 정치사상사는 그것이 시대를 대표하는 '몇몇 지식인의 정제된 사상'의 역사나 정치발달사가 아니라 오히려 시대 시대를 지배하는 사회의 '집단적 표출'로서의 정치관념이라는 점에서 이른바 정치학설사와 구별된다.

그러면 이러한 정치사상사의 객관적 이해는 무엇에 소용이 있을까? 우선 정치현상의 권위적인 모습, 곧 민족, 법의식, '내 나라'같은 권위감의 역사적 구조를 밝힘으로써 정치의 핵심에 육박한다. 또 오늘날 우리가 섬기는 정치양식의 배경을 살피는 데 도움이 된다. 다음 우리가 현대정치에 대해 품고 있는 정당감正當感 혹은 부정당감不正當感의 연유 및 우리 정치관념 속에 습성으로 남아 있는 전통의 의미를 철저히 따질 수 있게 되어 마침내 현재를 고치고 장래에 좋은 정치를 이룩하는 데 큰 구실을 하게 된다는 것이다. 이렇게 보면 정치사상사는 비록 시대사조에 대한 객관적 인식을 소중히는 여기나 그러나 그 연구의 밑바닥에는 현대에 대한 의식이 놓여 있다. 정치사상사는 과거에 있었던 모든 정치사상을 고루고루 다루려는 것이 아니라 어디까지나 오늘을 오늘로서 있게 한 바 세계사적 조류에 이바지하였던 정치사상을 다루려는 것이다. 언제나 과거는 현재 속에 있고 또 미래는 현재 안에 싹튼다.

2. 신화적 지배의 세계: 고제국古帝國의 신전神殿정치

까마득한 선사시대나 역사시대의 처음에 있어서 과연 사람이 어떠한 정치관념을 가지고 있었는지 지금 알 길이 없다. 어떤 사람은 오늘날 우리가 볼 수 있는 이른바 원시민족의 정치관념을 살펴가지고 이것으로 까마득한 옛날을 미루어 알려고 드는데, 이것은 대단히 위험한 방법이므로 나는 취하지 않는다. 다음, 지금으로부터 약 5000년 전부터 1700~1800년 전까지에 활약한 옛 왕국 특히 이집트, 수메르, 아카드, 바빌론, 아시리아, 히타이트, 히브라이 등의 나라 및 은殷, 주周의 중국과 고대 인도에 대하여는 그 정치사상의 몇 가지 모습을 대강이나마 짐작할 수 있다.

그 짐작의 자료되는 것은 무엇이냐 하면 주로 출토문헌 곧 금석金石, 토판土版, 파피루스 등에 보이는 연대기, 설화, 법률문, 기공문紀功文, 점복문占卜文, 기타 잡문과, 한편 순사시체殉死屍體, 신전유적 같은 고고학적 발굴물인데, 이제까지의 형편으로 보면 그 유문遺文, 유적이 비록 당시의 관념을 직접적으로 표시하기는 하지만, 하도 조각이 되어서 정치관념의 커다란 모습을 헤아리는 데 힘이 든다. 이러한 자료상의 미비를 메우는 방법이 몇 가지 있는데 그 중에 가장 중요한 것은 당시의 신화와 신화에 나오는 여러 신의 성격 속에 그 당시의 정치관념의 투영을 보자는 것이다.

왜냐? 상고의 여러 나라에 있어서 보면 사람의 정신생활은 물론 사회의 중요한 제도도 거의 다 신과의 관계에서 이해되었다. 아니 상고인의 삶은 신에의 전적인 귀의가 그 특징이었다. 종교는 곧 정치, 사회, 경제, 도덕, 예술의 모든 문제를 포함하고 있었다. 그러므로 종교와 그 설화화된 형태로서의 신화를 뒤집어 보면 거기에는 당시의 사상이 엿보이게 된다. 이러한 방식과 자료로써 오늘날까지 연구된 바를 간추려 보면 대략 다음과 같다.

(1) 권력이 모아지는 터(場所)

상고시대의 신정神政은 본시 도읍의 조성과 서로 떨어질 수 없는 관계에 있는데, 이 경우에 도읍은 신(주로 씨족신)을 모시는 신전이 있는 곳이며 또 신전에서 예배하고 신의 일을 건사하기 위하여 도읍이 있다고 이해되었다. 신전에는 대개 곡창이 붙어 있어서 공공으로 쓰이는 양곡을 두었다. 신전이야말로 정치권력의 소굴이요 경제지배의 본거였다. 고전古傳에 의하면 천지 동물을 다스리는 신은 또한 반드시 사람에게 그 거처 곧 신전을 요구하였다. 은대殷代의 갑골문에는 제帝(신神)이 읍邑을 만들고 또 읍에 내려온다고 적힌 것이 있다. 수메르, 고古바빌론, 이집트의 신화에는 왕과 국민의 첫째 일로서 신전 건립이 써져 있다. 심지어 임금 스스로가 흙을 머리에 이고 신전 짓는 데 앞장서서 신의 뜻을 받들었다고 전하여진다(약 4900년 전 라가시 왕조 때로 인정되는 우르니나 왕족상王族像에 보이는 설화). 이점에서 흥미 있는 것은 유목의 부족이 정착하게 되면 곧 신전 건립에 착수하고 또 동시에 사제직을 중심한 신정에 들어가는 것이었다.

가령 수메르 신화에 보면 유목민 아모리족은 씨족신의 신전을 니네브에 세웠는데 그것이 바로 그 족속의 정착과 신정神政정치를 의미하였으며, 우가릿 신화에 나오는 바알신의 신전 조성도 같은 내용이었다. 구약 열왕기에 의하면 솔로몬 왕은 주主의 신전을 세웠다 하는데 이것은 곧 방황하던 이스라엘 민족의 정주와 사제직의 안정을 의미한 신정의 완성을 가리킨다고 해석된다. 이러한 설화는 따져보면 신정적인 왕제王制가 부족의 정주와 신전 건립으로 더불어 일어난다는 재미있는 암시를 주는 것이다. 이렇듯이 신전과 그 신전이 있는 곳으로서의 도읍은 고대 신정사상의 핵심을 이루는데, 이것은 바로 고대적인 정치권력의 집결을 정당화하는 것이었다.

따라서 이러한 신전, 도읍 사이의 세력 다툼은 우선 신들 사이의 갈등으로 나타나고, 도읍 사이의 병합과 그로 인한 지역왕조의 성립은 신들 사이의 형제, 자매, 부자, 주종 등 관계로 표시되고, 한 왕조 안에 있어서의 주도적인 도읍세력(곧 왕권이 나온 도읍세력)은 그 도읍신의 우위로서 정당화되는 것이 예였다. 신화로 보면 고대 신들 사이에는 위계가 자못 정연한 듯하지만, 또한 자주 위계의 혼란과 변동을 보게 되는데, 그것은 다름 아닌 이러한 도읍 사이의 세력관계의 이동에 유래하는 것이었다. 보기를 하나 들면, 고古이집트에 있어서 멤피스에 서울을 둔 제1왕조 때는 그 도읍의 신인 프타가 여러 신중의 주신主神이 되었고 또 테베에서 일어난 제11왕조 때는 테베의 아몬신이 온 나라의 제1신으로 행세하였다. 말하자면 권력에는 이러한 터(도읍, 도성)가 중요하였으며, 그 터의 신의 우위는 곧 정치권력의 정통을 말하는 것이었다.

(2) 권력의 좌座(왕, 신관, 신료)

신정시대에 있어서는 신의 존재는 거의 절대적인 것이었다. 그러므로 옛날에 왕권이 정당시되려면 불가불 신과 관련시킬 수밖에 없었다. 가령 고 이집트왕조에 있어서 임금은 차라리 신으로 군림하였다. 사람은 임금을 '선신善神님'이라 부르고 그 궁전을 신전으로 여겼다.

다음, 왕은 신의 아들이라는 사상도 있었다. 아니 조선신祖先神 숭배의 고대국가에서는 이것이 아주 흔한 현상이었다. 갑골문에 보면

은인殷人은 신을 '제'帝라고도 하였는데, '제'로는 '상제'上帝같은 우주 신宇宙神, 또 '방제'方帝같은 방신方神 밖에 조선祖先을 들었다. 그리고 제신帝神의 구실로 알려진 풍우風雨를 조선에게 빈 일이 많다. 이로 보아 은왕殷王의 조선은 신으로 섬김을 받고 따라서 왕은 신의 아들 이 아닐 수 없다. 서주西周에 이르러서는 '천'天이라는 우주신의 관념 이 발달하고 마침내 왕은 천자天子로 행세하게 되었다. 이와는 약간 다른 것으로 신과 인녀人女가 서로 상관하였거나 또는 이적異蹟에 의 하여 임금이 세상에 나왔다는 식의 왕권사상이 있다. 거의 모든 옛 나라의 개국설화에 나타나는 테마인데, 이런 설화가 정치적으로 거 두는 구실은 대개가 찬탈, 방계승계傍系繼承, 천민 집권, 신국가 형성, 혁명 등을 통하여 이루어진 신세력의 정당화였다.

　이 점에서 보면 중국의 유명한 역성 혁명의 사상도 필경 이러 한 천명관天命觀에 의한 정통화에 불과하다. 또 다음으로는 왕은 신 의 대리라는 사상이 있었다. 대리사상은 본시 누구보다도 신의 뜻 을 직접 받들 수 있는 제사장직에서 발단하여 마침내 왕권에 이른 것 같다. 말하자면 원시 씨족에 있어서 장로長老에 의한 족장 선출의 제制가 무너지고 신의神意를 몸소 받드는, 가령 주主와 서로 문답하고 또 면접할 수 있는 모세와 같은(구약성서 출애굽기 30장), 지도자가 나 오고, 이로부터 대리적인 왕권이 발달하는 것 같다. 이 까닭에 신정 왕제神政王制의 초기에 보면 보통 왕은 또한 사제장을 겸하고 있다.

　수메르, 아카드, 고 바빌론의 유사遺史를 살피면 신들을 섬기는 엔, 파테시, 이삭크(모두 제사장, 신관장神官長의 뜻)는 동시에 나라의 루 갈이며 샤르(모두 왕의 뜻)였다. 가령 수메르의 엔 테메나 왕이 신전 창고를 지은 기록에 보면 라가시 나라의 왕인 우르니나의 손자이며 라가시 나라의 파테시(제사장)인 엔 안나툼의 아들인 라가시의 파테시 엔 테메나라고 적혀 있다. 곧 왕은 제사장이요 또 제사장은 바로 왕이었다. 그러므로 한 나라가 다른 나라를 때려 이겼을 때도 이긴 나라의 임금은 진 나라의 신전에 이르러 그 진 나라 신의 파테시(제사장) 노릇을 하고 제물을 바치었다.

요컨대 다른 나라의 파테시 노릇을 겸함으로써 다른 족속의 새로운 통치자로 정당시되었다. 다만 종교적인 반목을 투쟁 목적으로 내세운 때는 신전은 파괴되고 진 나라의 신은 마귀, 괴물로서 신화화되었거니와 이 밖에는 비록 진 나라의 신이라 할지라도 모욕을 가하면 신벌神罰이 내린다고 믿었다. 그러던 것이 도읍국가로부터 지역국가로 변하는 무렵부터 왕권은 신이 내린 대권으로서 제사장위보다 위에 서는 것으로 나타난다. 신의를 거역하지 않는 한 왕권에 복종하는 것이 신을 섬기는 도리로 이해되었다. 그리고 이에 따라 제사장은 부왕副王이나 재상같은 자리가 되었으니, 가령 앞서 든 파테시나 이샥크의 후기의 용례나 또 은대殷代 명신名臣의 이름에서 엿볼 수 있는 보保, 윤尹, 무巫, 함咸의 고제직古祭職(진몽가陳夢家 등의 설)이 그 예에 해당할 것이다. 하기는 때는 다르나 신라 고사古史에 이른 제2대왕 남해차차웅南解次次雄의 차차웅이 무명巫名이라는 김대문의 해解라든지 또 왕위에 오르기 전에 있었던 대보大輔라는 석탈해의 벼슬도 아마 이러한 따위의 고제古制를 말하는 것일지도 모른다.

한편 신정시대에는 처음에 제사를 받드는 신관이 동시에 행정을 맡아 보는 관료였던 경우가 보통이다. 고대 동방국가의 유문遺文에는 제직祭職의 신관이 징세, 재판 같은 행정, 사법에 관계한 기록이 자주 보이거니와 정복한 나라를 다스리도록 신관을 파견하는 일도

보인다. 그러나 고대국가의 팽창에 따라 이러한 씨족사회적 잔재가
농후한 행정은 사라져 가고 이에 대신하여 세속적 관료와 군관軍官
이 들어서는데, 그 까닭은 정복 행위를 통하여 확대되고 또 이에 따
라 커가는 왕권의 현실적인 요구가 있는 탓이었다. 다시 말하면 정
복에 따르는 재정 팽창은 대량의 노예경제를 가져 오고 또 병력 동
원의 확대는 다른 종족 또는 노예의 군대 편입과 왕에게만 신사臣事
하는 군관, 신료의 존재를 필요로 하게 하였다. 고古왕국이 커나가
는 과정을 보면 대개가 변방의 이부족의 장을 신료, 군장軍將으로 삼
아 부리는 예를 흔히 본다. 가령 은대의 금문 및 갑골문에 보이는
후候, 백伯 가운데 이족의 장이 많이 끼어 있는 것은 아마 이러한 따
위일 것이다.

결국 권력의 물리적인 강제력의 면과 세속적인 행정력은 주권으
로 발달하고 한편 통치가 정당하다고 인정받는 권위적인 면은 왕
위신수王位神授 사상으로 남았다고 볼 수 있다. 이러한 왕권의 정당화
를 담당한 옛날의 인텔리겐치아야말로 바로 신관 계급으로써, 그들
은 이에 이르러 씨족신의 제사를 담당하여 씨족 전체의 단결에 이
바지하던 본분을 저버리고 점차로 전제화하여 가는 주권의 신화적
정당화를 위하여 어용적으로 봉임奉任하게 되었다.

(3) 권력 아래에 있는 무리

무릇 옛날 씨족사회에 있어서는 임금의 권력이란 대단히 약하였던
것 같다. 보기 하나를 그리스에서 들면, 리쿠르고스 때의 스파르타
만 하더라도 두 명의 왕은 다만 원로회의 멤버로서 권한 밖에 별로
큰 것이 없으며 진정한 권한은 국민에게 있다고 플루타르코스는

전하는데, 크세노폰이 적은 에포르스(감독)라는 관官의 위계가 왕에 진배없다는 기록과 아울러 생각하면 과연 그럴 성싶다. 그런데 이 경우에 왕권이 미약한 것은 씨족사회의 동질적이며 공동체적 구조가 비교적 순수하게 남은 탓이며, 또 국민이라는 것은 다른 겨레인 페리오이코이나 노예 같은 존재를 물론 포함하지 않는 그야말로 좁은 뜻의 국민이었다. 그러나 한번 정복 등을 통하여 지역국가로 변하고 많은 다른 족속을 포함하게 되면 영락없이 씨족의 공동체 구조는 깨지고 전제적인 왕권이 머리를 들었다. 말하자면 전제적 왕권은 허물어져 가는 씨족공동체 위에 이족과 노예의 지배를 거름으로 하여 맺어진 열매였다.

고대의 전제적 왕권은 보기에 따라서는 씨족사회의 틀을 넘어서 확대하여 가는 정치사회의 통합제統合濟 같은 점도 있다. 이렇게 보면 동방제국의 전제군주가 왜 다른 나라의 파테시(제사장)로 자처하였는가 하는 것도 이해되고, 또 고대 동방제국이 그리스의 폴리스(도성국가, 도시국가)보다 왜 노예에 대하여 관대하였는가도 깨닫게 된다. 이 점은 그리스의 폴리스가 비록 같은 겨레로 인정된 국민 안에서는 민주제의 형식까지도 발달시켰으나 끝내 외족과 노예에 대하여 가혹하였던 사실과 부합한다. 뿐만 아니라 약 4000년 전에 제정된 함무라비 법전에 나타나는 빈자보호책이라든가 또 그보다 150년이나 앞서 나온 리피트 이슈타르왕 법전 속에 노예의 속신해방贖身解放의 대목이 있는 따위도 이러한 이유와 연관이 있다고 하겠다.

그런데 옛 나라에 신정정치가 오래 유지되었던 까닭의 하나는 바로 모든 사람이 참으로 신의 다스림을 믿었던 탓이다. 백성이 신

정을 믿지 않는다면 하필 신을 빌어서 정치를 정당화할 리가 있으
랴! 이집트, 메소포타미아 등의 옛 유적을 발굴한 보고를 참고하면
일반 백성들의 집터에서 무수한 신상神像들이 발견된다고 한다. 이
것은 자기만이 집에 모실 수 있는 자그마한 신상들로, 백성들이 그
얼마나 숭신崇神사상에 젖어 있었나를 알 수 있거니와 심지어 피정
복민조차도 정복민족 틈에서 자기네의 제신을 꾸준히 섬기었다. 가
령 《좌전》에 보면 주족周族에게 망한 은殷나라의 유족遺族은 여전히
자기네의 사당을 가졌다고 하거니와, 더 유명한 보기는 유랑의 유
태민족이 꾸준히 자기의 신을 섬겨 온 것이라 하겠다. 이러한 옛 사
람의 숭신사상을 위로부터 지도하여 왕권에 귀의하게 하는 것이
신관의 중대한 구실이며 이런 의미에서 고대의 신학은 발달하였다.

　이러한 신관과 왕을 중심한 지배계급이 현실적인 불평등을 신의
神意에 돌려 의식적으로 유포하고 나중에는 제도로서 마련한 것에
계급, 신분 사상이 있다. 사상으로서의 계급, 신분은 본시 지배층이
지배독점의 수단으로 옛날에 활용하였는데, 그 까닭은 신분은 선천
적인 것이며 신의 뜻이라는 점에 있었다. 따라서 시대의 신분사상
과 역사적 사실과는 서로 맞지 않는 수가 많았다. 가령 유명한 인도
의 카스트(사성四姓구별 신분계급)사상으로 말하자면 브라만교의 고문
헌에 이미 보이는 바거니와 한편 마우리아 왕조 초의 기록인 메가
스테네스의 《인도기》印度記나 초기 불전 그리고 카우틸리아의 《실리
론》實利論 등에 나오는 사실과는 아주 딴판이었다. 사성제四姓制가 이
룩된 것은 이러한 정치적 사상이 침투한 후대의 일이었다. 무릇 옛
나라의 초기는 귀인(왕족, 귀족), 서민, 노예로 구별하여 생각하는데,
귀인은 대개가 원原씨족의 명문의 후예거나 개국 공신의 자손으로

보통 그 집안은 영웅 설화로서 분식되어 있었다.

노예는 원래 피정복민이었던 것 같다. 수메르, 고 바빌론의 이른 바 '이르'(노예)는 원의原意가 산사람 곧 북방 산악의 피정복민이라는 뜻이었고, 고대 인도의 노예인 '다사'라는 말도 또한 아리안족에게 정복된 선주민의 이름에서 나왔고 중국 갑골문에 자주 보이는 '부'俘, '해'奚라는 노예도 싸움에 지고 잡혀온 사람들의 형상이었다. 그러던 것이 정복과 교역에 의하여 국부가 늘어가고 이에 따라 농, 공, 병의 확대에 방대한 노동력과 병원兵員이 필요하게 되자 빈부의 차와 대립의 문제가 사회사상을 지배하고 나아가서는 정치적 압력으로 등장하였다. 뿐만 아니라 자유민의 노예 전락이 갑자기 늘어, 과거 씨족사회의 유풍은 간 곳 없게 되었다. 이집트 고문학에 자주 보이는 농부의 설움, 앞서 든 함무라비 법전 등에 보이는 사회 조정, 그리고 고대정치사에 빈번히 나오는 빈부 양파의 싸움은 모두 이러한 사회상을 반영하는 것이었다.

3. 힘과 정의(고전시대)

기원전 8세기경으로부터 기원전 4세기쯤에 이르는 동안 동쪽은 중국으로부터 서쪽은 그리스에 이르는 고대문명의 여러 권역은 이상스럽게도 대강 비슷한 전란과 쟁패의 어수선한 국제관계로 들어간다. 이 시기는 가령 중국문명권으로 말하자면 이른바 춘추전국 시대에 해당하고, 인도는 16국 병립 시대로부터 마우리아 왕조의 성립을 겪었으며, 또 오리엔트(동방 곧 근동, 중동)와 그리스에 있어서는 동방제국의 몰락과 그리스 도시국가 사이의 쟁패전 그리고 마침내 알렉산드로스 대왕의 세계제국 건설이 이룩되는 동안이다. 그런데 이 동안의 정치사상은 거의 모든 문명권을 통하여 몇 가지의 특색을 지니고 있었다. 하나는 무엇인가 하면 문명권 의식의 탄생이요, 둘은 권력과 정의라는 두 개념으로 요약할 수 있는 현실정치와 이상정치 사이의 괴리였다. 말하자면 하나는 국제의식의 문제요, 또 하나는 정치윤리에의 관심이라고도 할 수 있다.

(1) 나라를 초월하는 '우리' 의식

이 시대를 통하여 주목되는 것은 일종의 국제 문화의식의 성립인데, 이것이 한 개의 정치관념으로서 현실정치에 작용하게 되었다. 우선 중국으로 말하자면 춘추 말기로부터 '천하'라는 동류사상이 퍼져 나오는데, 그 뜻은 "천하 거동궤 서동문 행동륜"天下車同軌書同文行同倫(《예기》 중용편)(문물제도와 인륜도덕이 서로 같다는 뜻)의 글에서 볼 수 있듯이 중국과 이른바 만蠻, 이夷, 융戎, 적狄의 야만인들과 구별한다는 것이었다. 은말殷末 서주西周 때는 '사방'四方, '사국'四國이란 말이 있어서 일견 아득한 상고로부터 문화적인 동류의식이 있었듯이 착오하기 쉬우나, 그러나 '사방', '사국'에는 나중의 천하와는 달라서 이러한 문화의식은 있었던 것 같지 않다. 인도에 있어서는 이 동안은 아리아족이 거의 인도 전역에 세력을 뻗치고 마침내 아리아적 문화, 정치통일을 이룩하는 때로서 가령 《아타르바베다》 같은 후기 베다 문헌을 참고하면, 비록 쿠루족 판찰라족의 군왕의 무용武勇을 전하는 것이 있기는 하나, 그러나 아리아족과는 구별함으로써 피아를 가리고 있다. 또 한편 그리스에서 보면 본시 그리스사람 사이에

헬라스(그리스)라는 통일 관념이 생긴 것은 호메로스 이후의 일이라고 전하는데(《투키디데스》 제1권), 고대 시대에 있어서는 같은 그리스인이라는 생각이 확고하여 이 점에서는 각지의 폴리스(도시국가)를 초월하여 단결하는 도수가 잦았다. 다만 메소포타미아의 고대동방(오리엔트)에 있어서는 과연 한 개의 문화적인 혹은 민족적인 통일의식이 있었느냐는 의문이 아닐 수 없다.

페르시아의 통일제국 시대에 이르러도 기공문紀功文에는 아케메네스 왕조의 조종祖宗과 수호신을 말하고 정복한 나라를 드는 것이 보통으로서(보기하면 다리우스 1세의 비문), 아무런 초국가적 문화통일의식을 찾아보기 어렵다. 그러나 그리스사람인 헤로도토스의 역사를 보면 분명히 아시아(오늘의 중근동과 인도 등)와 유럽(혹은 그리스세계)을 구별하고 또 대립시켜(제4권), 드디어는 페르시아전쟁을 아시아와 유럽의 충돌로 규정하였다. 이것으로 보면 적어도 기원전 5세기의 그리스 사람들 간에는 오리엔트와 그에 인접한 지역의 세력을 하나로 보는 경향이 있었던 모양인데, 이것은 혹은 오리엔트사회에 이러한 지역적 통합관념이 있었던 탓인지도 모르겠다. 그런데 이러한 문명권의 통일의식은 정치사상에 중대한 경향을 가져왔다. 그 하나는 전쟁 지도나 정치적 단결에 이용한 것인데 예를 들면 그리스역사에 유명한 델로스동맹(본시 아테네를 패주覇主로 하여 페르시아에 대항한 동맹)이든지 또 춘추시대에 있어서 만이蠻夷로 자처하던 초국楚國의 북진을 억누르기 위하여 제환공齊桓公, 진문공晉文公 등의 패주 아래 뭉친 중원제후의 협력이 이에 해당할 것이다.

둘째는 이러한 초국가적인 문명권 사상의 결과 그 앞서 내려오던 씨족적이며 국가적이었던 신화적 정치사상이나 또는 여러 정치사회의 차이에서 나오는 지역적인 사상의 차이가 마침내 보편적이며 세계적인 정치사상의 양식으로 바뀐 것이다. 가령 춘추전국 시대의 북파北派의 사상을 대표하는 유교에서 보면 비록 그 목적은 서주 때의 유제遺制라는 것을 다시 진작함으로써 종족주의적인 왕치王治를 이룬다는 것이로되 그들이 내세우는 바 인, 의, 예, 덕, 충효, 천명(공자, 예禮는 특히 순자)이라든가 중용, 성심(자사자子思子)이라든가 또 존심存心, 성선性善(맹자)따위의 사상은 그 내용과 이론에 있어서 각지의 차이와 유풍을 초월하여 '천하' 일반에 통용하는 설로서, 자연히 사람의 이성에 호소하는 형식을 갖추었다. 하기는 선진先秦시대에 있어서는 주周라는 명분상의 왕국이 있고 그 아래 제후가 있어서 마치 일국 내의 군웅할거 같은 설명도 있을 수 있으나, 그러나 정치사의 현실에 서서 보면 춘추전국 시대는 '천하'라는 초국가 관념과 국가 관념이 서로 교착하여 사상에 작용하는 예로서 제자백가의 설도 이러한 '천하'에 보편적으로 타당하는 양식과 내용을 취하였다. 또 가령 그리스에서 보면 소피스트나 플라톤, 아리스토텔레스의 정치사상은 비록 그것이 폴리스(도시국가)라는 독특한 정치 체제를 중심한 사상이기는 하나, 그러나 그리스 안의 수백의 폴리스에 보편적으로 타당한 일반적인 것으로, 따라서 그 내용은 지역적 특수성을 어느 정도 초월하는 면이 있었다. 이렇듯이 이 시대의 사상 중에는 지역적 특수성을 초월할 뿐 아니라 나아가서는 제각기 다른 전통을 지니고 있는 정치전통과 신화를 마찰 없이 종합할 필요상 그 내용이 자연히 추상적이 되고 보편적인 양식을 취하게 된 것이 있으며, 또 이 까닭에 이들 사상이 오늘날에 있어서도 영향을 주는 것이었다.

셋째는 이러한 문명권 의식의 발달에 따라 조국 관념에 상당한 변동이 일어난 점이다. 말하자면 조국 관념이 애매하게 되어 두 나라에 충성하며 두 임금에게 따르는 일이 매우 잦게 되었다. 예를 들면 춘추전국 시대에 있어서는 각국이 경상卿相, 사대부를 두는데 이따금 다른 나라 사람을 썼으며 또 한 사람이 각국을 주유周遊하면서 신사臣事한 일이 허다하다. 그리고 심지어는 외교 교섭 같은 일을 누구에게서나 청부맡는 종횡가縱橫家 같은 따위도 나왔다. 그리스에 있어서도 다른 폴리스에 신사하는 일이 많거니와 심지어는 조국을 배반하여 조국을 치는 불충까지도 나왔으니 알키비아데스나 크세노폰 등이 그 예다.

(2) 힘(제도와 병력과 재력)

상고에 있어서는 신정神政이라는 관념이 정치의 정당성을 저초底礎하는 일로서 상하가 같이 이해하였다. 이 시대에 와서는 이 사실이 무너진다. 무릇 이 시대는 상고의 사회적, 경제적 유제遺制가 깨져 나아가던 때였다. 중국에서 보면 춘추시대에 들어서면 벌써 종족제가 바뀌어 대가족제로 옮기고, 개간, 상여賞與로부터 시작한 토지 사유가 확대하여 마침내 토지겸병에 의한 대지주가 나타나고 한편 교역의 발달에 따라 거상이 활약하게 되며, 군주는 전쟁의 필요상 실력 있는 인물과 재력이 우선 급하였다. 이번에는 그리스사에서 살피면 아테네 같은 데는 상고의 4부족 집주集住의 유제가 빈부의 계급 차이의 발생으로 동요되어 솔론 개혁 때는 재산에 의한 4등급제와 4부족제를 겸용하더니 클레이스테네스 개혁(기원전 508~507년) 때에는 고래의 4부족제조차도 10부족제로 고쳤다. 그러나 아테네의 해상세력이 융성함에 따라 몰려드는 막대한 부가 불평등하게 분배되어 일어나는 빈부의 계급 문제는 끝끝내 정치 문제의 고질이 되었다. 다만 그리스에 있어서는 비교적 씨족사회의 공동체적 유풍을 오래 지킬 수 있는 정체, 곧 다른 종족에게 폐쇄적인 폴리스를 지녔던 탓으로 시민사상이 강하여 마침내 폴리스적 민주정체를 가져보게 되었다.

그런데 이러한 사회, 경제 변동을 배경으로 하는 권력층의 사상은 한 말로 하여 '힘'에의 귀의라고 할 수 있는데, 그 '힘'을 얻는 기술적 방책으로 정치를 생각하였다. 가령 맹자를 비롯한 제자諸子를 참고하면, 제후는 강병과 부국의 방책에만 관심을 품을 뿐으로 인정仁政, 덕치 따위의 정치의 정당화 사상에는 별로 관심이 없는 것으로 적혀 있다. 또 춘추전국 시대 전제田齊[제나라의 전씨], 삼진三晉 같은 역신逆臣이 허다하건만 구태여 찬탈을 정당화하려 들지 않고, 한편 대국의 소국겸병이 그렇게도 잦았건만 예와 달라 이렇다 할 명분을 내세우려 하지 않았다. 말하자면 '힘'이 곧 지배에의 명분으로서 옹색스럽게 정치를 정당화하려 들지 않은 감도 있다. 따라서 제후의 인사정책에도 이것이 반영되어 유능만 하다면 신료로서 그 출신, 귀천을 가리지 않고 또 널리 객사客士를 모아 자문하는 풍이 생겼다. 금력, 부력에 이르러서는 이 시대를 지배하던 새로운 힘으로서, 가령 중국에서 보면 제환공의 명상名相인 관중管仲은 상고商賈 출신이요, 진국晉國의 거상巨商은 제후諸侯, 경대부卿大夫와 같이 왕래하였으며, 정국鄭國의 국군國君은 거상과 맹약을 맺고, 그리고 월越의 상장군上將軍인 범려范蠡는 관을 버리고 상고商賈가 되었다. 또 인도의 원시불교 경전인 《중아함》中阿含을 보면 "비록 노예라 할지라도 보

화, 양곡, 금은이 많다면…왕족, 바라문, 서민은…그의 일을 맡아보
려 들고, 그의 마음에 들도록 행하고 그의 비위에 맞도록 말하리라"
고 하였다. 경제적 실력이 정치실권에까지 미치는 영향이 짐작됨
직하다. 다음, 그리스의 폴리스는 앞서도 들었거니와 그 정치사가
나중에는 빈부의 계급차를 중심으로 전개되었으니 더 말할 여지도
없다.

이번에는 치자가 택한 정치제도에 비치는 사상을 잠깐 살피면,
중국, 오리엔트에 있어서는 전제 군왕제가 의당 있어야 될 정체로
서 간주되었는데 이 점은 앞서도 들었거니와, 이질적 정치사회가
정벌을 통하여 혼합한 제국이나 지역국가에 있어서 이루어지는 정
치사적 과정과 연관이 있을 법하다. 또 인도에서 보면 씨족사회의
유풍이 센 곳에서는 민회(사파 또는 사미티)의 세력이 커서 국왕은
공동체의 행정장行政長 같은 위치였으나 마가다왕국 시대에 들어서
면 전제국왕이 당연한 정체로 인정되었다. 이에 대하여 폴리스에
있어서는 씨족사회의 공동체 의식이 폴리스라는 동질적이며 폐쇄
적 형태에 길게 남아 다른데서 볼 수 없는 특색을 발휘하였으니, 곧
하나는 스파르타식의 씨족공동체적인 귀족정치요, 또 하나는 아테
네에서 경험한 폴리스식 민주정치였는데, 이 두 정체는 비록 체제
는 매우 다른 듯하나 그 뿌리는 같은 데가 있었다. 또 이 공동체적
전통 까닭에 페시스트라토스 같은 참주 아래서도 아테네의 구법과
질서가 그대로 준수되었던 것이었다(《헤로도토스》 제1권).

(3) 직업적인 경세론가와 정의
정치학설사에서 이 시대는 가장 사상가들의 활약이 눈부셨던 때로

알려져 있는데, 이들 사상가들은 대개가 경세의 이론과 술책을 가
지고 군왕을 설복하거나 남을 가르치거나 하여 생활을 유지하여
나아가는 직업적 인텔리겐치아였다. 다만 신정시대의 인텔리겐치
아는 어용적인 신관들임에 반하여, 고전시대의 사상가는 거의 어용
이 아닌 야인으로서, 그러면서도 경세술(혹은 경세론)로써 위정자에
게 접근하려던 야심발발野心勃勃한 패들이었다. 따라서 그들의 설론說
論은 얼마간의 예외를 제한다면 거의 모두 군왕과 위정자를 상대로
한 것이었으며, 또 그들의 사상은 각파의 성격에 따라 치중하는 계
층도 달랐다. 그런지라 모든 사상가가 그 '올바른 정치'라는 정치의
논리성을 내세우는 점에서는 서로 같지만, 그 '옳다'는 개념의 내용
에 들어가서는 천차만별이었다고 할 수 있다.

　중국선진 시대의 제자諸子에 대하여는 전한前漢의 유흠劉歆은 이것
을 9류로 나누고 있는데 여기서 따로 세운 유교를 합하면, 도합 10
류가 성행한 것으로 되어 있다. 이 중에서 정치사상에 깊이 관계되
어 있는 것은 유儒, 도道, 묵墨, 법法, 농農의 5가였다. 이 가운데서 가
장 먼저 나온 유파가 유, 도의 2가로서 대체로 유교는 주나라의 유
제를 받으려는 중원파로서 보통의 북파의 우두머리로 보고, 이에
반하여 도가는 과거의 문물에 구애되지 않는 초楚 땅 같은 남쪽 계
통의 사상을 대표하며, 묵가는 유교에 가까운 계통이로되 송국宋國
같은 은殷의 후예국에서 나온 관계상 유교에 반발하며, 법가와 농
가는 사상으로는 모두 도가의 분파로 인정이 된다. 유교는 공자, 증
자, 자사자子思子, 맹자, 순자 등으로 대표되는데 그 정치사상의 핵심
은 주공周公이 마련하였다는 주周의 고제古制에 돌아가자는 보수주의
로서 그들이 말하는 예는 고법古法, 고제를 포함하는 것이었으며, 이

러한 제도론의 밑받침으로서 인의, 충효 같은 도덕론 그리고 성선, 성악 같은 인성론이 전개되었으니, 요컨대 사대부 계급의 정치이념을 대변하는 것이었다.

맹자는 '중민경군'重民輕君의 민본주의와 '선전자복상형'善戰子服上刑의 반전사상을 주장하였는데, 그것은 기실 전국시대에 많이 통용되던 사상으로서 위정자의 인심 수습의 방책을 말한 것이었다. 이에 대하여 묵가는 주례周禮를 버리고 하례夏禮를 취한다고 하였는데, 그 뜻은 주제周制의 번욕繁縟을 버리고 간략에 따른다는 평민 중심의 절검주의에 있으며, 또 '겸애'兼愛와 '상동'尙同을 논하여 평화주의와 천하일동天下一同의 사상을 내세웠다. 묵자는 또한 원시사회를 십인십의十人十義의 불화한 사회로 보고 천자(왕)는 이러한 불화를 없애기 위하여 민의로써 뽑힌 것으로 보았으며 그 사상은 평민계급의 사상으로서 오늘날에 보면 그 의의가 중요한 바가 있다. 이 유, 묵의 양가는 한비자에 의하면 전국말의 현학顯學으로서 당시의 유행한 사상인 것 같다.

도교는 노자, 장자, 양자楊子 등으로 대표되는데, 한 말로 하여 '무위이치'無爲以治의 자연주의를 내세워 모든 인위적인 제도를 옳지 않다고 보았으며, '상검'尙儉과 전쟁 반대를 주장하였다. 이러한 사상은 구전통, 구제도의 혜택을 입지 못하고 계급관념이 아직 희박한 남쪽 신흥사회의 특색으로서 다만 야野의 정치사상으로 묵가와 더불어 전쟁 반대, 권력 반대의 입장을 취하였다. 맹자를 보면 "양자, 묵자의 말이 천하에 찼다"고 하였으니 이로써 보면 전국시대에 도, 묵의 양가가 크게 성한 것으로 되어 있다. 법가는 신자愼子, 한비자 등으로 대표되는데, 그 사상은 엄형준치嚴刑峻治와 신상필벌信賞必罰로서 국기國紀를 세워 나라를 다스려야 된다는 것으로, 그 밑바닥에는 사람을 공리적인 존재로 보고 '리'理라는 도교의 '도'道에 가까운 원리를 내세우는 것이었다. 이 법가의 법치주의는 일종의 통치술로서 군왕의 용심用心할 바를 말한 것이다. 농가는 도교의 무계급주의를 전개하여 일종의 공산주의를 내세운 바로, 그 방책은 노농勞農에 의한 통치에 있었다. 이상 짧게 풀이한 중에 한 가지 주목할 바는 공자의 '대동'大同, 묵자의 '상동'尙同 같은 천하통일 사상이 유행하던 것으로 당시 민심의 귀추를 가리키는 것이라고 하겠다.

그리스의 직업적인 사상가로는 먼저 이른바 소피스트를 들 수 있다. 소피스트는 본래 일예一藝에 능한 교양인이라는 의미였던 것이, 기원전 5세기 중엽부터 금품을 받고 사람에게 변론, 수학, 통치술을 가르치는 순유巡遊의 교사로 뜻이 변하였다. 그리스의 폴리스와 같이 민회가 발달하고 공직에 모든 시민이 참석할 수 있는 사회에서는 변론과 정치는 떨어질 수 없는 관계에 있었다. 그런데 소피스트는 정치에 관한 객관적인 지식보다도 어찌하면 자기의 주장을 변론으로 합리화하느냐 하는 점에 중점을 둔 관계상 자연 '귀에 걸면 귀걸이 코에 걸면 코걸이' 식의 화술에 치중하게 되고 이 때문에 궤변가라는 별명까지 받게 되었다. 오늘날까지 전하는 소피스트의 유문遺文은 하잘 것 없는 단문이나 편언片言으로써 이것으로 그들의 정치사상을 헤아리기는 어렵거니와, 다만 변론술의 기교적 성격에 의하여 모든 현상을 상대적인 것, 입장에 따리 다른 것으로 보는 경향이 생기고 따라서 모든 것에 회피적인 견지를 취하였던 것같다.

다음 소크라테스라는 유명한 철인이 나온다. 그러나 그의 사상이라는 것은 크세노폰의 약간을 빼놓으면 거의 플라톤의 저술 중에 나오는 것으로 과연 어느 정도로 소크라테스 당자當者의 이론을 전하는 것인지 믿기 어려워 생략하는 것이 좋을 것이다. 그의 제자인 플라톤과 또 플라톤의 제자인 아리스토텔레스는 다 같이 학원을 경영하여 학문 연구에 힘쓴 사람이로되, 플라톤 같은 사람은 디온의 초청을 듣고 시라쿠사에 이상정치를 시험하려던 것을 보면 경세經世의 뜻이 발발勃發하였던 것을 짐작할 수 있다. 플라톤은 피타고라스 수학파의 영향을 입어 변화무쌍한 현상 속에 잠겨 있는 영원의 이치가 있다는 것을 전제하고 모든 이론을 전개시켰다. 그는 천지에 편재하는 '이치'의 '앎'을 '덕'이라고 보고 이러한 덕은 가르칠 수 있는 것으로 이해하였다.

다음 플라톤에 있어서는 정치는 폴리스의 통치기술로 이해되었는데, 그것이 기술인 이상에는 그 기술의 목적과 그 기술에 능한 사람 곧 '이치'를 알고 치술에 능한 철인이 통치함이 가장 이상적이라고 판단하였다. 이러한 철인이 통치하는 국가를 논한 것이 그의 유명한《국가론》인데, 그 중에 당시에 유명하던 공산주의적인 빈부의 타파사상 그리고 스파르타에서 착상한 부녀공유제 등이 있다. 플라톤은 후에 이르러《정치가론》그리고 만년에《법률론》을 지었는데, 거기에 있어서 전날의 이상주의적 색채는 사라지고 현실적인 입장이 두드러졌으며 법의 존중과 혼합정체(민주제, 군왕제의 혼용)를 옳고 좋은 것으로 꼽았다. 그의 제자 아리스토텔레스는 스승의 연역적 방법에 대하여 수많은 폴리스의 현상을 조사하여 귀납적으로 폴리스 정치를 논하였다. 그에 의하면 폴리스는 인간의 사회성의 필연적인 소산이며 나라의 목적은 시민에게 옳고 자급자족(아우타

르케이아)의 생활을 확보하는 데 있다고 하였다.

그리스에서는 정체를 군주제, 귀족제, 민주제로 삼분하는 것이 헤로도토스 이래의 분류법인데, 아리스토텔레스도 이 분류를 채택하되 다시 세분하여 이 세 정체의 타락한 것으로 폭군제, 과두제, 중우제愚民制를 붙였다. 그리고 선왕善王의 통치를 이상으로 보고, 귀족의 선정을 차선, 그리고 현실의 가능한 정치로는 민주제를 택하였다. 또한 노예의 존재는 필요하고 또 자연스러운 일이라고 보았다. 요컨대 플라톤과 아리스토텔레스는 둘 다 폴리스적인 시민사상의 대표자로서, 특히 아리스토텔레스는 후세에 과학적인 정치학의 조종祖宗으로 알려지게 되었다.

이상에서 말한 바와 같이, 이 시대의 직업적 정치사상가들은 거의 모두가 정치의 윤리화를 뜻하여 정의라는 개념에 정치를 연결시켜 이 위에 힘만이 횡행하는 전국시대가 아닌 평화시대를 그리려고 하였다. 그러나 그것을 실현하는 방도로서 내세운 것은 기껏해야 위정자의 선의에 맡기는 것으로, 어디까지나 지배자를 대상으로 하여 경세와 그것의 정당화를 내세우는 것이었다. 그리고 저 사회 밑바닥에 있는 서민, 농노, 노예에 있어서는 여전히 신화적인 구舊 권위관념이 다니었으니 가령 《산해경》이나 《초사》楚辭 천문편天問篇에 보이는 신화적 설화, 인도에서의 자이나, 불교의 유포, 그리고 폴리스의 다신교는 바로 일반 민중의 신앙이며 천지관으로서 권력층은 자연히 이러한 중생의 관념을 이용하고 또 조종하였다.

4. 사라져 가는 여러 신들諸神의 미소: 고대의 몰락

기원전 3세기경으로부터 기원후 4세기쯤에 이르는 동안은 동, 서에 더불어 대변화가 일어나는 때로서 중국, 인도, 지중해 연변의 각 문명권이 모두 한 개의 통일국가로 바뀌게 되었다. 중국은 진시황의 통일로부터 후한을 거쳐 3국으로 나뉘게 된다. 그러나 삼국시대에 있어서도 통일중국의 사상은 미동도 하지 않았으며, 인도도 마우리아 왕조 때 인도 통일이 완성된 이래 다시 분열이 있기는 하였으나 통일인도의 사상은 맥맥이 흘러 드디어 굽타왕조의 통일을 보게 된다. 끝으로 로마는 기원전 2세기에 지중해의 패권을 쥔 이래 계속하여 세계제국으로서 지중해 연변에 군림하였다. 이에 따라 정치사상계에도 커다란 변화가 생겼는데 그 중 가장 큰 것은 세계적인 종교사상이 각 문명권을 뒤덮었다는 것이다.

먼저 중국으로 말하자면 전한前漢 때에 이르러 유교가 국교로서 채택되었고, 인도에는 마우리아 왕조 아쇼카 왕 때에 불교가 공인의 종교가 되었으며, 이른바 헬레니즘 시대에는 스토아, 에피쿠로스의 양자 같은 개인주의적 세계사상이 나오더니, 로마제국시대에 이르는 기원후 4세기에 이르러 기독교가 로마세계의 국교로 등장하게 되었다. 이렇듯이 단일 종교 또는 단일 교파가 각 문명권을 독점한다는 것은 한편으로는 정치적 통일에 따르는 이데올로기의 통합이려니와 또 다른 면으로 보면 고대사회의 몰락을 의미하였다.

무릇 고대국가는 상고의 씨족적인 도읍국가로부터 씨족의 분열이 일어나는 지역국가로 옮기는데, 이때는 대개 신화적인 신정神政 사상이 그 뒤를 밑받치고 있었으며, 씨족구조가 지배층에서 완전히 깨지고 새로운 권력관계에 의하여 이질적인 사회와 족속이 한 개의 나라에 뭉쳐지는 동안은 지배층에는 '힘'의 지배사상이 퍼지고 재야의 사상가들은 새로운 정치의 정당화 이론을 가지고 신흥 군주에게 붙으려고 하였으며, 또 일방 어느 사상가는 일반 평민의 권리를 주장하여 정치윤리의 필요를 강조하였다. 말하자면 고대의 신화적 지배라든가 또 제신諸神숭배는 적어도 지배층과 지배층을 상대로 사상을 파는 인텔리겐치아에게는 실효를 거두기 어렵게 되었다. 이 까닭에 고대시대의 사상가는 추상적인 이론을 전개하여 지배층의 정치 권위감을 만족시키려 하였다.

그러나 무식한 일반 서민에 있어서는 여전히 정치는 신들과 관계가 있으며 속신俗信, 신화, 점복 등 위에의 복종의 습성이 길러져 갔다. 그러던 것이 이 시기에 이르러 본시 야野의 신앙으로 있었던 기독교와 불교가 유일한 국교로서 서민생활에 침투하고, 재야의 사상체계로 있었던 유교가 정치와 손을 잡았다는 것은 마침내 고대적인 제신숭배, 씨족공동체의 유제, 속신俗信에 중대 위협이 아닐 수 없다. 결국 고대는 세계국가의 출현과 이것을 정당화하는 국교의 등장으로 말미암아 바야흐로 사라지고 새로운 역사의 전환이 나타나게 되었다. 피치자의 의식의 변화야말로 새로운 지도적 정치사상이 딛고 서는 발판이었다. 그리고 우리가 주목할 것은 이러한 고대의 몰락이 거의 같은 때에 중국, 인도, 지중해 세계에서 일어났다는 사실이다.

《사상계》 1957년 5월호

중세
신앙의 지배와 빈곤
(1957)

1. 중세적 세계

중세를 대표하는 정치사상은 중국, 이슬람교 및 유럽의 기독교사회 같은 3대 문화권에서 엿볼 수 있다. 먼저 중세라는 시대를 어떻게 자르느냐 하는 문제가 나오는데 사상사의 견지에서 보면 중국문화권에 있어서는 3세기의 위진남북조로부터 수, 당을 거쳐 오대五代에서 그친다고 볼 것이며, 또 이슬람교의 세계에서 보면 7세기의 사라센제국 창설로부터 오스만 투르크 시대에 다다르고, 끝으로 유럽에 있어서는 5세기의 성 아우구스티누스 때로부터 시작하여 12~13세기의 절정기를 거쳐 14세기에 이르러 근대로 바뀐다고 할 수 있다. 이렇듯이 각 문화권의 사상사적 시대구분은 반드시 꼭 같지도 않으며 그 고장 고장의 특수사정을 각각 반영하고 있다. 다만 그 역사적 환경을 개관하면 이러한 사상사적 중세세계를 공통적으로 밑받치는 몇 가지의 특색을 발견할 수 있는데, 그 가운데서 우리가 그냥 덮어두고 갈 수 없는 것에 (1) 민족대이동, (2) 봉건제도, (3) 신앙 혹은 문명의식의 통일을 들 수 있다.

　(1) 사상사가 딛고 서는 중세사의 특징의 하나가 이른바 민족의 대이동인 것은 이미 다 아는 바이다. 곧 중세에 있어서는 동쪽은 막북漠北의 선비, 돌궐 따위의 오랑캐로부터 유럽, 아시아에 걸쳐 활동한 훈과 사라센 민족, 그리고 유럽의 게르만 같은 민족들이 동서로 또 남북으로 이동하고 문명사회에 계속하여 침입하여 오는 탓으로 고대 문명은 하루아침에 뒤흔들리고 또 전통적 정치질서는 하룻밤에 산산이 부서지는 형편이 되었다.

　(2) 이렇듯이 각 문화권에 민족의 군사적 이동이 빈번함에 따라 또한 끊임없이 전화戰禍가 계속되었는데, 이러한 전쟁과 이에 따른 군사적 요청이 각처에 거의 같은 군사, 사회, 경제의 체제를 낳게 하였다. 이른바 봉건제도라는 것이 바로 그것이다. 그런데 이 봉건 제도라는 개념은 본래 유럽 중세사에 나타난 두세 가지의 특징, 예를 들면 농노제 위에 선 자족적인 장원제 또 봉지와 충성의 교환을 통하여 계약적으로 맺어진 주종군신 관계 등을 정형화하려는 역사학적 범주로서 쓰였던 것이다. 그러던 것이 다른 문명사회에 대한 역사적 연구가 진보함에 따라 이러한 특징은 비단 유럽에서만이 아니라 다른 사회에 있어서도 어느 단계에 있어서는 (비록 불완전한 형태로나마) 같은 모습으로 나타난다는 것이 인정됨에 따라 하나의 세계사적 범주로 올라서게 되었다. 지금 이런 의미로서 이 개념을 원용하여 각 문화권을 살펴보건대 군사적 조직 특히 중장갑重裝甲의 기사騎士를 중심한 무력 형성을 계기로 하여 봉지封地를 주고 그 대신 받은 자는 무력 기타로 충성을 다한다는 군신관계는 중세의 어디서나 볼 수가 있었다. 그리고 이러한 군사적인 제후의 군비 조달을 주 원인으로 하여 왕토가 잘게 나누어졌으며 그 밑창의 농지에

개미같이 붙어서 평생을 헤어나가지 못하는 노예적인 농노와 전객 佃客이 있었다.

가령 서·중유럽 일대의 제왕과 영주 사이의 관계가 이러했던 것이 유럽 중세사의 특징이며, 비잔티움 제국의 변경을 지키던 이족의 부장제Foederati나 나중의 봉지제Pronoia가 그랬고, 또 사라센 제국의 후기에 있어서 칼리프(이슬람교 교주)에 대한 술탄(왕)의 관계가 같은 것이며, 그리고 중국사에 나오는 육조 시대의 대성大姓 문벌의 토지겸병과 당 제국의 번진제藩鎭制가 또한 이러한 것이었다. 이렇듯이 이 시대를 통하여 각 지역에 봉건제도의 군사적인 면, 토지겸병의 모습이 나타났는데, 바로 이 아래에 일반대중 특히 농민의 숙명적인 빈곤이 숨겨져 있었다. 이 점은 중세적인 정치사상을 중세적 빈곤과 체념 위에서 이해하는 데 중요하다.

(3) 중세기의 한낱 특징은 봉건제도적인 정치권력의 분산이었다. 그런데 한편 여러 토막으로 나누어진 권력 분산을 보이고 있는 문화권은 또 각각 한 가지 신앙 혹은 한 가지 문명의식에 의하여 뭉쳐 있었다. 그리고 이러한 정신적 통일의 배후에는 그것을 밑받치는 종교적 조직이나 예교의 제도가 있었다. 가령 서로마 제국에서 보면 5세기 전후로부터 야만족의 침입이 연달아 마침내 로마적인 통일세계가 무너지고 정치적 무정부상태가 다가드는데, 이 무렵에 있어서 그래도 로마문명 세계 안의 정신적 통일을 유지케 한 것은 다름 아닌 기독교와 그 전국적인 교회조직이었다. 한편 7세기 이후 중·근동을 중심하여 동으로는 동남아시아 그리고 서쪽으로는 북아프리카와 스페인에 퍼졌던 이슬람교도는 이슬람신앙과 샤리아(성법)에 의하여 통일되어 있었다. 끝으로 동·남·북 아시아에

널리 걸쳐 있는 중국문화권은 비록 민족은 여러 갈래였으나 그러
나 거의 모두 한 가지의 예교 관념 그리고 동문 의식에 의하여 단
하나의 문명세계로 뭉쳐 있었다. 이렇듯이 중세의 문화권은 각각
긴밀히 통합되어 있는 국제사회로서 존재하였는데 이 점이 바로
중세기의 국제정치사상을 결정하는 요인이 되었다.

2. 보편적 신앙이 딛고 서는 정치질서: 중세기의 국제 정치사상

중세의 정치권력은 안으로는 봉건제도와 경제적 빈곤을 밟고 서게
되었으나 밖으로는 문화권의식에 의하여 특이한 양상을 나타내게
되었으며 따라서 그 사상에 있어서도 남다른 점이 있었다. 무엇인
가 하면, 무릇 중세기의 권력 형태는 초국가적인 권위가 동시에 국
가와 정치를 정당화하는 정치권위로서 관념되었다는 것이다. 이런
사실과 생각을 3대 문화권에서 보면,

(1) 이슬람권

역사에서 보면 이슬람권의 제왕권은 9세기에는 이미 압바스(근동)
와 서西우마이야(스페인)의 양조兩朝로 이분되고, 그리고 그 뒤에는
다시 파티마 조(북아프리카 일대)가 일어나시 끼게 뇌고, 다음 11세
기에 이르러서는 가즈니 왕조(아프가니스탄 일대) 등이 새로 등장하
여 우마이야 및 초기 압바스 제국 때에 지니었던 칼리프(이슬람교 교
주)의 정권은 사분오열의 상태에 이르렀다. 그러나 그럼에도 불구

하고 이슬람교도는 이슬람 국제사회를 개별적인 왕국의 상위에 두고, 이러한 국제사회를 교조 무함마드 시대의 움마(신앙공동체)의 확대로 여기고, 나아가서는 이슬람의 제국을 다르 알 이슬람(이슬람의 땅)이라고 일컬었다. 그 까닭은 무엇이냐 하면 대저 이슬람 세계에 있어서는 사람의 삶은 곧 알라를 진실히 섬기는 데 있으며(이바다), 이 이바다를 하게끔 하는 것이 바로 나라정치의 제1목적이라 간주되었다. 바꿔 말하면 정치는 오직 이슬람 교리를 따름으로써 정당시되었다.

따라서 이슬람교는 그대로 정당한 정치를 밑받치는 정치권위이고 또 그 자체가 초민족적이며 초지역적인 종교인지라 자연히 국가를 초월한 국제적인 정치권위가 아니 될 수 없다. 이리하여 정치는 빠짐없이 초국가적인 국제권위에 의하여 정당화되고, 나라는 그 정체나 그 법제가 모두 이슬람교의 성법(샤리아)으로 규율되었다. 이렇듯이 이슬람세계에 있어서의 나라는, 나라 위에 다시 권위를 인정치 않는 근대국가와 달라서 이슬람 국제사회 내에 유기적으로 담겨 있으며 빠질 수 없는 가족적인 일원으로 인정되었다. 비록 정권의 분열에 따라 여러 나라가 같이 있을 때라 하여도 그 사이의 관계는 같은 형제라고 여겨지고 나라 관념을 넘어서 이슬람교도로서 뭉쳐야 된다고 믿어졌다. 그리하여 이슬람교 교주로서의 칼리프의 위位조차 교권 분열에 따라 2분 혹은 3분되었을 때도 이맘(진정한 이슬람교지도자라는 뜻) 사상이 온 이슬람권을 덮어서 사해동포를 하나로 거느리는 정교일치의 지도자를 희구하였으며 또 그럼으로써 이슬람권 전체가 나라를 초월하여 뭉치어 지하드(이교도를 정복하고 이슬람화하는 성전의 뜻)로 나아갔던 것이다.

(2) 기독교권

4세기 말 이후 서로마의 세계는 몰락하여 가는데, 5세기 초만 하더라도 기독교는 국교이기는 하였으나 그러나 백성을 완전히 지배하던 종교는 아니었다. 가령 5세기 초에 엮어진 저 유명한 성 아우구스티누스(354~430)의 《신국론》이나 오로시우스(5세기의 스페인 교부)의 《이단을 반박하는 사서史書》는 본래 로마제국의 유민들이 로마의 쇠망은 전통의 구舊 속신俗信을 저버리고 기독교를 국교로 삼은 탓이라고 비난한 데 대하여 답변 혹은 반박하려는 것이 그 취지였다. 이것으로 보아도 5세기 초에 있어선 이교와 기독교 사이의 갈등이 어떻다는 것을 짐작할 만하다. 그러나 그칠 새 없이 쳐들어오는 훈족, 고트족, 프랑크족 등의 침입 아래 고古문명이 깨어져 나가고 로마의 도시가 폐허로 돌아갔을 때 로마세계의 통일은 오직 기독교 교회를 통해 유지되었으며, 이 까닭에 5, 6세기에 걸친 만족蠻族의 왕 테오도리쿠스(동고트 왕)와 클로비스(프랑크 왕)가 기독교로 개종하고 나중에 카를 대제(768~814)가 또한 개종함에 있어서 그것은 비단 기독교의 승리일 뿐 아니라 서방세계 또는 로마세계 전체의 승리로 간주되었다. 가령 프랑크의 만왕蠻王인 클로비스가 개종하였을 때 보낸 성 아비루스의 편지에서 보면 "교회는 시대의 지배자를 발견한 것이오며…귀왕의 신앙(기독교)은 우리들 전체의 승리라고 할 수 있으며, 서방세계는 새로운 광명에 찬 군주를 찾았습니다"라고 하였으며, 또 카를 대제 머리에 교황 레오가 황제의 관을 올려놓았을 때 모든 사람은 "천주님의 뜻으로 제위에 오르시고 로마의 위대하고 평화적인 제왕이신 카를 대제 만세!"라고 외쳤다(《왕실연대기》 801년조). 이렇듯이 기독교는 로마세계의 통일의식과 불가분리한 관계에서 나타났으며, 따라서 카를 대제 이후에도 계속된 교황 가관加冠의 의식은 바로 이러한 통일의식, 곧 로마의 구세계를 매개하는 기독교적 통일의식을 반영하는 것이었다.

그런데 교회가 가관권加冠權을 갖는다는 것은 바꾸어 말하면 중세적 정권과 왕위를 기독교로써 정당화하는 것으로서 이 점에서는 기독교는 정치권위가 아닐 수 없는데, 또한 기독교는 로마세계의 보편적인 종교인지라 자연히 유럽사회 전체에 통하는 국제적인 정치권위로서 행세하게 되었다. 이른바 기독교 평화의 세계Pax Christiana 라는 것으로서 개개의 나라는 이러한 초국가인 권위의식 아래 하위 단위로서 있었으며 다 같이 교회법과 로마법 이론의 유풍을 고유의 관습법 및 봉건법에 섞어 사용하였다. 그러므로 백성은 교회를 통하여 사해동포적인 종교인 의식으로 넓게 뭉치었으며, 같은 문화가 유럽을 덮게 되고, 나라는 서로 찢고 때로는 서로 다투면서도 또한 서로 형제라고 불렀으니 심지어 개종한 만족蠻族의 부장部將에게도 이렇게 대하였다. 가령 비잔티움 제국의 제왕은 개종한 프랑크족의 왕을 '신앙의 형제'pneumatikos adelphos라고 불렀다. 이리하여 기독사회는 국가를 초월하여 단 한 개의 세력으로서 군사적으로나 정치적으로 뭉치기도 하였는데 그 가장 좋은 예가 다름 아닌 십자군일 것이다. 기독교문화권에 있어서는 때로는 정교의 일원一元을 내세우는 교황과 세속적 정권의 독립을 주장하는 군왕 사이에 분규가 잦았으나, 그러나 기독교사회가 지니는 국제정치적 특색과 그것을 밑받치는 국제적인 정치사상으로서의 교회사상은 뚜렷이 근대나 고대와 다른 양상을 띠게 되었다.

(3) 유교권

중국문화권은 대체로 한민족과 중국에 들어와 한문화에 동화한 이민족사회와 그리고 중국문명을 채택하거나 그 영향 아래 있던 주변국가를 가리켜 말하는 것으로서, 후자로는 동서 아시아의 안남 (월越, 교지交趾), 한 때의 임읍林邑, 서장西藏이라든가 또 동북의 조선, 일본 등을 포함하게 된다. 다만 중국문화권에 있어서는 이슬람이나 기독교사회와 달라서 중세를 통하여 한 가지 종교로 사회 각반各般을 덮고 정교일치의 신정 관념을 가지고 통치에 임하는 일이 없었다. 가령 중국 내만 하더라도 유, 불, 도의 3교가 같이 숭상되고 또 주변국가 또한 그러한 경향이 있었다. 뿐만 아니라 주변국가의 정권의 정당화에 있어서도 중국문명의 명분 외에 토착민족의 고유한 명분이 가미되거나 또는 고유의 명분만으로 유지되는 것은 다른 문화권과 구별되는 점이 있다. 가령 비교적 중국문명적인 명분의식이 강했던 안남, 조선에 있어서도 그 민족설화를 보면 고유한 민족요소가 앞에 나와 있었다. 우리나라 고전에 중국문명을 전하였다는 기자설화와 동시에 단군설화가 있었으며, 안남 고전에 보면 민족의 유래를 염제炎帝 신농씨神農氏의 3대손인 제명이 안남 토착의 여신(星神)인 무선婺僊과의 사이에 시조 경양왕涇陽王을 낳고 경양왕은 다시 용녀龍女와 맺어서 자손을 얻었다 하는데 이것은 분명히 중국설화에 토착설화를 접붙인 것이나 고유색이 명분으로 쓰인 것이 틀림없다. 그러나 이러한 고유요소에도 불구하고 중국문화권에 있어서의 정권, 정체, 법제 등의 공통성은 너무나 뚜렷하다. 곧 중국문화권은 각 정권이 거의 예외 없이 유교적인 예교사상으로 정치의 명분을 삼았다.

첫째로, 정치의 근저가 되는 사회구조에 있어서 공동 조선祖先과 공동 제사로 뭉치는 부계혈연 집단인 가족제를 채택하고 그 위에 예교사상에서 유래하는 삼강오륜을 세웠다. 동조동성同祖同姓의 이 종족제는 북위, 수, 당의 각 율(법)에 법제화되어 봉건적인 군신 질서의 토대가 되었다. 뿐만 아니라 통치의 기본적인 체제로서의 법제에 있어서 예교의 사상은 거의 압도적이었다. 가령 중국문화권 내의 각국이 다투어 채택, 모방한 당율唐律을 보면 허다한 조문이 예교의 보장을 위하여 마련되어 있고(職制大祀不預申期條, 戶婚父母因禁嫁娶條 등), 법률 해석에 있어서도 한대의 춘추결옥春秋決獄과 같은 식으로 유교의 경전을 우선적으로 받아들였다(名例十惡條疏, 戶婚許嫁女報婚書條疏 등). 둘째로, 이러한 사회구조의 법제도 위에 가부장적인 정치지배(군신관계)의 관념이 이룩되었다. 셋째로, 이러한 정치지배에 관계하는 사대부계급에 있어서 문화적인 동류의식이 한문을 매개하여 동문同文의식으로 나타났다. 그리고 끝으로, 신앙에 있어서도 중원의 지배계급의 유행을 거의 같이 따랐으니, 유교, 석가釋家의 전파가 이러한 것이었다. 이렇듯이 중국문화권은 거의 같은 예교사상에 의하여 유기적으로 한 세계를 이루고 있었으며 이 예교의 국제정치사상이 바로 이른바 사대주의였다. 사대주의라는 것은 우리나라에 있어서는 오래 우리 조상이 소화小華사상에서 중국에 대하던 신복臣服의 사상 또는 외교정책으로 보았으나 그 밑바닥에는 이러한 특이한 동양적 국제정치질서에 응하는 국제정치사상의 면이 있다. 이 점에서는 일본의 천황이나 새외塞外 민족의 가한可汗[칸] 호칭 같은 예외가 없는 바 아니로되, 이것은 생각하면 문화권 변두리에 처한 절도絶島의 일이거나 화외化外에 있던 새외 민족의 일이었다.

3. 권력 부근의 사상가

중세기를 대관大觀하면 국내정치는 왕권과 교권을 에워싸고 전개되
는데, 왕권은 곳에 따라서는 다시 군왕권과 제후권의 문제로 나누
어지므로 중세 정치사상은 자연히 이의 정당화를 그 핵심으로 삼
았다. 지금 우선 그 권력 구조를 밑받치는 사상에서 보면, 유럽에
있어서는 통일 제국의 제왕사상이 기독교를 매개하여 존재하는 한
편 게르만 민족의 부족정치 사상이 겸행하였다. 통일 제왕의 사상
은 앞서 든 카를 대제 대관식에도 뚜렷하려니와 또 통일 제국에 대
한 불타는 정열의 나머지 카를 대제의 침묘寢廟를 발굴한 저 오토 3
세의 일화(1000년 4월)에서 볼 수 있다. 게르만 민족의 부족정치 곧
자유 부족민의 협의제로서 형성된 정치에 대하여는 여러 가지 사
서가 전하는 바 있다. 가령 성 베다(673~735)의 《교회사》에 보면, 색
슨족(영국인의 조상)의 정치는 부족 수장 사이의 협의제로서 그간의
권력의 차이가 없었다고 하며, 또 카를 대제 때만 하더라도 정·교
의 여러 중요 사항은 민회에서 의논되었다(이 점은 카를 대제의 제국
계승에 관한 817년 칙령에 강조되어 있다).

이러한 제왕사상과 부족정치의 협의제 사상은 중세 후기에 유럽
을 풍미한 봉건제도 때도 일부가 계승되어 이른바 왕권사상과, 또
봉건군주가 봉신에게 자문하는 전통을 낳고 나아가서는 삼부회 탄
생의 원인이 되었다. 그러나 다른 편으로 보면 부족정치나 제왕주
의와는 아주 뿌리가 다른 봉건정치가 마침내 등장하는데, 그 까닭
을 살펴보면 대개 중앙집권적인 통치가 불가능할 정도로 영역이
비대한 경우에 나타나는 것으로서, 유럽 봉건제의 특징으로 말하

자면 주로 게르만 민족의 종사제從士制, Gefolgschaft와 로마 말기의 토
지 은대제恩貸制, Beneficium가 서로 결합하여 하나로 뭉쳐 버린 데 있었
다. 무릇 유럽의 봉건제는 보통 가신이 영주에게 충성을 선서함에
대하여 영주는 그것을 받아들이는 대신 봉지를 나누어 주고 이것
으로써 군신의 의를 맺되, 만일에 일방이 의무를 다하지 않을진대
타방도 의무를 이행하지 않아도 좋다는 쌍무적인 계약관계에 서있
었다.

　가령 11세기 초의 문헌으로 알려져 있는 위베르 드 샤르트르의
서한(제58)에서 보면 가신의 충성이라는 것은 구원(주인 몸이 다치지
않게 하는 의무), 안전(주인의 안전과 성, 요새에 대한 안전을 꾀할 의무), 명
예(주인의 명예를 손상치 않게 하는 의무), 이익(주인 재산을 이롭게 할 의
무), 편이(주인의 행복을 어렵게 하지 않는 것), 가능(주인의 가능한 것을 마
지않는 의무)이라는 6개 의무와 다시 건의와 조력의 의무를 다하는
데 있다고 하였다. 그러나 영주도 의무에 있어서 같은 위베르의 서
한에 이어 말하기를 가신의 충성에 응하는 소행이 있어야 되며, 만
일에 없는 경우에는 가신의 의무 불이행과 다름없이 취급되었다고
한다. 그런데 이러한 군신관계의 특색은 그 핵심이 군사적인 데 있
으며, 전시에 무사들을 거느리고 또 군량과 장비를 자담自擔하여 영
주를 따라 출전할 뿐 아니라 가끔 임시소집에도 응하는 데 있었다.
그리고 봉령封領 안에서는 임금 행세를 하였으나 명분으로는 왕권
하에 있다고 여겨졌다. "후백의 가신은 국왕의 가신이 될 수 없다…
그러나 프랑스 왕국 내의 모든 가신은 국왕의 권력과 권위 아래 있
다"(꼼 뒤랑의 법감法鑑).

　이에 대하여 중국문화권에 있어서의 군신관계는 계약적인 것이

아니라 가부장적 관념 위에 서 있었다. 부자, 군신의 의가 같은 것으로 간주되었다. 이것은 유럽과 뚜렷이 다른 점이라 할 수 있다. 이 대신 중국에 있어서는 종족의 큰 것인 대성大姓문벌과 번진藩鎭이 발달하였다. 본래 중국은 전후한대前後漢代를 통하여 대大 토지겸병에 의한 호족이 지방에 반거盤據하였거니와, 양진兩晋, 남북조를 통하여 권문權門의 토지겸병이 극심하여지고, 집약적 농업노동력의 투입이 부력富力을 결정하던 까닭으로 동성同姓을 찾아 취주聚住하게 되고, 이것으로도 부족하여 몸을 파는 극빈자를 전객佃客(농노)으로 사서 생산력을 올렸다. 이러하니 집약적 농업생산에 따라 대지주가 나타나게 되고 이들이 강좌江左[양쯔강 하류 남쪽 지방]를 지배하여 대성문벌의 길을 열었다. 가령 《신당서》新唐書의 〈유충전〉柳冲傳을 참고하면 강좌江左의 사회에서 서로 문벌을 다투고 또 심지어는 문벌대성을 갖던 나머지 하일급下一級의 사람과도 동석하지 않았다고 한다(顧炎武, 《日知錄》流品).

문벌의 정치세력은 한 때 정권의 존망을 좌우할 정도였으니 가령 동진 때의 정권 유지는 이러한 대성大姓의 순응과 반순反順에 달렸다고 하며(《晋書》〈王導傳〉, 〈周玘傳〉), 사대부의 선발도 이러한 세족世族의 여론인 청의淸議에 의하여 행하였다(이른바 구품중정제九品中正制). 그 후 당대에 이르러 국제시장의 확대에 따라 변경의 수호와 정벌이 계속되어 새로이 절도사라는 번진제藩鎭制가 나타나는데, 이때는 실력시대로서 문벌보다 무공을 일렀으며 천거제인 중정제中正制에 대신하여 고시제考試制가 채택되었다. 이러한 시대의 정치구조는 거의 봉건제에 가까운 것으로서 절도사는 사실상 군무軍務에 대하여 봉지를 받고 있는 셈이었다. 그런데 이러한 중세정치에 있어서 권력의 정당화 내지 배격을 대체로 담당한 것은 바로 그 시대의 지식인인 교부敎父, 학자, 사대부의 무리였다. 그들은 정권을 옹호하거나 배격하거나 간에 권력 주변에 바자위는 결과가 되고 대개는 일반 서민과 절연되었다. 그 대요를 적으면,

(1) 중국문화권

이 문화권의 핵심이 되는 중국에서 보면 한망漢亡 후로부터 수隋, 당唐, 오대五代는 유, 불, 도 중 특히 불교, 도교가 크게 행하던 때였는데, 육조 시대에서 보면 사대부의 마음은 거의 초연주의, 향락주의로 돌아갔으니, 그 까닭을 살피자면 하나는 황건黃巾·동탁란董卓亂 및 팔왕八王·5호란胡亂 등 연거푸 전란이 그치지 않으매 마침내 염세의 기미가 돈 탓도 있거니와, 또 하나는 호족의 지배와 시정에 대한 사대부의 불만이 있었다. 이리하여 예교의 전통을 밟는 사대부 계급 간에도 노장老莊과 불석佛釋에 의지하여 정치 무용을 논하고 허무와 청담을 숭상하는 기운이 유행하였다. 그 사이에 유가를 내세운 것은 오직 왕도를 주장한 정현鄭玄, 왕통王通 따위에 불과하였다. 당대에 이르면 천하는 유, 불 양가로서 덮이는데, 불의 각 종파(천태天台, 선禪, 화엄華嚴, 밀密, 법상法相 등)는 정치에는 무관심하였고, 유가에 있어서는 척불斥佛과 전제정치를 고취하던 한퇴지韓退之가 있었으며, 〈봉건론〉 1편을 적어 국가의 기원起源을 인인상투人人相鬪하는 중에서 본 유종원柳宗元이 있었다. 당시의 흥미 있는 정치사상가는 육지陸贄였는데, 그는 나라의 성쇠가 천명에 있다는 운명론을 반대하고 인간의 노력에 있다고 주장하였으며 번진의 횡포에 대한 대책으로 중앙정부의 공고화를 내세웠다.

(2) 이슬람문화권

이슬람세계의 정치사상은 앞서 든 바와 같이 이슬람교와 불가분리에 있다. 그리고 교리와 관련하여 정치이론을 전개하는 것은 울레마(이슬람교학자)의 책임이었다. 지금 중세기의 대표적인 이슬람학자인 마와르디(1058년 사망), 이븐 타우미야(1338년 사망), 이븐 자마이아(1333년 사망), 이븐 할둔(1406년 사망)에서 이슬람적인 정치사상을 본다. 이슬람세계에 있어서 정치는 신에게 섬기는 것을 돕는 것이며 따라서 정부의 행정 사법은 이슬람법(샤리아)에 의하여 제한된다. 이슬람교도 사이에는 불평등은 있을 수 없고 비교도와의 혼주混住는 금지된다. 이슬람사상에 있어서도 예교세계나 기독사회에서와 같이 정치는 그 도덕적, 종교적 목적에 의하여 판단되며, 이슬람사회의 옹호를 위하여 성전(지하드)이 요청된다. 이 점은 마치 성 아우구스티누스가 이단에 대한 성전Bellum Deo Auctore을 내세운 것과 비슷하다. 이러한 사상은 이슬람교만이 옳은 신앙이란 관념에서 나오는데 이 점은 아우구스티누스에 있어서도 같다.

이슬람의 정치 관념은 국가에서 시작하지 않고 이슬람사회의 지도자인 이맘으로부터 시작한다. 국가 개념은 14세기의 할둔까지에도 정치이론에 등장하지 않는다. 이 점은 로마제국 사상을 계승하는 교부사상이나 선왕의 예제禮制를 찾으려는 중국 정치이론과 판연히 다른 점이라고 할 만하다. 이 까닭으로 이슬람교도에게 있어서는 이슬람권에 대한 관심에 비하여 이슬람교권 내에서 한 지역을 통치하는 국가, 정부에 대한 관심이 적고, 이 탓으로 이족異族이라도 이슬람교도이면 신종臣從에 고통을 느끼지 아니하였다. 또 이슬람교가 무엇보다 우선하는 까닭에 이슬람교 윤리에 어긋나는 명령에 대한 항거권이 인정되었다. 그리고 알라의 전제적 성격에 따라 이슬람교 통치는 전제적이었다.

(3) 기독교문화권

중국의 사대부 또는 이슬람사회의 이슬람학자에게 대하여 기독사회는 교부와 로마법학자가 정치권력의 정당화를 맡아서 노력하였다. 먼저 성 아우구스티누스는 그가 지은《신국론》에서, 속계의 정권은 '천주님의 나라'를 지상에서 상징하는 교회에 의하여만 정당하다는 중세기 교부사상의 대전제를 제시하였다. 다음 스페인의 교부인 이시도르(560~636?)는 법을 자연법과 관습법(인간법)으로 구분하여 자연법의 우위를 논하였는데(《語原論》), 이 구분법은 나중에 그라시아누스의《교회법 집성》(1148년경)에 채택되다시피 해서 역시 중세교부 법률관의 단서를 이루게 하였다. 또 다음으로 이시도르는 군왕을 정의하여 말하되, 군왕은 도덕적으로 옳아야 비로소 군왕이라는 사상을 앞서 든《어원론》제9권에 적어 놓았는데, 이 사상은 왕권의 정당성을 논의한 것으로서 왕권이 신에게서 유래한다는 설(가령 풀러리 사師의《왕권과 교권》및 성 아퀴나스의《신학대전》) 등과 관련되는 것은 물론이려니와, 나아가서는 법을 지키지 않는 군왕은 곧 폭군일 따름이요, 따라서 폭군에게는 신종할 의무가 없다는 저항권 이론을 제공한 독일의 마네골트 사師(1060년 사망)나 영국 존 솔즈베리 사(1178년 사망)의 선봉이 되었다.

다음에 중세 최대의 정치 논쟁은 정권과 교권의 우위론인데, 가령 비테르보의 제임스 사(13세기)의《기독교 통치론》, 귀도 벨라니(14세기)의《교황권론》, 루카의 톨로메오 사(1236~1327)의《제왕권론》 등은 교황권의 우위를 지지하는 것이요, 또 바벤베르크의 루폴 트(14세기)가 지은 《왕권과 로마제국》(1340)이나, 아에네아스 실비 우스(1405~1464)의 《로마 제위帝位의 유래와 권위》 등은 교황의 우 위를 반대하는 것들이었다. 그런데 이들 교부, 학자의 사상을 종합, 대성한 자가 바로 성 아퀴나스(1226~1274)로서, 그는 한편으로는 그리스 고전시대의 아리스토텔레스의 철학을 기독교에 적응하고 또 한편으로는 과거의 기독사상을 한 개의 체계로 통합하였다.

그는 그리스 철학자를 쫓아서 사람은 본래 사회적 존재이며 따 라서 국가는 필요한 것이라고 보되, 다만 정권은 신에게서 유래하 는 것이며 그것은 백성의 동의를 얻어 개인에게 부여되는 것이라 고 주장하였다. 그리고 정당한 군주에게 사람은 복종할 것이며 폭 압적인 정부에 대하여 저항할 권리가 있는 것을 인정하고 이상적 인 정체로 왕제, 귀족제, 민주제의 혼합형을 택하였다. 아퀴나스는 또한 법을 공공복지를 위한 이성의 명령으로 이해하고 제정법이 만일 자연법과 모순될 때는 그것을 무효하다고 보았다. 그리고 그 는 아리스토텔레스에 따라 노예제를 인정하였으되 다만 노예에 있 어서도 약간의 인권을 인정하였다. 이렇듯이 기독교사회의 교부와 학자는 주로 법, 왕권, 교권 등에 관하여 사상을 전개하였다. 그러 나 그들의 사상을 개관하면 때로는 수도원의 명상적 사상의 색채 가 노골하여 현실에서 유리된 감이 없지 않았다.

4. 빈곤 속에 빚어지는 체념의 세계

중세적 세계의 가장 근본적인 특색은 일반서민의 운명적인 빈곤에 있었고 오늘날에 있어서도 중세적 유풍을 지나는 사회의 특징은 또한 빈곤이다. 중세 세계의 전반에 걸쳐 대다수의 백성은 농노 같은 노예적 존재로 있든가 빈농의 처지를 벗어나지 못하고 있었다. 당초 중세기의 경제관계는 대체로 농업생산을 중심으로 하는 그것에 있어서 농업기술의 미발달로 인하여 노동력의 양이 수확물의 양을 결정하였다. 이러한 미발달의 농업경제가 노동력의 집결의 형태로서 종족주의, 대가족주의를 낳고 그 위에 종족주의의 연장으로서 가장권, 족장권이 서있었다. 따라서 종족주의, 대가족주의는 그 조직이 가부장적인 것이 특색이며 밖으로 폐쇄적인 것이 또한 다른 특징이었다.

가령 중국, 한국에서 보면 종족은 족전族田과 족보族譜를 갖추고 관습법에 의하여 족내의 분규는 동족회의에서 처리되고 중국 같은 데서는 심지어 족내 재판으로 사형, 교형을 가하였다고 한다. 이러한 종족 간의 배타성은 복수, 계투械鬪 등으로 볼 수 있는 터로, 이러한 사회조직 아래에서 향촌의 질서는 유지되었으나 일면 개인의 자유라는 것과 같은 생각은 솟아나올 길이 없었다. 이 사정은 이슬람사회나 유럽 중세사회도 같은 터로서, 가령 유럽에서 보면 게르만족의 집폐(동조同租의 족문族門)의 유풍은 내리 가문사상Haus und Hof으로 남았다. 그러므로 의뢰할 데 없는 빈자와 약자는 일신의 자유와 바꾸어서 이러한 가문에 예속하여 노동력을 제공하고 그 대신 가문의 보호를 입게 되는데, 이것이 바로 농노와 중국의 전객佃客의 양상이었다. 이들 농노는 때에 따라 토지에 붙여서 매매되고, 법적 능력을 결핍한 자로 거의 무인격으로 취급되었다.

그러나 이러한 농노는 집약적 농업생산에 대량으로 필요하였고 또 일반 가난한 자유민은 전란과 과세에 못 이겨 급속도로 농노화된 까닭에 이로써 중세사회를 뒤받치는 농노제가 확립된 것이었다. 이러한 농노를 포함한 농업생산적인 종문, 가문의 가부장적 성격이 바로 중세정권의 성격이기도 하였다. 이러한 농노에 대하여 그 위에 반자유민 및 자유민이 있는데, 반자유민은 자작의 경지 외에 남의 토지를 얻어 쓰는 자요, 자유민은 자작농이었다. 그러나 이들에게는 설혹 생활 유지가 가능하다손 치더라도 치안이 확보되지 않고 전란이 끊임없는 세계에서는 문벌이나 대성 아래 부자유민으로 있는 것이 차라리 몸을 위하여 나은 수도 있었다. 이러한 환경이 사회의 봉건화를 촉진하는데, 이러한 농민들의 절망적 빈곤은 자주 폭동으로 나타나기도 하였으나 결국 성공할 리 없었다.

그리고 이러한 농민들은 종족 조직 속에서 자유로이 사고하는 길을 저버리고 다만 '우리'라는 '집' 관념에서 생각하게 되었으며 또 한편 빈곤에 하도 지쳐서 먹고 사는 것 외에 다시 또 무엇을 생각할 기력을 잃고 있었다. 중국문명권에 보이는 노장老莊의 허무사상은 기실 중세기를 통하여 가장 민중의 애호를 받았으며, 우리나라의 팔자 사상도 이러한 빈곤과 관계있게 내려온 것이었다. 이러한 빈곤의 모습은 농업사회의 구제舊制인 췌시贅婿, 동양시童養媤(미래에 날 남아를 위하여 유녀幼女를 사서 기르는 것), 처당妻當, 생아生兒 살해 등에서 볼 수 있다. 이러한 빈곤과 미개 농업생산에 관련된 종족제에 대하여 중세기의 '자유스러운 공기'는 다름 아닌 도시였다. 유럽의 자치도시, 이슬람의 무역항, 중국의 상가는 지방의 쇠락한 환경과는 대조적이 아닐 수 없다. 이리하여 유럽의 자유도시로부터 자치적 공화제(이탈리아에서 보듯이)와 절대군주제를 밑받친 근세 상업자본가가 발달하고, 그리고 이슬람의 무역항에서는 지중해, 인도양, 남지나해를 휘덮은 이슬람 상인이 나왔고, 중국의 상가에서는 당 황제의 국제 정벌을 가능케 한 소금, 차, 비단의 거상이 나와 중세기 최대의 국제시장을 형성하였다.

《사상계》 1957년 6월호

근세 전편
(1957)

1. 전제군주 사상

(1) 세계사의 근세적 분열

우선 또 시대구분의 문제인데, 지금 세상에 흔히 통용하는 설을 따라 이탈리아의 르네상스 때로부터 근세로 잡는다면 동양과 서양 사이에는 커다란 차이가 생겨서 적어도 아시아에 있어서는 근세라는 시대구분의 의미가 희박해진다. 무릇 세계사의 입장에서 내다본다면 근세정치사는 일찍이 볼 수 없었던 아주 독특한 성격을 띠고 있다. 무엇이냐 하면 고대에서 중세로 내려오던 각 문화권의 정치사는 대체로 서로 비슷한 양상을 지니고 있었던 것인데, 근세에 이르러 기독교문화권인 유럽사는 갑자기 다른 문화권의 역사와는 완연히 다른 길을 걷게 되고 마침내 세계사의 주류를 이루게 된다는 것이다. 그리고 각도를 고쳐서 정치사상의 유형에서 볼 때, 근세는 동, 서가 서로 확연히 구별되는데 그 중요한 점은 이슬람교, 유교의 문화권에 있어서는 유럽사의 이른바 근세에 들어서도 여전히 전통적인 정치의식, 곧 초국가적인 정치권위 아래 천자 혹은 칼리프(이슬람 세계의 교주)라는 인격을 중심한 통일적인 정치세계를 그리고 있을 즈음에, 한편 유럽에 있어서는 초국가적인 권위 형태와는 판연히 구분되는 국가주권 사상 아래 국민주의적인 정치의식이 바야흐로 조성되었다.

따라서 15세기 이후의 동양과 서양은 드디어 성격이 아주 다른 역사과정을 거닐게 되었으며, 이로 인하여 이 시기 이후를 같은 시대구분으로 임한다는 것은 거의 무의미하게 되었다. 그러면서도 유럽사적 시대구분으로 전체를 규율하려는 이 편의 의도는 정치사상은 유럽 근세적인 것이 마침내 세계적인 것으로 발전하였다는 의식이다. 말하자면 세계사의 종류는 근세에 이르러 완전히 두 갈래로 나누어지는데 아시아적인 것은 이른바 '정체'에 빠지고 유럽적인 것만이 변모를 거듭하였다는 것이다. 그렇다면 차이와 대조를 가지고 온 까닭은 무엇일까? 혹은 경제적인 것으로 유럽에서 발달한 자본주의체제를 든다. 혹은 아시아적인 풍토의 영향을 든다. 또 혹은 백인종의 진취성을 든다. 그러나 우리에게 있어서는 정치적인 이유가 문제인데, 그 이유는 무엇일까? 그 이유로는 대소 여러 가지가 있다고 나는 생각하는데, 그 중에서도 가장 중요한 것을 들어서 그 본보기를 보이자면 아래와 같다.

대저 유교권이나 이슬람권 같은 아시아지역에 있어서는 근세 이후도 정치사의 특색은 전과 다른 바가 없었다. 곧 대개는 압도적으로 강력한 단일 정치세력이 중심이 되어서 권내의 질서를 유지하였으며, 수 개의 세력이 투쟁 상태에 있다는 것은 과도적인 현상이라 말하여도 틀림이 없었다. 가령 동북아시아에서 보면 조가趙家의 양송兩宋이나 원, 명, 청의 압도적인 세력을 빼놓고 이 지역의 질서를 생각하기 어렵다. 또 15세기 이후의 투르크 세력을 제외하고 근동의 정치질서를 말한다는 것은 도무지 의미가 없다. 그런데 이에 대하여 유럽사에 있어서는 14세기 이래 4, 5개 내지 6, 7개의 열강이 좁은 유럽에서 서로 무력으로 다투어가며 공존하였으며, 16세기 이후에는 이러한 경쟁적이며 군사적인 공존 형태가 국제질서의 원칙으로 공인되게끔 되었다. 가령 15세기 후반을 들자면, 당시의 강국은 신성로마 황제를 비롯한 영국, 프랑스, 스페인, 포르투갈의 국가들로서 그밖에 무수한 소국, 영주, 자치도시, 교황령은 이러한 열강 사이의 세력균형 위에 유지되었다. 말하자면 아시아에 있어서는 정치세력의 통일이 정상 상태였음에 반하여 유럽 근세사에 있어서는 정치세력의 분립이 정상 상태로 간주되었다. 이러한 역사 사실은 유럽 근세사에 나타난 전쟁 빈도수 같은 것으로도 짐작되는 형편으로, 100년 단위로 볼 때 아시아사의 전쟁 회수가 불과 평균 10~20회에 지나지 않음에 대하여 무려 200~300회에 다다르고 있다.

정치사상사는 이러한 정치사적 상황을 반영한다. 근세에 이르러 예민하게 나타나는 동, 서 정치사의 차이는 각 문화권의 정치사상에도 뚜렷하여, 한편 아시아세계의 사상이 전통적인 초국가적인 국제 권위 아래, 역시 전통적인 정체적 농업사회의 가부장적 정치권력관으로 관통되어 있음에 반하여, 또 한편 유럽에 있어서는 긴밀히 단결되지 않으면 안 되는 군사국가의 체제 아래 지상至上, 절대絶對, 불가양不可讓, 불가분不可分을 내세우는 주권 사상이 일어나고, 또 '남'의 나라와 날카롭게 구별되는 '내' 나라 의식이 이룩되었으며, 이것이 마침내 국민경제 사조와 맞붙어서 근대적인 국민주의 또는 민족주의로 개화하였다.

(2) 전제군주사상

그러나 유럽의 근대 정치사상은 하루아침에 돌연 피어난 꽃은 아니다. 그것이 근대사상으로서의 특색을 발휘하는 동안까지에는 오랜 과도기와 이에 따른 발육기가 있었는데 그 시기가 대략 15세기로부터 프랑스의 대혁명에 이르는 동안이었다. 한편 아시아에서 보면, 이슬람권에 있어서는 15세기 이래 패권은 투르크 사람 손에 들어가는데, 그 정치사상에서 보면 16세기 초의 칼리프 권 계승 후로 그 전과 사상의 변동이 없어서 근세라고 구별할 바가 없고, 다만 유교권에서는 10세기 이후 송나라 때부터 전과 다른 사상의 변화가 약간 생기었다. 지금 유럽에서 겪은 과도기적인 사상과 아울러 유교세계의 중앙집권 사상을 집중적으로 표시하기 위하여 전제적인 군주사상을 들어서 본보기로 삼는다.

가부장적인 전제군주사상

근세 전기의 가장 대표적인 지배자의 유형은 다름 아닌 전제적인 절대군주였다. 따라서 이러한 전제적인 권력자에 대한 정당화 사상이 여러 가지로 나타났는데, 그 중에 있어서 과거 중세적인 잔재를 간직하는 보수적인 면이 바로 가부장적인 전제군주 사상이었다. 먼저 유교권을 대표하는 중국에서 보면, 10세기 북송이 일어서자 철저한 중앙집권제를 실시하여 군정, 민정, 재정의 각 권을 제왕 한 사람의 손에 수렴하였다. 남송의 섭수심葉水心이 전한다는 말에 의하면 "번진蕃鎭의 권세를 수렴하였다가 위에 돌아가게 하였으니, 병사한명의 적籍, 재물 하나—財의 원源, 땅 한뼘—地의 수守를 모두 주인 스스로 하시었다"고 한다《日知錄》法制). 이러한 집권적인 절대군주를 정당화하는 당시의 대표적인 사상이 다름 아닌 주렴계周濂溪, 이정二程, 주부자朱夫子 등의 성리학인데 그 정치이론의 핵심은 예론에 있으며 그 예론의 중심은 바로 부자, 군신의 의리였다.

본래 주, 정, 주자의 사상은 당대의 지주계급을 대변하는 것으로 그 사상의 밑바닥에는 종법적인 가족제도 사상이 있었다. 따라서 전제군주에 대한 정당화는 대가족주의적 농업사회의 가부장권에서 연역 발전시켰던 것이다. 가령 주회옹朱晦翁이 백록동서원에 내건 교목教目에 보면 '부자유친父子有親 군신유의君臣有義'라 하였거니와 《송사》宋史 〈주부자본전〉朱夫子本傳에 실린 상응종서上膺宗書를 참고하면 어버이와 할아비의 장사와 제사 받드는 예禮가 해이하여짐에 나라의 기강이 무너지고 민도가 어지러워졌다고 하였으니, 이로써 미루어 보아도 군주의 지위를 가부장적으로 보려 함이 틀림없다. 더구나 보수적인 사상가 장재張載 같은 사람에게 이르러는 "종자의 법이 서지 않을진대 조정에 세신世臣이 없을 것이니…가문조차 지키지 못하려니 하물며 어찌 나라를 지킬 수 있느냐"고 하였으나(《張子全書》), 군신의 의를 부자의 윤기倫氣에다가 비유함이 틀림없다. 이렇듯 이 군신관계를 인륜관계로써 밑받쳐 놓았던 점이 바로 종족사회의 전통적인 의식과 부합되며 동시에 군주의 전제력을 보수정치에 이용하는 길을 트는 결과를 가져 왔다.

한편 유럽에 있어서는 15세기 이래 군주권에 대한 교황과 신성황제의 관여가 점차로 배제되었는데 16세기에 이르러 드디어 절대군주권의 사상이 확립되었다. 그런데 이 절대권사상의 내용에는 여

러 가지 요소가 담겨 있었는데 그 가운데 있어서 중세적인 구시대
의 유습을 상징하는 것이 바로 가부장적인 군주사상이었다. 군주를
가부장적으로 보려는 사상은 본래가 중세적이었다. 유럽 중세에서
보면 게르만 족속의 혈연공동체(이른바 집페) 관념은 후대 봉건사회
에 이르러 집안(하우스)관념으로 남아, 봉건영주령은 하나의 커다
란 집안으로 간주되고, 영주는 무제한적인 가부권을 지니었다. 따
라서 후候, 백伯은 가장 중의 가장이요 그리고 국왕은 그 중에도 으
뜸 되는 가장으로 여겨졌다. 가령 위그 드 플뢰리(11세기 프랑스인)
같은 중세 사람의 표현을 빌면 "국왕은 나라에 있어서 가장과 같은
분"이었다. 이러한 절대권을 가진 가부장으로서의 군주사상이 근세
에 나타난 절대군주 사상 속에 고스란히 잠기어 있었다. 더구나 나
라에 대한 의식부터가 가족질서에서 나온 것이었다. 유명한 장 보
댕의 《국가론》은 책머리에 국가를 정의하여 말하되 "다수의 가족의
집합체로서 그들 사이의 공통사항을 최고의 힘과 이성으로서 다
스리는 것"이라고 하였다(라틴어 본). 보댕 같은 16세기의 사상가뿐
이 아니라 심지어 18세기의 계몽사상을 대표하는 디드로의 《백과
사전》에도 국가의 정의를 가족질서에 의존한 나머지 "인민과 국가
란 다수의 가족으로 구성될 수밖에 없다"고 적혀 있다. 그러므로 이
러한 생각에서 보자면 국왕이란 그대로 국부요, 왕권이란 가부장권
일 수밖에 없을 것이다. 이 때문에 드 라 브르톤느 같은 사람은 "국
가라는 것은 개개 가족의 총수로서 이룩되는 일대 가족으로서 군
주는 가장 중의 가장이라"고 하였으며, 또 앞서 든 바 있는 보댕은
"국왕은 신하를 다스리매 어버이가 자식에게 하듯이 공정을 기한
다"고 하고 나라와도 같은 가문의 질서를 의논하여 말하기를 집안

의 질서는 가족이 가장권에 절대 순종함에 있다고 적어놓고, 나아
가 "본배있는 집안은 진실로 나라와도 같으니, 가장권은 마치 나라
의 주권과 흡사하니라"고 단정하였다. 원래 근대 전기의 유럽은 이
른바 대가족제로서 가장권 특히 가산에 대한 가장권은 절대적이었
다. 특히 프랑스의 대가족제는 그 가운데서도 더욱 심한 예로서, 가
령 프랑스혁명 직전에 프랑스를 여행한 아더 영의 여행기를 보면,
파리 같은 대도시에 있어서도 조, 부, 자, 손의 4대가 동거하는 것이
보통이었다고 하니, 그 형편은 마치 우리네의 대가족주의와 비슷하
였던 모양이다. 영국은 대가족주의라는 점에서는 프랑스보다 덜 했
으나, 가부장권을 중심한 가족제도와 법제에는 아무런 차등이 없어
서, 역시 여기서도 군주권을 가장권으로 보는 사상이 성행하였다.
가령 제임스 1세의 《자유왕국의 진정한 법》을 보면 군주권을 가장
권에 비했거니와, 이보다 더 유명한 예는 로버트 필머의 《가부장권
론》이리라. 그 요지를 소개하면, 하늘이 태초에 아담 한 사람을 세
상에 내놓은 것은 일인에게 권세를 맡기시려는 계시였다고 보고,
이 아담의 후예가 퍼져 인류사회를 이루었으니, 사회는 본시 한 개
가족적인 것이라고 보며, 다음 고대의 왕은 구약에 의하면 곧 가부
장이었을 뿐 아니라 금일의 왕도 노아의 왕권계승자로서 그 본색
은 가장이라는 것이었다. 이 필머의 가부장권론은 마침내 존 로크
의 맹공격을 받게 되어, 오늘날에는 사상의 돈키호테로 여겨지는
형편이가는 하나, 그 성경주의적 가부장권설 속에 잠겨있는 군주
곧 가부장이라는 사상은 당대에 가장 유력한 사상으로서 그 시대
의 저명한 사상가 곧 영국의 후커, 스페인의 수아레스, 독일의 아르
니사에우스, 네덜란드의 그로티우스 같은 사람들이 모두 신봉하던

터였다.

마키아벨리적인 절대군주 사상

가부장적인 절대군주 사상이 중세적이며 구시대적인 전통을 상징하는 것이라고 하면, 실력지상주의, 무력지상주의야말로 신시대를 대표하는 군주권 사상이라 할 수 있다. 이러한 실력지상주의의 군주사상은 이탈리아의 니콜로 마키아벨리의 《군주론》으로 세상에 유명한지라 잠깐 마키아벨리적 군주사상이라고 불러 두겠다. 뿐만 아니라 이 마키아벨리적 군주사상은 비단 마키아벨리가 이탈리아 태생이었다는 것뿐이 아니라 그 역사적 성격에 있어서 이탈리아정치사적 냄새가 몹시 풍기는 점이 특색이었다. 헤아려보건대, 이탈리아의 중북부는 중세 이래 많은 자치도시 곧 피렌체, 제노바, 베네치아, 밀라노, 파도바, 페라라 기타 이른바 '콤무네'가 번성하여 온 것으로 유명하였다. 이들 콤무네는 각각 도시헌장과 자치제를 지니고 있었는데, 그 행정은 '로 스타토'Lo Stato라고 불리는 청부적인 무사단에 기한부로 맡기는 것이 보통이었다. '로 스타토'란 다름 아니라 치안에 필요한 무사와 행정 기능자를 거느린 자의 일당이었다. 그런데 1200년대 후반부터 덤덤히 나오더니, 1310년대에 밀란의 비스콘티 가家가 전제화한 후로는 각지에 시뇨리아라고 불리우는 전제군주가 속속 나타나서 16세기 전반에 이르는데, 지금 그 출신을 보면 로 스타토나 콘도티에리(용병대장)로서 도시를 찬탈한 자, 명망가로서 군주화한 자(가령 피렌체의 금융가인 메디치 가), 문벌로서 군주화한 자(밀란의 기벨린 파派인 비스콘티 가), 정복에 의한 자(비스콘티 가의 잔 갈레아초 같은) 등의 여러 가지 타입이 있었는데, 그 공통되는 특색은 지배가 정치 권위의 정당화에 치중하지 않고 모두 적나라한 무단정치, 무력적 지배라는 점에 있었다. 이 점에서 관찰하면 정치는 '로 스타토' 같은 지배조직이 전제화한 폭으로서, 이 경우 나라는 필경 지배계층의 권력을 의미하였다. 마키아벨리의 《군주론》을 읽으면 "스타토를 판다", "스타토를 바꾼다" 따위의 기이한 표현이 나오는데, 이러한 식의 나라(스타토) 관념은 이탈리아적인 '로 스타토'의 의미를 모르면 도저히 해석하기 힘든 말이었다. 그런데 이러한 청부적인 행정 무장집단에서 유래하여 마침내 무단적인 전제군주가 오직 자기의 실력으로서 지배권을 장악하게 된 시뇨리아의 통치체를 가리키는 '스타토'Stato라는 이탈리아어가, 종전에 통용하던 '키비타스'Civitas(국가 혹은 사회라는 뜻) 또는 '레스 푸블리카'Res Publica(국가 혹은 공동체라는 뜻) 등의 유서 깊은 어휘를 물리치고 나라라는 뜻으로 유럽 일원에 퍼지게 된 것은 자못 의미심장한 것이 있다(프 État, 영 state, 독 Staat). 왜냐하면 이탈리아 말인 '로 스타토'가 유럽 일체에 퍼져 나갔다는 것은 바로 동시에 이탈리아의 새 타입의 전제군주, 곧 오로지 힘에만 의거하여 정치 지배를 생각하는 마키아벨리적인 군주사상이 유럽일체에 번져 나갔다는 것을 의미하는 까닭이다.

군주는 그 중세적 전통에서 볼 때는 가부장적일지도 모르나 그러나 그 실지는 권모술수에 능하고 율법, 도덕, 신의, 인정에 개의하지 않는 권력정치와 근대 유럽의 군사국가적 발전에 이바지하는 절대군주에 아주 알맞은 사상으로 인정되었다. 한편에서는 반反마키아벨리즘의 성토 운동이 높았으나—가령 이탈리아의 보테로의 《국가이성론》, 교황청의 금서조치, 프리드리히 대왕의 《반 마키아벨리론》등—그러나 정치는 권력이며, 종교나 도덕이나 법에 얽매이는 것이 아니라는 현실사상은 압도적으로 실제정치의 지배층을 지배하게 되었다. 또한 근대 전기에 있어서는 권력주의 사상은 구체적으로는 군주사상에 집중하였으며, 사상가들은 이론의 형식으로는 그리스 이래의 정부 3형태론(군주제, 귀족제, 민주제)같은 것을 거론은 하였으나 결론으로는 거개가 군주제를 지지하여 인텔리겐치아의 어용적 성격을 나타냈다. 그리고 장 보댕 같은 군권 지지파에서 전개한 주권 사상에 있어서도 주권자는 "법에 구속되지 않는다"는 명제는 설혹 신법, 자연법, 공약의 예외를 들기는 하나 현실적으로는 절대적인 지배권을 누리고 있는 자연인으로서의 군주가 지니고 있는 행동의 자유를 교묘하게 정당화하는 결과가 되었다.

왜냐하면 이탈리아적인 권력 장악자로서의 군주관념이나 또 가부장으로서의 군주관념은 모두 본질상 인격적인 존재며 자의적인 지배자일 수밖에 없었던 것이며 이 점이 바로 중세 이래의 법사상과 충돌하는 까닭이었다. 그러므로 루이 14세의 말로 전하는 "짐이 곧 국가"라는 생각은 이 이탈리아 기원의 전제군주 관념에서는 아주 지당한 말이 아닐 수 없고, 또 이 견지에서 보면 마키아벨리와 더불어 1500년대 초에 활약한 프란체스코 귀차르디니가 말하기를 "강국의 형성을 관찰하건대 권력의 팽창 없이는 이루어진 바가 없다" 운운한 것은 적중한 판단이 아닐 수 없고(《리콜디》), 또 프랑스의 황금시대를 준비한 리슐리외 재상의 저術라 전하는 《정치유서》에 군국君國의 부강을 군비와 재정을 들어서 세론한 것은 명찰明察이라 아니할 수 없을 것이다.

폭군론

유럽 근세에 이르러 가부장적이며 동시에 권력주의적인 전제군주의 출현에 따라 여러 나라 안의 정치 질서에는 중대한 변화가 생기고, 또 한편 이러한 권력 지배에 항거하는 운동도 여러모로 나타났으며, 항거를 밑받치는 이론도 가지각색으로 전개되었다. 그 중에 가장 사람에게 회자된 것이 국권의 정당성과 신교의 자유라는 문제였는데, 이 문제는 마침내 자연법이론에 의거한 저항권사상으로 발전하여 근대국가 구조를 이룩하는 데 중대 영향을 미쳤다. 이에 대하여 자의적인 전제군주의 권력 만능에 대하여 그 군주권의 정당성 여부를 논함으로써 전제군주에게 항거하는 사상이 바로 반폭군론이었다. 다시 말하자면 국가 공권력의 한계를 따지는 것이 저항권론의 핵심이었다면, 그러한 공권력을 현실적으로 자행하는 군주의 월권을 규탄하려는 것이 폭군론의 중심이었다. 그리고 이 저항권 및 반폭군 사상이야말로 근대국가의 팽창에 따라 비대하여 가던 군주권에 항거하는 보루가 되고 또 피지배자의 반항이론이 되었다. 우선 전제군주 사상에 관련하여 폭군론을 살펴본다.

근대 전기의 폭군론은 세 방면에서 대두되었다. 하나는 도시의 자치권이 빼앗긴 이탈리아의 폭군론으로서 그 핵심은 시민의 자유를 유지하려는 데 있었다. 둘은 신교측이 구교 군주의 압박에 반항하는 이론이었고, 셋은 반대로 구교측이 신교 군주의 압제를 규탄하는 데서 일어났다. 역사의 실정에서 보면 항기로는 독일의 농민전쟁이나 피렌체의 치옴피 란에서 볼 수 있듯이, 농민과 빈가貧家의 격렬한 반항이 있었으나, 그것은 조직적인 정치항거가 아니었던 탓으로 뚜렷한 사상으로는 발전하지 못하였다.

1300년대 말로부터 1400년대에 걸쳐 이탈리아에 성행한 폭군론은 그 핵심이 마키아벨리적인 신흥 군주에 대한 시민의 반항의식으로 나타났다. 가령 이 계통에 속하는 폭군론의 대표로서 골루치오 살루타티의《폭군론》(14세기)과 사소페라토의 바르톨루스가 지은《폭군론》을 참고로 한다면, 폭군은 불법으로 군주가 된 자이거나 또는 불법적인 월권을 자행하는 자라고 규정하고 이러한 폭군을 제거하는 것은 정당하다고 논해졌다. 바르톨루스같은 르네상스 시대의 대 법가는 6~7세기에 걸쳐 교황 직에 재림하였던 그레고리오 1세의 폭군론을 이끌어, 집안을 통솔하고 거느리는 가장일지라도 법에 어긋나면 폭군이요, 가장의 위협으로 공포에서 맺게 된 자식의 비자발적인 약속, 계약 등은 무효라고 주장하여 가부장적인 군주권도 역시 법에 의거해야 됨을 암시하였다.

요컨대 폭군의 특징은 그 지위나 행위가 불법non jure인 점에 있었으며 권력이 합법적이 아닌 경우는 또한 폭력으로 제거하여도 가한 것이라고 인정되었다. 다만 폭군 암살에 대하여는 살루타티나 바르톨루스는 대체로 부정적이었으나, 프랑스 왕이었던 오를레앙 공公 루이를 폭군이라는 명목으로 암살한(1407) 부르고뉴 공公의 행상을 논의한 콘스탄츠 종교회의(1414~1418)의 공기로 보면 폭군 살해는 죄가 아니라는 사상이 상당히 유력하였던 것 같다. 본래 살루타티나 바르톨루스의 폭군론은 '1인의 지배'를 반대하는 이탈리아 자유도시의 전통에서 우러나오는 바로서 이 점에서 밀라노의 전제 군주인 비스콘티가가 피렌체의 자유를 위협하자, 과거의 혁혁한 피렌체시의 자치사를 들어서 애국심을 고취하던 그레고리오 다티의 피렌체사와 레오나르도 브루니의 피렌체 시민사와 정신을 같이 하는 것이었다. 그리고 이러한 도시의 자유를 위한 항거는 마침내 마키아벨리 시대에 이르러 무산되어 버리고 말았다.

한편 신, 구교의 폭군론은 이른바 폭군 방벌론이라 하여 사상사에서 유명한 것인데, 그 동기는 표면적으로는 종교개혁 시대에 빚어진 종교박해에 대한 신교의 자유였다. 원래 중세 이래 30년 전쟁에 이르기까지 유럽에 있어서 기독교는 종교일 뿐 아니라 한 개의 정치이념이었으며 교회는 신앙의 조직일 뿐 아니라 정치권력에 관여된 지배의 터였다. 기독교가 그대로 정치권위의 근거로서 권력구조에 연결되어 있는 한 종교는 곧 정치가 아닐 수 없었다. 따라서 기독교내에 개혁운동이 일어나 마침내 신교세력으로서 각지에 퍼진다는 것은 곧 정치질서에 이변이 생겼다는 것을 의미하였다. 이러한 신구 양교의 갈등을 통한 정치 분규는 16세기 전반기의 프랑스에서 극심하였는데, 당시에 성행한 반폭군론의 요지란 결국 군주권은 신권을 속계에서 대표하는 것이며 신법(자연법)과 계약에 어긋난 폭군에게 대하여는 항거할 권리가 있다는 것인데, 다만 폭군으로 단정하는 방법이 신, 구교가 달라서 구교가 교황의 판정을 좇음에 반하여 신교측은 인민단체universitas populi의 판단으로 결정한다는 것이었다. 이러한 반폭군론의 보기를 들자면, 신교측은 프랑수아 오트만의《프랑코 갈리아》와 유니우스 브루투스의 가명 아래 발표된《폭군반대론》이 있고, 구교측으로는 장 부셰의《앙리 3세 퇴위의 정당성》과 롯소라는 변명變名으로 출판된《주권 중에 존재하는 정당한 기독교국가론》 등이 유명하다. 이 밖에 신구 어느 편에도 가담하지 않은 폭군론으로는 에티엔 드 라보에티의《반일인론》反一人論이 있었다. 이러한 반폭군론은 대개가 중세의 사상가 존 솔즈베리John of Salisbury나, 성 아퀴나스의 항거권론을 원용하여 입론한 것으로서 그 분규 속에는 거문대벌巨門大閥 사이의 반목과 더불어 중산계급의 신흥세력과 귀족지주의 구세력 사이의 치열한 싸움이 겸하여 숨어 있었다.

궁정과 귀족과 서민

전제군주는 중세적이며 또 봉건적인 가부장적인 면도 있었으나 또한 권력정치를 신봉하는 무단적인 지배자의 면이 있었다. 이러한 군왕의 아성이 궁정이요, 따라서 정치는 궁정정치였다. 우선 궁정의 구성 멤버인데, 첫째는 말할 것도 없이 왕과 그 일족이며, 둘째는 그의 총신寵臣인데, 총신 중에는 중산계급 출신의 사신私臣과 이른바 궁정 귀족(또는 승려)이 있었다. 중산계급 출신의 총신은 이른바 신흥 귀족으로서 군왕의 종복에서 유래하는 것이었다. 궁정의 분위기는 가족적인 중세 전통을 지키는 것이 보통으로서, 이 까닭에 궁정을 항용 '왕가'familia regis라고도 불렀으며 궁정정치는 가족정치가 아니 될 수 없었다. 다르장송 후작의 말을 빌면 심지어 "궁녀도 통치에 한몫 끼는" 형편이었는데, 이 궁정이야말로 '나라의 원로원' 격으로서 모든 관직, 대소의 이권, 재정과 군청의 기밀이 여기서 결정되었다. 궁정 내가 가족적인지라 자연히 군왕과 정신廷臣 사이의 관계가 가족적으로서, 비교적 군왕과의 담소가 자연스러웠고 또 식탁을 같이하는 것이 예사였으며, 이것이 궁정의 올바른 생활로 여겨졌다.

궁정의 중세 이래의 분위기야말로 '가족주의, 사정의리私情義利, 수구전통'으로서, 이것으로 인하여 신종臣從과 대신은 물론이요, 일국의 재상에 있어서도 사신私臣의 성격을 띠고 있어서 국사를 보는 것과 군왕의 사사를 보는 것이 서로 구별되지 않았으며, 국가 재정과 군왕 사가私家의 경리經理가 혼동되었다. 심지어 신하는 군왕 사가의 대소사를 건사하는 것이 의당하다고 여겨졌으니 이러한 궁정 유습과 관념이 군왕의 인격적인 전제정치의 성격과 거의 부합하였다. 다만 군왕이 신종臣從에게 궁정 생활에서 가족적으로 대한다는 것은 마키아벨리적 군주사상에서는 '사자의 위엄'을 갖추는 데 불리하다고 느껴지기도 하였던 모양으로, 리슐리외 재상의 《유서》에는 군왕은 모름지기 장엄한 의식과 범할 수 없는 위엄으로써 중인을 대해야 된다고 하였다.

본래 중산계급의 상인常人이 궁정의 총신으로 만기萬機에 참섭參涉하는 일은 근세 전제군주정치의 한 특색이었으며, 그 까닭의 하나는 국사로 다망한 때에 실력 중심으로 인재를 쓴다는 것과, 둘은 신흥자본 계급과 결탁하여 군왕의 전제권을 제어하는 전통적인 귀족과 교회의 세력을 억누르려는 데 있었다고 사가史家는 흔히 말한다. 귀족은 근본이 무사이며 그 재산은 봉지였으며 특권으로는 ① 경례를 받을 권리, ② 전야田野 기타 영민領民의 사유를 사용할 권리, ③ 영지 내의 재판권을 지니고 있는 것으로 알려져 있었다. 그 대신 귀족은 상공업에 종사하는 것이 금지되어 있는 것이 상례로서 그 수입은 다만 지대에 의뢰하는 수밖에 없었다. 그런데 16세기에 있어서 지대는 금납제가 통용되었는데, 공교롭게도 새로 발견된 미 대륙으로부터 막대한 금, 은이 유럽시장에 들어오자 금은화의 가치가 폭락하여 지대에 의거하여 생계를 유지하던 귀족들은 마침내 일대 곤경에 빠지게 되었다. 이 곤경을 군왕은 교묘하게 이용하여 지

방의 명문 귀족 중의 희망자를 궁정에 출사케 하고 그 대가로 거액
의 은급恩給을 하사하였다. 이 은급제에 혜택을 입는 귀족들은 나중
에 궁정 귀족이라는 군왕 측근자의 일단一團으로 바뀌었다. 이러한
귀족의 소임은 대별하여 군무, 행정, 문필이었으며 특히 문신은 군
왕의 권력을 옹호하였다. 장 보댕이 속하였던 이른바 폴리틱Politiques
일파가 가장 좋은 예이리라. 하기는 궁정 중심의 군주세력에 대하
여 영국의 의회, 프랑스의 파리고등법원 같은 군주권에 대한 제한
을 가하는 기관이 없지 않아 있었으나 그것이 실효를 거두게 된 것
은 영국 뿐으로서 대체로는 전제군주권이 압도적이었다. 이러한 정
신廷臣, 귀족의 사상에서 보면 왕위야말로 나라의 자유를 보장하는
힘으로서 "왕권을 지지하는 이유가 바로 자유"였으며(다르장송 후작
의 《정부론》의 벽두문, 1737년경), 또 "국민은 자유를 군주에게 스스로
바치었고"(세낙 드 메이앙의 말), 그리고 "군왕 한 사람 손에 있게 함
으로써 자유는 완성되며, 자유의 진眞의미와 목적이 달성된다"(부사
송 재판소 의견서, 1790)는 것이었다. 영국의 토머스 홉스가 《리바이
어던》(국가론)에서 전개한 군왕의 전제권리론도 결국은 이러한 정
신류의 사상이었다. 그러면 이렇듯 한 군주의 전제권의 가장 무력
한 대상이 된 서민은 지배자의 입장에서 어떻게 보였는가? 본보기
로 일례를 들자면, 앞서 말한 리슐리외 재상의 《유서》에는 서민을
논하기를 백성은 편하고 배부르면 나귀와 같이 게을러지고 복종하
는 것을 잊으니 그들에게는 모름지기 항상 짐을 실리고 부역을 과
하여 진종일 일을 시켜야 된다고 하였다. 당초에 중서衆庶 people, peuple
는 국민nation 속에 들지도 않는 존재로 알려졌다. 국민이란 루소 시
대까지만 하더라도 귀족, 성직자와 일정한 납세를 함으로써 대표를

삼부회에 보낼 수 있는 부르주아에 한하였다. 이러한 일반대중, 그리고 그 대부분을 차지하는 농민은 여전히 대가족제 아래 그리고 볼테르의 말대로 '무거운 세금'과 헤어나갈 수 없는 빈곤 속에 정치의식조차 일으킬 기력이 없는 존재였다. 필자에게 17세기 간본刊本의 과격한 《평화론》이 한 권 있는데, 저자 미상의 프랑스어 본으로서 그 속에는 그치지 않는 전쟁 가운데 허덕이는 농민과 도시서민의 사정이 적혀 있다. 그에 의하면 전쟁터 부근의 백성은 제 나라 군병이 이기든 적군이 승리하든 간에 양편에서 마찬가지로 약탈당하고 여성은 겁탈되고 부역은 그치지 않으니 불쌍한 것은 대중이라고 하였다. 전제군주의 무제한한 권력과 자행은 이러한 빈곤 속에서 저항할 기운조차 없는 봉건적인 대중 위에 성립하였다. 이러한 군주권에 저항한 것은 가장 피해를 입은 대중이 선두가 아니라 바야흐로 권력에 참여하여 가던 중산계급과 귀족이었다는 것은 대단히 의미심장하였다.

2. 근대국가사상의 등장

(1) 양검론의 종말

앞서도 들었거니와 근대국가의 출현은 역사상 어디까지나 유럽세계에서 일어났던 일이며 따라서 그 사상도 자연히 이 유럽 땅의 역사적 환경에서 솟아난 꽃으로서 그 바탕, 그 성질을 알려면 불가불 유럽 역사의 사상적 맥락을 헤아리지 않을 수 없다. 지금 지면이 좁으므로 중세 말, 근세 초의 정치사적 대세, 곧 십자군 원정에 뒤따른 봉건제후의 약화와 군주의 세력 광대, 이것을 밑받치는 사회경제의 변동, 그리고 이른바 대공위大空位(1254~1273)에 따른 신성로마 황제의 위신 폭락 등을 제쳐 놓고 바로 정치사상의 세계로 들어가기로 한다.

본래 중세기 말에 있어서 유럽세계가 지닌 정치의식은 기독교 및 그 교회와 떨어질 수 없는 것이었다. 종교는 단순히 개인의 믿음의 문제가 아니라 정치사회가 그 위에 딛고 서는 발판과도 같은 것이었다. 기독교는 곧 정치권위이며 따라서 정치의 정당 여부를 인증하는 것은 교회였다. 중세기를 통하여 모든 사람이 믿어온 사상에 양검설兩劍說이라는 것이 있었다. 중세적인 관념에 의하면 본시 사회는 단 한 개의 통일체로서 천주님의 뜻으로 존재하는 것이로되 사회의 신앙생활과 교육은 교황이 거느리는 교회에 맡겨서 다스리게 하고, 한편 사회의 질서 및 평화를 유지하는 속계의 일은 제왕에게 맡겨서 다스리게 하시었다는 것이다. 다시 말하자면 죄와 벌, 구혼救魂과 영생을 천주님은 교권이라는 칼로서 교황에게 맡기시고 일반 군사, 행정은 통치권이라는 칼로서 황제와 군주에게 위탁하시었다는 것으로서 5세기 이래 모든 사람이 믿어 온 사상이었다. 이것이 이른바 중세적 정치권력의 이원적 구조라는 것의 사상적 근거였다. 이 사상의 핵심은 기독교사회는 유일 불가분의 것이로되 그 기능에는 둘이 있는 것을 칼에 비유하여 교회와 제왕에게 맡긴다는 것이었다. 그러던 것이 13세기의 인노켄티우스 3세와 같은 교황에 이르러 설사 왕권에 속하는 속계의 일이라 할지라도 그것이 천주님에 대한 죄를 포함할진댄 마땅히 교황이 관여하여야 된다고 주장하였다. 영국왕 존이 파문되고 대헌장Magna Carta의 무효가 선포되는 따위는 그 일례라 할 수 있다. 이러한 조류는 보니파키우스 8세 때에 이르러 사상으로서 절정에 다다랐다.

교황은 연달아 교서를 발포하여 ① 군왕 사이의 조약도 교황의 윤허가 필요하며, ② 군왕 영내라도 교회 재산에 세금을 부과하는 것은 불법이며, ③ '유일성권'唯一聖權 교서Unam Sanctam(1302)에서 보듯이 비록 속계의 지배Dominium는 왕권이라 할지라도 지배를 가능하게 하는 명령권Imperium은 교황에게 있다 하여, 법 왕권이 왕권을 지배한다고 내세웠다. 그런데 본래 과격한 교황권 지상주의는 프랑스 왕 필리프 4세가 왕국 내에 있는 교회 재산에 과세함과 더불어 격화한 논쟁적인 것으로 많은 유력한 신학자가 교황 측에 가담하였으나, 가령 아에기디우스 로마누스의《교권론》, 제임스 비테르보의《기독교통치론》따위. 그러나 결국은 실패에 돌아가고 마침내 교황의 아비뇽 천좌遷座로부터 유수幽囚시대(1309~1376)를 걸쳐 프랑스 왕의 괴뢰 노릇을 하게 되고, 다시 대 분리의 추태를 연출하여 교황의 위신과 더불어 교황권론이 땅에 떨어지게 되었다. 오랫동안 양 검론의 아슬아슬한 균형 위에 유지되어 내려오던 유럽의 정치사상은 이에 이르러 일대 변화가 일어났다. 여기서 그 중요한 대강을 소개하면,

갈리카니즘

갈리카니즘이란 프랑스에서 발달한 사상으로, 프랑스교회 이론으로는 성직은 사도에게서 직접 계승된 바로서 교황에 의거하는 것이 아니라는 자유권 이론이요, 또 정치이론으로는 교황은 왕권에 간섭할 수 없을 뿐 아니라 심지어는 신앙에 관한 일일지라도 왕국

내의 것은 교황도 군왕의 승인을 요한다는 것이다. 이러한 갈리카
니즘은 보니파키우스 8세가 프랑스 왕을 교권으로 억압하려고 하
였을 때 프랑스의 왕과 교회가 같이 협력하던 반항 이론으로서,
1302년에 처음으로 소집된 삼부회는 바로 이러한 반항 이론을 백
성에게 호소하여 그 찬성을 얻자는 것이었으며 또 여러 사람의 학
자가 나섰다. 가령 장 키도르(1269?~1306)의 《왕권과 교황권》을 보
면 왕권은 교황이나 황제에게서 받은 것이 아니라 천주님에게서
직접 받은 통치권으로서, 교황권으로 말하자면 각 교구의 대표가
모여서 이룬 것이야말로 진정한 것이라고 내세웠다. 뿐만 아니라
왕권을 옹호하던 당시의 갈리카니스트들은 왕권을 설명함에 있어
서 대개는 로마법에 이른바 임페리움Imperium(제왕권 혹은 최고명령권)
이라는 개념을 원용하였다. 이 점은 대단히 흥미 있는 일이니, 왜
냐하면 본시 제왕권(신성로마 황제)을 주장하던 제왕측이 내세운 것
도 이 로마의 임페리움 개념이거니와 또 지상권을 부르짖던 교황
파가 원용한 것도 바로 이 임페리움 개념으로서 마침내 군왕권의
독립에도 활용되어 뒤에 나오는 주권 사상에도 한 가닥 영향을 주
게 되었던 것이다. 갈리카니즘 그 자체로 말하자면 원래 로마 가톨
릭의 틀 안에서 교황권을 배제하려는 이론으로서 그 전통은 그 후
교회 회의파 운동의 맹장이었던 파리대학의 장 제르송(1363~1429)
등을 거쳐 17세기에 이르러는 왕권신수론자인 자크 베니뉴 보쉬에
(1627~1704) 등에 의하여 정, 교에 걸치는 통일사상으로 전개되었
다. 그리고 갈리카니즘의 내용인 즉 다른 나라에도 공통되는 바가
큰 까닭에 각국에 영향을 주었으니, 가령 영국의 엘리자베스 여왕
때에 발포된 수장령Act of Supremacy 같은 것도 그 하나라고 할 수 있다.

종교회의파

교황권의 제한과 교구의 독립이라는 점에서 중요한 의미를 가진 것은 무엇보다도 회의파 사상이라고 아니할 수 없다. 이 사상은 궁극적으로 교권은 교회 자체에 있는 것이지 교황에게 있는 것이 아니라는 데서 출발하여 교회 전체의 의사를 각 교구의 대표로서 이루어진 회의체의 결의로서 보려는 것이었다. 회의파 운동은 땅에 떨어진 교권의 위신과 교회의 타락을 바로 잡으려는 운동이었는데 1414년에 열린 콘스탄츠 종교회의의 선포에는 "성신의 이름으로 모이고 가톨릭교회를 대표하는 본 회의는 직접 주께로부터 권한을 받았은즉 성직자는 고하를 막론하고 교황까지라도 믿음에 관한……교회개혁에 복종할지어다"라고 적혀 있으며, 회의파의 사상가인 니콜라우스 쿠사누스(1401~1464)는 "권력은 백성이 같이 동의함으로써 옳은 것"이므로 교권과 제왕권도 그 근본은 동의를 하는 교회와 신하에 있다고 하였다(《교회동의론》).

이 회의파 이론은 그 근거로써 중세기의 대표(위임적인 대표)관념과 중세적 단체이론을 들고 나왔으나 그러나 후세 국가이론에 상당한 영향을 주었다. 이러한 회의파에 가담하면서 한편 황제 선거에 교황이 간섭하는 것을 통격痛擊하고 철저히 (종교로부터의) 정치의 분리를 논한 사람으로 유명한 파두아의 마르실리우스(1290~1343)가 있다. 이 사람은 이른바 제왕파로서 교황권을 통박하였으나, 그 이론의 근거는 그 당시로는 획기적인 것이 있었다. 마르실리우스는 이븐 루시드(스페인의 아랍학자. 아리스토텔레스 주해자, 철저한 이성주의로 저명) 류의 아리스토텔레스의 설을 원용하여, 신법을 불가지로 보고 이성법만을 사람이 알 수 있는 것으로 주장한 다음, 나라의 법

을 세우는 것은 백성이며 그 법의 근원은 사회_{universitas}에 있는 것이
지 신에 있는 것이 아니라고 단정하였다. 정치의식의 근저에 놓여
있었던 하늘의식에 일격을 가한다는 것은 당시로는 파천황破天荒의
신사상이 아닐 수 없었다. 이 밖에 같은 회의파 사상을 지닌 사람으
로 같은 제왕권의 옹호자로 또 오컴의 윌리엄(1290?~1350?)이 있다.

종교개혁파

회의파가 구교의 테두리 안에서 교황권을 제한하고 교회를 개혁
하려는 것에 대하여 종교개혁운동은 구교 자체의 교리를 비판하
고 구교회의 권위 그 자체를 의심하는 것이었다. 이러한 신교운동
은 구교적인 전통 속에 깃들어 있던 정치의식에 불을 지르는 것과
도 같은 구실을 하게 되어 마침내 근대로 넘어 오는 최대의 진통이
되었다. 지금 이 신교운동의 정치사상 면面을 살피건대 거기에는 몇
가지 갈래가 간취된다. 무엇인가 하면, 첫째는 독일의 루터 등의 사
상이요, 둘째는 스위스, 프랑스, 영국, 네덜란드의 각지에 퍼져 나
간 칼뱅(혹은 칼뱅)교, 그리고 셋째는 재세례파나 후스 등에서 엿보
이는 사상으로 농민폭동과 관련 있는 것을 들 수 있다.

ㄱ 마르틴 루터가 신앙의 근거를 개인의 양심에 두고 재래在來의
위계적인 교회 권위에 항거한 것은 역사상 유명한데, 이렇듯이 개
인 양심을 위주하여 직접 성경에 따라 신앙을 결정한다는 것은 결
국 개인을 단위로 하여 신앙을 헤아리는 것으로서, 이것은 후세에
막대한 영향을 끼쳤다. 왜냐하면 중세의 온 동안을 통하여 모든
사회의식은 그것이 개인이 아니라 가족, 단체, 조합 같은 집단을 매
개한 점이 특징이었다. 그러므로 비록 신앙에 한하는 것이라 하더

라도 이러한 신앙상의 개인 표준은 신교의 확대에 따라 모든 사회
사상에 적용되고 나아가 개성의 재발견이라고 불리는 휴머니즘의
풍조와 더불어 유럽의 개인주의적 사상에 커다란 자취를 남기었다.
그러나 루터 자신의 정치사상은 그의 종교이론과는 달라 군주권에
무조건 복종을 (독일 귀족에게) 권고하고, 군권의 정당함을 논하여
군주의 권력을 옹호하였다. 이 때문에 그가 농민폭동에 대하여 군
주 측에 붙은 것은 사람에게 회자된 일이다.

　ⓛ 칼뱅주의는 성경의 신 해석에 따라 믿음의 구원은 모든 사람
이 아니라 하늘이 택한 선민에게만 허용되는 것이며, 속계는 신앙
과는 별 것이로되 단지 신앙생활을 돕는 것이 올바른 통치이며, 신
도는 군주에게 복종할 것이로되 만일에 신앙을 장해하는 정치는
올바르지 않은 통치로서 저항이 가한 것이라고 인정되었다. 다만
칼뱅교는 장로에 의한 지도자 조직으로서 나쁜 정권에 대한 저항
도 교단 전체로서 지도자 밑에 행하여야 되는 것이었다. 칼뱅교는
루터와 같은 신앙의 개인적 판단은 들어갈 여지가 없는 것이며 이
점 차라리 중세적이기도 하고 또 한편 스위스의 칸톤에서 볼 수 있
는 민회의 사상이 혼입된 자취가 없지 않으나, 신앙의 자유를 위한
저항권 사상은 후대에 커다란 영향을 주게 되었다.

　ⓒ 제세례파(어릴 때의 세례는 무의식인지라 커서 다시 받아야 된다 하
여 이 이름이 있음)는 스위스의 츠빙글리 파에서 흘러나온 교파로되,
츠빙글리와 다른 점은 칼뱅교와 같이 정교를 분리하되 신앙의 근
거를 철저히 개인의 마음속에서 구하고 모든 외적인 권위 곧 구교
의 위계, 군권 등을 인정하지 아니하는 것이었다. 또 콘스탄츠 회
의에서 이단으로 몰려 불에 타서 죽은 얀 후스(1369?~1415, 보헤미아

인)는 영국의 존 위클리프의 영향 아래 구교의 부패와 타락을 공박하고 그리고 구교만의 교회라는 관념을 비판하여 신도 전체의 조직이 교회라고 주장하였다(《교회론》). 그의 사상은 민족적 색채가 농후하며 그 이론은 나중에 루터가 전개한 신앙론과 유사한 대목이 많았다. 후스의 영향은 보헤미아 지방의 시민과 농민 사이에 크게 미쳐 후스가 죽은 후로는 유명한 후스 교도 반란이 발발하여 수년을 끌었다.

이상에서 대체로 교황권과 교권의 쇠퇴를 중심으로 논술하였거나와 이렇듯이 기독교사회의 한 칼이었던 교권이 점차로 그 세력을 잃게 되었다는 것은 근대국가 사상이 발생하는 데 중대한 계기가 되었다. 왜냐하면 근대국가 사상은 무엇보다 먼저 단일한 정치사회 안에 있어서의 배타적인 유일한 공권력의 존재를 전제하는 것이매, 만일 로마나 아비뇽에 있는 교권이 나라 안의 신도와 교회 및 그 재산의 관리를 별개의 법에 의하여 지배하고 그리고 정치권력의 정당성을 빙자하여 공권의 법 여부를 판정한다면, 그 곳에서는 근대국가 사상이란 여지가 없던 까닭이다. 그러므로 교권이 바야흐로 쇠잔하고 마침내 군왕의 절대권이 나라 안에 이룩되었다는 것은 바로 근대국가 사상이 형성되는 제일보라고 할 만한 것이었다.

(2) 주권개념의 형성(상)

중세기의 유럽 사람들은 유럽을 단 한 개의 기독교사회로 보고 이 사회를 지배하는 대권에는 교, 속의 양검이 있는 것으로 여겼다. 근대국가의 출현은 이러한 이원적인 지배를 타파하고 세속적인 세계

만을 정치사회로 간주함으로써 왕권만을 유일무이한 통치권으로
인정하게 되었다. 그런데 왕권은 현실적으로는 군주 개인의 권력으
로 행세되기도 쉬웠으며, 또 앞서 전제군주사상에서도 적은 바 있
듯이 중세적인 가부장권의 관념과 더불어 강력한 통일권력에 의거
하려는 경향도 있어서 주권을 군주의 인격 속에서 찾으려는 무리
도 또한 없지 않았다. 이러한 사태는 군주의 종교와 교파를 달리하
는 신앙에 크나큰 위협이 아닐 수 없었다. 뿐만 아니라 교권과 제왕
권을 배제하고 바야흐로 전국시대의 험한 국제관계로 들어가던 근
대 초에 있어서 군주권의 확립은 비단 군주 자신의 능력뿐만이 아
니라 왕국 내의 모든 신하의 협력—교회, 정신 그리고 특히 새로운
세력으로 나타난 시민들의 협력—위에 이루어진 것이었다. 따라서
군주권이 다만 제멋대로 행하는 군주 개인의 권력으로 인정된다
는 것은 도저히 생각하기 어려운 일이었다. 그러나 이것보다 더 한
층 중대한 일이 발생하였다. 무엇인가 하면 기왕에 있어서는 통치
와 법의 근거는 로마법사상을 가미한 교회이론에 있었다. 천주님께
서 다스리되 한 칼을 교황에게 맡기셨고, 한 칼은 제왕에게 주셨다
는 것이었다. 그런데 군주의 절대권을 주장한다는 것은 바로 이러
한 신학이론을 포기하는 것이며 동시에 교권과 제왕권에 의거하지
않는 새로운 근거를 내세우지 않으면 아니 되게 되었다. 현실적으
로 군주의 절대권은 성립되었으되 그것을 밑받치며 일국의 단결을
반석 위에 놓아주는 '정치의 정당권'은 채 완성되지 못하였다. 이러
한 긴급하고 또 간절한 요구에 응하여 나타난 사상 중에 으뜸가는
것이 바로 주권 사상이었다.

주권이론의 배경

근대국가 사상은 근대국가에서 일어난 사상이려니와, 지금 역사의 현실에서 보면 근세 초의 유럽 각국은 한결같이 중세적인 굴레를 박차고 근대국가로 등장한 것도 아니거니와 또한 근대국가로 옮겨가는 첫째 단계로 강력한 군주가 나온다는 것이나마 각국이 같았는가 하면 물론 그렇지도 아니하였다. 주권론을 처음으로 정제하였다는 프랑스의 장 보댕(1530~1596)에서 보면《국가론》제9장), 주권국가가 봉건적인 제후, 부용국附庸國 등과 구별되는 점을 세세히 열거하였는데, 그 나머지 현실적으로 주권국가라고 부를 수 있는 나라로서는 프랑스, 스페인, 영국, 스코틀랜드, 이탈리아 도시국가 몇 개와 모스크바 공국, 에티오피아, 타타르, 페르시아 등등을 꼽았다. 그런데 여기서 동방의 나라와 에티오피아 및 단순한 유럽세력으로 볼 수 없는 모스크바 공국을 빼놓으면, 유럽의 주권국가는 영국, 프랑스, 스페인, 이탈리아 도시국가, 스위스의 칸톤 등인데, 또 그 가운데서 강력한 군주국가를 들면 결국 영국, 프랑스, 스페인의 3개국에 그치게 된다. 따라서 근대국가 사상의 핵심을 이루는 주권 사상이라 하여도 구체적으로는 이 3개국 곧 영국, 프랑스, 스페인에서 발달하여 나온 사상이 중요한 것이었다. 다만 여기서 우리가 잊어서는 아니 될 바가 있다. 무엇인가 하면 하나는 이탈리아 도시국가의 사상이요, 둘은 주권이론을 담당하는 지식인의 성격이었다.

㉠ 이탈리아의 법학자　르네상스기의 이탈리아는 세상이 알다시피 고전문화의 부흥지였다. 그런데 이탈리아는 이밖에 중세기 말을 통하여 로마법, 교회법의 중심지였다. 뿐만 아니라 이탈리아의 도시국가는 본시 공화제의 나라로서 그 생활의 기반도 대륙국가와

달라서 농업 아닌 상공이 주되는 곳이었다. 이러한 환경에서 이탈리아 학자 사이에 중세 말부터 독특한 왕권론이 벌어졌다. 가령 당시 유럽 천지에 명성을 떨치던 바르톨루스(1314~1357)나 그의 제자인 발두스 데 우발디스(1317~1400) 같은 사람은 로마법의 견지에서 "왕국 내에 있어서의 왕권은 지상"이라는 명제를 내세웠다. 이보다도 앞서 마리누스 데 카리마니코(1290년경 시칠리아 국 재상)는 왕에게 대권plena potestas이 있다고 주장하고 제왕에 따를 아무런 이유가 없다고 논하였다. 이러한 이탈리아 법학자의 사상은 급속히 유럽 일체의 학자 사이에 퍼지고 나아가서는 교황, 제왕, 군왕이 모두 그 이론의 일면을 이용하게 되었다. 왜냐하면 바르톨루스의 왕권이론에 왕권의 불가양, 불가분권이 포함되어 있던 것인데, 이것은 교황, 제왕, 군왕에게는 모두 이용가치가 풍부하게 보였다. 당시 교황의 입장으로는 교권의 위임이라는 명목 아래 교구가 독립하려는 것을 막아내는 이론으로 써졌고, 또 제왕은 왕들이 제왕권과 같은 왕권을 행사하고 왕령王領을 제왕권에서 벗어난 왕령으로 인정하려는 경향에 대하여 제왕권의 불가분, 불가양이라는 점에서 그것을 억누르는 데 사용하였고, 그리고 군왕은 제후, 귀족이 봉지의 소유를 주장하고 다른 왕과 황제 및 교황에게 충성하려는 태도에 대하여 똑같이 지상권은 불가분, 불가양이라는 이론으로 그것을 억압하려고 하였다. 따라서 이러한 이탈리아 법학자들의 불가양, 불가분의 지상권(왕권)사상은 현실적 가치와 학리學理를 통하여 유럽 일체에 퍼지게 되었는데, 이것이 근대주권이론 형성에 한 요소로 남게 되었다.

ⓒ 지식층의 국제적 교류 근대 초의 정치적 대세가 각국별로 세력

이 통일되고 바야흐로 국민의식이 조성되는 데 있었음에 반하여, 유럽의 지식인은 거의 유럽사회의 국제인으로 행세하였다. 근대에 들어와서 인쇄술의 발달로 말미암아 지식의 유포가 가속도적으로 늘었거니와, 각국의 문화면을 담당하고 정치이론을 소임으로 하는 지식인은 그 출신이 거개가 신학자, 법학자 혹은 정신延臣으로서 그 교양의 근거는 중세 이래의 교회법과 로마법 그리고 16세기를 휩쓴 그리스, 로마의 고전 지식이었다. 따라서 유럽 일체의 지식인은 같은 교양인으로서의 공동의식을 가졌으며, 또 비록 모국어는 서로 달랐으나 라틴어라는 동문同文을 통하여 그 사상이 빈번히 교환되고 퍼지는 형편이었다. 이 까닭에 유력한 나라에 주권론이 전개되면 곧 그것은 유럽 일원에 퍼져 나가고, 그리고 그 이론 속에 잠겨 있는 지역적인 개별성이 무시되고 거연히 일반이론으로 통용하게 되었다.

역사적인 주권론의 형성

근대국가의 주권론이라고 하자면 역사의 현실에서는 영국, 프랑스, 스페인의 세 나라가 그것을 전개할 입장에 있었던 것은 이미 들은 바와 같다. 그 중에 있어서 스페인은 제왕권 내지 교황권과 충돌할 기회가 적었으며, 또 성 아우구스티누스 사상의 압도적인 영향 하에 있었던 관계로 하여 강력한 주권의 주장으로서의 주권론은 그리 크게 발달하지 못하였다. 이 점에서 보면 주권론은 똑같이 그 나라 고유의 전통과 아울러 앞 절에서 풀이한 바와 같은 국제적인 불가분, 불가양의 지상권 사상과의 혼합으로 나타났다.

　㉠ **왕위권**　영국, 프랑스의 두 나라에는 프랑크 왕국의 옛날부터

이른바 왕위권Couronne, Crown의 사상이 있었다. 임금이 임금인 것은 왕가의 왕위권을 계승한 탓이요, 왕위권은 온 겨레가 따르고 받들어야 하는 신성불가침의 성권聖權으로 인정되어 왔다. 따라서 군왕의 통치가 정당한 것은 곧 이 왕위권에 알맞은 탓이며, 이 왕위권은 겨레가 지니고 내려오는 조상 이래의 관습법을 법으로 서있게 하는 연원으로 안정되었다. 하기는 프랑스에서 보면 왕권은 과연 조상 이래의 기본법lois fondamentales을 위배할 수 있느냐 하는 논의가 나온 일이 있었다. 또 영국에서 보면 "군왕은 법률 아래 있다"는 헨리 드 브랙턴(1268년 사거)의 명제가 타당한 듯이도 보인다. 그리고 게르만법에 의하면 왕은 관습법을 따라야 한다고 되어 있다. 이러한 사상은 틀림없이 중대한 영국, 프랑스의 전통이 있다. 그런데 한편 중세 말에 유행한 로마법의 명제는 제왕은 그 자신이 살아 있는 법이요, 법은 제왕이 만든 것이라고 간주되었다. 그렇다면 게르만법의 법 관념과 로마법의 법 관념은 정면으로 충돌하지 않으면 아니될 것이었다. 이러한 사상상의 모순을 해결하는 것이 바로 왕위권의 개념이었는데, 왕위권이야말로 왕국의 으뜸 되는 법이요 또 동시에 지상권이라는 것이었다.

그런데 이러한 왕위권은 군왕의 계승자가 왕위에 오름으로써 전승된다고 여겨졌는데, 여기에 있어서 한 가지 주목할 바는 이 경우에 있어서 군왕이 왕위권을 남용하여 전통의 법을 무시하고 신하의 권리를 유린하고, 나아기시는 기독교 군주로서의 의무와 책임을 저버리는 일이 없도록 하기 위하여 한 가지의 중요한 의식을 왕위 계승에 붙여 놓았다. 이것이 바로 선서Le Serment du Sacre(oath)의 의무였다. 군왕은 선서를 통하여 선조 전래의 관습과 민복을 유지하고 증

진할 것을 공약하였다. 뿐만 아니라 관습법의 해석이 애매해질 때
에는 그 적용을 위하여 새 법을 마련하는데, 그때에도 선서의 양식
을 취하였다. 그러므로 가령 엘리자베스여왕 때에 국권법이 공포
되었다면 이후의 군왕은 계승 시에 마땅히 국권 옹호의 선서를 하
게 되는 것이다. 또 유명한 보댕의《국가론》가운데 전개된 주권론
에 있어서 주권자는 아무런 법의 제약도 받지 않는다고 하면서도
단지 자연법과 더불어 신하 및 타국과 맺은 공약은 위배할 수 없다
고 하였는데, 이 공약을 어기지 못한다는 것은 선서를 왕위권(나중
에 주권 관념으로 변함)의 중요한 요소로 보는 전통에 충실한 것을 말
하는 것이었다.

ⓛ 왕의 선서 본래 왕이라는 인격이 왕위라고 하는 신비롭고도
상징적인 나라의 대권에 향하여 하는 것이었다. 이 선서라는 양식
은 물론 왕위에 대한 선서일 뿐 아니라, 중세기 봉건사회의 핵심
적인 양식으로 주도의 계약이나 제왕, 교황에 대한 충성 표시도 모
두 선서라는 형식을 취하였다. 그러나 나라 안에서 볼 때에는 신하
가 법의 보호를 받게 되는 것은 단순히 관습법이 조상 때부터 있다
는 사실만이 아니라 이러한 관습법을 있게 하는 왕국의 대권, 곧 왕
위권에 그때그때의 군왕이 귀의한다는 점에 있었다. 따라서 군왕
의 행동 자유를 위하거나 절대적인 권력을 위하여서는 이 선서에
잡히지 않는 방식을 연구할 것이며, 역으로 신하의 입장에서는 인
격적인 군왕의 자의 밑에서 억압되지 않으려면 선서와 선서의 전
통을 높이 쳐드는 수밖에 없었다. 이 까닭에 공권이론으로 발전하
는 주권 사상은 현실적으로는 절대군주라는 힘의 출현을 계기삼아
한 발로 높이 비약하였거니와, 한편 나라 안에 있어서는 왕위권에

대한 군왕의 관계는 마침내 주권의 내용조차 다르게 하는 면이 있었다.

가령 프랑스에서 보면 선서를 왕위권 관념에 의하여 군왕의 현실적 권력을 제한한다는 면보다 오히려 군왕의 절대권을 조장하는 면에서 이용되고 또 도움이 되었다. 보기를 들면, 루이 6세와 필리프 위엄왕 같은 군왕은 왕태자로 하여금 선서를 등위登位 전에 부왕에게 하게 하는 데 성공하였다. 현왕을 왕위권의 상징으로 보고 왕태자로 하여금 미리 부왕에게 선서케 한다는 것인데, 이것이 군왕의 절대권을 도울 것은 의심할 여지도 없다. 왜냐하면 왕태자가 왕위에 오를 때는 부왕이 사망한 후일 것이며, 따라서 선서의 상대가 없어졌으니 선서에 잡힐 필요가 없다는 논법이 있는 까닭이다. 프랑스의 군왕은 이러한 방식에 의하여 군왕의 실력에 부합되는 절대권을 얻게 되고 왕권에 대한 전통적인 제한을 끊어버리고 말았다. 그리하여 프랑스에 있어서는 영국과 달라 삼부회나 파리의 고등법원Parlement이나 모두 왕의 자문기관이라는 지위를 벗어나지 못하였다. 따져보자면 진정한 의미의 절대군주 사상이란 결국 근대 프랑스의 사상이며 또 프랑스의 정신廷臣, 귀족에 의하여 처음으로 지상, 최고, 불가분, 불가양의 주권론이 전개된 것도 우연한 일이 아니었다. 이 점에서 보면 스페인의 왕권사상은 엑시메니트(1416년 사거)나 시스네로스 재상, 데 비토리아에서 보듯이 게르만적인 왕위권 사상이 존재하지 않았던 까닭에 이로 인하여 군왕의 절대권은 오직 신법과 자연법에 의하여 해석되었다.

이에 대하여 영국에 있어서는 군왕의 선서를 통하여 군왕권이 제한된다는 사상과 전통은 오래 끊임없이 계속되었다. 본래 영국

에는 국사를 군왕이 법정Curia regis과 공동으로 결정하던 유래가 있
거니와 군왕이 선서를 어기면 곧 분규가 발생하였다. 가령 에드워
드 2세와 같이 선서를 위배하였다고 하여 신하와 분규를 일으킨 예
로부터 대헌장 사건(1215)과 같이 존 왕이 선서로서 확인한 귀족의
권리를 유린하였다 하여 귀족이 항거한 것은 유명한 일이다. 따라
서 영국에서 발달한 의회는 군왕의 단순한 자문기관이 아니라 왕
위권Crown의 한 속성으로 간주되었으며 왕권이 왕위권에서 유래하
는 것과 마찬가지로 직접 왕위권에서 내려온다고 여겨졌다. 그러
므로 영국에 있어서의 주권 관념은 프랑스에서 발달된 주권론과는
같을 수가 없었다.

　이렇듯이 근대국가의 주권론에는 두 개의 조류가 생기고 그것이
끝내 같이 명맥을 유지하였다는 것은 아주 중요한 의미를 갖는다.
이러한 견지에서 보면, 근대 초의 프랑스파의 절대주의 주권론이
유럽 일체를 휩쓴 것은 실상 근대 전기에 있어서의 프랑스 패권시
대를 상징하는 것이요, 또 근대 후기에 이르러 영국의 국체 관념이
유럽을 휩쓸게 되는 것은 영국의 패권과 밀접히 관계되는 것이다.

(3) 주권론의 형성(하)

본래 주권 사상은 영국, 프랑스 같은 나라를 중심으로 발달한 것이
거니와, 그 근본은 앞에서 풀이한 바와 같이 영국, 프랑스의 전통적
인 왕위권 사상과 로마법에서 유래하는 제왕권 사상Imperium이 서로
얽혀서 이룩된 것이었다. 그리고 이러한 사상은 영국, 프랑스의 군
왕권이 점차로 강대하여지고 마침내 교황과 제왕의 간섭을 배제하
여 단일한 통일 왕국을 유지하려는 마당에서 활짝 꽃피었던 것이

다. 그런데 주권 사상의 골자는 첫째로는 밖으로 교권에 의한 교황의 간섭 같은 것을 배제하고, 둘째로는 나라의 질서가 잡히는 데 필요한 통일적인 정치권력의 성격과 나아가서 그 권력의 근거가 어디 있는가를 밝히려는 데 있었다. 이러한 사상은 구체적으로는 ① 로마교황의 국제적 권위와의 논쟁, ② 나라 안의 분열적인 파벌적 세력(교, 속)과의 투쟁, ③ 과연 주권의 원래 담임자는 누구냐 하는 문제를 에워싼 논쟁 등 진실로 험하고 억센 논쟁적인 분위기에서 자라났던 것이다. 뿐만이 아니라 주권 사상 자체가 각 나라의 절대독립을 주장하는 것인 만큼 따라서 개별 국가의 특수한 정치상황이 이러한 주권론에 예민하게 반영되었다. 우선 주권 사상이 먼저 발달한 프랑스 그리고 영국에 있어서 서로 같이 공통되고 또 마침내 모든 주권 사상에 한결같이 통용하게 된 사상을 따져 본다.

곧 진정한 독립국가란 남의 지배나 간섭을 받지 않는 것은 물론이요 어떠한 종류이든 간에 종속관계에 서지 않는 나라여야 된다는 관념이다. 남에게 대한 절대적인 독립, 말하자면 한 나라 안에서는 단 하나의 정치권력과 법이 독점적이며 배타적으로 통용되어야 된다는 것이 진정한 나라의 성격이라고 여겨지게 되었다. 이러한 유일한 정치력과 한 가지의 법질서만이 적용되는 나라가 바로 주권국가이고 또 이러한 나라의 법과 질서를 가능하게 하는 나라의 근원되는 힘이 다름 아닌 주권이었다. 주권은 나라 안에 있어서 지상, 최고인 동시에 남의 나라에 대하여도 지상, 최고의 독립체라는 관념이 나타난 것이었다. 근대 초에 가장 체계 있게 주권 사상을 전개하였다는 프랑스의 보댕의《국가론》제1권 제9장을 들자면, 주권국가의 성격을 구명하는 나머지 봉건제후의 바탕을 분석하고 또 로마 교황과 신성로마 황제에게 귀의하는 제국의 모습을 열거하였는데, 마침내 이따위 나라나 제후는 도저히 주권국가라고 부를 수 없다고 단정하고 겸해서 주권국가의 주권은 남에게 대하여도 유일, 지고해야 됨을 밝히었다. 이렇듯이 주권국가는 아무런 상위의 법이나 권위를 인정하지 않는다는 것은 사실로서는 이미 프랑스의 필리프 4세 및 영국의 헨리 8세가 강행한 바로되, 사상으로 보더라도 중세의 종말을 고하는 파천황의 신사상이었다. 이러한 사상은 나중에 거의 모든 나라가 채택한 주권 사상의 공통적인 면이었다.

이에 대하여 나라 안의 유일무이한 통일적인 권력으로서의 주권 사상에는 초기에 있어서는 치열한 항거가 있었다. 즉 한편으로는 주권을 현실적으로 집행하던 군왕이 소속하는 교파(기독교)와 서로 교파를 달리하는 일부 신민의 신앙의 자유라는 문제를 둘러싸고 통일적인 정치권력에 대한 격렬한 반항이 있었으며, 또 다른 한편으로는 전통적인 향촌의 자치권과 이와 손을 잡은 귀족의 꾸준한 저항이 있었다. 이 둘은 모두 주권 사상이 전제군주의 정당화 사상으로 있었던 당시부터 중대한 시련으로 나타났으며, 전자는 저항권이론의 실마리가 되고 후자는 지방자치권 및 나중의 연방주의의 주권이론에 투영되었다.

그러면 초기 주권론의 주장은 어떠하였던가. 다시 전형적인 주권이론으로서 보댕을 들어 살펴본다. 앞서든 《국가론》 제1권 제8장에 보면, 그는 주권이라는 것을 나라 속에 내재하는 절대적이며 항구적인 힘이라고 규정하고 있다. 그리고 주권을 행사하는 주권자의 여러 가지 성격을 들었다. 가령 주권자는 법을 제정하고 또 세울 능력이 있으되 그러나 스스로는 법에 구속되지 않는다고 하였

다. 보댕에 있어서는 주권자는 군왕이었은즉, 말을 바꾸자면 군왕
은 법을 제정하기만 하지 그 법에 구속되지는 않는 법 초월적인 존
재라는 것이다(로마법의 제왕권 사상). 이 점에서는 주권자는 가위可謂
절대적이라고 해도 과언이 아니며, 영국의 토머스 홉스(1588~1679)
같은 사람도 주권자로서의 군왕의 지위를 이렇게 보았다(《리바이어
던》, 1611). 다만 보댕에 있어서의 예를 들자면 주권자는 법에 구애
되지 않는다고는 하나 제한이 없는 바가 아니어서 자연법은 물론
이요 심지어는 "왕국의 국체와 그 건립에 관한 법, 그리고 왕위권
la Couronne에 관계된 법, 말하자면 살리카 법(중세기 프랑크 계의 하나
인 살리족의 법, 중세기 게르만 법계의 중요한 법으로서 독일, 프랑스의 중세
법 중의 기본법) 같은 것은 군왕이라도 어길 수 없다"고 하였다(《중
세 이래의 왕위권 사상을 계승하는 논법》, 1583, 프랑스어본 137면). 이 뿐만
이 아니라 또 주권자가 다른 나라의 주권자와 맺은 협정 그리고 제
나라 신하에게 선포한 공약은 준수되어야 한다고 여겨졌다(로마법
의 계약사상과 게르만법에서 유래하는 왕의 선서사상이 혼합되어 있는 예. 보
댕은 본래 법학도로서 국가론도 그의 법론의 하나였다). 이 밖에도 주권자
가 좇을 법으로서 만민법을 들었는데, 만민법을 오늘날의 국제법과
는 달리 자연법의 하나로 간주하던 당시로서는 그것은 두말할 나
위도 없는 당연한 논리였다. 그러나 이러저러한 제한은 따져 보면
중세적인 전통이나 타성적인 중세적 법사상일 따름이요, 주권론의
핵심에서 보자면 결국 지고 절대하고 유일무이, 불가양, 불가분하
며 항구 영원의 주권이 있다는 것이 중요하였다. 같은 보댕 책의 제
1권 제10장에는 주권의 속성으로서 선전포고 및 강화체결권, 관리
임명권, 최고재판권, 조폐권, 관세권 따위를 끄집어 대었으되 이러

한 모든 기능을 포함한 으뜸 되는 것으로 또 입법권을 적어 놓았다. 이 독점적인 입법권과 단 한 개의 법질서가 나라 안에 배타적으로 통용하게 하는 힘이 바로 근대주권 사상이 지닌 통일적인 정치권력 사상이었다. 그러나 이보다도 더 한층 커다란 문제를 일으킨 것이 앞서 든 원임자原任者의 문제였다. 다시 말하자면 이러한 지고절대의 주권을 가진 자는 과연 누구이냐 하는 까다로운 문제이다. 이 주권의 원임자를 어떻게 보느냐에 따라 ① 군주주권설, ② 신권설, ③ 인민주권설(혹은 국민주권설)이 나오고 근대 후기 특히 19세기에는 국가주권설, 법주권설 등이 잇따라 나타났다.

군주주권설

앞서 이끈 보댕과 영국의 홉스 같은 사람을 보기로 들면, 그들은 다 같이 주권은 군왕에게 있다고 생각하였다. 보댕은 교파 싸움에 나라가 내란지격에 허덕이던 16세기 중엽의 프랑스를 구하기 위하여 교파를 초월한 왕권을 내세운 이른바 폴리틱 파에 속한 정신廷臣이었다. 그는 주권의 원래 담임자가 하나냐 소수냐 혹은 다수이냐에 따라 군주제, 귀족제, 민주제가 된다고 생각하여 전통적인 정체 분류를 합리화하고, 이 가운데 있어서 가장 택할 만한 것은 군주제라고 하여 정신다운 어용성을 발휘하였다. 홉스의 경우는 보댕과는 이론이 매우 다르다. 그의 생각을 따르면, 애초에 백성은 임금과의 계약에 의하여 절대적인 통치권을 무조건 임금에게 양도하였으니 백성은 다만 복종할 뿐이라고 한다. 이러한 군주주권설은 오늘날의 표준으로 적이 못마땅한 구석이 있지마는 16~17세기에 있어서 자칫하면 파쟁 싸움에 혼란을 가져오고 걸핏하면 중세적인 모럴, 전통적인 사회구조를 고집하는 경향에 대하여 이것을 강력히 근대화하는 데 공헌한 바 구실은 적지 않은 것이 있다.

신권설

군주주권설조차도 주권의 공권적인 성격을 모르는 새에 군주 인격에 붙는 사권으로 바꾸어 놓을 위험이 있었던 것인데, 이 신권설에 이르러서는 주권을 묶어다가 중세기의 신법사상에 집어넣은 감이 있는 시대 역행적인 면이 있었다. 가령 루이 14세의 우상화를 가져온 자크 베니뉴 보쉬에(1627~1704)에 의하면 세상의 만사는 천주님이 다스리는 바로되, 인간세계는 원죄를 저지른 후로는 감정에 사로잡히어 서로 다투고 서로 잡아먹는 무법의 천지가 된 것으로서 이러한 무법을 막는 것은 오직 권위며, 이 주권적인 권력을 신이 직접 군왕에게 맡기었다는 것이었다. 이 까닭에 군왕은 비록 신의神意를 따라 백성을 위하고 또 무시할 수 없는 오랜 법(기본법)이 있는 것을 인정은 하되, 그러나 가령 군왕이 난폭하고 자행이 심하였다 할지라도 그렇다고 백성은 반항할 것이 아니라는 것이었다(《성서 정해正解에 의한 정치론》, 1709).

인민주권설(국민주권설)

신권론이 차라리 중세적이요, 군주주권설이 근대 초의 환경에서 이룩되었다 하면 이 인민(국민)주권설은 후기 민주주의 사상으로 넘어가는 다리와 같은 점이 있었다. 그렇다고 해서 인민주권설은 근대에 돌연히 피어 나온 사상은 아니었다. 원래 중세의 사상 중에는 사회societas, 공동체universitas, 단체communitas의 관념이 있어서 왕권은 이러한 인민사회, 인민단체의 동의에 의하여 정당한 것이 되었을 뿐 아니라 그 권력의 근거조차 사회 또는 단체에 있다는 사상이 있었다. 저 유명한 파두아의 마르실리우스(1290?~1343?)의 《평화의 옹호자》에 보면, 법을 제정하는 입법권을 보유하는 것은 인민이라는 사상이 있는데, 이 인민사상 같은 예도 따져보면 이러한 중세기의 인민단체, 인민공동체 사상에 유래하는 점이 있다. 이러한 공동체, 단체로서의 인민의 동의설은 또한 계약관념으로 표시되어 나중에 인민주권 이론의 계약사상으로 꽃피기도 하였다. 이러한 종류의 중세적 전통은 또 다시 근대 초의 영국 같은 데서는 군왕권에 대한 의회의 동의권으로 발달하였다. 다만 중세의 전통으로 말하자면 이러한 인민사회, 단체의 계약 또는 동의도 신법에서 유래되는 것으로 간주되었거니와, 근대 초에 이르러서는 그 이론의 근거가 바뀌어 국가 성립에 앞서 있었다고 생각되는 자연상태를 가정하고 그 자연상태에서 인간사회가 마련되고 또 지배, 복종의 정치관계가 이룩되었다고 보는데, 이것들이 모두 자발적인 계약으로 이루어졌다고 여겨지게 되었다. 이리하여 계약에 의하여 무제한한 지배가 승인되었다는 홉스의 군주주권 사상도 나왔거니와, 한편에서는 존 로크(1632~1704, 영국인), 요하네스 알투시우스(1557~1638, 독일인), 바뤼흐 스피노자(1632~1677, 네덜란드인)에서 장 자크 루소(1712~1778, 제네바 출생의 프랑스인)에 이르는 수많은 사상가가 대표하듯이 인민은 주권을 양도한 것은 아니며 따라서 통치를 위탁하였을 뿐이지 주권자는 어디까지나 인민이라고 주장하였다. 다만 영국에 있어서는 왕위권 사상이 줄기차게 계속된 관계상 왕권을 인정하되 이 인민주권설을 가미하여 '의회에 있어서의 왕권'이라는 묘한 이론을 발달시키게 되어 마침내 이른바 의회주권설이라는 사상을 확립하였다. 그런데 이 인민주권설의 인민은 구체적으로는 근대로 들어서면서 갑자기 힘차게 일어서는 부르주아 계급의 이념이며 이 부르주아 계급의 강화와 더불어 이 사상도 굳건히 자라나와 드디어 영국의 명예혁명과 프랑스의 대혁명을 통하여 개가를 올리게 되었다.

(4) 자연법 사상과 저항권리론

근대 전기 유럽의 정치사상을 헤아림에는 근대국가 사상이 으뜸이요, 또 근대국가 사상을 따지려면 우선 그 주권 사상을 들지 않을수 없고, 그리고 주권 사상에 있어서는 인민주권 사상이 근대 후기를 다리 놓은 중요한 사상이었다. 그런데 이러한 과정에 있어서 한가지 명백히 하지 않으면 근대사상의 온 모습이 보이지 않게 되는커다란 문제가 있다. 무엇이냐 하면 바로 자연법 사상이라는 것이었다. 이미 앞서 전제군주 사상을 풀이하는 마당에서도 반폭군론을들었거니와 근대 초로부터 오늘날에 이르기까지 정치권력에 대한저항권이론 중에 가장 센 것이 다름 아닌 이 자연법 사상이었다. 자연법 사상 그 자체로 말하자면 하도 역사가 오래고 내용도 형형색색이라 한마디로 말하기 힘들거니와, 다만 공통되는 점은 우주에는시간과 공간을 초월하여 보편적으로 존재하는 법이 있다는 전제였다. 사람도 마땅히 이러한 보편 영원의 법을 따라야 할진대, 만일에현실사회가 이 법에 어긋나면 사람은 마땅히 이 사회를 고치어 법에 알맞도록 하여야 된다고 여겨졌다. 이러한 실천적 법의식이 혁명, 개혁 사상으로 발전할 것은 의심 없는 일이며, 그리고 그러한윤리적인 법의식에 의한 실천을 억누르는 권력이 성하게 작용할 때에는 이 자연법 사상은 거연히 저항이론으로 등장할 것이 틀림없다. 지금 우리가 취급하는 시대에 국한하여 그 내용을 검토한다.

스콜라적인 자연법 사상과 저항권사상

스콜라적인 중세의 자연법 사상이란 요컨대 천주님의 고정된 질서에서 유래하는 종교적인 정의 관념에서 이해된다. 그것이 성 아퀴나스와 같이 이성적인 것으로 여겨졌든 또 혹은 둔스 스코투스에서와 같이 의지적인 것으로 보였든 간에 천주님의 뜻으로서 인간은 물론이요 시공을 초월하여 모든 것에 적용되는 '올바른 것', 그러므로 반드시 쫓고 따라야 하는 법이라고 생각되었다. 따라서 만약에 현실사회의 정치권력이 이러한 신법에서 유래하는 올바른 것을 누르고 짓밟으려고 할 때는 항거해야 된다는 이론이 서게 된다. 앞서 든 바 반폭군사상도 그 근거에는 단순히 자기의 교파만을 탄압하였다는 것만이 아니라 정치적 억압이 천주님의 법에서 유래하는 정의를 억누르는 것이라는 저항권 의식에서 솟아나왔다. 더구나 근세 초에 있어서는 "군왕의 종교가 그 땅의 종교"라고 하여 군왕의 신앙은 자유를 허락하였으되 왕토 안의 신앙은 군왕의 신앙을 따르지 않는 한 자유일 수가 도저히 없었다. 따라서 근대 초의 모든 종교싸움은 각 파가 지닌 이 자연법 사상과 그에 따른 저항권이론과 관련이 있는 것이었다. 그런데 근대 유럽의 정치사상의 발달로 보아 위에 든 스콜라적인 자연법 사상보다도 한층 더 중요한 사상이 있었다. 이른바 근대의 자연법 사상이라 불리는 개인주의적 자연법 사상이었다.

자연상태론과 계약과 저항권

16세기 후반에 이르러 중세적인 자연법 사상에 뜻하지 않은 변화가 일어났다. 국제법에서 유명한 휴고 그로티우스(1583~1645) 같은 사람은 대체로 전통적인 자연법 사상을 지닌 사람이려니와 그러나 그의 사상에도 신을 제외하고 자연법을 생각할 수 있는 대목이 있었다. 그로티우스는 자연법을 논하던 나머지 "설혹 천주님이 아니 계시다든가 또는 사람 일에 천주님은 관계가 없다"고 하더라도 자연법은 어느 정도 타당할 것이라고 하였다. 또 자연법의 연원으로서 "사람의 사회적 욕망"을 들고, 사람의 천성인 사교성이야말로 사회적 질서의 밑바탕이요, 사회의 법은 여기서 유래한다고도 보았다 (《전쟁과 평화의 법》서설 제6, 7, 8, 11절). 더구나 홉스나 로크에 이르면 자연법 속에 있던 천주님의 그림자는 사라지고 만다. 여기에 이르러 자연법은 국가 이전부터 있으며 동시에 실정법 속에 내재하고 그리고 존재하여 그것을 가능케 하는 법으로 관념되는데, 이러한 자연법은 인간의 본성이라고 간주되는 몇 가지 성품에서 연역되었다. 그리하여 순수한 개인이 그 자신의 본성을 본성대로 발휘하고 있는 상태를 가정하여 '자연상태'라 불렀다. 홉스 같은 사람은 본성으로 이기심을 꼽아 만인 대 만인의 투쟁을 자연상태로 보았고, 로크는 사람의 성(본성)을 이기적으로 보기는 하였으되 '자연상태'는 평화적이고 협력적이었다고 가정하였다. 루소에 이르러는 '자연상태'를 사람의 낙원시대로 보고 있던 것은 너무나 유명하다. 사무엘 폰 푸펜도르프(1632~1694) 같은 사람은 사람의 본성은 사교社交라고 보고 이러한 순수한 사교성이 자연상태에서 어떻게 전개될 것일까를 논하였다. 이렇듯이 근대의 자연법 사상가는 모두가 천주님을 제외하고 인간의 내재적인 본성으로부터 출발하였는데, 그 결과 물러서게 된 것은 신만이 아니었다.

고대로부터 중세를 통하여 오랜 동안 내려오던 통일체로서의 사회, 개별의사를 가진 유기체적인 공동체, 단체사상이 그만 사라지게 되었다. 그리고 순수한 개별적 인간의 '자유'와 '평등'이라는 이념과 권리의식이 나오고 이러한 개인의 생래生來의 권리(자유와 평등)는 사회적 공동이익을 위하여 자주적으로 제한되고, 사람은 계약이라는 수단으로 사회를 이룩하고 또 국가와 통치기구를 만들었다고 여겨졌다. 어디까지나 인성을 지니고 있는 개인의 활동과 결합하여 사회와 국가를 해석하고 이러한 개인의 집합체로서의 인민의 주권을 주장하게 되었다. 이 경우 이 개별적인 인민이 계약에 의하여 통치권을 무조건 군주에게 주었다고 하면 앞서 든 홉스의 군주주권설이 나올 것이다. 그러나 그렇지 않고 인간의 본성인 행복에 대한 욕구와 개인의 생래의 권리인 '자유'와 '평등' 위에 계약으로 뭉치고 또 계약으로 지배관계가 섰다고 가정하는 이상 사회와 국가는 이러한 개인의 본성과 욕구를 실현하고 충족할 따름이요 또 그 기관일 뿐이지, 주권은 어디까지나 이러한 개인의식 위에서 있는 인민 손에 있다고 할 것이다. 이것이 바로 자유주의적 인민주권설이라고 불리는 것이다. 따라서 이러한 개인의 '자유'와 '평등' 그리고 개인의 소유에 대한 보장, 다시 말하면 인권이 유지되지 못하고 자행적인 정치권력에 의하여 유린된다면, 그러한 권력에의 반항은 당연히 용납될 것이며 또 응당 있어야 되는 것이라고 여겨질 것이다. 더구나 이러한 자유주의적 인민주권설에 의하여 가장 혜택을 받는 부르주아 층이 금력과 능력, 신지식과 정치의식으로 무장하고 왕권과 그를 에워싼 귀족, 승려에게 도전할 때 그것은 유력한 이론이 아닐 수 없고 또 무서운 저항사상이 아닐 수 없었다.

(5) 국민사상과 영토사상

근대국가의 핵심 되는 사상에 주권이라는 관념이 있다는 것은 이미 앞에서 밝혔는데, 이에 못지않은 사상에 또 '나시옹'nation이라는 것이 있다. 이 나시옹(영어의 '네이션', 독일어의 '나치온')이라는 말은 본시 근대 주권국가에 있어서 단 한 개의 국내법 질서가 독점적으로 타당한 영토 안의 사람을 두고 하는 말인데, 그 속에는 여러 가지 의미가 잠겨 있었다. 먼저 나시옹은 우리말의 '민족'으로 쓰이고 또 '국민'의 의미로 해석되고 그리고 심지어는 '국가'라는 뜻으로 이해되었다. 단지 이 '국가'로 이해되는 경우는 대략 근대 후기(프랑스대혁명 이후)에 나타난 새 사용법으로서 지금은 취급하지 않는다.

민족

민족이라는 뜻의 나시옹은 본래 다른 민족에 대한 제 민족, 혹은 내 민족은 다른 민족과는 다르다는 차별의식에서 나오는 것이며, 그것이 다시 정치권력의식과 맞붙어서 정치적인 대립 관념으로 물들여졌을 때 근대적인 의미를 가지게 된다. 민족 자체가 어떠한 것이냐 하고 따지는 개념적인 정의론은 지금 생각할 바가 못 되고 다만 여기서 문제되는 것은 정치의식으로서의 '민족의식'은 '나'와 '남'이 서로 구별된다는 의식에서 발달하였다는 점이다. 이러한 의미의 정치적인 동류의식으로서의 민족의식은 근대적인 현상이며 그 의식의 근거는 '남'에 대한 대립감에 있었다. 가령 15~16세기 프랑스와 같이 바야흐로 근대주권 사상이 꽃피고 그리고 다른 나라와 치열한 경쟁에 들어가는 때에 그 곳에서 성행한 것은 역사론이로되, 그 내용은 예외 없이 프랑스가 남과 달리 지닌 오랜 사실이며 남에게 과시하려는 통일적 전통이었다(예를 들면, 생 드니의《프랑스 大年代記》 1476; 니콜 지유의《年代記事》, 1492; 티예의《프랑스 君王記》, 1577; 벨포레의《프랑스의 大年代記 및 正史》, 1579). 또 플레야드 파의 거성인 피에르 드 롱사르(1524~1585)는 〈프랑스 頌〉이라는 미완성의 장시를 지었거니와, 거기서 그는 프랑스의 기원을 호메로스 시대의 트로이 왕자에게 돌리고 프랑스인의 피가 남과 달라 오랜 동안 하나였다는 것을 높이 읊었다. 그런데 이렇게 자기와 타족을 예민하게 구별하는 진정한 정치적 이유는 다른 것이 아니라 근대 유럽에서 볼 수 있는 나라 사이에 생긴 거의 만성적인 전쟁상태였다.

유럽 나라 사이의 계속적인 전쟁은 피아 간에 그치지 않는 적개심을 조장하고, 또 이로 말미암아 한 나라 안에 사는 사람은 싫든 좋든 서로 뭉치고 서로 단결하여 싸우지 않을 수 없었으며, 이로 인하여 남에 대한 대립적인 공동의식을 갖지 않을 수 없었다. 가령 백년전쟁 당시의 프랑스 백성의 처지가 아니 뭉칠래야 아니 뭉칠 수 없는 것이 그 한 예라고 할 만하다. 따라서 근대 유럽 역사 같이 각국 사이에 전쟁이 끊이지 않던 환경에서 치열한 민족의식이 형성된 것은 이해할 만하다. 뿐만이 아니라 근대국가 사상이라는 점에서 보아 오래 답보상태에 있는 듯한 유교권에서도 근대에 들어서서는 이 민족사상을 찾아볼 수 있었다. 가령 17세기 중엽 가까이 명나라가 망하고 만주족인 청인이 중국을 정복하였을 때와

그 후 청조의 초, 중엽을 통하여 보면 맹렬한 민족사상이 한인 사이
에 일어났다. 보기를 든다. 왕선산王船山(1619~1692, 이름은 부지夫之)의
《황서》黃書(1656)나 《악몽》噩夢(1681)에 보면 전편이 모두 이족의 중
국 침입을 통한하고, 과거의 임금이 일가의 부귀만을 누리고 나라
를 망친 연유를 헤아려 척이斥夷의 방책을 논한 격렬한 민족론이 있
었다. 또 우리나라 정조 때의 사람인 유혜풍柳惠風이 지은 《연대재유
록》燕臺再遊錄을 참고하면, 건륭乾隆 때의 한인대관漢人大官이 민족의식
에 불타고, 또 한족의 시정배가 만족의 지배를 분개하는 정황이 나
온다. 이로 보면 근대에 있어서 중국에도 민족사상이 열렬하였던
것을 짐작할 수 있거니와 이도 또 다른 겨레에 대한 대립적이며 반
항적인 정치의식이었다는 것은 유럽과 매양 일반이었다.

국민

민족이라는 의미의 나시옹이 본시 대외적 의미 또는 다른 겨레와
나라에 대한 대립적인 의식이었음에 반하여 국민사상은 원래 국내
적인 정치의식 곧 다소나마 정치권력에 참여하는 영민층領民層의 사
상이었다. 말하자면 국민으로서의 나시옹은 나라 안의 정치구조와
관계되는 말이었다. 가령, 근대 전기에 있어서는 나라 안에 사는 일
반 백성은 민중people, peuple으로 표현되었고 국민nation은 프랑스에 있
어서는 삼부회(귀족, 성직자 및 시민)라는 왕의 자문기관, 그리고 영국
에 있어서는 의회에 대표를 뽑아 보낼 수 있는 특수층만이 국민으
로 여겨지는 것이 보통이었다. 백년전쟁이 끝난 후 귀족과 부르주
아 사이의 신분 싸움을 절충한 투르Tours의 신분회의(1484)에서는 대
표를 낼 자격 있는 각 신분 구를 6구로 갈랐으되 그것을 바로 나시

옹이라고 불렀다. 이 전통은 프랑스에서는 오늘날까지 내려와 지방
에 따라서는 나시옹이라는 이름을 그대로 지니고 있다. 엘리자베스
1세 여왕 때의 사람인 토머스 스미스 경의 《영국론》(1565)에 보면
네이션을 자유민의 사회로 해석하였으되, 주로 신사와 지주를 가리
킨 것이었다. 유명한 종교개혁자인 루터의 《독일 국민의 기독교 귀
족에게 고함》에 보면 "독일 국민Nation 곧 승정僧正과 귀공자는……그
들에게 맡겨진 민중을 보호하여야 된다"고 하였으니, 나치온은 더
한층 특권계급으로 해석된 셈이다. 1758년에 제3계급의 한 대표
는 법률가, 저술가, 예술가, 상인 등을 민중으로 간주하는 일에 분
개하고 말하기를 그들은 나시옹(국민)의 상층사람이라고 하였다 한
다(헬스의 《역사와 정치상의 민족》, 1944). 이것이 모두 국민이라는 것은
원래 특권계급의 명칭이었다는 보기이다. 한편 민족이라고 하는 남
에 대한 대립의식에서 본다면, 나시옹은 민중의 전부를 포함한 전
全 영민領民이었으나 그러나 민족관념의 외연과 국민관념의 외연과
는 서로 어긋나서 같지 않은 것이 근대 전기의 현상이었다. 따라서
근대 전기에 발달한 주권 사상이 빚어내는 근대국가의 권력사상은
현실적으로는 기껏해야 '국민'이라는 제한된 영민층의 지도이념이
었다. 이 까닭에 프랑스대혁명을 겪어 달성된 국민주권 사상의 형
태는 에마뉘엘 조제프 시에예스(1748~1836)가 대표하듯이 전통적
인 나시옹의 유력층이 된 제3계급의 주권 사상이었다. 민족과 민중
과 국민이 외연상 일치하여야 된다는 의식은 민주주의의 발달에서
일어난 아주 최근에 속하는 일이었다.

국가와 국민과 개인적인 시민관념

중세에 있어서 본래 왕국이라는 개념은 기독교적 사회$_{societas}$, 공동체$_{communitas}$의 관념에 우선하는 것이 아니었다. 때로는 나라로서의 키비타스$_{civitas}$와 사회로서의 소키에타스$_{societas}$는 서로 혼동조차 되기도 하였으되 대개는 사회 관념이 나라 관념을 포함하였다. 뿐만 아니라 현실적인 통치에 있어서도 지배는 개인에게 직접 미치는 것이 아니라 공동체, 단체, 조합, 대가족, 교회, 신분 등을 통하여 간접적으로 미치는 것이 보통이었다. 말하자면 정치지배는 개개인을 지배하는 것이 아니라 이와 같은 집단을 다스린다는 관념이 우선하였다. 진정한 의미의 중세적 정치의 특색은 지배의 대상인 개인이 순수한 개인으로 취급되지 않고 반드시 단체, 집단, 신분의 일원으로서만 의식되었다는 점이다.

그런데 인간의 자연상태에서 연역하여 이룩한 자연법 사상의 도입으로 말미암아 이러한 중세적 정치사상은 근본적인 변혁을 보게 되었다. 왜냐하면 이러한 새로운 자연법 사상에 있어서는 사람은 어디까지나 개인적 존재 곧 아무런 단체, 집단, 신분에도 속하지 않는 순수한 개적個的 존재로서 전제되었다. 그리고 이러한 순수한 상태의 인간 성품은 모든 사람에게 공통되는 내재적인 것이요, 따라서 모든 사회현상은 이러한 내재적인 사람의 성품에서 설명되어야 되는 것으로 여겨졌다. 더욱이 모든 사람에게 공통되는 순수한 상태로서의 자연상태는 완전한 자유와 평등의 상태로 상정되었다. 그리고 이러한 자유와 평등의 상태는 사람의 본원적인 요구라고 보는 사상이 차츰 우세하게 되었다. 이렇게 보면 근대 자연법 사상에서 유래하는 정치사상에 있어서는 나라와 영민領民으로서의 개인 사이에 불가결의 요소로서 단체, 공동체, 집단, 교회 등을 집어넣을 여지가 전연 없게 되었다. 비록 사실로서 사회집단과 단체조합이 눈앞에 있다손 치더라도, 정치이념상 그것은 없는 것으로 쳐도 아무런 지장 없는 우발적인 현상에 불과한 것으로 여겨졌다.

　이러한 개인주의적 자연법 사상에 서서 보면 정치지배는 필경 지배를 정당히 있게 하는 주권과 그 주권의 발로로서 있는 공권력의 대상이 되는 개인과의 관계에 그친다. 이리하여 정치사상에 있어서의 중세기적인 단체론의 종말이 오게 되었다. 그런데 이러한 개인주의적 자연법 사상에서 흘러나오는 정치사상, 그리고 그 위에 선 개인 권리 사상은 그 정치사적인 배경으로 시민계급 곧 제3계급인 부르주아와의 발전을 등대고 있던 것은 이미 알려진 사실이다. 시민계급은 근대국가의 성립에 따라 나라 전역을 자유스러운 단일시장으로 화하여 자기네 경제활동의 폭을 넓히려던 것은 당연한 일이려니와, 그 경우 이러한 자유스러운 활동을 가로 막는 것은 다름 아닌 중세 이래의 조합, 단체, 신분, 군권사상에서 유래하는 여러 제한이었다. 그러므로 이익 추구를 목적으로 삼는 개인의 경제활동을 돕는 길은 첫째로 신분제의 파괴를 의미하는 평등이요, 둘째는 나라 안에 있어서 자본, 노동의 이동이 자유스러운 단일시장의 형성과 경제행위의 자유요, 셋째는 자기 나라의 시민만이 독점할 수 있도록 국내시장을 폐쇄하고 또 한편 투하자본에 대한 이윤율이 높은 식민지를 구하는 것이었다.

　이러한 시민계급의 경제적 요구는 그것을 밑받치는 정치권력의 장악을 요청하게 되고, 또 그 정치권력의 정당화로서 시민의 자유와 평등을 내세웠다. 다만 그 이념으로 개인주의적 자연법 사상을

채택한 때문에 시민의 자유와 평등 관념은 어느새 인간의 자유와
평등으로 돌려 놓아지게 되었다. 이런 경우에 정면으로 충돌되는
것이 바로 전통적인 국민으로서의 나시옹 사상이었다. 나시옹 사
상 중에 숨겨져 있는 신분적인 요소는 시민계급의 욕구와 이념에
서 도저히 용납할 수 없는 것임은 말할 것도 없다. 따라서 국민개념
을 확장하여 이념상 단일하고 평등한 국민 곧 영민 전체와 외연상
일치하는 국민으로 옮겨 놓는다는 것은 실질적으로 시민계급에게
불리한 신분제를 타파하고 그리고 이미 우세한 경제, 정치상의 시
민층의 활동을 북돋는 결과를 가져올 것이었다. 이리하여 시민계급
은 인간의 자유와 평등 그리고 국민주권설(혹 동의설)을 내걸고 빈
민, 야부野夫와 연합전선을 펴며 정치권력에 육박하였다. 다만 이럴
때 빈민, 야부가 이념대로의 자유, 평등한 현실을 요구할 적에 중요
한 혼란을 겪지 않을 수 없었다. 이러한 보기 중에 정치사상사상 재
미있는 것으로 뒤에 언급할 평등파(크롬웰 혁명 때)의 사상을 들 수
있다.

영토사상

본래 근대의 주권 사상이 중세기에 있었던 제왕권사상과 일맥 통
하면서도 그러나 다른 점은 다름 아닌 고유한 지역 내의 존재에 대
한 지배권이라는 관념이었다. 13세기까지의 유럽에 있어서 제왕권
사상은 결코 개별적인 왕역 내의 실질적인 지배를 의미하는 것이
아니라 다만 기독교사회의 속계의 법질서를 유지하는 권위를 표시
하는 것이었다. 이에 대하여 게르만법 계통의 군왕권은 이와는 아
주 성격이 달라서 일정한 지역의 점유와 그 안에 있는 모든 존재에

대한 지배권을 의미하였다(이상은 대체로 카를 슈미트의 《대지의 노모스》[1950]의 견해). 중세 말에 이르러 여러 군왕이 제왕위帝王位(신성 로마 황제위)를 다투고 게르만적 군왕권이 제왕권사상에 투영됨에 따라 중세기의 국토의식은 일대 혼란을 일으키게 되었다. 왜냐하면 종래의 제왕권사상에 있어서는 기독교사회 안에 있어서의 군왕 혹은 제후 사이의 싸움은 비록 왕역, 봉지에 대한 점령을 가져오는 사태가 있었다 할지라도 그것은 고유의 권리 혹은 지배의 권리를 의미하는 것이 아니고 나중에 돌려보내거나 상위(제왕, 군왕)의 인증이 필요한 것이었다. 점령에 의하여 점유권이 발생하는 것은 다만 이교도의 땅이나 무인지에 한하는 것이라고 여겨졌다. 그러던 것이 게르만적인 군왕권사상이 통행됨에 따라 땅의 점령은 곧 점유권을 가져오고 또 점유권은 지배권을 낳는다고 생각하게 되었다. 그러므로 중, 근세 초에 들어서서는 이미 점유지에 대한 군왕의 독점적이며 배타적인 지배권이 유행하게 되었는데 이것이 바로 중세국가체제에서 볼 수 없는 근대의 영토의식의 발단이 되었다.

영토의식은 또 곧 국경관념을 낳는다. 근대국가사상은 정치지리적으로 볼 때에는 다름 아닌 국경사상이라 할 수 있는 것이었다. 근대 이후의 거의 모든 전쟁은 영토의 재분배 그리고 국경 분규를 포함하고 있었다. 이뿐이 아니라 영토 확장에 대한 정치지리적인 사상으로 이른바 자연국경론까지 나타났다. 루이 13세의 재상인 리슐리외의 《정치유언》에 보면 한 나라의 국경은 반드시 그 나라의 안전에 알맞은 자연국경(올바른 국경이라는 뜻)을 택하여야 된다고 하였다. 더구나 유럽 이외의 땅, 곧 새로 발견된 대륙이나 이교도의 국토에 대하여는 설혹 본토인 혹은 이교도가 있다손 치더라도, 그것은 무인지 혹은 공지空地로 취급하여 선점권과 지배권을 인정하였다. 이러한 토지 점유가 곧 법적인 지배권을 낳는다는 사상과 그리고 선점이 후점을 배제하고 지배권을 발생한다는 관념은 마침내 근세 국제법상의 기본관념을 이룩하게 되었거니와 정치사상상으로는 근세 이후에 세계 각지에서 행하여진 무참하고도 잔혹한 유럽제국의 식민지 활동의 합리화 이론으로 재미있다. 이렇듯이 근대국가 사상은 그 전기에 있어서 주권사상, 국민사상(민족사상), 영토사상이라는 정족鼎足 위에 서게 되었다. 그리고 그것을 밑받치는 국제정치사상은 피아의 관계를 적측과 아측으로 분명히 구별하고, '내 나라'의 존재와 목적은 모든 나라의 목적에 우선한다는 관념에서 대외관계를 조절하려는 것이었다. 그러면서도 이러한 주권국가가 복수적으로 공존하는 것을 공인하고 그 관계를 실정적으로 규율하는 것으로서 근대 국제법을 구상하였던 것이다.

《사상계》 1957년 9~11월호

근세 후편
(1958)

1. 계몽주의사상

(1) 계몽사상

유럽근대사는 1789년의 프랑스대혁명을 계기로 새로운 시대에 돌입하는지라 이때를 고비로 하여 제1차 대전까지를 근대 후기로 잡는다. 정치사상에 있어서도 시대구분으로 보아 사정은 대체로 비슷하거니와, 다만 다른 점은 이 대혁명 이후의 사상 조류를 한 옆에서 저도 모르게 준비하는 구실을 하게 된 이른바 18세기 계몽운동의 사상을 그냥 보고 넘길 수 없다는 것이다. 유럽의 18세기라는 시대는 경제력과 군사력에 있어서 말하자면 진실로 유럽의 세계적 우위를 결정지은 산업혁명이 일어나고 그리고 진행되던 때인데, 이러한 막을 수 없는 대세에 맞장구치고 나온 또 하나의 막을 수 없는 조류가 바로 이 계몽운동과 그 밑에 있는 계몽사상이었다. 계몽운동의 큰 줄기는 대체로 1715년으로부터 중농학파와 백과전서파의 활동을 통하여 대혁명 전에 이른다. 그러나 운동의 밑바닥이 되는 계몽사상은 그보다 연원이 훨씬 멀어서 17세기 전반의 르네 데

카르트까지 올라갈 수도 있겠으나, 직접적으로는 대략 피에르 베일
(1647~1706)의 《역사적·비판적 사전》(1697) 때로부터 대혁명을 넘
어 멀리 1840년대까지에 다다른다.

먼저 계몽사상 전체에 관한 성격인데, 그것은 첫째로 신학사상
에 대하여 자연과 인생을 중심으로 하는 사상이요, 둘째로 그것은
인간 숙명에 대한 인간 진보의 사상이었다. 그러므로 베일이나 그
의 영향을 받은 볼테르(1694~1778)에서 본을 보듯이 신학적 세계관
을 비판하고 전통에 대하여 회의적이었다. 계몽사상은 또한 아이작
뉴턴의 물리학에서 보듯이 바야흐로 신시대를 이루어가는 자연과
학 발달에 촉발된 사상인지라 종래 내려오던 자연법 관념을 유물
론적으로 섭취하여 적용하고 인간을 감관적인 존재로 이해하였다.
그리고 이 모든 사상과 관념의 근거에는 이성 만능과 합리주의의
사상이 들어 있었다. 계몽사상에서 나온 계몽운동이란 궁극적으로
이성이라는 빛으로 어둠과 같은 무지와 몽매를 밝혀서 인류사회에
진보와 문명을 가져오자는 것이었다. 보기를 들면, "드디어 모든 그
림자는 사라지노라! 살살이 비치는 광명이여…인간 이성의 완성이
여!"라는 관념인데, 이것은 중농학파에 속하는 튀르고(1727~1781)
가 젊어서 쓴 것이다(《인간정신의 단속적 진보의 철학적 개념》1750). "자
연계에 있어서 빛이란 사물을 밝게 보여 주는 것이다. 계몽정신
l'esprit des lumière이란…사람이 쉽게 알 수 있도록 진리를 증명하는 데
도움이 되는 모든 생각을 밝히는 데에 있는 것이다". 또 이것은 영
국의 벤담이 영향 받은 프랑스의 공리주의자 엘베시우스의 글이다
(《정신론》, 1758). 이러한 인간 이성의 발달과 지식의 보급으로 나라
사이의 알력과 계급간의 불화가 해소되고 마침내 세계가 하나같이

잘 살게 된다는 유토피아론은 유명한 계몽사상가이자 혁명의회 의원이었던 콩도르세(1743~1794)의 설이었다.

　그런데 이와 같은 이성과 진보의 사상은 아주 중대한 사고방식의 변화를 가져오게 되었다. 무엇이냐 하면, 계몽사상은 본래 추상적인 인간의 존재 곧 순수한 개인의 순수한 이성작용이나 감각작용을 전제로 논리를 출발시킨 까닭으로 그 인간관은 어느 사회 또 어느 시대의 사람에게나 적용되는 보편타당적인 것이라고 내세우게 되었다. 그것은 마치 자연과학에 있어서 보편타당적인 개념구조에 의하여 양洋의 동서, 시時의 고금을 막론하고 타당하지 않을 수 없는 자연계의 법칙이 논의되듯이, 철학에 있어서는 순수한 이성적 존재로서의 인간을 전제하여 인식의 보편타당한 형식을 추구한다는 것이 유행이 되고, 윤리관에 있어서는 초역사적이며 초장소적인 인간행위의 보편타당적인 가치를 설정하려고 들었다. 또 그것은 마치 바야흐로 팽창하여 가는 제3계급의 상징인 상품이 같은 값에서는 한결같아서 부자에게나 거지에게나 그리고 남녀에게나 노소에게나 '보편타당'한 동일상품으로서 행세하는 것과도 같은 것이었다. 말하자면 자연계의 진리이든 인문사회계의 진리이든 간에 그것은 자본주의 사회의 상품에 흡사하게 마땅히 보편타당적인 것이어야 될 것이며, 보편타당적인 논리의 조작 아래 한결같은 결론이 나와야 된다고 여겨졌는데, 이런 생각의 배후에는 인간 이성의 보편적인 동일성과 인식의 객관적 타당성이라는 것이 가정되어 있었다. 따라서 계몽사상 같은 사회사상의 핵심은 다름 아닌 바로 인류적인 인간의 존재, 곧 이성적이며 합리적인 인간 성품의 보편관념이었다. 이것은 진실로 경천동지驚天動地의 역사적인 사고방식의 전환이 아닐 수 없다. 왜냐하면 유럽이든 이슬람사회든 유교사회든 간에 그 때까지의 사고양식은 특히 인간 존재에 대한 사고방식은 첫째로 신도 또는 고유한 문명인으로서 타교도 이역인과 구별되어야되는 것이었으며, 또 둘째로는 개인도 신분과 단체, 가족 등에 의하여 도장이 찍혀 있는 비개체적인 존재로서 간주되었다. 근대 전기의 유럽에 있어서 점차로 종교개혁 사상 아래 개인 양심의 자유가 문제되었으나 그것은 오직 신앙에 그치는 것이었다. 기독교도 대 이교도, 중화 대 이적, 문명인 대 야만인, 그리고 귀족 대 서민, 상민 대 승려 등은 마땅히 구별되어야 되는 것일 뿐 아니라 그것은 절대적으로 구별 혼동할 수 없는 차이였다. 제 아무리 천하를 논하고 인류를 내걸어도 필경은 기독교도의 세계를 말할 뿐이요, 오직 한두 개의 신분을 내세우는 것이었다. 그러던 것이 계몽사상 시대에 이르러 마침내 인간과 인간사회는 온 인류에게 타당한 보편적 개념으로 관념화되었다.

인텔리겐치아

이러한 숨겨진 성격을 지니고 있는 계몽사상을 직접 담당하고 나선 것이 바로 근대적인 인텔리겐치아였다. 지금 18세기 인텔리겐치아의 위치를 정치사상에 한정하여 따져 본다. 과거에 있어서 유럽의 인텔리겐치아란 전에도 든 바 있거니와 주로 신학자가 아니면 정신廷臣 출신의 문객 또는 법률가였다. 이 까닭에 지식인은 그 성분부터 교회와 군왕에게 잡혀 있는 존재였다. 이러한 지식인의 전통은 17세기 영국의 명예혁명 전후로부터 무너져가는데, 특히 계몽운동기에 이르러서는 인텔리겐치아의 성분조차 변하여 대개는 불평

귀족의 일부와 다수의 제3계급 출신으로 이루어져 있었다. 가령 바버 여사의 분석에 의하면, 18세기 프랑스 부르주아의 직업(금융, 상공 등의 사업을 제외한 직업)구성은 ① 지식인intellectuals(문필가라는 정도의 뜻), ② 법률가, ③ 의사, ④ 하급성직자, ⑤ 서기, 조수로서 이것으로 미루어 보아도 얼마나 많은 부르주아 출신이 문필에 종사하였던가를 짐작할 수 있다(《18세기 프랑스의 부르주아》, 1955).

다음에 이들 인텔리겐치아 사이의 연결인데, 이 점에 있어서도 전에 볼 수 없는 변화가 일어났다. 곧 18세기를 통하여 영국, 프랑스, 러시아, 독일, 폴란드 등 많은 나라에 학회가 창설되고 이러한 학회간의 연결이 아주 잦았으며, 한편 주로 영국, 프랑스, 비엔나, 라이프치히, 프랑크푸르트, 라인 강변의 여러 나라 등 각 도시에 있어서의 도서관의 발달도 인텔리겐치아들의 결합에 큰 역할을 하게 되었다. 뿐만이 아니라 독서회의 발달이 각 지방에 생겨서 나중에는 금서(정부가 금한 서책)의 비밀회람 루트가 되었다. 18세기에 들어서 얼마나 치열한 독서욕, 지식욕이 생겼는가 하는 것은 가령 1750년 독일의 정치관계 신문이 7종이던 것이 1780년에는 24종으로 된 것이나 또는 1750년을 전후하여 파리에 신문, 잡지(정치관계)가 수십 종이 되었다는 것만으로도 능히 짐작할 수 있다.

이러한 모든 조건은 일찍이 없던 인텔리겐치아의 사회계급적 성격을 낳게 되었으며, 인텔리겐치아의 입장으로는 전에 없던 광범위한 독자층을 상대로 직업적으로 사상 활동을 하게 되었다. 그리고 이렇듯이 특정한 교회인이나 군왕파 등을 상대로 하는 것이 아니라 일정하지 않고 이해도 고르지 않은 독자를 상대로 경쟁적으로 저술하고 발표한다는 조건은 다시 보편타당적인 일반개념 아래 사

물을 보는 태도를 북돋았으며 또 동시에 신흥 독서층의 대부분을
차지한 부르주아의 생리에도 알맞았다.

정치사상과 정치적 현실

그러나 제 아무리 사상의 형식이 보편타당적인 탈을 썼다 하더라
도 정치사상이 지니고 있는 특정한 지배에 대한 정당화나 항거의
성질을 벗어날 수는 없다. 계몽사상은 정치면에서는 어디까지나 신
학적인 전제군주 사상에 대한 항거의 사상이요 또 국가, 사회를 인
간성에서 해석하려는 사상이었다. 또 그것은 중앙집권적인 군주제
아래 꿈쩍도 못하던 귀족과, 재산의 보장과 개인 자유의 욕망에 불
타고 있던 제3계급의 타협적인 사상이었다. 그러면서도 사상의 형
식으로서 인간의 보편적인 성질에 논거를 두고 인권과 법을 구원
의 원리로 내건 것은 후대의 사상 형식을 결정하는 중대한 모멘트
가 되었다. 이리하여 대혁명시대의 제3계급의 모토가 전 인류적 표
현을 빌게 되었으며, 19세기에 들어서서 데모크라시라는 개념을 남
용하게 하는 소지가 되었다. 계몽사상을 통하여 정치사상은 전형적
으로 이데올로기의 성격을 띠게 되었다.

(2) 입헌주의

계몽적인 정치사상은 먼저 언론의 자유, 신앙의 자유, 재산권을 들
고 나선다. 몽테스키외(1689~1755)의 《페르시아인의 편지》(1721)
나 볼테르의 《철학적 서한》(1734), 그리고 나중에 나온 백과전서파
가 이 계통에 속한다. 본래 언론의 자유와 재산권사상은 영국의 영
향, 특히 존 로크의 영향이 큰 것이었다. 후에 민주사상의 요체로

알려진 이 언론의 자유는 일찍이 종교 강압을 계기로 한 주권에 대한 항거의 수단으로 요구되었다. 밀턴의《아레오파지티카》(1644)나 로크의《관용론》(1666~1704)이 모두 좋은 예이다. 이 점에 있어서는 프랑스의 경우도 매일반으로 여기서도 자유는 우선 언론과 신앙의 자유로 이해되었다(베일의 사상에서 보듯이). 다만 볼테르에 있어서는 시대의 정신을 호흡하여 자유는 언론, 신앙뿐만이 아니라 신체의 자유와 인간의 존엄을 포함한 자연법적인 인간의 권리로서 이해되기 시작하였다. 다시 말하자면 인간의 자유는 곧 개인의 자유로 해석되고 또 그것은 자연의 법, 권리라고 여겨졌다.

이 시대의 특징은 법이라는 관념 즉 자연법칙 관념을 전통적인 자연법 사상과 절충하여 두루 아무 데나 쓰는 데 있다. 자연법 계통의 또 다른 사상은 중농학파의 사상으로서 이것은 전통적인 전제주의를 용인하되 자연법 아래 세워진 전제주의 곧 적법적인 전제주의로서 정당화하려는 것이었다. 법은 초인간적인 것으로 군왕이라도 제정하는 것이 아니고 다만 자연의 법을 선포할 따름이라 하였다(케네, 리비에르, 엘드, 느무르 등). 이에 대하여 볼테르의 법사상은 그에 대한 영국의 영향을 보듯이 제한적인 군왕제 곧 입헌적인 군주제였다. 계몽사상 중에 독특한 것은 몽테스키외인데 그의《법의 정신》은 프랑스에서는 일찍이 보지 못하던 상대주의적 법환경론으로서 자연법 성행기에 처하여 법과 정체의 역사적인 상대성을 주장하였다. 몽테스키외의 법론은 또 다른 의미에서 시대의 정신을 대표한 것으로서, 당시 여행기와 이국담이 대유행하였으며 유럽 각국의 식민지 개발과 해외 무역의 발전에 따른 세계적인 견문이 쏟아져 들어왔던 때의 산물이라고 함직하다. 다만 몽테스키외는 영국의 헌정을 논하여 입법, 사법, 행정의 삼권분립을 들고 이러한 균형과 상호견제로써 법의 운영이 원만히 되며 이로써 전제가 억지된다고 하였는데, 이것은 후대에 중대한 영향을 주게 되었다. 몽테스키외 자신으로 말하자면 귀족이 대표하는 중간체를 군왕 아래에 두어 지배자와 피지배자 사이를 조절한다는 말하자면 귀족주의적 절충론을 전개하였다. 그런가 하면 다르장송 후작 같은 사람은 영국의 헌정을 비웃고 군왕의 절대권을 인정하면서도 지방행정의 권한 확대로써 군권을 제한하는 사상을 내걸었다(《프랑스의 古 今政府 考》1737).

이러한 모든 사상은 주로 법을 중심으로 국권을 제한하려 들면서도 군왕권의 정당성을 인정하려는 것으로서 이들은 일종의 개혁론의 성격을 띠고 있었다. 이중에 다르장송 같은 알쏭달쏭한 예가 있기는 하나, 입헌사상은 보수적인 계몽사상가에 있어서도 공통되는 것으로 그 배후에는 영국 헌정에 대한 견문이 대개 놓여 있었다. 이에 대하여 장 자크 루소를 비롯하여 모렐리 및 랑게 같은 공산론자는 비록 계몽시대에 살았으나 사상으로는 대혁명시대 이후에 통하는 것이었다. 다만 인민주권설을 주장하여 대혁명에 중대한 영향을 주었으면서도 군왕의 존재를 인정한 공화적 군왕주의자인 마블리 신부(1709~1785)는 역시 이 계몽운동기에 속하는 사상가로 보아야 할 것이다.

(3) 개명군주사상

계몽운동기의 정치적 자유사상이 피지배자의 입장에서 개인의 자유(인권)와 군주권에 대한 법 제한이었다면, 한편 이러한 대세에 적용하려 하는 군주권의 합리화 사상이 바로 개명군주의 사상이었다. 일찍이 중농학파의 사상가들은 군왕의 절대적 전제를 용인하여 몽테스키외 류의 권력분립을 배격하였거나와 다른 편으로는 자연법의 올바른 선포를 위하여 전제는 마땅히 이성에 따를 수 있는 '개명된'éclairé 전제despotisme여야 된다고 하였다. 드 느무르은 이런 점에서, 유산자로서 (신체의 구별 없이) 이루는 자문적 기구에다가 지방행정을 맡겨 여론(자연법의 표현으로서)에 의하여 다스려야 된다고 하였다(《지방행정론》, 1778). 이러한 식의 전제주의에 대한 계몽사상적 합리화는 당시의 군왕들에게 중대한 영향을 주었을 뿐만 아니라 나아가서는 이성과 합리에 의하여 법으로 다스리는 한, 군주제가 좋다는 계몽사상의 대세는 또한 부르주아나 귀족들에게도 환영받는 것이 되었다. 부르주아와 진보적인 귀족은 그 자체가 과격한 혁명사상의 소유자는 아니었다. 대혁명에 있어서도 그것이 과격하여진 것은 권력의 획득을 위하여 대중을 이용하였을 때뿐이었던 것은 너무나 유명하다.

대혁명 전에 있어서 불평 귀족이나 부르주아가 요구한 것은 대체로 입헌적인 군왕제였다. 그런데 군주 측으로 보면 이성과 상식으로 다스리고 나아가서는 법을 통하여 통치하는 시늉만 하면 그것은 사실상 합리적인 전제일 수가 있었고 또 시대의 인기에도 좋았을 것이다. 왜냐하면 군주의 개명적인 전제는 어디까지나 군주의 의사로서 신민에게 베푸는 은총이지 신민이 군왕에게 가하는 의무는 아니었던 까닭이다. 더구나 때는 바야흐로 교양과 지식이 군왕의 자격으로 인정되어 가던 참이었다. 가령 개명 군왕의 대표격인 저 유명한 프리드리히 대왕에게서 보면, 그 자신이 문필에 능한 교양인으로서 마키아벨리의 권력지상론을 반대하는《반 마키아벨리론》(1740)으로부터 역사론(《7년전쟁》,《브란덴부르크 가사家史》), 정치 행정론(《정치유언》), 군사론, 철학론, 시고詩稿에 이르기까지 다채로운 문필 활동을 하였다. 또한 프리드리히 대왕이 당시의 대표적인 계몽사상가인 볼테르를 초빙하였던 일은 유명하다. 말하자면 군왕이 (자연법적인) 이성에 따라 통치할진대는 선정이 아니될 수 없고, 또 그 까닭에 이성 활동을 대표하는 인텔리겐치아의 충언에 주목하였다. 프리드리히 대왕에 의하면 왕은 나라의 제일의 공복이려니와, 또한 국민의 제일의 의무도 나라를 섬기는 데 있었다. 군왕이 마땅히 준수할 통치의 요체는 ① 법에 의한 행정, ② 규정에 의한 재정 경제, ③ 군대의 규율, ④ 국가이익을 위한 기민한 조치였으며(《정치유언》), 행위의 기준은 이성이며 따라서 그 조치를 탐구하는 철학과 철학자(인텔리겐치아의 뜻)는 소중히 여겨야 된다는 것이었다. 더욱이 프리드리히 대왕은 프랑스어를 숭상하여 그 말이 자기의 모국어보다 정확하고 간결한 것을 택하여 서술도 프랑스어를 취하였는데, 이러한 태도 중에 우리는 쉽사리 계몽사상의 국제주의 또는 코스모폴리타니즘을 엿볼 수 있다. 이렇듯이 합리적인 법과 규정에 의한 군왕의 자발적인 통치사상은 일시 유럽을 풍미하였다. 가령 오스트리아의 마리아 테레지아 여제(1749년 하우크비츠의 개혁)이나 러시아의 예카테리나 2세(나까주의 훈령)에서 보듯이 계몽주의적인 개혁을 실시하고 또 학자와 지식인의 존중을 표시하여 마침내 인텔리겐치아의 숭상을 유행케 하였다.

그런데 이러한 신지식과 계몽사상의 집산지이며 중심지는 프랑스로서, 프랑스 중에서도 파리가 당시 유럽의 정치적인 인텔리겐치

아 운동의 소굴이었다. 모든 정치사상은 번역과 해설로서 프랑스화
하고 그것은 다시 인텔리겐치아의 강을 통하여 온 유럽에 전파되
었다. 가령 존 로크의 사상은 피에르 코스트에 의하여 1700년에는
벌써 불역佛譯되었는데 온 유럽의 인텔리겐치아는 영어 원문보다는
이 불역에 의하여 로크의 《정부론》에 접근하게 되었다. 더욱이 파
리에서는 유럽의 사교장이라고도 부를 수 있는 살롱Salon이 각처에
열렸으며, 이 사교장에서 신진 부르주아 출신의 인텔리겐치아와 귀
족사상이 혼합되었고, 또 독서회, 비밀결사에 유포된 사상이 곧 온
유럽에 퍼졌다. 이러한 사상의 집산지로서의 파리의 존재는 정치사
상사에 있어서 말할 수 없는 중요성을 지닌다. 왜냐하면 파리는 비
록 프랑스의 수도이지만 정치사상의 유럽적 중심지로서의 파리는
또한 유럽 한구석의 역사적이며 지역적인 사상을 들여와 보편타당
화하여 국제적인 사상으로 변질케 하고 그것이 바로 온 유럽에 다
시 퍼져 갔다. 이 까닭에 파리에 있어서의 사상 동향은 곧 온 유럽
에 영향을 주었으며 따라서 1789년의 대혁명 사상, 1830년의 7월
혁명 사상, 1848년의 2월혁명 사상이 바로 전 유럽에 퍼지게 되었
던 것이다. 이러한 사상 중심지가 있던 프랑스에 있어서 한동안 개
명군주 사상이 유행하던 때에 강압적이고 전제적인 루이 15세와
우유부단한 루이 16세가 군림하였다는 것은 사상사적으로 중대한
아이러니라고 하지 않을 수 없다.

2. 근대민주주의 사상: 자유주의

(1) 민주주의의 이념

이제까지를 보면 정치사의 마디마디는 반드시 정치사상사의 고비
고비와 일치하지는 아니하였다. 그러나 유럽 정치사에 있어서 프랑
스대혁명이 획기적인 의미를 가지듯이 유럽 정치사상사에 있어서
도 대혁명은 과거와 시대를 달리하는 분수령을 이루었다. 우선 사
상사에서 볼 때 대혁명은 민주주의의 순수이념으로서 인민주권설
을 수입하였다. 또 자유와 평등을 절대적인 정치적 요청으로 내세
우게 되었다. 이리하여 대혁명은 영, 미에서 자라나온 의회적인 자
유와 신앙의 자유 같은 것을 일변시켜 온 인류의 보편적인 이념으
로 바꾸어 놓고 말았다.

　이 까닭을 생각하면 첫째, 프랑스의 사상사적 위치를 들어야 한
다. 특히 18세기로부터 19세기의 중엽까지 프랑스는 유럽 사상계
의 중심이었다. 아니 파리가 바로 사상의 중심지였다. 그러므로 비
록 민주주의적 사상(자유와 신민의 동의)이 명예혁명과 미국독립에
나타났다손 치더라도 유럽 전체로서는 그것은 어디까지나 지방적
인 사건, 지방적인 사상에 불과하였다. 그러던 것이 영국사상은 계
몽시대를 통하여 프랑스라는 중앙무대에 소개되고 또 독립사상은
라파예트(1759~1834) 등에 의하여 대혁명 사상에 주입되자 마침내
그것은 국제적인 사상으로 나서게 되었다. 마찬가지로 1848년의 2
월혁명 때에도 유럽의 지배적인 사상은 파리가 결정하였다.

　다음으로 잊지 못할 것은 계몽시대의 합리주의적인 사고방식의
영향이다. 앞서 계몽시대 편에서 이미 밝혔듯이 계몽시대의 진정한

특징은 모든 현상을 보편타당적인 개념과 명제로서 이념화하려는
사고방식이었다. 이러한 합리주의적이며 자연법 식의 사고방식은
대혁명 사상을 지배하였을 뿐 아니라 그 여맥은 오늘날까지 흐른
다. 이에 대하여 영국의 이른바 자유와 민권의 전통이라는 것은 어
디까지나 의회를 중심으로 하고 또 의회의 주도권을 장악한 자산
층의 권리로서 있었던 역사적인 것이었다. 미국의 주헌장이나 독립
선언에 이르면 벌써 자연법 사상과 계몽사상가의 영향을 입어 보
편타당한 명제로서 자유와 민권은 선양되었으나 그 핵심은 신앙의
자유와 재산권에서 이해된다(옐리네크의 설). 그러던 것이 국제무대
인 프랑스에 와서 민주주의의 제 원리는 천부의 인권으로 공인되
고 인민주권은 의심의 여지가 없는 공리로 선포되었다. 인권은 이
에 이르러 초시간, 초공간의 인류적 권리로 이해되었다. 말하자면
영, 미의 자유와 민권이 한번 획득된 이후에는 자산층의 보수적 이
념이 되었음에 반하여 프랑스에 있어서는 보편적인 인류적 이념으
로 자유와 평등과 인민주권이 실현되고 만다는 절대적이며 혁명적
인 이념으로 나타났다.

　가령 대혁명의 간판 구실을 한 1789년의 인권선언(자세히는 〈인간
과 시민의 제 권리의 선언〉)을 보면 자유와 평등은 인간 생래의 자연권
이라고 하고 통치의 주권은 국민nation에게 있으며 재산권은 불가침
이라 하여 그 보편적인 성격을 삼엄히 규정하였다. 하기는 자유, 평
등, 재산권과 국민주권의 조목들은 대체로 미주의 헌장, 특히 버지
니아 헌장과 비슷하여 거기서 땄다는 혐의를 받고 있는 형편이다.
다음에 법은 이르기를 "일반의사의 표현"이라 하였는데 이것은 완
연히 루소 계통의 영향임이 틀림없으며 국가의 단일 의사를 보편

적으로 표현한 것이었다. 이러한 보편타당적인 자연권사상은 자연히 모든 인간에게 고루고루 적용되는 것이 아닐 수 없으며, 또 이 점이 대혁명에 즈음하여 제3계급을 위시한 불평귀족, 소시민, 노동자, 농민이 같이 궐기한 이유였다. 그러나 일단 공동의 목표였던 군왕의 권력이 타도되자 곧 각 층은 민주주의 이념을 각기 자기 식으로 이용하기 시작하였다. 그 중에 가장 우세한 것은 말할 것도 없이 제3계급이었다.

(2) 자유주의적 민주주의

제3계급

근세 민주주의는 본래 제3계급(중산계급 혹은 부르주아)의 성장과 불가분리의 관계에 있다. 제3계급이 먼저 발달한 영국에 있어서는 이미 명예혁명을 통하여 그들의 권리는 대체로 보장되고 그 위에 정치는 안정되었다. 대혁명에 있어서도 주도력은 제3계급으로서 이 점은 혁명 직전에 벌써 예민하게 의식되었다. 이를테면 1789년 초에 간행된 시에예스(1748~1836)의 팜플렛를 보면 제목부터가 "제3계급이란 무엇이냐? 전부다. 현재까지는 어떠하였느냐? 아무 것도 아니었다. 무엇이 되려고 하느냐? 무엇인가에"로 되어 있어 의도가 솔직하거니와 그 제1장에서는 공직(군, 사법 행정, 교회·행정)의 거의 전부를 비롯하여 제3계급은 사실상 국민nation의 전체를 구성하고 있노라고 자부하였다. 뿐만 아니라 프랑스에서는 대혁명, 7월혁명, 2월혁명, 파리코뮌의 파동은 거쳤으나 제3공화국 때에 이르기까지 꾸준히 정권의 주류를 이룬 것은 다름 아닌 제3계급이었다. 이 점에 있어서는 명예혁명 후에 하원을 근거 삼아 정치적으로 안정된 분위기에서 발전된 영국의 자산층은 말할 것도 없다.

자유

민주주의에 있어서 자유는 빠질 수 없는 요건의 하나인데 그것은
더욱이 근세 민주주의의 주류인 자유주의적인 민주주의에 있어서
는 중요한 요소였다. 본래 역사적으로 자유는 "정치 지배자(군주)의
폭정에 대한 방호防護"(밀의 《자유론》, 1859)라는 뜻에서 발달하였다.
그 가장 단적인 예로서는 바로 영국 명예혁명의 결산인 〈권리장전〉
(1689)이라고 할 만하다. 이에서 보면 군왕의 자의에 대한 신앙, 선
거, 신체의 자유와 또 재산, 청원의 권리 등이 열거되어 있는데, 이
들은 모두 "예로부터 내려오는(신민의) 권리와 자유liberties"라고 강조
되고 이것을 왕이 위배하는 것은 곧 "이 왕국의 알려진 법률과 법
령과 자유freedom를 범하는 소행"이라고 규정되었다. 로크나 밀턴이
내세운 언론의 자유도 똑같이 압정에의 반항으로 입론되었던 것은
전편에서도 들었다.

　자유와 인권 사상에 불멸의 광채를 던진 미국의 헌장이나 독립
선언도 이 점은 조금도 다른 점이 없다. 지금 버지니아주 헌장(1776
년 6월 12일)에서 보면 인간의 자유는 생래의 권리로서 평등, 독립,
재산, 행복 추구, 생명의 권리와 함께 적혀 있거니와 다시 선거, 신
문(곧 언론), 신앙의 자유가 별조別條로서 특기되어 있다. 그러나 그
취지가 압정에 대한 방어적인 것에서 온 점에는 틀림이 없다. 버지
니아 헌장이나 독립선언에서와 같이 대혁명 때의 인권선언이 천부
의 자연법으로서 자유를 들고 있는 것은 앞서 들었다. 그 제1조는
자유와 평등의 권리를 말하고, 제2조는 모든 정치단체의 목적은 자

유, 재산, 안전과 폭정에 대한 반항과 같은 인간의 자연권을 유지하는 데 있다고 하였다. 다시 제4조에서는 자유를 가리켜 남을 다치지 않는 모든 일을 할 수 있는 능력이라고 해석하고, 또 제11조에는 사상, 언론, 저술, 출판의 자유를 규정하였다. 인권선언의 전문에 의하면 선언은 주로 공공의 불행과 정부의 부패를 막는 데 이바지하기 위하여 도움이 될 것이었다. 그러나 대혁명이 군왕과 귀족의 압정, 횡포와 구제도에 못 이겨 일어났던 점을 고려하면 인권선언이 이러한 압박에 대한 방어의 의미가 있는 것은 쉽사리 알 수 있다. 다시 말하자면 밀의 소견대로 본래 자유는 군왕 압정에 항거하여 외쳐진 것이었다. 이렇듯이 겉으로는 보편타당적인 표현을 취하고 있으나 현실적인 사상으로는 무엇에 대한 자유, 특정한 부자유에 대한 자유로 나타났던 것인데, 다만 당시의 사고방식에 따라 무대상적인 인간의 고유한 속성으로 선전하게 되었다.

실지에서 보면 자유는 무엇보다 먼저 제3계급의 이념이었다. 이미 계몽주의시대에 유행한 중농학파의 사상에는 자연의 질서라는 자연법 사상에서 경제행위의 자유방임론이라는 주장이 있었다. 한편 대혁명 전의 형편으로 보면 영국에서는 애덤 스미스(1723~1790)를 중심으로 하는 '자유방임'의 경제론이 대세를 지배하게 되었고, 그 경제사상은 곧 대혁명 직후의 프랑스에도 장 밥티스트 세이(1767~1832) 같은 사람에 의하여 도입되었다. 말하자면 제3계급의 자유에는 우선 ① 사유재산의 권리와 ② 경제행위 자유의 권리가 중요하고, 그것을 위하고 또 구제도 아래의 경제 구속을 타파하기 위하여 정치의 변혁이 필요하였다. 이러한 경제 자유의 사상은 신앙 자유의 사상(특히 영, 미)과 아울러 근대 자유사상의 2대 근간을 이루었다. 더구나 자유사상은 순수한 인간의 속성으로서 자유를 생각하는 결과, 그 단위는 개개의 개인이 아닐 수 없고 또 그 성질은 합리주의적이 아닐 수 없었다. 따라서 이러한 자유론의 기본 성격은 불가불 개인주의적이 아닐 수 없고 또 합리적이어야 했다.

이 점은 또한 근대 부르주아의 개인주의적인 세계관이나 자본주의의 합리성과 부합하여 마침내 개인주의적인 자유사상으로 나타났다. 이리하여 근세민주주의에 있어서 자유는 먼저 제3계급의 개인주의적인 경제자유로서 개념되었다. 가령 대혁명 후의 부르주아의 승리라는 7월 왕제를 합리화하는 뱅자맹 콩스탕(1767~1830)은 전제주의에도 또 불평주의에도 반대하고, "부르주아가 정치를 지배하게 된 것은 대혁명의 위대한 은혜"라고 감사하며, 국가는 개인의 자연권을 침해하지 않도록 최소의 관여를 하여야 된다고 주장한다(《정치원리론》, 1815). 또 입헌군주론파Doctrinaire의 한 사람이요 시민왕이라고 자처하던 루이 필리프의 수상이었던 프랑수아 기조(1787~1874)에 의하면 정치에 있어서 통치의 정당성은 강제력이 아니라 정의와 공정과 이성에서 오는 것이고 역사에서 보면 시대가 갈수록 정의와 이성은 발달하였다고 보았다. 그리고 주권이라는 개념 대신에 '이성'을 내세우고 이 이성을 대표하여 입법의 중심이 되는 것은 다름 아닌 중산계급class moyenne 곧 부르주아라고 판정하였다. 그러므로 자산 부족으로 선거권을 얻지 못하는 시민에게 그는 "일하시오, 일해, 돈 벌어서 선거권을 얻으면 되지 않소" 하였다는 유명한 일화가 있다.

영국에 있어서도 사정은 별반 다를 것이 없었다. 제레미 벤담(1748~1832)에서 시작하는 영국의 이른바 철학적 급진파는 거의 개

인주의적인 자유주의에 서서 영국 부르주아의 대변인으로 활동하
였다. 다만 프랑스류의 보편적인 자연권사상 대신 경제주의에 입
각하여 쾌락과 고통이라는 개인 심리학에서 공리의 개념을 끌어
내는 프랑스 계몽학파의 설을 채택하고 그것을 이용하여 개인 자
유에 의한 사회개량을 제창하였으며, 같은 공리파의 제임스 밀
(1773~1836)과 더불어 정부의 통제, 간섭의 극소를 주장하여 개인
의 권리가 남에게 침해될 때에만 정부가 필요하다고 생각하고 개
인의 이익 활동의 총합은 사회의 공리이익이라는 견지를 택하였다.
다만 이러한 자유주의 사상도 노동계급의 받쳐 오르는 평등에의
요구와 사회악에 대한 공동 연대감에서 19세기 후기에는 약간 시
정이 되었다. 공리파에 속하기는 하나 사회주의에 관심을 가진 영
국의 존 스튜어트 밀(1806~1873)이 그 예인데, 프랑스에서는 알렉
시스 드 토크빌(1805~1859)을 들 수 있다.

가령 토크빌은 말하기를 "자산가들은 재산권을 무너지지 않던
불멸의 영역으로 환상하면 아니 된다. 재산권이 다른 여러 권리의
기원이요, 근본이었던 한에서는 그것은 보호하기 쉬웠고 또는 공
격당하지 않았다…그러나 오늘날 재산권만이 최후로 파괴되지 않
은 귀족세계의 잔재로 여겨지고 평등화된 사회에 홀로 서 있는 특
권으로 인정받을 때는 사태는 아주 다르다…생각하여 보라, 노동
계급의 가슴 속에 무엇이 일어나고 있는가를! 제군은 보지 못하는
가, 조금씩 조금씩 법과 관청과 정부를 바꿔야 되겠다는 생각, 의견
만이 아니라 그들 속에 사회 그 자체의 근본을 때려 부셔야 된다는
생각이 일어나는 것을…"하고 사태의 중대한 것을 가르쳤다(1848
년 1월 28일 프랑스 하원에서의 연설). 그것은 다시 말하자면 개인주의

적인 자유주의의 타협을 의미하는 태도였는데, 그러나 그것은 수정과 타협일지언정 포기나 변경은 아니었다. 밀이 개성의 존속을 기어이 주장하고 토크빌이 "개성 없는 동일 형식의 인간"이 산업시대에 생겨나는 대중적 인간인 것을 서글퍼한 것은 모두 그 근본 바탕이 개인주의적 자유주의의 신봉자였던 탓이었다.

인민주권과 대의제와 입헌주의

명예혁명과 미국독립과 프랑스대혁명을 통하여 점차로 개화한 것이 바로 자유와 평등과 재산권을 위시한 인권사상이었는데, 단지 그 인권의 보장이나 선양은 손쉽게 자연히 이루어진 것이 아니라 치열한 싸움 끝에 의회의 도움과 법 형식 아래 이루어진 것이었다. 마치 자유와 민권이 군왕의 폭정에 항거하는 의미에서 발달하듯이, 근세에 있어서 법은 또한 군권을 제한하는 의미에서 이해되었다. 이 까닭에 군왕의 절대권을 제한하는 형식에서 시작한 근대민주주의는 먼저 법에 의한 지배라는 입헌주의의 체제를 취하였으며, 또 이 입헌주의를 모토로 내세우는 국민의 아성이 바로 의회나 혹은 삼부회였던 까닭으로 이러한 의미에서 대의원선거는 입헌주의의 필수물로 여겨졌다. 가령 《권리장전》에서는 걸핏하면 법을 들거니와 또한 기본 자유로서 선거의 자유를 들고 있다. 대혁명에 있어서 "법은 일반의사의 표현"이라고 하였거니와 또 "권리의 보장이 없고 권력분립이 되지 않은 모든 사회는 헌법을 갖지 않은 것"이라 하여 입헌주의와 인권 사이의 관계를 구명하였다. 다만 민주주의 사상에 지대한 영향을 끼친 루소에 있어서는 대의제가 배격되고 직접민주주의의 형식을 고창하였지만, 그러나 대혁명 때의 압도적인 조류는 마블리 사師(1709~1785) 등의 영향을 입어 대의제로 기울어졌다. 《인권선언》 제6조에 이르되 "모든 시민은 자신 또는 그 대표를 통하여 법 제정에 참여할 권한이 있다"고 한 것은 그 일단을 보인 것이며, 1791년 헌법 이후의 모든 헌법이 대의제를 택하고 있는 것은 입헌주의와 대의제를 불가분리로 본 탓이었으리라. 또 7월 부르주아 혁명의 이론가인 콩스탕이 "현대의 자유는 대의제에 있다"고 한 것도 여기에 뜻이 있었다(《헌법대강》, 1817~1820).

그런데 본시 영국혁명의 기본 사상인 사회계약설은 국가의 대권을 군왕과 신민 사이의 계약에서 온다고 보는 것이요, 따라서 그 이론의 종극으로서 통치에는 시민의 동의가 요건이라는 생각이 들어 있었다. 이 계약론은 계몽시대의 합리주의 사상과 합쳐 보편적인 기본인권의 사상을 낳고 다시 버지니아주 헌장 및 인권선언에서 본 바의 인민(국민)주권설을 가져왔다. 다시 말하자면 근대의 입헌주의와 인민주권설은 절대군주제에 대항하는 같은 형제에 불과하였고, 이 까닭에 근대민주주의에 있어서는 법 옹호와 민권 보장의 전통을 지닌 입법부(의회)가 행정부에 대하여 우세하여야 된다는 사상을 도입하였다. 앞서도 든―대혁명에 많은 영향을 준―마블리 사가 입법부를 강화시키는 반면에 입법권의 적이었던 행정부를 약화하여야 된다는 것은 그 초기의 일례이다(《입법론》, 1776). 또 몽테스키외 이래의 권력분립론이 《인권선언》에서 채택될 뿐 아니라 헌법 존재의 표지標識(앞서 인용한 제16조)로까지 인정된 것은 따지자면 바로 이러한 행정부에 대한 불신임에서 나왔던 것이다.

따라서 근대민주주의 정치는 "국민의 의사로서의 법"이 형성되는 입법부가 중심이 아닐 수 없고 또 이 까닭에 군권과 독재가 다시 되돌아온 경우를 빼놓으면, 정권은 입법부의 장악 여부에 걸리게 되었다. 이러한 입법부 중심의 입헌주의적 인민주권 사상이라는 것은 제3계급이 리드하는 민주주의 사상을 이해하는데 자못 중요하다. 왜냐하면 근대민주주의는 표면상 인민주권, 인권보장, 입헌주의의 아름다운 보편적 이념으로 장식되어 있으며 그 형식으로 대의제와 입법부의 우위를 내걸고 있어서 사상의 체제로서는 만민에게 혜택을 주는 곱다란 모습을 지녔으나, 그 사상의 밑바닥에서는 선거권의 제한을 통하여 부유층의 합법적인 정권 독점이 기도되었다.

대혁명 이래의 민주주의는 그 형식상 법치의 성격을 띠었다. 그 의미는 곧 현실적으로 입법부(의회, 국회)가 인정 또는 제정한 법만이 통행하는 정치를 가리키며 따라서 이러한 법에 의한 행동은 형식상 합법적이라고 공인된다. 근대민주주의 법치정치가 보급한 사상의 하나는 합법성legality과 정당성legitimacy이 일치한다는 것이다. 제아무리 법은 정의여야 되는 것이라고 이론가가 외치고 있으나 시정의 사람들은 합법적인 것은 곧 옳은 것이라고 믿게 되었다. 따라서 입법부의 장악은 더욱이 근세민주주의 사상 아래에 있어서 그것을 장악한 계급의 사상과 그들이 내세우는 질서가 합법적인 것으로 통용될 것을 의미할 것은 자명한 일이었다.

이리하여 자유주의적 민주정치는 입법부에 집중하고 그 현실적인 관념은 선거에 집중하였다. 본래 대혁명 전에 있어서 선거(삼부회나 의회의 선거)에는 종교, 자산, 연령, 남녀의 여러 가지 제한이 있었다. 그러나 대혁명 후에 있어서의 초점은 먼저 제3계급에 의한 입법부 점령의 수단으로 교육, 납세, 주거 등의 조건으로 성인 남자의 선거권을 제한하는 데 있었다. 이러한 사상의 단적인 표현은 다름 아닌 헌법 등에 나타난 선거권 규정이었다. 가령 대혁명 때의 1791년 헌법, 1795년 헌법을 비롯하여 1848년까지는 선거는 주로 재산에 의하여 제한되었다. 1848년 2월혁명 후에도 몇 나라를 빼놓으면 성인 남자에게 있어서도 대다수의 유럽 나라는 불평등하고 제한적인 선거규정을 가지고 있었다. 스위스의 1848년 헌법을 제외 한다면 프랑스의 남자 보선권普選權(1848)이나 영국의 선거법 개정(1832, 1867, 1884년 등)은 제3계급의 자발적인 개혁인 것보다도 대중의 평등권에 대한 치열한 요구와 압력에 대한 타협으로 이루어졌다.

   이 점은 또한 사상가의 면에서도 엿볼 수 있다. 가령 반反프랑스 대혁명론자이며 경험주의의 정객이었던 에드먼드 버크(1729~1797)는 또한 치열한 자유주의자였는데, 그에 의하면 대의제에 있어서의 대표는 수의 대표가 아니라 질의 대표로서 의회는 국민 이해를 잘 가릴 수 있는 사회의 정수精髓여야 된다고 생각하였다. 그리고 그의 정당에 대한 개념, 곧 "서로 모두 합의한 특정한 원칙에 서서 공동 노력으로써 국민 이익을 촉진하기 위하여 단결된 단체"라는 개념은 자유주의적인 민주주의의 정당 정의로서 오늘날까지도 선남선녀를 지배하고 있다. 급진적 자유주의자로 알려진 공리주의파의 벤담, 밀 부자父子 등이 모두 선거 자격에 있어서 교육의 유무를 내세움으로써 간접적으로 자산층에 유리하게 한 것은 모두 아는 바이다. 뿐만 아니라 이러한 수속으로 성립하고 있는 합법성을 옹호하기 위하여 19세기 후반 영국의 법학가들이 동원되고 또 자유주의의 '개인 인격의 완성론'을 중심으로 영국 이상주의가 성행한 것도 그것이 유행하던 영국의 빅토리아 여왕 시대가 바로 영국 자유주의의 황금시대였던 점을 생각하면 의문이 안 풀릴 수 없다. 한편 프랑스 같은 데에서는 앞서도 일컬은 콩스탕 같은 사람이 프랑스의 부르주아를 대변하여 자산에 의한 선거제한을 내세웠던 것은 당시 7월 혁명에서 2월 혁명 때까지의 풍조로 보아 알 수 있는 일이었다. 단지 19세기의 후반에 들어서면 이미 프랑스는 사상사의 중심은 아니었고, 자유주의적 민주주의와 시대적인 중심 사조의 무대는 세계를 지배한다는 칭송을 받던 영국으로 옮겨 갔다.

표어로서의 민주주의

민주주의는 구시대에 있어서 본래 군왕제, 귀족제에 대하여 국민 다수가 지배하는 정체의 이름으로서 그리스 이래의 정의를 대체로 따라왔다. 그러나 한번 민주주의가 계몽사상기의 인민주권과 맞붙고 인권사상을 대표하는 보편개념으로 나선 후로는 민주주의는 아주 잡다한 정치적 입장에 두루 쓰이게 되었다. 더구나 민주주의가 현실적인 정치현상의 명칭에서부터 떨어져 인류의 자연권이라고 믿어지는 이념과 결부됨으로써 민주주의는 이미 대혁명기로부터 단순한 개념이 아니라 인간이 응당 쫓아야 되는 정치적 가치 관념으로 일변하였다. 대혁명을 통하여 또 2월 혁명을 통하여 민주주의는 인민주권을 신봉하는 사회에서는 한 개의 신념 또는 정치적 확신으로 작용하였다. 그것은 첫째로는 모든 사회계급을 망라하는 보편타당적인 이념의 마술이기도 하였지만 또 동시에 이러한 이념으로서, 부르주아 이외의 노농층을 반절대주의 투쟁에 끌고 들어가는 데서 생긴 노력도 컸다. 어쨌든간에 1850년대 전후에 이르러는

민주주의는 마치 오늘날과 마찬가지로 진실로 좋은 정치이념이라
는 민중의 표어로 나타났다. 그러므로 토크빌이 자유주의적인 것을
민주주의라고 하는가 하면 마르크스는 《공산당 선언》에서 공산당
이야말로 "민주주의적인 정당"이라고 불렀다. 이 광경을 2월 혁명
에서 정권으로부터 물러난 프랑수아 기조(1787~1874)에서 빌려 표
현하면, "군주주의자는 말하기를 자기네 군주제는 민주주의적 군왕
제라 하고…공화주의 파는 이르되 공화제야말로 스스로가 스스로
를 다스리는 민주주의라고 하며…또 사회주의자, 공산주의자, 산악
당의 과격파는 또 공화정체를 들어서 순수하고 절대적인 민주제로
만들어야 된다고 외치고 있으니…이 민주주의라는 말을 깃발 위에
적어 놓지 않으면 정부나 정당이 모두 살 길도 없고 권력도 못 믿
어지는 것과 같은 판이었다"고 한다(《프랑스 내의 민주주의에 대하여》
1849년 1월). 이것은 민주주의라는 말만이 아니었다. 국민주권, 인민
주권, 자유와 평등은 또한 함께 권위적인 이념 곧 마땅히 우러러 보
고 따라야 되는 말로서 정치적 효과를 갖게 되었다.

  이에 대하여 물론 치열한 항거와 공격도 없지 않았다. 그 중에
가장 치열한 것은 말할 것도 없이 대혁명에 밀려난 망명 귀족들
의 공격이었다. 반혁명의 입장에서 그들의 민주주의, 인민주권, 자
유평등을 비웃을 것은 당연 중의 당연한 일일 것이다. 더구나 혁명
사상이 내세우는 보편타당성은 근거 없는 개념의 확대로서 힐난
의 과녁이 되었다. 가령 반혁명 사상가의 거두인 조제프 드 메스트
르(1753~1821)에게서 보면, 인권 선언에 의하면 자유는 "남을 다치
지 않는 한 모든 것을 할 능력"이라고 하였는데 그것은 순환논법으
로 "할 것은 할 것이요, 하지 않을 것은 하지 않을 것"이든가, "자유

는 자유이다" 식의 우스꽝스러운 논리라고 일축되고(《상트 페테르부르크 야화》 1854), 또 헌법을 인위로 성문한다는 것은 역사에 어긋난 일이라고 힐난하며(《프랑스에 관한 고찰》 1896), 심지어는 "인간이라는 것이 어디 있느냐? 내가 본 것은 프랑스인, 이탈리아인, 러시아인이고, 그리고 몽테스키외의 덕으로 페르시아인이 있는 것을 알았을 따름이다. 인간이라는 것은 내 평생 만나본 일도 없거니와 있다손 치더라도 내 알 바가 아니다"라고 꼬집어서 혁명사상의 보편개념을 욕하였다.

다음으로 또 대혁명이 들고 나온 보편적인 민주주의와 인권과 인민주권에 공격을 가한 것은 다름 아닌 영국의 자유주의의 일파였다. 앞서도 잠깐 풀이한 바 있거니와 영국에 있어서는 명예혁명 (1688) 이래 자유와 민권은 단순한 이념이 아니고 현실의 권리였으며, 그것은 영국의 자산층의 지위를 확보하는 보수적인 사상이었다. 어디까지나 경험주의의 입장에서 현실적으로 향유하는 권리였다. 이런 견지에서 보면 극단의 해석이 가능하고 또 혁명의 무질서, 혼란, 공포에 마구 이용되는 자연법적인 인권 개념이나 민주주의 관념은 영국 부르주아에게 적지 아니 못마땅한 것이었다. 가령 앞서 든 버크는 유명한 반反대혁명론자이거니와 또한 동시에 인민주권의 근거였던 계약론의 신화성을 비웃고 대혁명이 내세운 보편타당인 인권의 추상성을 배격하였다. 이 점은 공리파에도 이어졌으니, 이를테면 벤담도 역시 사회계약설 등을 상대하지 않던 것이 좋은 예이다.

끝으로 또 민주주의는 대혁명에서 권력을 잡은 프랑스의 부르주아 자체에서 위험시되었다. 왜냐하면 당초에 군왕의 절대권을 타

도하는 데 있어서 자연권의 보편성을 이용하여 노동자, 농민, 소시
민을 동원한 것은 좋았으나 일단 정권의 핵심을 쥐고 난 후에는 자
연권적인 민주주의 사상이 지니고 있는 급진적인 요소는 부르주아
정권의 유지에 장해가 되었다. 그렇지 않아도 대중은 자연권 속에
들어 있는 평등 이념을 내세우고 노동자, 농민, 소시민의 정권 참여
를 주장하고, 심지어 사회주의자는 재산권의 부인까지를 부르짖게
되었다. 이것은 자유주의적 민주주의에는 위험 신호가 아닐 수 없
고, 여기에다 자코뱅파 이래 혁명의 공포정치의 환상이 따랐다. 이
리하여 영국 숭배자이며 또 자유주의자였던 미모의 스탈 백작부인
(1766~1817) 같은 사람은 "프랑스에서 민주주의는……불가능한 것
이다"라고 생각하고, 대혁명이 기도한 진지한 자유는 평등에의 열
정으로 말미암아 비틀리고 말았다고 개탄하였다(《프랑스대혁명의 주
요 사건에 관한 고찰》). 또 콩스탕은 "자유란 개성의 승리인데 이것은
소수를 다수에게 복종시키게 한다는 대중의 횡포에 지배되는 권위
보다는 더 귀한 것이다"라고 부르짖고 나아가 자유주의란 반드시
민주주의는 아니라고까지 주장하였다. 이 점에 있어서 기조 같이
루이 필리프 왕 아래 수상을 지낸 자유주의자가 민주주의란 말의
내용을 꾸짖을 뿐 아니라 민주주의에 구애할 것이 없다고 본 것은
당연하다고도 할 만하다(콩스탕,《헌법대강》, 1817~1820).

　이렇듯이 민주주의와 이에 따른 보편적인 이념으로서의 자유,
평등, 인민주권, 헌법 등은 복고기와 1850년 이후 여러모로 공격을
받게 되고 일시는 그 사용까지가 잠잠하여졌다. 그것이 다시 자유
주의적 제3계급에 의하여 써지게 된 것은 이미 민주주의의 혁명적
의미가 명예혁명 후의 영국에서와 같이 사라지고 다만 자유주의적

인 의미에서 보수적인 구실을 한다고 여겨진 것과 또 하나는 19세기 말부터 20세기를 휩쓰는 정당정치의 소치였다.

3. 근대 민주주의 사상: 속續 사회평등주의

(1) 평등사상

근대 민주주의의 사상에 있어서는 본시 자유와 평등은 같이 붙어다니는 형제와 같은 이념이었다. 하나를 민주주의의 대들보라고 친다면 또 하나는 두 말할 것 없이 기둥 구실을 한다고 여겨질 법하였다. 가령 독립 전 미국의 주 헌장 및 미국 독립선언을 보아도 그것이 그랬고, 또 근대사상의 근원이 되는 대혁명의 선언을 이끌어 보아도 역시 매한가지였다. 그도 그럴 수밖에 없는 것이 원래 근대의 민주주의는 절대군주권에 대한 항거를 계기로 튀어나왔는데, 그 마당에 있어서 자유와 평등은 같이 왕권과 구제舊制에 대항하는 대의명분으로 쓰였다. 또 한편 근대 민주주의의 핵심인 자연법적 인권사상은 앞서도 든 바와 같이 보편타당적인 '인간'의 존재의 속성으로 이해되었는데, 그렇다면 그 중에도 으뜸가는 자유와 평등의 두 개념이 하나같이 뺄 수 없는 인권으로 여겨질 것은 극히 당연하다. 이 까닭에 적어도 근대 민주주의의 '보편타당적'인 이론은 항상 자유와 평등을 같이 들어서 나란히 놓고 받들었다. 프랑스대혁명의 3대 모토 중의 둘이 바로 자유와 평등이었던 것이 좋은 예이리라. 그러나 한번 왕권의 압박이 제거되고 제3계급의 정치적 지위가 높아지자 형제와 같던 자유와 평등의 두 이념은 각각 다른 역사적 구실을 맡게 되었다. 자유가 외따로 유산층의 귀염을 받아 개인 활동의 자유라는 의미에서 발달하는가 하면, 한편 평등은 단순히 정치적 평등뿐만이 아니라 사회적 및 경제적 평등을 요구하는 무산층의 이념으로 뻗어나가게 되었다. 이리하여 본래 함께 출발하고 또 이념상 지금도 민주주의의 요건으로 같이 간주되는 자유와 평등의 두 개념은 마침내 민주주의의 이율배반적인 대립 개념 같은 현실을 가져오게 되었다. 원래 자유를 개인의 자유라고 생각하는 한에는 자유스러운 개인 활동에서 빚어지는 개인 사이의 관계는 불평등하지 않을 수 없다. 재능과 육체와 또 조건이 서로 다른 개개인이 제각기 마음대로 경쟁한다면, 그 사이에 지고 이기고 잘되고 못되고 가난하고 부유하다는 차이가 아니 나올 도리가 없다. 더구나 자산과 교육의 차를 그대로 두고 자유경쟁에 들어간다면 그 결과는 가다려 볼 여지도 없다고 할 만하다. 따라서 이러한 개인주의적인 자유사상에 있어서 평등이란 기껏해야 법 앞에 평등 또는 활동 자유의 평등이라는 지극히 형식적인 것에 불과하며, 내용에 있어서는 같은 유산층 사이의 평등 혹은 시민혁명의 혜택을 맛보는 제3계급 안의 평등으로 변질될 가능성이 많다. 대혁명 이래의 평등사상은 이에 대하여 참정권의 보편적인 평등 그리고 인간생활의 밑이 되는 경제와 사회생활의 전반적인 평등을 들고 나섰다. 아니, 어떤 의미에서는 대혁명 전에 벌써 이러한 평등사상이 비슷하게 나타났다고도 볼 수 있는데, 그것이 바로 영국의 청교도혁명 때였다.

수평파와 디거스(평등파)의 무리

1641년으로부터 시작하는 이른바 영국의 장기의회Long Parliament에

있어서 국왕 측을 압도한 의회 측은 그 정치세력은 장로파가 우세
하였으나 그 실력은 크롬웰이 이끌고 있는 군대에 있었는데, 그 군
대 내에는 다시 파별派別이 있어서 그 중의 주류는 크롬웰이 가담하
는 독립파이지만 나머지 파당에는 소시민과 농민층을 대표하는 수
평파Levellers라는 것이 있어서 한 때 대단히 유력하였다. 이 수평파라
는 패의 사상이 지금 문제 중의 하나이다. 수평파의 사상은 그 패의
군인이 대개 소시민과 빈농 출신이라는 점에서 그들의 계층을 대
표하는 사상의 성격을 볼 수 있는데 그 내용은 어지간히 평등주의
에 가까운 것이었다. 가령 이 파의 수령 격인 존 릴번(1614~1657?)
에 보면 "의회는 하원만이 서민의 고유한 영국의 주권이 자리 잡
고 있는 곳"으로서(《서한》, 1645), 이 까닭에 "의회는 서민의 통제 아
래 있어야 될 것이며"(《영국민의 생래권을 밝힘》, 1645), 또 통치는 마
땅히 백성의 승인과 동의가 필요하였다. 뿐만 아니라 백성의 동의
와 승인의 표시인 투표권에는 빈부귀천의 차가 있을 수 없으니, 대
저 그 까닭은 당초에 천주님은 사람을 당신과 같이 만드시고 금수,
짐승과는 달리 사람에게는 누구에게나 이성을 주시었으나 이러한
자연의 섭리 아래 사람 사이에 차별이 있을 리 만무하고 또 이성으
로 판단하여 동의하지 않은 정치에 어찌 지배될소냐 하는 것이었
다(《런던시 헌장론》, 1646). 그러므로 "제 아무리 가난한 자라도 부자
와 귀인에 못지아니한 표를 던질 진실한 권리를 지니고 있다"는 것
이다(《쇠사슬에 묶여 있는 런던시의 자유》). 말하자면 하늘이 주신 인
간 이성에 의지하여 인간의 보편타당적인 정치 평등을 주장한 셈
이 된다. 이러한 릴번의 사상은 그의 동지인 오버턴, 월린 등의 생
각과 아울러 수평파를 대표하여 마침내 유명한 세기의 《인민협정》

(1647~1649)을 내게 되었다.

《인민협정》은 1647년 퍼트니 장교회의에서 크롬웰파에게 패배하여 채택되지는 않았으나, 그러나 그 영향은 크롬웰파 같은 측에도 큰 바가 있어서 후세에 여운을 남기었다. 그러나 《인민협정》은 어디까지나 사회계약과 보편적인 이성주의에서 보선권普選權과 인권침해 방지를 중심으로 구상된 성문 법안으로서 거기에는 평등사상의 일면인 사회와 경제의 평등 관념이 결여되어 있었다. 심지어는 선거권에 있어서도 여자와 하인과 구제를 받는 빈민이 제외되는 형편으로 수평파 운동이 결국은 대지주와 대시민층에 대하여 소시민과 소농의 요구였던 면이 여실히 엿보였다. 이에 대하여 같은 청교도혁명 중에 일어난 디거스파Diggers(땅 파는 자의 파라는 뜻으로 1649년부터 성 조지 언덕이라는 데서 공동 경작하던 일당)의 사상은 사상으로는 완연히 평등주의에 선 공산제를 내세웠다.

디거스의 사상은 거의 그 수령인 제라드 윈스턴리(1609~1652)의 언행으로 엿볼 수밖에 없는 형편인데, 이 윈스턴리의 생각에는 수평파의 사상과 통하는 점이 허다하였다. 가령 윈스턴리나 수평파의 릴번은 한결같이 노르만 정복 전의 영국을 사회주의와 평등, 자유가 통용되던 낙천지樂天地였다고 보고, 모든 나쁜 제도는 정복 후의 유물이라고 보았다. 그리하여 이 나쁜 제도가 제거됨에 따라 새로 사회를 마련한다는 의미에서 수평파는 《인민협정》을 들고 나왔고, 한편 윈스턴리는 윌리엄 정복왕의 후계자인 찰스왕이 구축된 이상 서민이 빼앗겼던 땅을 찾아 공동 경작함으로써 정의의 천지를 이룩한다고 주장하였다(《페어팩스 경에게 부치는 디거스의 서한》, 1649). 또 하나 보기를 들면 수평파나 디거스나 간에 하늘의 진리를 이성에서 보고, 이성이야말로 유일무이한 기준으로 삼았다. 하기는 그 신앙에 있어서 수평파가 원시기독교의 정신을 내세운 것에 대하여 윈스탠리 같은 사람은 예수재림론에서부터 나중에는 범신론으로까지 바뀐 차이는 있으나, 이성이야말로 신의 뜻이라는 점에서 피차 매한가지였고 또 이 까닭에 그 사고방식이 보편성을 띄게 되었다.

그러나 이러한 유사점이 있음에도 불구하고 서로가 다른 점은 다름 아니라 수평파의 평등사상이 소시민의 생각을 반영하여 정치권에 한정됨에 반하여, 한편 디거스는 빈민의 이데올로기로서 악과 부정의 근원을 사유재산제에 있다고 단정하고, 정의와 신의 섭리를 선양하는 길은 오직 생산의 근거인 토지의 공유로 인한 평등의 실현과 생활의 자유라고 내건 것이다(윈스턴리의 《정의의 새 법》, 1649). "사람은 하늘로부터 땅을 갈 자유를 똑같이 받았으며", 따라서 "토지를 귀족과 지주로부터 빼앗아 만인의 공유물로 할 것이며", 이리하여 공유지에서 같이 일한다는 것이 조물주에 대한 자유의 선언이 될 것이라고 한다(《정의의 새 법》). 윈스턴리에 의하면 "인간의 모든 큰 분규와 갈등 뒤에는 토지의 점유욕이 놓여 있으며, 또 이것이 향신과 성직자의 설교의 목적인 것이고", "모든 법의 기반은 토지 분배에 있다고 갈파하였다. 이렇듯이 모든 사회 갈등과 정치 다툼의 원인을 토지 사유에 둔 것은 흡사 같은 시대 사람인 제임스 해링턴(1611~1677)의 사상과 통하는 듯한데, 요컨대 당시에 있어서 정권의 문제가 경제적인 빈부의 차에서 통찰되었다는 것은 새로운 풍조라 아니할 수 없다.

이 윈스턴리 등의 공동경작체 운동은 그 자체로는 미미한 것이며 얼마 못 되어 탄압에 짜부라지고 말았으나, 그 영향은 적지 않아서 가령 영국 사회주의사상의 선구로 알려진 로버트 오웬(1771~1858) 같은 사람의 이상촌 운동도 실마리는 여기서부터 출발하는 것이었다. 그러나 이들 수평파나 디거스는 이를테면 한결같이 종교의식에서 평등사상과 자유를 풀어 나온 터로서, 더욱이 디거스의 운동은 윈스턴리의 유토피아 얘기인《자유의 나라의 법률》(1652)에서 보듯이 공상에 차고 신앙에 잡힌 것이었다. 이들은 부르자면 종교적 평등론자라고나 할까? 거기에는 전근대적인 요소가 적지 않게 담겨 있었다.

정예 중심의 무력혁명 사상

18세기 중엽 한동안 계몽사상이 유럽을 풍미하던 때로부터 프랑스 대혁명의 초기에 걸쳐 본다면 자유와 평등의 두 개념은 보편타당적인 정치적 이념으로서 가장 사람 입에 오르내렸다. 그러나 이러한 이념의 실행을 들고 나선 시민계급의 선봉은 실지로는 어디까지나 개인 자유의 이념을 중심으로 하고 그리고 '질의 평등' 곧 뭇사람이 골고루 참가하는 정치평등이 아니라 교육 있는 남성 자산층만이 참여하는 정치평등을 내걸었다. 이들에 있어서는 당초에 '다수결'조차 개인의 자유 또는 정치의 질을 문란하게 하는 것이라고 여겨졌다. 가령 미국의 연방론자Federalist이며 제4대 대통령이었던 제임스 매디슨(1751~1836)에 의하면 "대다수의 이익이야말로 옳고 그름의 정치적 기준이라는 원칙같이……오해되기 쉬운 것은 없다.……만일에 이것을 통례에 따라 재와 부의 증진을 말한다면 이보다 더 잘못된 일이 있을 수 없다. 이 의미에서는 모든 사회가 소

수의 개인을 망치고 노예화하는 것도 대다수의 이익일 것이려니와
또한 연방체에 있어서 소수 구성 부분을 희생시키는 것도 역시 대
다수의 이익이라고 할 것이다. 이것은 사실상 정의의 척도로서 폭
력을 다른 이름 아래 그리고 한층 특수한 형태로 내세우는 것에 지
나지 않는다"라고 비평한다(1786년 먼로에게 부친 편지). 애당초 연방
론자의 사상에는 주의회의 다수결 제도를 문제 삼으려는 면이 있
었다. 더욱이 같은 연방론자인 해밀턴(1755~1804) 같은 사람에 이
르러서는 민주주의의 극단화에 대하여 노골적으로 반대의 기색을
보였다. 대중이라는 것은 감정적이고 짬이 없어서 자칫하면 무정부
적 태도로 흐르게 되고 교양과 판단이 모자라는지라 공사公事에 참
여하면 극단에 흐를 위험이 있다는 것이 그의 의견이었다. 프랑스
대혁명 전후의 지배적 사상이, 시에예스에서 보듯이 제한적인 평등
으로서 재산으로 선거권을 제한하고 또 자유와 평등을 사회신분과
정치권에 한정하여 떠들던 일은 이미 앞 장에서 이야기하였다.

　　그런데 이러한 자유주의적 사상에 대하여 비록 약하기는 하였
으나 철저한 평등사상이 대혁명 전후에 없었던 것은 아니었다. 아
니, 약하고 없는 정도가 아니라 장차 천지를 뒤흔드는 사상의 싹으
로서 돋아 나왔다. 가령 1755년에 발행된 모렐리(생몰년 불명)의《자
연의 법전》이라는 데서 보면 기본적이며 불가침의 신성한 원칙으
로서 셋을 들었다. 곧 ① 사유재산의 철폐, ② 시민의 공산적인 공
동생활(국가급식 등), ③ "각인은 각기의 능력에 따라 공공이익에 이
바지한다"는 것 따위인데, 이 세 가지 기본법을 꿰뚫은 정신은 만
인평등의 사상이었다. 이 모렐리보다도 엄청나게 큰 영향을 후세에
미친 것은 앞에서도 인용한 가브리엘 보노 드 마블리(1709~1785)의

사상이었다. 마블리는 "재산과 생활의 불평등이야말로 사람을 타락시키고" "모든 악을 발효시키는 근원"이라고 보고 재물의 공유와 분배의 평등 없이는 사람 사이의 증오와 압력, 그리고 투쟁과 분규는 영원히 사라지지 않을 것이며, 한편 재산을 지난 특권층은 공권력을 독점하여 압정을 감행할 것이라고 단정하였다(《입법론》, 1776, 제1권 제2장). 그러므로 모든 악과 불평등의 기원인 사유재산제를 타파하라, 그리고 압정에는 굴복하지 말고 용감히 항거해라, 맹종이라는 것은 뭇 시민에게 선악조차 판단할 능력이 없다는 증거가 될 따름이라고 그는 외쳤다(마블리의 유고 〈시민의 권리와 의무에 대하여〉). 그런데 이 공화정체론가는 그렇다고 해서 루소와 같은 직접민주주의 찬성자는 아니었다. 마블리는 생각하기를 대중은 덧없는 것이 되어서 고대 그리스에서 보는 바와 같이 직접민주주의는 그 얼마나 멋대로고 경박하고 폭압적이었던가를 상기시킨다. 이 까닭에 반드시 정치의 대권을 장악할 입법부는—그는 입법부 간선론자였다—대의제에 의하여 우수한 선량, 탁월한 인민의 정예에게 그 기능을 맡겨야 된다고 주장하였다(《입법론》제3권 제3장).

이 마블리의 사상은 대혁명 때의 혁명 지사에게 적지 않은 영향을 주었는데, 이 계통의 평등주의는 특히 자코뱅파의 사회적, 경제적 평등사상에 비슷하게 나타난다. 가령 과격파의 로베스피에르(1758~1794) 같은 사람은 "법의 목적은 평등의 유지"라고 극언하고 나아가서 재산의 불평등을 가져오는 일은 단연코 법으로 막아야 한다고 강조하였다(1792년 혁명의회에서의 연설). 본래 자코뱅사상은 빈민과 노동자를 규합하여 대중의 지지 위에 독재적 혁명정치를 감행하려고 하던 터로서 이 까닭에 엥겔스 같은 사람도 자코뱅의 공포정치 시대야말로 무산대중이 정권을 장악한 때였다고 논단하였던 일이 있다. 이 자코뱅의 계통에 서면서 한층 더 파격하고 철저한 사상이 또 있었다. 그 대표되는 사람이 다름 아닌 그라쿠스 바뵈프(1760~1797, 본명 프랑수아 노엘 바뵈프)라는 혁명가였다.

바뵈프 일당의 사상은 대체로 마블리나 모렐리의 논법을 따라 사유재산의 철폐를 포함한 경제, 사회, 정치의 절대평등을 주장하였는데, 한 가지 남과 다른 투철한 생각이 있었다. 하나는 무엇이냐 하면 평등사상이 단순히 특권계급과 재산가의 정치적 압박과 경제적 착취를 구명하는 데 그치지 않고 나아가서 이러한 불의, 부정을 시정하는 방안으로 혁명이론을 들고 나선 점이다. 하기는 바뵈프의 사상에는 數의 사상, 곧 국민의 의사는 바로 머리 수효가 많은 다수편의 의사가 그것이라는 관념이 뚜렷하여 그의 특징도 되었거니와 또 자유주의 계통의 '질'의 사상과 정면으로 충돌할 계기도 되었다(《인민의 수호관》 제34호. 바뵈프의 논설은 대부분이 기관지에 실렸다). 그러나 이 수효의 사상은 본래 자코뱅파의 전통으로서 바뵈프의 본령이 아니고, 그가 남다른 점은 평등사상이 혁명이라는 실천의 수단과 아교(糊)로 붙인 듯이 붙어 있는 데 있다. 그에 보면 "사회의 목적은 공공복리"인데 "혁명의 목적이 또한 이 공공복리의 달성"이라고 규정되고 이러한 사회혁명은 "무산자와 유산층의 투쟁"의 형식을 취한다고 보았다(《인민의 수호관》 제34호 및 제35호).

"혁명이란 것은 뜻에 맞지 않는 사태를 공모하여 치우는 것이며 그 대신 더 나은 것을 가져 오는 일이라고 따져놓고 그리고 역사상 혁명은 무수히 있었으나, 그것은 모두 정치권력을 탐낸 혁명이거나 지배와 착취를 위한 혁명이었다고 권력가들은 외우고 있으나, 기실 그것은 무산자와 대중을 위한 혁명은 아니었다. 따라서 혁명은 단속되고 또 단속되어서 대중의 혁명이 진실로 이루어질 때까지 전취戰取되어야 된다"(제36호). "앞으로 나아가라…지체 말고 평등을 향하여 진군하라!"(제35호). 이것이 바뵈프의 혁명 관념이었다. 그러면서 또 한편 그도 또한 마블리를 따라 대중의 능력을 높이 평가는 아니 하였다. 혁명은 전적으로 노동자의 정예와 행동적인 인텔리겐치아의 노력 아래 폭동의 방식으로 이루어질 것이라고 생각하였다. 대혁명이 시민의 봉기와 폭동으로 성공하고 정권이 폭력으로 바뀌었던 역사적 환경 아래 당시의 혁명가는 대체로 폭동으로 쉽사리 목적이 달성된다고 생각하는 편이었다.

혁명은 소수 정예의 과감한 폭력 투쟁을 통해 우선 정권을 잡는 데서 이루어질 수 있다는 바뵈프의 사상은 비록 그 일당의 평등주의자의 봉기라는 혁명운동은 실감하였으나, 후일 공산당 사상에 중요한 영향을 주었다. 뿐만 아니라 그 정예 중심의 폭력혁명의 사상은 오귀스트 블랑키(1805~1881) 일파라고 직계의 계승자들을 내게 되었다. 나이 27세에 법정에 선 블랑키는 명확한 프롤레타리아의 의식을 가지고 "빈부 사이의 투쟁"을 명백히 하여 사회의 모순을 찔렀다(1832년 다시스 법정에서의 진술). "인민 대중은 1832년 6월에 서듯이 또 1834년 4월에, 1849년 5월에 서듯이 48년 바리케이드 위에 적기赤旗를 세웠다. 붉은 깃발은 패배와 승리의 두겹진 헌신을 받아왔다. 금후 붉은 깃발은 그들의 것이 되리라"하고 부르짖은 것도 블랑키이며(1848년 2월 26일 선동문), 장래의 사회는 틀림없이 공산주의라고 단정하고 "바른 혁명체인 공산주의는 유토피아 운동으로부터 감시되어야 된다"고 하고, 혁명은 먼저 군대와 관료조직을 분쇄해야 되며, 그 후에 노동자와 무산대중 속에서 국민군을 만들어 "프롤레타리아의 독재"를 확립하여야 된다고도 주장하였다. 블랑키는 혁명 수단으로 파업(스트라이크)도 생각하였거니와 혁명의 핵심은 조직된 정예로 폭동에 의하여 일거에 정권을 탈취할 것을 내세웠다.

대중의 지지를 대중에게 호소는 하되 혁명의 직접 행동은 어디까지나 정예에 의하여 폭동으로 이루어진다는 전술사상은 1840년대 전후의 사회운동에 아주 커다란 영향을 주었다. 원래 이러한 정예 중심의 폭력혁명 사상은 당시의 프랑스같이 산업혁명이 아직 무르익지 못한 채로 파리의 노동자와 빈민 사이에 급진사상이 유포되고 그리고 폭력혁명의 현실이 경험되었던 때에 있어서의 전술적 평등주의의 사상이었다. 그러나 그것이 한번 퍼진 이후에는 모든 후진사회의 사회혁명 운동에 이용될 뿐 아니라 심지어는 자본주의 체제가 점차로 완숙하여 가는 곳에서도 채택되었다. 가령 1840년 전후에 치열하였던 영국의 차티스트 운동을 보더라도 그 운동에 참가한 단체들은 그 색채가 가지각색이고 평등사상의 내용과 정도에도 형형색색 고르지 못한 것이 있었으나 그 전술은 대체로 프랑스의 영향 하에 있었다.

협동체적인 사회주의

평등사상은 프랑스혁명에 뒤이어 사유재산제의 철폐를 부르짖는 '사회혁명을 위한 정치혁명'의 사상으로 등장하였는데, 그 전술에 있어서 자코뱅 일당과 바뵈프에서 블랑키에 이르는 정예 중심의 폭력혁명의 조류가 1848년 전후에 온 유럽을 휩쓸던 혁명 사건에

많이 이용되었다. 그러나 사회혁명을 부르짖고 나선 평등사상에는
또 한 가닥의 유력한 계통이 있었는데, 그것은 근본이념도 이념이
려니와 실천의 방식에 있어서 블랑키 류의 정예주의와 엄연히 구
별되는 것이었다. 이 파는 대체로 엥겔스가 《반듀링론》에서 공상적
사회주의파라고 딱지 붙인 프랑스의 생시몽(1760~1825)과 샤를 푸
리에(1772~1837) 및 영국의 로버트 오웬 등의 무리가 포함되는데,
다만 엥겔스가 독일의 공상적 사회주의자라고 부른 빌헬름 바이틀
링(1808~1871) 같은 사람은 푸리에의 경향도 받은 바가 있으나 그
보다도 바뵈프의 경향이 강한 것 같으며, 또 아나키즘 색채가 아주
농후는 하지만 프랑스의 피에르 조제프 프루동(1809~1865) 같은 사
람은 차라리 이 협동체 계통에 붙일 만하다. 그런데 이들의 특색은
산업혁명이 가져오는 산업사회에 대한 예민한 의식과 경제적 불평
등의 제거책으로서 자율적인 협동체의 운동에 의해 사회구조를 바
꾸려는 것이 공통되는 점이었다. 따라서 이 계통의 사회주의는 비
밀 결사의 조직과 폭동, 봉기에 의하여 일거에 정치권력을 장악하
는 바뵈프주의나 블랑키주의에 대하여 대중의 경제적 조직화를 기
반으로 하는 사회운동의 색채를 지니게 되었다.

가령 생시몽이 산업사회의 건설을 위하여 각 부문 별의 근로자
조직체를 논의한 것은 유명한 일이려니와(《산업자의 교리 문답》), 생
시몽에 의하면 산업자 또는 근로자라 함은 생산에 종사하는 사람
이거나 또는 물질적 욕구와 기호를 충족시키는 여러 물건을 사회
의 여러 방면의 사람에게 공급하는 사람이라고 정의된다(《문답》 제
1편, 1823년 12월). 푸리에는 새 사회의 기본단위로서 팔랑주phalanx(옛
날 그리스의 밀집 형태의 전진戰陣 이름을 차용한 것)라는 협동체를 내세

우고, 오웬은 협동체 원리에 선 이상촌 운동을 계기로 사회주의로
나섰고, 또 프루동은 자발적인 계약에 의하여 모인 경제협동체(그
에 의하면 '계약체'régime des contrat)야말로 새 사회구조의 기본이 되어야
된다고 보았다(《19세기에 있어서의 일반적 혁명관념》, 1851. 이 책의 부제
는 '혁명과 산업의 실제에 대한 연구 선選'). 이들은 사회의 변혁과 새 구
조를 열렬히 바라고 또 그 방향으로 실천하려고 들었으나 바뵈프
류의 폭력혁명을 내세우지는 아니하였다.

　예를 들면 푸리에 같은 사람은 종래의 운동이 정치에 너무 기울
어졌던 것을 힐난하고 정치적 방법으로는 사회는 고쳐지는 것이
아니며 혁명은 다만 인민의 희생을 냈을 따름이라고 판단하였다.
"사회계약에 닳아빠진 개개인의 구호救護가 정치로는 준비되지 못
했다면 하물며 정치로써 나라가 더 잘 구해질쏘냐. 지금이야말로
우리는 인민을 희생한 여러 혁명을 규탄하자!"(유고 제1권). 대략 이
러하다. 또 이 중에서도 가장 혁명에 대하여 많이 말하고 스스로 혁
명가로서의 긍지를 적어 놓은 프루동을 본다. 그에게 있어서는 애
당초 혁명은 폭동이나 봉기와는 다른 것이었다. 이른바 정치혁명
(폭력혁명)은 결국은 지배욕에 사로잡히어 절대평등과는 거리가 멀
어질 것이다. "사회혁명이 목적이며 정치혁명은 수단이라고 18년
동안이나 반복하던 사람들은 결국 난처할 것이다. 사실은 한번 수
단이라는 것을 장중掌中에 넣으면 목적은 저버리고 다른 일을 착수
한다"고 의심하였다(《한 혁명가의 고백》 제6장). 그러므로 그는 1848
년 2월 혁명 및 6월 혁명을 못마땅하게 여기고, "혁명이란 휴머니
티 안에 나타난 정의의 표시"라는 묘한 정의를 내렸다(《인민》 1848년
10월 17일).

　　다음으로 이 계통은 대개가 인류라는 기준에서 사회 개편을 생
각한다. 하기야 무산대중과 빈농을 해방하여 차별 없는 생산적 사
회를 마련하려는 것은 원칙이나 그렇다고 해서 사회혁명의 핵심을
무산대중에게만 두는 것은 아니었다. 가령 생시몽에 보면 산업자
조직은 학자, 공업가를 포함하는 광범위한 것이며, 반드시 무산노
동자만의 조직체를 꾸미려는 것이 아니었으며, 또 프루동에 있어서
는 계약체에 의한 경제체제는 부르주아와 프롤레타리아의 타협과
협력으로 해석되는 점이 있었다(베르토의 설). 하기는 생시몽 파나
오웬, 푸리에 등의 초기 사회주의 운동가는 그 객관적 환경이 아직
익지 못하였던 탓으로 어느덧 사회개량론자의 모습이 있었다. 뚜렷
한 정치적 욕구를 들고 나오는 근대적인 노임(임금)노동자층이 미
처 발달되지 않은 마당에서는 평등운동의 기반은 산만하고 성격이
착잡한 각계의 빈민과 불평가 곧 노동자, 농민, 소시민이 두루 뭉친
이른바 무산대중이어서 그 사이에 중추의 구실을 담당하여 기타를
이끌고 나아가는 층이 없었다. 더구나 당시의 환경으로 보면 중·
소상공인도 정치력에서 배제되어 있고 영국, 프랑스 할 것 없이 정
권은 실질상 대지주, 대산업가, 투기업자, 금융가가 아니면 왕당파
의 손 안에 있었는데, 중·소시민으로 보면 무산층을 내세우는 인
텔리겐치아와의 합작은 집권자를 압박하여 정권층의 기회를 얻는
방도라고 생각되었고, 또 한편 집권층 내에 있어서는 그 사이의 헤
게모니 싸움에 있어서 무산세력은 이용감이라고 여겨졌다. 가령 생
시몽의 파를 한 때 중·소부르주아들이 대환영한 것이 한 예인데,
1830년 6월의 프랑스 부르주아의 승리는 노동자층의 합세 없이는
결단코 이루어질 수 없었던 것이며, 이 결과 중산계급의 선거 유권

자 수는 1년에 거의 배가량이 늘었다. 또 오웬이 뉴래너크 방적공
장에서 이상촌 운동을 일으켜서 성공하였을 때 당시 영국의 상류
사회로부터 일대 칭찬을 받은 바는 유명한 일인데, 그것은 바로 그
때의 협동체 운동에는 인도주의 운동의 색채가 있는 탓이었다. 더
구나 심한 예는 이 당시는 아니었으나 비스마르크 때에 독일 사회
주의운동, 특히 라살 파의 운동을 정부가 이용하여 독일의 귀족적
인 융커세력을 확립한 것도 결국 이 예에 지나지 않는다.

　이러한 배경 아래 내세워진 것이 이들 초기 사회주의자들의 인
류 정의의 사상이라고 할 수 있다. 생시몽은 과거의 기독교를 비판
하고 새로운 정의를 표상한다는 '신기독교'를 들고 나섰고(신기독교
주의), 또 푸리에는 인간 정서의 친화성에서 출발하여 '세계통일의
원리'를 내세웠고(《세계통일의 이론》, 1822), 오웬은 무산대중의 성품
이 고약한 것은 환경의 변경으로 가능하다는 전제에서 사회 일반
의 행복을 기도하고(《새 사회론》 제1편), 그리고 프루동은 주장이 착
잡하여 종잡을 수는 없으나 결국 정의의 실현으로써 목적을 삼은
양 싶다(《혁명과 교회에 있어서의 정의》, 1858).

　또 한 가지 주목할 점은 이들 새 사회주의자들의 사상에는 전과
달라서 역사적 논리의 의식이 두드러져 있었다. 생시몽이 산업시대
의 도래를 부르짖고 과학에 심취한 것은 다만 현실에 감동하였다
는 것뿐이 아니라 한 개의 순환론적인 역사 논리에 섰던 까닭이었
다. 시대의 기반이 바뀌고 역사가 달라지면 마땅히 사회구조는 그
에 알맞게 변해야 할 것이며 또 이에 맞는 새로운 사상, 새로운 도
덕과 종교가 나와야 된다고 주장하는 그는 현대는 이미 낡은 18세
기의 비판주의의 시대가 아니라 건설의 시대이며, 이에 적합한 사

회는 경제평등과 생산체제가 우선하는 사회라는 것인데, 이 사회발전설은 후일 오귀스트 콩트 같은 실증철학파에 중대한 영향을 주었다(《건설자의 전망과 변》). 또 프루동 같은 사람은 일종의 역사 논리인 분별변증법(분별Serie이란 분류, 개차個差의 연관, 구성, 단계, 범주를 헤아리는 것.《질서의 창조》제3장)을 들고 나서서, 역사는 종교, 철학, 형이상학의 단계를 거쳐서 바야흐로 과학의 시대에 이르렀다고 외쳤다(《인간에 있어서의 질서의 창조》).

이러한 역사적 발전의 사상은 그 원류가 계몽사상기의 진보적 사상인 것은 의심의 여지가 없기는 하나, 그러나 발전과 진보 속에 그것을 규율하는 논리를 찾으려고 한 것은 새로운 사조라고 아니할 수 없었다. 그런데 이들을 중심한 사회운동이 속 내용에 있어서 인류주의적이며 인도주의적이며 개량주의적인 요소를 지니고 있음에도 불구하고 사회주의운동에 중대한 기여를 한 것은 다름 아니다. 사회혁명의 핵심이 사유재산제의 변경으로 인한 경제적 불평등의 제거에 있다고 본 것은 물론이려니와 더 나아가서 무산대중의 자각적인 단결 그리고 자치적인 조직화를 실천운동의 중심에 둔 점이었다. 대중을 무지몽매한 존재로 내버려두고 대중의 불쌍한 형편을 소수의 정예분자, 선량의 힘으로 구원하려는 것이 아니라 도리어 이 무지몽매한 대중을 조직하고 단결시키고 또 각성시킴으로써 무산대중 자체가 광범위하게 참여하는 대중운동의 방향으로 나아가게 한 것은 거의 사회주의의 앞날을 결정하는 중요사라 하여도 과언이 아니었다. 다만 바뵈프나 블랑키주의가 정치권력의 탈취가 없이는 사회혁명은 이루어지기 어렵다고 보고 그리고 권력의 핵심을 군대와 경찰과 관료조직에서 본 데 반하여, 이들이 올바른

경제운동을 전개함으로써 사회구조가 바뀌고 또 따라서 정치구조
도 바뀐다고 단정하여 부르주아 타도의 길이 대체로 정의와 이념
의 선전과 무산대중의 평화적인 자치체 조직에 있다고 본 점이 후
일에 관념적이며 공상적이라고 불린 까닭이었다.

  다만 이 가운데 있어서 단순히 사회주의자라고 부를 수 없고(그
자신이 자기를 사회주의자와 구별하였다), 차라리 무정부주의자라고 말
할 수 있는 프루동의 사상과 그 파의 운동은 약간의 설명이 필요하
다. 프루동 자신의 사상으로 말하자면, 생시몽에서와 같이 때에 따
라 사상의 갈래가 좌우로 흩어져서 얼핏 보면 종잡을 수 없듯이 보
이기도 한다. 그러나 그 파의 온 주장을 통해서 한 가지 명백한 바
가 있었다. 먼저 이 파의 사상이 사유재산의 부정 위에 서있는 것
은 두말할 여지가 없다. 프루동에서 이끌자면 "사유재산이란 필경
도적질"이며(《재산이란 무엇이냐》 제1장, 1840), 또 "5천년의 사유재산
사는 재산이 사회의 자살 행위임을 가리킨다"고 하였다(같은 책, 제5
장). 그러면 사유재산제만 완전히 철폐되고, 그의 경제순환의 이론
에 따라 교환은행을 세우고 협동적인 계약단체에 무이자로 여신을
공급하면 족하냐 하면 그것은 그렇지 않았다. 사유재산뿐만이 아니
라 "사람에 의한 사람의 지배"라는 사실의 정치적 형식인 정부 제
도를 없애는 것이 또한 평등과 자유를 위하여 꼭 필요한 요건이라
고 논단되었다. 정부 대신에 "경제력의 조직"이 있으면 가한 것이요
(《19세기 혁명의 일반관념》 제4 및 제7), 이러한 자발적인 의사에서 엮
어진 협동체의 균형으로 이루어지는 '연합제'Le Systeme Fédératif가 이룩
되면 그만이었다(《연합의 원리론》, 1863). "사람 위에 가해진 사람의
권위라는 것은 이 사회가 도달한 의지의 발달에 역행"하는 것이며,

"마치 사람이 평등 속에서 정의를 찾듯이 사회는 아나르시anarchie(무정부) 속에서 질서를 찾으니" "주인과 주권자라는 것이 없는 아나르시야말로 우리가 매일같이 다가드는 것을 보는 정치의 형태"라고도 주장하였다(《재산이란 무엇이냐》제5장).

이렇듯이 프루동은 평등뿐만 아니라 개인의 자유까지를 진실로 확보함에는 어떤 명목으로든 간에 사람에 의한 사람의 지배는 있을 수 없다고 결론하였는데 이 점이 나중에 그를 무정부주의의 선구자라고 부르는 이유였다. 이 점에 관하여 1849년을 전후하여 점진적인 사회주의자 곧 온건사회주의자인 루이 블랑(1811~1882) 등과 프루동과의 논쟁은 의미가 심장하다. 당시에 사회주의자로 인기가 높았던 블랑은 일종의 국가사회주의를 구상하고 모든 생산을 국영공장에 맡기고 나라가 경제체제를 관리함이 옳다는 견해를 내세웠다(《노동조직론》, 1839; 《사회주의자 문답》, 1849). 이러한 블랑주의와 피에르 르루(1797~1871)에 대하여 프루동은 《민성》지에서 공박을 가하여 "사람에 의한 사람의 지배"도 또한 배격되어야 된다고 주장하였는데, 이러한 국가사회주의에 대한 무정부주의의 예리한 대립은 후일 마르크스주의에 대한 바쿠닌 일파의 대립을 예언하는 느낌이 있었다.

그런데 여기 협동체적인 사회주의에 덧붙여서 한마디하고 넘어가지 않을 수 없는 운동들이 있다. 무엇이냐 하면 무산대중 해방의 시대적 조류를 타고 나온 기독교측의 사회주의와 또 하나 개량주의적인 인도주의운동이었다.

먼저 프랑스에서 라므내 신부(1782~1854)와 몽탈랑베르 신부들이 편집한 《미래》지를 중심으로 한 운동인데, 이 진보적인 가톨릭

일파는 당시 교황청의 탄압을 받아가면서 사회혁명을 부르짖었다. 지금 가령 라므내 신부에게서 본다면, 나라는 특권층과 피억압층, 부자와 프롤레타리아로 나누어져 있으며, 또한 이런 무산자의 근로로부터 나오는 이익은 권력층과 자본가에 의하여 착취되고 있다고 관찰하였다(잉여가치의 착취라는 의미.《인민의 서》제1, 2권, 1841). 그러므로 이러한 불평등과 프롤레타리아의 해방을 위하여는 아무도 사유재산을 갖는 사람이 없는 사회를 만들자고 제안한다(《인민의 과거와 미래에 대하여》제15장, 1840). 이러한 가톨릭 운동은 프랑스에서는 중대한 영향을 일으키어 그 여맥은 오늘날까지 내려오고 있다. 또 이밖에 앞서 든 생시몽의 일파는 생시몽의 '신기독교' 사상을 전개하여 일종의 종교적인 사회주의를 내걸었다. 예를 들면 콩스탕탱 페쾨르(1801~1887) 같은 사람의 일파인데, 그의 사상은 사회주의로 되 단지 그 절정에는 신을 두고 모든 물질적인 관계와 도덕적인 관계를 "규율하는 우주의 법칙은 종교"라고 하였다. 이러한 사회주의의 종교적 경향은 유럽사회의 기독교 구조가 시대의 요청에 응하여 나온 반향으로서 일반 사회에 적지 않은 파문을 일으켰다. 또 한편 이 시기의 영국에서 보면 자본주의의 상승기에 처하여 노동생활의 개선 문제가 영국 사람답게 실제적인 의미에서 논의되었는데, 거기에 대략 네 가지의 경향이 있었다.

①은 다름 아닌 휘그당의 태도인데 1832년의 선거법 개정안을 둘러싸고 노동자층의 협력을 이용하였으되 노동자층의 생활 향상에 대하여 공수표를 던진 것이 문제였다. 다만 휘그로서는 정당 싸움에 이 근로층을 이용하였을 뿐이요 중산계급의 선거권 부여로 당세를 확장하려는데 그쳤던 것은 나중에 차티스트운동이 과격하

게 된 한 개의 원인이 되었다. 가령 1832년의 개정안을 상원에다가 제의한 휘그의 브로엄 경卿에 의하면 "우매한 대중이 있다면 또한 그렇지 않은 민중도 있습니다. 본인은 지금 중산계급을 말씀드리는 바인데, 그들은 수십만 명의 존경할 만한 인사들로서 수효도 많거니와 제국 내에서 가장 부유한 층이올시다"(서머벨,《19세기의 영국사상》, 80면). 이렇듯이 휘그의 속셈은 오로지 부르주아만이 상대였고 가엾게도 시위에 행렬에 이용된 대중이란 단지 농락을 당하였을 따름이었다. ②는 역시 32년 선거법 개정 전후에 유행하던 자선가적이며 인도주의적인 복음전도 사상인데, 그 대표적인 예로 옥스퍼드 운동의 뉴먼(1801~1890)에서 보듯이 휘그의 벤담주의에 대단히 흡사한 것이 있는 종교적 인도사상으로서 평등주의와는 인연이 멀었으나 1860년대 이후의 사회입법에는 영향이 없지 않았다. ③은 이른바 자칭 '기독교 사회주의'인데 1848년 이후 찰스 킹슬리(1819~1875) 등을 중심으로 하는 운동이고 그 내용인즉 지배층에서 악명이 높은 사회주의라는 '위험사상'을 정화하여 기독교의 박애정신을 산업계에 적용한다는 것이었다.

이들 ①, ②, ③의 무리는 대개가 정략 아니면 인도주의에 입각한 근로자 옹호로서 그 본질은 자유주의적인 타협에 불과하였다. 이에 대하여 ④는 산업혁명의 진전에 따라 발생한 자연적인 노동운동이었는데, 그것은 18세기 말부터 점차로 형성되다가 노동단체 금지법(1799년 및 1800년)으로써 일단 서리를 맞았다. 그러다가 1824년에 금지법이 폐기되자 다시 노동조합 운동(주로 숙련공조합)이 일어났는데, 대체로 그 목표를 정치적인 점에 두어 1832년 선거법운동 때에는 부르주아를 거들어 휘그당에 크게 이바지하였다. 그러나 애쓴 보람 없이 휘그와 중산층에 의하여 배반을 당하자 노동자운 동은 한편으로 오웬의 자치적인 협동체와 또 다른 편으로는 런던 노동자협회의 러벳이나 열렬한 사회주의자였던 조지 하니 및 브론테르 오브라이언 같은 차티스트같이 격렬한 시위운동으로 나타났다. 이 모든 운동은 당시로서는 실패에 돌아가고 말았으나 영국에서 발생한 노동자의 자발적인 조직운동은 인텔리겐치아 중심의 대륙과 달라서 현실적이고 짓궂은 노동조합 운동으로 발전하게 되었다.

마르크스주의와 무정부주의

마르크스주의는 사회주의운동의 총 합계와 같은 것이었다. 마르크스(1818~1883)와 엥겔스(1820~1895)가 국제적인 영향을 주기 시작한 1840년대는 한편 영국의 자본주의가 성숙하여 가는가 하면, 프랑스에도 대산업이 대두하기 시작하고 독일에서는 라인란트 지방이 점차로 수공업의 단계로부터 근대산업의 모습을 갖추던 때였다. 또 마르크스는 라인 지방에서 사회주의를 내세우고 싸우다가 망명의 길을 올라 프랑스의 파리 그리고 영국의 런던에서 프랑스의 사회주의자와 무정부주의자 및 영국의 노동운동과 자본주의의 현상을 연구, 접촉하여 마침내 그의 사상이 성숙기에 들어서던 때였다. 먼저 마르크스주의는 당시의 평등사상과 그 실천적 전술을 넓게 채택하여 종합한 감이 있었다.

가령 마르크스의 폭력혁명의 이론과 프롤레타리아의 독재라는 사상(《프랑스의 내란》, 1871;《브뤼메르 18일》, 1851;《프랑스의 계급투쟁》, 1850)은 바뵈프와 블랑키 계통의 사상이요, 프롤레타리아의 전위부대로서의 공산당 사상도 역시 정예주의에서 딴 것이며, 반대로 노동자의 광범위한 조직의 주장은 협동적인 사회주의와 기맥이 통하는 것이며, '국가 소멸설'은 무정부주의 사상의 경향이라고 볼 만하였다. 뿐만 아니라 마르크스가 공산주의자 동맹을 위하여 기초한 《공산당 선언》(1848)을 보아도 "오늘날까지의 모든 사회의 역사는 계급투쟁의 역사이다. 자유인과 노예, 귀족과 평민, 영주와 종복, 길드원과 직공, 요컨대 압박하는 자와 압박을 받는 자는 언제나 서로 대립하여…"라는 대목은 묘하게도 생시몽의 제자들이 모여서 토의한 《생시몽주의의 해설안》(1828~1830)의 제6회 회의안의 첫 구절 곧 "사람은 오늘날까지 사람을 착취하였다. 주인과 노예, 귀족과 평민, 영주와 종복, 지주와 소작인, 게으른 자와 근로자……"라는 대목과 문맥이 서로 같다. 또 마르크스주의의 유명한 모토인 "능력에 의하여 일하고 필요에 의하여 나눈다"라는 모토와 흡사한 데가 있다. 이렇듯이 마르크스주의는 초기 사회주의의 모든 면을 종합한 면이 있는데, 이 점은 마치 옛날 전국시대의 중국에서 제자백가가 서로 군주의 총애를 다투던 때에 자가_{自家}의 설만이 완벽한 것을 보이기 위하여 타가_{他家}의 설을 종합, 절충한 것과 비슷하다.

그러나 이러한 면이 있음에도 불구하고 마르크스주의가 지닌 의미는 이것에 그치는 것은 아니었다. 첫째로 사회주의는 마르크스주의에 이르러 비로소 자연법적인 인류사상과 관념적 요소를 청산하고 프롤레타리아의 해방과 독재라는 면이 전면에 나오게 되고, 그것을 밑받치는 유물사관과 변증법으로써 질서정연한 세계관을 내세우게 되었다. 사회혁명은 단순히 인도주의에서 피차 노력할 것이 아니라 사회생산력의 발달에 있어서 생산수단을 점령하는 사람들의 무질서한 생산과 그리고 노동력을 팔아 삶을 사는 프롤레타리아에 대한 착취는 필경 사회생산력의 저해를 가져 오게 되어 여기에 필연적으로 사회변동이 일어날 것이고 이 변동의 담당층이 바로 오늘날의 프롤레타리아라고 보았던 것이다. 여기에는 아무런 인정, 우연, 도덕 따위의 요소도 개입되지 않고 다만 냉혹한 생산력 발전의 법칙이 역사적인 논리로서의 변증법적 과정을 통하여 일관한다고 단정되었다. 또 그 전술론에 들어서서는 원칙으로 폭력혁명을 채택하여 정권의 핵심인 군대와 경찰과 관료조직을 일거에 타파하고 그 대신 노동자층에서 군병을 뽑고 정권을 장악하여 노동자의 독재로써 사회혁명을 대행한다는 것이며, 끝으로 사회주의의 완성기에는 경제적 착취의 수단이었던 국가는 소멸할 것이라는 것이었다.

다만 마르크스나 엥겔스에 있어서는 영국 같이 고도로 자본주의가 발달한 나라에 있어서는 합법적인 의회전술에 의하여 평화적 혁명이 가능한 것을 승인하였다. 말하자면 사회의 여건에 따라 전술적으로 폭력혁명과 평화혁명이 교용交用된다고 하는 폭넓은 이론이었다. 이러한 사상은 이 이후의 사회주의 발달을 보는 데 아주 중대한 자료가 되는데, 왜냐하면 사회주의는 마르크스 이후에 소련식의 볼셰비즘(공산주의)과 수정사회주의 또는 사회민주주의로 갈라지며, 공산주의의 전술에 있어서도 소련형의 독재와 독일공산당(로자 룩셈부르크 등의 스파르타쿠스단)의 볼셰비즘 반대의 양파가 생기는데, 이 모든 요소가 기실은 마르크스 사상 자체 내에 포함되어 있는 까닭이었다. 어쨌든 유럽의 사회주의는 제1인터내셔널(1866~1878) 때까지는—비록 라살파, 블랑키파, 영국의 노동조합파 등이 있었으나—거의 마르크스주의로 통합하게 되었다. 그리고 마르크스주의는 그후 노동자의 정치의식의 향상에 따라 급격히 번지게 되고, 때로는 온건한 독일의 수정사회주의로, 또 때로는 과격한 폭력혁명주의로, 그리고 또 영국식의 노동조합 운동에 이론적 경향을 주면서 발전하게 되었다.

한편 프루동이 말하는 무정부주의는 바쿠닌(1814~1876) 등에 이르러서 일시 마르크스주의에 맞서는 대사상으로 나타났다. 바쿠닌에 이르러 무정부주의는 몇 가지의 명확한 명제를 내놓게 되었다. 가령 마르크스주의에서와 마찬가지로 빈곤에 사로잡히어 노예와 같이 한 곳에서 일하게 되는 프롤레타리아는 자기 재산 없는 그곳에 이해가 있을 리 없고 따라서 노동자의 이해는 지방과 나라를 떠나 국제적일 수밖에 없다고 단정되었다(《압제의 독일제국과 사회혁명》. 하기는 마르크스가 프롤레타리아의 국제성을 명확히 규정한 것은 간단은 하나 《공산당 선언》에서인데, 바쿠닌의 이 논문이 '선언' 前인지 미심은 하나, 내 생각에는 프루동 이래의 사상으로 보아 아나키스트가 먼저라고 보인다). 그런데 이러한 프롤레타리아의 국제적 연대성을 내세운다는 것은 그 반면에 나라의 관념을 무시하는 것이 되고 또 근대국가의 배후에 놓여 있는 민족관념을 이론상 초월하는 것이 된다. 말하자면 모든 근대정치사상의 근저인 근대국가의 부인否認을 명확하게 내거는 결과가 된다. 이 점은 대단히 중요한 것으로서 이 점이 또 마르크스주의든 무정부주의든 간에 국가론자와 정면충돌하지 않을 수 없는 한 이유였다. 다음으로, 이것도 마르크스와 같은 데가 있지만, 바쿠닌은 프롤레타리아 중에 노동귀족층이라고 할 수 있는 친부르주아계를 따지고 그것이 인도주의적인 부르주아 사회주의의 일익—翼인 점을 밝힌다고 하였는데, 이것도 오늘날 와서는 중대한 의미를 갖

게 되었다(《사회민주주의의 세계혁명동맹》). 또 다음으로, 마르크스가
주로 유럽의 산업사회에 치중하고 따라서 도시 프롤레타리아의 구
실을 강조한데 대하여 바쿠닌은 농민층의 의의를 강조하고 농민을
잠재적인 혁명계급으로 규정하고 노동자와 농민의 연결을 한층 더
중요시하였는데, 이 점은 아나키즘의 폭력혁명이 이탈리아, 스페인
같은 산업적인 후진지역에서 성행하였던 것과 관련되어 주목할 만
하다.

　그러나 무엇보다도 아나키즘의 특징은 정부 형태의 부인이며,
이 점에서 마르크스의 프롤레타리아의 독재와는 불구대천의 관계
에 서는데, 가령 바쿠닌에 의하면 "국가는 필연적으로 모든 자유 또
모든 개인적, 단체적 이익의 부정"을 의미하고 국가가 공공이익을
대표한다는 추상적 설명은 기실 계급 착취의 은폐에 지나지 않으
며(《파리코뮌과 국가》), 민주주의적인 보통선거라는 것도 자유의 보장이 아니
니 이를테면 "보선普選에 의하여 성립된 공화국은 이른바 만민을 대표한다는
명목 아래 단체력의 무게로써 개개인의 의사와 자유행동을 억누를 때에는 군
주국보다도 더 한층 압제적이 될 수 있다"고 늘어놓았다(《연합주의, 사회주의
및 반신학주의》). 바쿠닌의 견해를 본다면 "근대국가는 그 본질과 목
적에 있어서 필연적으로 군사국가"인 것이며 따라서 그것은 틀림
없이 권력으로 팽창하려고 들 것이며 마치 대자본이 소자본을 흡
수하듯이 정복욕에 타오른다고 보았고, 이러한 군사국가의 팽창은
불가불 대중을 희생하게 되고 대중을 억압하여 제멋대로 부리려고
하게 되므로, 이러한 국가의 강제력을 제거하기 위하여는 대중도
폭력에 의거할 수밖에 없을 것이라는, 자못 전투적인 정치혁명의
이론을 결론하게 되었다(《국가주의와 아나키즘》). 따라서 국가권력의

합리화로서 있는 보선제도 같은 것은 바쿠닌에 의하면 부르주아의 미신에 불과하며, 사회적 불평등에 놓여 있는 노동자의 현황으로서는 정치적 민주주의의 혜택을 볼 수 없으니, 그 예로 자유스러운 보선 하에 성립한 1848년의 정부를 보면 결국 교부教父, 군주주의자, 정통주의자(부르봉 왕조 지지파)들이 좌우하는 반혁명적이요 반동적인 것이 아니었더냐 하고 꼬집었다. 결국 교양과 여유가 없고 사세事勢에 어두운 무산대중들의 사회적 불평등 위에서 이루어지는 자유스러운 의사에 의한 선거랬자 그 결과가 뻔하지 않으냐 하는 논법이었다(《사회혁명론》 및 《인터내셔널》의 정치).

이렇게 되면 아나키스트로서는 현존의 모든 정치조직은 사유재산제와 동시에 타도하지 않으면 안 될 것이고, 따라서 마르크스주의 같은 국가 정권의 장악에 의한 프롤레타리아의 독재는 필경 악을 바꾸는데 악으로 한 격이 되어 도저히 용납될 수 없었다. 아나키즘의 목표는 국가와 정부 없는 사회주의로서 경제적인 연대성과 상호부조 위에 선 '연합체'의 질서였다(《연합주의, 사회주의 및 반신학주의》). 그리고 그리로 넘어가는 실천의 방식은 프루동과는 달라서 바뵈프 류의 전투적이며 폭력적인 정치혁명에 의하여 현재의 정치형태를 산산이 부수는 데 있다고 보았다(《사회혁명》). 그의 말을 빌리자면 "혁명은 어린애 장난이나…학계의 논쟁이 아니라 혁명은 전쟁이요, 사람과 물건을 파괴하는 것"이라고 하였다. 이러한 아나키스트들은 제1인터내셔널 말기에 있어서는 인터내셔널에서 제적되고 점차로 쇠퇴하기 시작하였다. 그러나 그것은 아직도 후진지역의 급격한 변동을 희구하는 인텔리겐치아 속에서 가끔 불타오르고, 또 그것은 프랑스에서 일어난 생디칼리즘 운동이나 국가권력에 항거하기 시작하는 자유운동에 적지 않은 영향을 주게 되었다. 이렇듯이 평등사상은 보편타당적인 이념으로 근대 후기에 들어서서 나타났으나, 얼마 안가서 그 역사적 발전과정에 있어서 자유의 숙명과 길을 달리하여 마침내 새로운 뚜렷한 계급으로 나타나는 무산층의 전투적 사상으로 나타나게 되었고, 20세기의 현대에 들어서서는 자유주의에 도전하는 일대세력이 되었다.

4. 반혁명과 보수주의

(1) 반혁명사상

프랑스대혁명을 계기로 하여 한동안 유럽 천지는 왈칵 뒤집히고 혁명사상은 파도와 같이 각국에 퍼져나갔으나, 본래 정치는 마치 시계추 같아서 한번 오른편으로 가면 또 한번 왼편으로 기울어졌다가 정지한다. 대혁명 사상은 오래 묵은 봉건적인 유물과 재래의 관념을 밀어 쓰러뜨리는 데는 큰 구실을 하였으나, 과거는 그렇게 단숨에 넘어가는 것은 아니어서 그 반동이 뒤미쳐 닥쳐왔다. 뿐만 아니라 반혁명의 사상은 비록 그 본질은 시대에 역행하는 반동의 태가 있었으나 그 속에는 또한 혁명사상의 약점을 찌르는 비판정신이 사무쳐 있어서 그것은 후에 새로운 사상의 싹으로서 번져 나가게 되었다.

그러면 먼저 반혁명사상의 갈래인데, 반혁명은 첫째로 영국에서 그리고 프랑스의 망명가 사상과 독일의 낭만주의에서 뚜렷이 나타났다. 전편에서도 잠깐 살폈거니와 원래 영국의 자유사상은 1680

년대의 명예혁명 때는 제법 혁명적인 사상이었으나, 1790년 전후의 대혁명 당시에 이르러서는 도리어 대지주와 부르주아의 안정된 세력을 버티어 주는 한 개의 보수적인 면목을 띠게 되는 형편이었다. 따라서 현존 질서의 전복을 의미하고 사회의 격동을 초래하는 공포정치에 대하여 대체로 영국의 신사들은 반대의 태도를 취하였다. 이러한 반혁명의 대표적인 예가 바로 유명한 아일랜드 출신의 정치가 에드먼드 버크(1729~1797)였는데, 그에게서 보면 소수의 신사층이 조상 전래의 유제遺制 속에 "썩은 부분"peccant part만을 고치는 것은 올바른 혁명이려니와 프랑스혁명과 같이 무절제하고 규율 없고 무식하고 질서 없는 대중이 제멋대로 날뛰면서 과거의 전통을 일거에 쳐부수고 당치 않은 명목을 내세우고 인위로 제도를 창설한다는 것은 천인공노天人共怒의 외람된 짓이라는 것이었다.

  가령 영국의 명예혁명 같은 것은 옳은 혁명이었는데, 그 까닭은 그것이 내세운 "새롭고 전례 없는 권리전장權利典章은 비록 온 백성의 이름으로 되어 있지만, 기실은 일부 신사와 그 파당에 의한 것이며 영국의 일반 백성이라는 것은 당초에 관여하지 않는" 점에 있었고, 또 극단의 경우에 있어서도 "그 변화는 다만 썩은 부분, 곧 새로운 방향에 필요한 부분에 한정되는 것이니 그런 경우에도 사회의 근본 요소로부터 새 시민사회의 질서civil order를 마련한다고 해서 시민사회와 정치의 모든 절서를 해체하지 않도록" 한 점에 있다고 단론斷論한다(《프랑스 혁명고》, 1790). 이 휘그당의 정치가는 "나라의 기본법"이라는 것은 오랜 세월을 거쳐서 유효하게 된 법이지 하루아침에 글월로 베껴놓고 법(성문법)이라고 불러서 되는 것이 아니며, 기본법은 오랫동안 여러 세대와 각계각층이 매만지고 경험하고 닦고 깎아서 만들어진 것이지 "우매한 개인"이나 "우매한 대중"이 찰나적으로 엮어내는 것일쏘냐 하고 따진다(《하원선거 개혁안론》, 1783). 전통과 관습이야말로 소중하고 역사와 권위야말로 중요하지 어떻게 '사회계약'이니 '인권'이니 '인민'이니 따위의 종잡을 수없는 인위적인 허구 또는 추상적인 개념이 행세하여야만 된만 말이냐(《혁명론》 및 《노老 휘그당원에게 보내는 신 휘그당원의 호소》, 1791). 이렇듯이 버크는 무엇보다 먼저 전통과 질서, 역사와 자제自制를 높이 평가한다. 전통에서 오는 제도가 진짜라면 혁명으로 단번에 만들어 놓은 헌법이나 문물은 가짜일 수밖에 없었다.

그런가 하면 버크는 또한 미주美洲 식민지 문제에 있어서 미주의 입장을 열렬히 지지한 것으로도 유명하다. 대혁명에 그렇게도 염증을 낸 사람이 식민지 문제에는 대단히 동정적이어서 잠깐 보면 이상한 느낌을 주기 쉽다. 그러나 생각하면 그가 미주에 동정한 것은 다름 아니라 권리전장을 내세워 군권의 남용을 제한하려는 정신 곧 부르주아의 정신이었다. 이 까닭에 조지 3세의 정책에 반대하고 동인도회사의 독점을 못마땅하게 여겨 공격하였던 것이었다. 말하자면 버크가 대표한 영국의 휘그 전통이란 재래의 군권파에 대하여는 진보적인 사상이며 한편 대혁명 같은 급진 사조에 대하여는 거꾸로 보수적인 두 얼굴의 소유자였다. 어쨌든 버크의 반혁명사상은 당시 프랑스, 독일, 스페인 등에 바야흐로 일어나던 반혁명운동에 적지 않은 영향을 주게 되었다.

신학적 반혁명사상

다음으로는 영국 외의 사상인데, 뭐니 뭐니 하여도 역시 반혁명사상의 중심은 프랑스의 망명 유족과 왕당파의 일파이며, 이 밖에는 독일의 초기 낭만파와 스페인의 후안 도노소 코르테스(1809~1853) 같은 사람을 들 수 있다. 그런데 이들은 같은 반혁명이라 하더라도 서로 그 배경이 달라서 잘게 따지자면 구별하여 볼만도 한데, 가령 프랑스의 망명 유족이나 정통파(부르봉 왕조의 계승과 왕위를 주장하는 일파)가 반혁명에 열렬한 것은 쫓겨난 신세로 보아 얼핏 짐작되는 터이며, 한편 독일에서 보면 사정이 좀 달라서 본시는 대혁명을 찬양하고 이를 환영하던 패들이 한번 나폴레옹의 제국정책에 나라가 유린되자 홀연히 민족정신에 불타서 프랑스대혁명과 그 사상에 반대하고 나온 것이 보통의 경우였다. 요한 고틀립 피히테(1762~1814)가 그랬고 또 당시의 유명한 조고계操觚界[문필사회] 인물이었던 요셉 폰 궤레스(1776~1848)가 역시 마찬가지였다. 그러면서도 이들을 같이 취급하게 되는 까닭은 그들이 비단 반혁명에 있어서 목적이 일치할 뿐 아니라 대개는 종교적 입장 특히 가톨릭교의 전통파의 입장에 같이 서 있다는 점이 눈에 띄는 탓이다.

이를테면 반혁명의 총수 격인 조세프 드 메스트르(1753~1821)를 위시하여 부총수 격인 루이 드 보날드(1753~1840), 사실주의의 소설가로 유명한 오노레 드 발자크(1799~1850), 그리고 앞서 든 폰 괴레스나 도노소가 모두 그랬으며, 독일 낭만파의 아담 뮐러(1779~1829), 신학자 슐라이어마허(1768~1834), 시인 노발리스(1772~1801) 등도 종교적이요 신학적인 점이 공통되었다. 이중에서도 철저한 것은 드 메스트르나 드 보날드의 교황절대권론과 1840년대의 (자유주의적 및 사회주의적) 혁명사상을 가톨릭 입장에서 맹렬히 공격한 도노소 코르테스였다. 드 메스트르에서 보면 이상적인 정치는 로마 교황의 신정정치일 뿐이라는 것인데 나라가 믿음(곧 가톨릭교)을 잊으면 필경 멸망하게 되는 것이니, 이 점에서 보면 대혁명이 가져 온 공포정치란 다름 아니라 바로 신이 인간에게 가하신 벌에 지나지 않으며, 법도 또한 천주님에게서부터 유래하며 오랜 세월에 자연 발달한 것이거늘, 부질없는 인간들이 멋대로 하루아침에 엮어 놓고 헌법이라 칭하니 이것이 될 말이냐고 노했다(《헌법의 창조 원리》, 1810;《교황론》, 1819;《프랑스大》, 1796).

드 보날드에 의하면 본래 권위의 서차序次는 천주님을 으뜸으로 하고 교황, 군왕, 가부장의 순서로서 따라서 권력도 이 순서로 내려오는 것이니, 대저 법은 사람이 맘대로 만드는 것이 아니라 천주님에게서 연원하며, 그 밑에 서 있는 군왕의 주권은 이 까닭에 불가양不可讓의 신성한 것이라고 단정되었다(《原法論》, 1802). 무릇 인간 행위의 근원은 이성이 아니라 정리情理와 편집偏執이라고 이들은 보기 때문에 합리주의와 인권사상에서 빚어진 성문헌법 따위는 터무니없는 부자연한 인위라고 비난되었다. 이러한 신학적 왕권사상은 프랑스의 전통에서 보면 갈리카니즘의 국교주의를 깨뜨리는 결과가 되어서 왕당파와 서로 시빗거리가 되었으나, 드 보날드의 군권사상 같은 것은 왕당파도 찬동하던 터이므로 1814년 부르봉 왕조의 복고에 따라 군권과 제3계급 간의 타협인 그 헌장Charte constitutionnelle 에도 반영되었다. 가령 그 헌장 첫 구가 "천주님이 우리에게 큰 의무를 가하셨다" 운운으로 시작한 것은 그만두고라도 절대군주제를 박아 놓고, 신교信敎의 자유를 들면서도 국교로 로마가톨릭교를 내세우고, 입법권은 왕과 귀족원과 중의원이 공동으로 행한다 하였으되 제청권과 결재권은 왕의 전용권으로 규정한 따위이다.

더욱이 도노소 코르테스 같은 사람에 이르면 신학권은 역사철학의 체제를 갖추게 되는데, 그에 보면 대혁명의 과정은 곧 영혼 멸망의 과정인데 그 첫째가 이신론이요, 그 다음 단계는 범신론이요, 마지막 단계는 무신론으로서 오늘날(1850년경)의 상태가 바로 이 무신론의 마지막 단계이니, 우리는 마침내 영혼 멸망의 직전에 처해 있노라고 절규되었다(《유럽의 일반상황에 대하여》, 1850). 도노소 코르테스에 의하면 만일에 군권제가 위로부터의 독재라면 다수의 지배는 아래로부터의 독재인데 기왕에 같은 독재라면 차라리 소수의 위로부터의 독재가 낫지 어떻게 다수의 무질서한 독재를 참을 수 있겠느냐는 것이며, 또 프루동을 들어 사회주의를 공격하여 말하기를 그들은 선악이원론에 서서 선을 인간에게 돌리고 악을 천주님에게 돌리는 포악을 감행하였다고 힐난하였다(《독재론》 및 《신국론》 제2권).

이렇듯이 대체로 이들은 신학적 질서와 전통을 받들어 높이고 옛 것을 우러러보는 경향이 있었거니와 더욱이 후자의 상고주의에 이르러서는 독일 낭만파의 민족주의와 맞붙어서 일종의 중세주의라고 할 수 있는 중세 예찬의 풍을 일으켰다. 가령 앞서 든 폰 궤레스 같은 사람은 역시 열렬한 대혁명 찬성자이며 공화정체론자였는데(《영구평화론》, 1789), 나폴레옹전쟁 후로는 민족애와 전통사상에 서서(《여론》, 1810; 《장래의 독일헌법》, 1814) 가톨릭교에 귀의하고(《종교의 본질》, 1810; 《교황 그레고리 10세의 흥거》, 1846), 그리고 중세에 도취하였다(《독일제국의회론》, 1814). 그러나 요컨대 이들 반혁명의 신학사상은 지금 보면 갈 데 없는 지독한 반동으로서 역사의 대세에서 보면 1814년의 헌장과 마찬가지로 조만간 무너져 나갈 수밖에 없는 사상이었다.

반혁명파의 비판정신

그런데 여기 한 가지 재미있는 현상이 일어났다. 무엇이냐 하면 본래 반혁명의 사상에는 시대의 조류에 어둡고 몰이해한 반시대적인 모습도 있으며, 더욱이 신학적 반혁명의 이론에는 반동의 색깔이 제법 짙어서 앞으로 뻗어 나갈 아무런 여망이 없었으나, 그러나 반혁명의 소극적인 활동으로서 전개된 혁명과 그 사상에 대한 비판에 있어서는 모르는 사이에 냉철한 관찰과 과학적 분석이 응용되어 도리어 이 점이 후세에 크나큰 영향을 주게 된 것이다. 가령 영국의 버크의 혁명 비판에는 경험주의에 입각한 관찰이 있었다.

버크나 드 메스트르나 인권사상이 내세운 추상적인 원칙 곧 자유와 평등의 개념에 철저한 분석과 비판을 가하게 되어 그러한 자유와 평등의 관념은 한 개의 허구에 지나지 않는다는 점을 밝혔다. 버크는 보편타당적인 인권이란 서투른 정치적 형이상학에 불과한 것이니, 대저 정부란 타고난 자연권이라는 것에 의하여 인위적으로 조작된 것이 아니라 오히려 오랜 시일을 묵혀가며 관례와 전승으로 이룩된 인간의 지혜의 소산으로서, 사회와 국가는 단순히 개인들이 모여서 만들어 놓은 존재가 아니라 그 자체로서의 고유한 존재와 생명을 지난 제도로 보았다. 애당초 사회를 원자적인 개인들이 코코아 회사를 꾸미듯이 계약으로 창설한다고 하는 생각이 망발이 아닐 수 없다. 자연권의 소유자라는 자연상태의 순수한 개인이란 머릿속에서 그려낸 개념적 존재일 뿐이지 관찰로는 있을 수 없는 것이었다(《혁명론》). 또 가령 드 메스트르에 의하면, 당초에 인류라든가 순수 개인이라든가 하는 존재는 실제는 존재하지 않는 것이며, 루소의 유명한 명제, 곧 "사람은 날 때부터 자유이나 도처에서 쇠사슬에 묶여 있다"는 것은 명백한 논리의 모순이 아닐 수 없으며, 또 드 보날드에 빌리면, 주권은 인민에게 있다고 하는데 이것은 일반적이며 상상적인 명제일 뿐이지 실제 역사에 상용하거나 역사로 비추어 본다면 인민이란 단 한 번도 주권자가 된 일이 없었다는 것을 알 수 있다.

인민에 의하여 선출되었다는 선량選良들이란 기실 인민이라고 부르도록 규정된 개인의 규정된 수효가 규정된 방식으로 뽑았을 뿐이니(《시민사회에 있어서의 정치 및 종교권력론》, 1795), "주권재민이라는 일반적 또는 상상적 명제는 실제로 있어 본 적도 없고 있을 수도 없는 것, 곧 거짓"이라고 판단된다(드 메스트르《프랑스 大》). 혁명사상의 근거는 계몽 사상가를 따라 사람은 이성적 동물이며 모든 사람에게 하나 같이 공통되는 이성의 작용으로 진보가 초래된다는 것이었다. 그러나 사람은 그 본연의 성질이 이성이 아니며 또 '인류'l'homme en général라는 허구 아래 남의 민족을 예속하는 것은 나폴레옹 정책에 보듯이 절대로 안 될 말이었다. 진실로 있는 것은 역사적 통일체로서 존재하는 민족이며 이 민족은 서로 자주독립의 관계에 서는 것이 마땅하다고 간주되었다(드 메스트르의《교황론》). 이와 같이 반혁명가는 혁명이념의 내용과 그 실지를 냉철히 관찰하여 꼬집고 긁어내고 벗겨 보였는데, 그 방식은 비단 새 제도와 이념을 샅샅이 논평할 뿐 아니라—발자크의 유명하고도 방대한《인간희극》에서 보듯이—리얼리즘의 문학 형태로서까지 시민생활의 현실을 속속들이 뒤집어 보였다. 이러한 반혁명파의 혁명이념과 현실에 대한 비판이야말로 새로운 사조의 전조가 되었으며 뒤따라오는 실증주의 사상에 커다란 경향을 주었다. 더구나 반혁명파의 반개인주의·반이성주의 그리고 역사와 전통에의 귀의는 어느덧 오래 잊어버렸던 국가·민족 같은 사회집단의 존재와 그 독자성을 다시 보는 계기를 만들어 놓았다.

(2) 낭만주의 사상

본래 18세기의 계몽주의는 합리주의와 보편타당적인 '인간' 관념 위에 서있기는 하였으나 그 중에는 이러한 시대 조류에 물들면서도 어느 점에서는 그것을 뛰어 넘는 풍조가 또 섞여 있었다. 애당초 계몽기에 유행한 많은 이방異邦여행기는 먼 나라(遠國)에 대한 지식욕에 응하기도 하였으나 한편으로는 또 미지의 동양세계 등에 대한 신비, 동경에 따르는 면도 있었다. 뿐만 아니라 이미 루소의 '자연사상'이나, 레싱(1729~1781)의 《라오콘》(1766) 같은 데는 일종의 자연에 대한 동경, 그리고 고전예술이 지닌 격정미에서 볼 수 있는 반이성적 요소에의 찬미감이 숨겨져 있었다. 1770년 후 독일 같은 데서는 질풍노도파Sturm und Drang라고 하는 문학적 낭만주의가 문단을 풍미하고 세기말에는 벌써 요한 고트프리트 폰 헤르더(1744~1803) 같은 사람의 민족주의적인 역사관이 나타나게 되었다.

이러던 차에 앞서 본 바와 같이 나폴레옹 전쟁을 계기로 하여 민족주의가 각처에서 일어나 낭만주의와 손을 잡는가 하면, 또 한편으로는 산업혁명이 진보됨에 따라 일어나는 사회와 경제의 변동은 자연히 사회구조에 혼란과 불안을 일으키게 되고, 또 이 불안감은 또한 반문명의 낭만주의와 결탁하는 등 마침내 낭만 사조는 한때

각계를 휩쓸던 유력한 풍조로 나타나게 되었다. 그러나 본시 낭만주의는 체계적인 이데올로기는 아니었다. 혁명사상, 인권사상, 사회주의, 무정부주의가 모두 보편타당적인 이념체계나 또는 초국가, 초민족의 입장에 서는 것에 반하여, 낭만주의는 인간의 정서와 직관과 열정과 동포애라는 비이성적인 것이 본질적이며 소중하다는 태도의 표명이고 또 자연과 미와 신비와 신에 경탄하고 감동하고 그 감동과 경탄을 천질天質, 천재天才를 통하여 표현하자는 터이므로, 따라서 이러한 사고방식으로 담아 놓은 사회와 정치에 관한 사상이란 필경 각기의 풍토와 환경에 적응하는 정감의 세계에서 우러나오는 것이었다. 그러므로 정치적 낭만주의는 영국, 프랑스, 독일, 이탈리아 등 서로 다 다른 구석이 있다. 어디까지나 각국의 환경과 배경, 그리고 국민성에 지배되는 면이 있었다. 아니, 같은 나라, 같은 사람에게 있어서도 그 주의, 주장이 때로 변하고, 애매몽롱하고 또 체계 없이 흩어지는 수가 많았다. 이 까닭에 어떤 사람은 정치적 낭만주의를 일종의 기회주의라고까지 평했던 일이 있었다(칼 슈미트의《정치적 낭만가》).

영국, 프랑스의 낭만주의

영국의 낭만파라고 할 수 있는 사람들은 대개가 시인 묵객인데, 그 본질은 고루한 보수주의였다. 그 중의 약간 색다른 사람은 유명한 시인이요 탕아요 또 그리스 독립운동에 참가한 바이런 경卿인데, 이도 역시 본색은 귀족주의자였다. 그러나 예외는 시인 셸리인데 그의 반종교, 인간에의 신뢰, 고전에의 열정은 차라리 개량주의에 가까운 것이 있었다. 그러나 역시 영국 낭만파의 본령은 보수주

의였는데, 가령 자연시인 윌리엄 워즈워스(1770~1850)의 자연주의
는 바꾸어 놓으면 바로 향토애적인 애국주의였으며 또 월터 스콧
(1771~1832)와 더불어 열렬히 중세를 찬양하고 신분제도를 반긴 것
은 나중에 1832년 선거법 개정을 반대하던 같은 정신이었다. 또 새
뮤얼 테일러 콜리지(1772~1834)같은 사람은 유행한 유물론과 무신
론을 기탄하여 마지않았고 나아가서 영국 구교를 내세워서 지상의
타락을 구하겠노라고 하였는데 이것이 모두 보수사상의 흔적이었
다, 그런가하면 프랑스는 또 이와 달라서 대체로 개인주의적 자유
주의가 낭만파의 대세였다.

　가령 이 파의 맹장이며 왕정복고 때에 외상을 지낸 문인 르네 드
샤토브리앙(1768~1848) 같은 사람은 예수교(이 경우는 가톨릭교)야말
로 가장 예술적이며 인간적인 종교라고 주장한《예수교의 진수眞髓》
(1802)의 저자인데, 처음에는 왕정 아래 대신까지 지냈으나 나중에
는 공화주의로 표변하여 "상속받고 남에게 줄 수 없는 재산이란 우
리들의 인격의 방어이기도 하니, 대저 재산이야말로 바로 자유 그
것이다. 완전한 평등이란……(이에 반하여) 가혹한 노예제를 가져오
리라"고 하였으나 이것은 그대로 자유주의의 판박이 말이었다. 이
점에서는 1848년 임정臨政 때 역시 외상을 지낸 또 하나의 낭만가
알퐁스 드 라마르틴(1790~1869)도 근본은 매한가지였다. 이 파 중
에서 그래도 약간 색다르고 개량주의의 맛이 있는 사람은 유명한
문호 빅토르 위고(1802~1885)이니, 가령 귀양살이 중에 지은《벌》에
보면 당대의 사회적 불평등을 개탄하고 그 구제를 역설하였는데,
다만 사회주의와는 멀어서 만일에 올바른 사회정책이 실시만 된다
면 사회주의 같은 것은 저절로 없어질 것이 아니겠느냐고 낙관하

였다. 다음에 한 가지 주목할 것은 프랑스의 애국적인 민족주의인
데, 이 방면은 누구보다도 사가 쥘 미슐레(1794~1874)에 의해 강조
되었다(《인민론》, 1848).

독일의 낭만주의

그런데 이 당시 각국의 정치적 낭만파 중에서도 가장 중대한 역할
을 맡은 것은 바로 독일이었는데, 그 까닭은 즉 다름 아니라 독일
낭만주의는 결국 복고사상이었고, 그 속에는 한편 민족과 공동체의
식이 두드러져있는가 하면 다른 편에는 역사와 선민의식이 깃들어
있어서 이것이 드디어 독일철학의 관념론과 맞붙어 마침내는 국가
지상주의 철학을 낳게 되고 또 나중에는 보수진영의 공고한 보루
로 활용되었던 탓이다. 그러면 우선 그들의 복고주의인데, 독일 낭
만파는 대개 열렬한 중세 숭배의 무리들이었다. 그들에게 있어서
중세는 단지 까마득한 옛 시절에 대한 낭만적 동경을 만족시킬 뿐
아니라 나아가서 낭만적인 종교정치의 이상을 투영시킬 수 있는
역사적인 예로 간주하였다. 더구나 중세는 독일 족속의 조상나라인
프랑크왕국과 그 후예로서 신성로마제국이 유럽에 군림하던 때였
다. 그러므로 대개는 중세를 향모向慕하고 그 시대의 제도를 이상화
하여 생각하였다. 가령 앞서 든 폰 괴레스 및 노발리스는 거의 광신
적으로 중세 숭상에 빠졌다(노발리스, 《기독교세계와 유럽》, 1826). 독일
낭만파의 대장급인 아담 뮐러 또한 중세 예찬자인 것은 그의 《국
가예술 대요大要》(1809)에 명백하거니와 결국에는 정치, 경제가 신
학 위에서야 비로소 가可하다고 주장하였다(《일반 국가학 및 특히 국가
경제의 신학적 기반의 필요에 대하여》, 1819), 이러한 중세정치의 향모는

카를 폰 할러(1768~1854)의 《국가학의 부흥》(1816~1834)에 이르러
절정에 달한 감이 있었다.

다음은 그들이 지닌 민족과 공동체 사상인데 여기에는 두 가지
의 면이 있었다. 하나는 무엇이냐 하면 중세의 사회societas의 관념에
서 흘러나오는 공동체사상으로서, 본래 중세사상에 있어서는 개인
은 단지 사회, 단체, 조합, 공동체의 일원으로서만 그 존재가 이해
되었고 그 개인이 속하는 사회, 단체야말로 진실한 존재였다. 이러
한 사회관은 헤르더의 역사철학의 영향도 있거니와 중세 숭배에
따라 다시 일어난 사상의 꽃이었다. 또 한 가지는 이 역시 헤르더의
역사철학에서 발단하는 것이거니와 피히테와 쉘링(1775~1854)에서
명백해지는 선민적인—하늘이 시대적 임무를 민족에게 가하셨다
는—민족지상주의(가령 피히테의 《독일민족에게 고함》, 1808)와 국가유
기체설(가령 피히테 《자연법의 기초》 및 《학술연구방법론강의》, 1796~1802)
로서 이 두 가지는 앞서 든 중세 숭배와 아울러 낭만파의 시적인
국가, 민족, 정치관을 결정하는 요소가 되었다.

이에 이르러 독일의 개인주의적 자유사상 곧 칸트로부터 훔볼트
및 초기 피히테에 이르는 자유사상은 크게 바뀌게 되고 개인은 홀
연히 국가 속에서만 그 의미를 발휘하는 제2차적인 존재가 되고 말
았으니, 가령 피히테의 《닫혀진 상업국가》(1800)에 보면 국가는 경
제를 중심하여 통제의 전권을 쥐게 되고 개인은 절대로 국법 아래
복종하는 존재로서 표시되었다.

또 한 가지 재미있는 것은 아담 뮐러의 이른바 '대극법'對極法이라
는 논리인데 그는 이 대극법(자연은 어디서나 서로 대립되는 양극으로 나
타나고 있다는 논법)을 이용하여 공간과 시간의 대치, 남녀·노소의

대치, 과거와 미래의 대치와 거기서 나오는 '계기의 원칙'을 따지고
마침내 법과 애정의 대치로서 표현되는 군왕과 왕비의 대치와 그
가부장적 통치의 리鵬를 정당화하려고 들었던 것이다(《대극론》, 1804;
《국가술 대요》, 1809). 어쨌든 이들 낭만파는 새로운 풍조였던 민족
관념에 깊숙한 뜻을 입혀 주고, 원자론적인 개인사상의 맹점을 찔
러서 국가의 독자성을 반성케 하고, 또 합리주의의 논리적 세계관
(이념적인 계약사상과 인권사상 등)에 대하여 '역사'에 눈을 뜨게 하였
다. 낭만파의 활동이 계속되던 동안에 있어서도 이 낭만사상은 한
편 장엄한 헤겔의 국가철학에 투영되고 또 한편 프리드리히 카를
폰 사비니(1779~1861)의 역사주의적 법학사상을 낳게 하였다.

(3) 국가주의와 실증주의

철학적 국가주의

무릇 독일 낭만파가 활발히 사상을 전개할 때는 마침 나폴레옹의
팽창정책에 유린된 각국에 민족사상이 불타오르던 때와 그 후 빈
회의를 계기 삼아 메테르니히의 반동정책이 유럽을 휩쓸던 때였다.
그리고 독일에서 프러시아 왕국을 중심하고, 이탈리아에서는 사르
디니아를 중심으로 강력한 통일운동이 전개된 때였다. 더욱이 독일
에 있어서는 각지에 할거하고 있는 제후를 통일하는데 프러시아의
군국주의와 이 군국주의를 합리화하고 그리고 전통적인 지방분권
사상을 타파할 수 있는 힘센 국가 관념이 요청되던 때였다. 이러한
요청에 가장 알맞은 이론이 바로 헤겔G.W.F. Hegel(1770~1831)의 국가
철학이었다. 이미 32세에 그는 독일 통일의 장애는 지방분립주의
와 그것을 밑받치는 '그릇된 자유'라고 규정하고, 개인주의적인 시

민사회의 법(사법)에 대하여 국가행위는 다른 법(공법)에 의하여 규율되는 것이라고 따졌다.

그 당시의 헤겔에 의하면 국가란 별 것이 아니라 집단(국민)이 그 온 재산을 공공적으로 지키는 의무를 질 때에 부르는 말인데, 의무는 필연적으로 그것을 실시하는 '힘'을 표시하여야 되는지라, 결국 국가는 국민의 뜻을 관철하는 공공적인 힘으로 나타난다고 보았으며, 이런 한에는 사회의 불평등과 계급적 신분은 국가 관념과 상치되는 것이 아니었다(《독일 헌법론》, 1802). 이러한 솔직한 견해는 기실은 그의 후기의 난삽한 국가론에서도 지속된 근본 의견이었다. 그러나 물론 헤겔의 사상은 이것만은 아니었다. 첫째로 헤겔은 변증법이라는 논리(역사적 발전을 설명하려는 논리)에 취한 사람이었다. 다음으로 그는 관념론자로서 '정신'의 자율적인 자각 과정에서 세계사의 전개를 본 사람이었다. 그의 국가철학은 그 논리의 성격상 역사철학의 모양을 취하였고 따라서 헤겔의 '국가'는 역사의 발전에서 이해되는 존재였다.

그런데 그의 세계사관은 그가 이른바 '철학적 역사'관으로서, '이성'Vernunft 혹은 '이데'Idee라는 실체가 자율적인 자각(일반적 형식이 개별적 내용으로서 분화하면서 변증법적으로 전개한다는 것)을 통하여 발전하는 과정이라고 이해한 것 같은데 그 구체적인 내용은 세계사는 동양세계에서 발단하여 그리스 로마의 세계를 거쳐 마침내 헤겔적인 '자유'가 이룩되는 독일 세계에 다다랐다는 것이었다. 이 경우에 '역사철학'이라는 것이 일종의 독일 선민사상의 합리화인 것은 말할 것도 없다. 다음으로 그는 국가를 '법'(혹은 정의라고도 번역할 수 있는 Recht)의 개념에서 보았는데, 이 '법'은 보통 법률 관념과 달라

서 도덕, 윤리 및 세계사를 포함하는 것으로서 "법의 기반은 정신이
며" 그 표현은 '의지'인데, 의지는 '자유'이니 법의 목적도 자유라고
규정하였다.

　이에 대하여 국가는 윤리적인 '이데'의 실현(역사적인 발전의 형식
에서 구상화된다는 의미)이라고 규정하였는데, 윤리적 생은 곧 자유의
이데였으므로 국가는 갈 데 없이 자유의 실현으로 완결한다고 결
론된다. 그런데 이 헤겔의 '자유'는 자유주의의 '자유'와 달라서 개
인에게서 찾을 것이 아니라 국가라는 이데 혹은 '이성'의 자기실현
속에서 처음으로 찾을 수 있는 것이요, 따라서 개인은 국가에의 전
적인 귀의에서 "진실로" 자유가 된다고 판단되었다. 이른바 '시민사
회'—이 말은 기실 18세기의 용례로는 국가의 뜻으로 사용하였던
것인데 그것이 주로 사회계약론의 풍조 위에 선 시민계급의 개인
주의를 표현한 점을 고려하여 헤겔은 이것으로 개인주의 국가관을
대표하고 그것을 극복하는 이념으로서 국가란 말을 썼다—는 주로
개인 이해를 중심한 계약사회인데, 이것은 윤리의 이데가 가족의
단계를 거쳐 그 개념—헤겔의 개념Begriff은 내용과 형식, 전소과 개個
같은 반대의 것을 종합적으로 통합하지 못하고 추상적으로 형식에
서 구별하는 오성Verstand에 대하여 그 구체성에서 생각할 때 그것을
말한다—이 객관적 실재로 분화하는 데서 나온 것이나 그것은 또
한 자유의 실현으로서의 국가에 통합되어야 되는 것이었다. 말하자
면 이해利害의 사회는 국가라는 멸사봉공에 머리를 숙여야 된다는
것이었다. 이러한 헤겔의 국가관이 지닌바 의미는 명료하다고 아니
할 수 없다. 국가는 그 안에 개인을 안고 있는 자족적인 유기체이
며 지상, 지고, 불가양, 불가침의 생명체였다(《법철학》 1821). 그리고

그것은 독일 국민의 역사적 임무를 실행하는 목적이기도 하였으며, 또 동시에 민족의 의지의 표시이며 권위의 실체인 국가의 표상은 바로 군왕이었다.

이러한 국가주의 사상은 여러 면으로 파도를 일으키고 대세를 지배하는 풍조가 되었다. 먼저 독일에 있어서는 1833년 관세동맹에 의하여 사실상 프러시아의 독일 통일정책이 착수되었으며, 40년대의 리스트의 국민경제론은 당시의 패자覇者인 영국의 자유통상론에 도전하여 보호관세론을 높이 들고 나왔고, 60년대에는 드디어 비스마르크가 등장하게 되었다. 그런데 비스마르크(1815~1898)의 '철혈'정책은 본질상 헤겔의 국가관을 그대로 반영하는 구석이 있었다. 헤겔이 국가의 '힘'을 중요시한 것은 앞서도 잠깐 들었다. 비스마르크에 의하면 국가는 권력이며 강약의 차는 오르지 힘에 있으며 국가는 이기주의 위에 서 있다고 솔직히 주장되었다(1850년 12월 3일 의회 연설). 또한 독일 민족의 단일성 위에 독일 국가의 모든 요건이 선다고도 하였다. 그러면서도 독일 부르주아와 자유주의에 대하여 철저히 경계하고 사회주의를 여지없이 탄압한 것도 유명하였다. 비스마르크에 있어서는 국가의 '힘'을 약화하는 모든 사상과 모든 운동은 곧 불법이었으니 요컨대 국가 특히 현존하는 국가야말로 지상의 것이었다.

한편 헤겔의 사상은 바다를 건너 영국에 수입되어 일시 번성하게 되었다. 마침 영국은 1870년대의 공황을 겪고 나서 자유통상주의를 포기하고 보호관세를 설치하는 한편, 디즈레일리의 '제국주의' 정책에 의하여 독점적 식민지 시장을 적극적으로 개척하던 판이었다. 이즈음에 영국에는 컬렉티비즘Collectivism(집산주의, 집권주의)

의 일파라는 것이 일어났는데, 그 당시의 용례로 보면, 그것은 대개 벤담 등의 개인주의 이념을 배격하는 정치사상을 가리켰던 것으로 헤겔의 영향은 이 파 중에서도 볼 수 있었다.

가령 독일파의 문객인 토머스 칼라일(1795~1881), 옥스포드의 신학자 존 뉴먼, 미국의 칼훈 등인데 그 대표는 옥스포드의 철학자 토머스 힐 그린(1836~1882)이었다. 그린의 사상에는 칸트의 영향도 있고 또 영국 전통인 개인 인격의 완성이라는 면도 있었으나 그러나 대체로는 헤겔식으로 개인은 사회, 국가 안에서 비로소 완전하게 되는 것이고, 개인 자유는 단지 구속이 없는 상태가 아니라 적극적으로 정의를 행하는 힘으로 보아 그 사회봉사성을 강조하였다 (《정치적 의무의 제 원리에 관한 강의》, 1879~1880). 그는 또한 헤겔을 따라서 법을 도덕적 의무의 체계로 보고 그 요건으로 강제력을 들었다. 그 뿐 아니라 재산을 인간 인격의 연장으로 보고, 경제적 불평등은 마치 인간 사이의 차差와 같이 당연하다고 보았는데, 이 점은 같은 시대의 월터 배젓(1826~1877)이 영국 사람은 "겸양한 국민"으로서 빈민은 무선거권에 만족하고, 중류는 상류를 선출하고, 상류 사람은 귀족내각을 손쉽게 받아들이는 데 영국 대의제 성공의 비결이 있다는 식으로 생각한 걸작 견해와 사고방식이 어딘지 비슷하다(《영국헌법론》, 재판 1872). 어쨌든 이 토머스 힐 그린의 헤겔 류의 국가주의는 그 후 영국에서도 프랜시스 브래들리(1846~1924), 보산퀘트(1848~1923) 등을 통하여 오래 나다니었다.

실증주의

개인주의적인 자유주의는 대혁명 당시와 1830년대에서는 그래도

혁명적인 의미를 잃지 않고 있었다. 그러던 것이 19세기 후반에 들어서면서 벌써 그것이 지닌 급진적인 요소는 상실되고 정권에 참여한 제3계급의 보수적인 사상으로 일변하게 되었다. 그런데 자유주의가 보수적인 사상으로 바뀌어 갈 무렵 프랑스에서 먼저 실증주의파가 나타나게 되고 나중에 세기말에 가서 독일에까지 번져서 성행하였다. 먼저 프랑스인데, 전편에서도 잠깐 들었거니와 생시몽과 그 일파는 혁명으로 무너진 구질서를 대신하고 혁명 후의 무질서를 극복할 수 있는 새 사회건설안에 몰두하였는데 그 방법으로 그들이 내세운 것이 바로 과학이었다.

　당시 과학은 눈부시게 발달하고 산업학명의 산물로서 새 산업이 도처에서 일어났는데 이러한 풍조에 감동한 인텔리겐치아 층에서는 사회 연구에도 과학의 방법이 이용될 것이며 사회에도 자연법칙 같은 법칙이 있을 것이 아니겠느냐는 신념을 품는 사람들이 나타났다. 가령 생시몽의 제자이며 '실증철학'의 제창자인 오귀스트 콩트(1798~1857)를 보면 과거의 철학적인 정치론 및 형이상학적인 정치론—신학적이란 종교적 정치론이며, 형이상학적이란 주로 18세기의 계몽사상과 자유주의적인 정부론들이다—은 오늘날에 있어서는 소용에 닿지 않는 덧없는 독단으로서 새 시대, 새 사회에 맞는 것은 천문학, 물리학과 같이 관찰에서 이루어지는 사회물리학(오늘의 사회학)이 아닐 수 없다(《실증철학》, 1830~1842년 제1권 및 제4권). 이러한 사회물리학은 인간 지성의 발달의 세 단계—첫째는 신학 단계, 둘째는 형이상학 단계, 셋째는 과학과 산업 단계—에 호응하는 결과로서 이 과학 위에 선 새 사회 건설이야말로 혁명의 혼란을 극복하여 새 질서를 꾸미리라는 것이었다(《실증정치학 체계》,

1851~1854). 그런데 콩트의 형이상학적이라는 '인권' 및 '주권재민' 같은 혁명사상의 비판은 거의 전적으로 드 메스트르나 보날드의 영향 아래 있어서 그 현실 관찰의 근원이 어디서 나오느냐 하는 것을 암시한다. 뿐만 아니라 새 사회의 건설에는 각계 각층을 망라한 분업으로 된다는 견지에서 노자勞資의 협조를 제창하고 그리고 새로운 종교로서 휴머니티 신앙을 내세웠던 것은 역시 그 방식이 생시몽을 방불한 것이 있다.

대저 이 콩트를 위시하여 실증주의파로 알려진 이폴리트 텐(1828~1893), 에르네스트 르낭(1823~1892) 같은 사람들은 적극적으로 과학적 방법을 내세우고 혹은 '환경'과 '역사법칙'(텐의 설)을, 또 혹은 새 시대의 '개혁'(르낭의《프랑스의 지적 및 도덕적 개혁》, 1871)을 논하여 "예지豫知하기 위하여 안다"는 법칙론을 주장하였으나, 그러나 그들이 결국에는 대체로 개량적인 자유주의 혹은 보수주의 입장을 취하고 혁명과 대중에 실망하고 있는 것은 실증주의의 이데올로기적인 근거를 엿보여 주는 것이었다. 이 점은 독일의 실정법학 같은 국법학파에서도 찾을 수 있었다. 가령 게르버(1823~1891), 파울 라반트(1838~1918), 게오르크 옐리네크(1851~1911)를 보면 정치와 법을 엄중히 구별하고 이 이원론적 견지에서 정치를 제외한 국법학의 수립에 전념하였는데 여기에 취급되는 실정법은 곧 통용하는 현행법 체계를 말하는 것이었다.

그리고 그들이 위주로 하는 것은 법이 지니고 있는 내용과 사회적 의미가 아니라 그것이 법으로 통용하는 규범으로서의 '형식' 그리고 그 형식이 제정된 '절차'로서, 여기에 이르러 '법치국가'라는 관념은 그 법의 정신이 아니라 국법이 형식적인 의미에서 자동적으로 그리고 비인격적으로 적용되는 나라의 뜻으로 전환되게 되었다. 법으로부터 정의는 사라지고 단지 합법적 절차로서 제정된 법이라는 '합법성'만이 중요하게 되었다. 이러한 법 관념이 입법부를 독점한 융커와 부르주아의 보수적인 자유주의의 합리화라는 것은 앞에서 이미 든 바가 있었다. 그런데 기실은 실증법학뿐만이 아니라 이러한 실증주의의 영향 아래 19세기 후반부터 '정치과학'이 대두되기 시작하였다. 그것은 처음에는 실증철학이요 또 일반 국가학의 형태를 취하다가 20세기에 들어서서 정치과학으로 자칭하게 되는데, 그 근본 가정에는 실증철학에서와 같이 정치 현상에는 반드시 자연법칙과 같은 법칙이 내재하여 있는 것이라는 관념이 있었다. 이 생각은 오늘날까지도 정치과학이라는 분야를 지배하는 주도적인 구실을 담당하였다.

(4) 단일 민족주의의 세계

근대 후기를 지배한 국내정치의 이념이 민주주의였다면 국제정치를 지배한 이념은 민족주의라고 아니할 수 없다. 그런데 이러한 사실은 결코 우연한 일은 아니었다. 왜냐하면 본시 민족주의라고 옮겨 놓은 내셔널리즘은 앞서도 다룬 바 있듯이 '다른 민족', '남의 민족'에 대對하여 있는 '내 민족', '우리 민족'이라는 대립관념에서 생각할 때는 우리말로 민족주의라고 할 것이지만, 입장을 바꾸어 나라 안의 정치적 혹은 공법적인 동질체로 이해될 때는 국민주의라고 불리는 것이었다. 역사의 현실에서 보면 이 내셔널리즘의 대내, 대외 면은 오랫동안 어긋나 왔었다.

가령 영국 민족에 대한 프랑스 민족이라는 점에서는 사실상 상하, 귀천이 두루 포함되는 것이 예사였으나, 그러나 한번 프랑스 안에서만 본다면 천민과 빈농은 공히 '국민'Nation이라는 공적 존재에는 끼이지 못하는 무리로서, 그것이 바뀌어져서 '인민'People과 '국민'이 서로 외연이 일치하는 것은 대혁명 이후에 점차로 이룩되어 간 일이었다. 이렇게 보면 근대민족주의 발전의 모습이란 소수 계급에 국한되었던 이른바 동질적 '국민'이 적어도 형식으로나마 온 백성 곧 귀천, 빈부를 두루 포함하는 온 백성, 인민으로 확대하여 그 외연이 일치하여 나아가는 과정이었다고 평할 수 있다. 그런데 '국민'은 밖에 대하여는 '민족'이었다. 또는 말을 바꾸어서는 온 백성은 다른 나라 백성에게 대하여는 한 민족이었다. 말하자면 국적이라는 한계에서 한 발자국도 넘지 않고 머물러야 되는 것이었다. 인권사상, 혁명사상, 마치니 등의 국제협조적인 민족주의가 제 아무리 무어라고 하든지 간에 근대 후기에 있어서 자명하다고 느껴진 민족주의는 '자기 민족'의 이익이 무엇보다도 우선하고 '우리 민족', '내 나라'의 팽창과 번영이 어느 것보다도 중요하다는 관념이었다. 중세 편에서 본 바와 같은 동양 사회의 사대주의의 국제관계 또 이슬람교의 형제 세계 등은 전연 당치도 않고 도리어 '너', '나'의 대립의 세계 혹은 '내 민족·내 나라'와 '남의 민족·남의 나라'와의 관계를 궁극적으로는 우방이냐 적국이냐 하는 '우적友敵관계'에서 판박아 놓은 세계였다. 말하자면 단일 민족주의 사상이었다. 따라서 근대 민족주의 이념도 이 한계를 넘지는 못하였다. 그것은 어디까지나 한 나라 안에 국한되는 주의이며 또한 나라의 국민에만 해당되는 것이 현실이었다.

더구나 근대 민주주의는 유럽사회를 근본으로부터 뒤집어 놓은 산업혁명과 그것이 가져온 번영의 산물이었는데, 이 번영은 또한 착취적인 식민지 경영, 후진국 시장의 독점 위에 서 있었다. 말을 바꾸자면 근대 민주주의는 다른 민족과 다른 나라의 착취 위에서 피어난 꽃이며 또 단일 민족주의의 국내 산물이었다. 또 이 까닭에 근대국가는 근대적인 식민지 제도를 채택하지 않을 수 없었다. 독점적 시장과 점령한 새 영토를 본국과 같이 취급한다는 것은 도저히 단일 민족주의의 신념이 용서하지 못하는 것이었다. 민주주의는 '내 민족'만의 것이지 피지배민족에 적용한다는 것은 어림도 없는 망령이었다. 이리하여 근대국가의 독특한 국제관계사상이 완결된다. 주권국가·민족국가 사이의 관계는 본질적으로 경쟁적, 우적友敵적 관계이며, 사대주의 세계나 중세 기독교세계 등의 서열적, 통합적 국제관계는 될 수 없었다. 그러면서 동시에 유럽의 열강은 피차의 위치와 관계를 때때로 고정화하여 공존의 보장으로 삼으려들었다. 이러한 경쟁적 공존의 사상이 바로 빈회의 전후에 절정에 달한 세력균형이라는 것이었다. 그리고 이 위에 근대 국제법사상이 서게 되었다.

《사상계》 1958년 1~4월호

제2부

한국민족주의와
근대화 (1)

단일민족주의국가와
다민족주의국가
(1947)

1. 문제의 제기

어떤 사람은 이처럼 한국 독립에 말썽이 많으니 결국 희망이 없다고 비관하기도 하는데 전번 대전 전에 체코와 폴란드는 결국 평화회의를 겪은 후에 비로소 독립한 것을 생각하면 낙망은 아직 성급하다 하겠다. 또 반대로 어떤 사람은 좌우간 조선 독립은 연합국 공약대로 머지 않아 오리라고만 믿고 있으나 역시나 제1차 대전 후에 사우디아라비아는 약속보다 십년이나 늦게 자립한 전례도 있거니와 국제연맹 신탁제로 수년 후의 독립을 보증받은 이라크는 십수년 후에 겨우 자치권을 획득한 것을 보면 낙관만은 너무 한가로운 태도라 하겠다. 그리고 보면 비관, 낙관이 모두 옳지 않다.

중원에 축록逐鹿하는 사람 중의 일파는 금일의 독립 문제를 초조한 나머지 막상 독립을 하게 되면 무슨 큰 방침으로 독립을 유지할 것인가 고려하지 않는다. 거금距今 50여 년 전에 대한제국이 만방에 자주독립은 선포하였으되 불과 15~16년을 지탱하지 못한 것은 생생한 역사의 사실이다. 그러므로 오늘의 독립과 일시의 정권만을

목표로 분망열심하는 것은 그로 충분하다 하겠느냐? 일당은 오로
지 독립의 연유를 강대국의 연조捐助에 돌리어 입국의 대방략大方略
을 지금부터 사대의 권모로 바꾼다. 이해의 부합과 합종연횡이 흡
사 부운浮雲과 같은 사대에는 사대의 대가가 막중한 것을 아는 식자
는 얼굴 찌푸리지 아니할 수 없으니 역시 단견자류短見子類의 미봉지
책이라 하지 않겠는가.

　　무릇 현하 조선의 독립과 그 유지를 거리에서 논의하는 사람은
'삼생三生의 설'을 벗어나지 못하고 있다. 삼생의 설이란 무엇이냐.
1은 유엔과 같은 국제기구의 권위와 연합국의 공동원조에서 독립
을 획득하고 유지하자는 것이다. 2는 미소와 같은 강국 중의 한 세
력에 부착하여 국가를 세우고 보존하자는 것이다. 3은 독립이란 애
당초 와신상담, 자력강대하여 분투전취하는 데만 있다는 실력파다.
삼자가 더불어 한국의 '살 길'을 꾀하는지라 우리는 삼생의 설이
라 부른다. 그러나 삼생의 설에는 또한 '삼의三疑의 론'을 아니할 수
없다. 삼의란 무엇이냐. 첫째 무슨 이유로 한국의 독립을 연합국이
대전 중에 공약하였으며, 둘째 무슨 까닭으로 한국임시정부 수립
에 양대 강국이 옥신각신 분규가 많았으며, 셋째 왜 자기실력도 없
이 이런 조국造國의 대망을 한국이 품게 되었느냐 하는 것이다. 더불
어 미심쩍은 일인지라 우리는 삼의라 잠깐 부른다. 지금 이 양자를
비교하건대 삼생의 설이란 요컨대 대책론이고 삼의의 론이란 결국
역사적 입장이다. 삼생설을 이끌어 만약에 현실론이라 하지만 삼의
론은 과거에서 그 소이연을 적출하여 미래의 대안목을 건립하고자
하는 근본론이라 하겠으며 삼생의 견지를 일러 한국적이라 하지만
삼의의 관점은 차라리 세계적이라 아니할 수 없다. 그렇다면 대개

정책은 역사적 대안목이 있어 비로소 건전하다 하겠으며 한국은 세계적 입장에서 관망하여야 비로소 그 전모를 안중에 넣을 수 있을 건ㅐ인즉 금일의 사태를 그 진상에 있어 파악하려고 하는 자는 모름지기 삼의론의 입장을 적지 않을 수 없다.

그런데 소식통은 말하기를 오늘날 동서양에 걸쳐 시끄러운 소련 공산주의와 영미 자유주의와의 사투는 요컨대 이 삼의론적 입장에서 금일을 규정하고자 하는 주의, 사상 간의 싸움이 아니냐고 반문한다. 그는 또한 유식한 말이라 하겠다. 각기 과거에서 취재입론取材 立論하여 미래의 결론을 두고 피차 금일을 규정하고자 함은 일반인지라 그러므로 삼의론적 입장이 아닐 수 없다. 그러나 우리는 이러한 견해가 반드시 과녁을 꼭 맞추었다고 생각하지 않는다.

왜냐? 대저 정치상 주의사상은 한 개의 강력한 정치력과 결탁하지 못하면 현실적으로 무력하다 하겠으니 좌익, 우익하는 주의, 사상 간의 상이가 곧 소련, 미국 간에 계연係聯되어 일반이 생각하는 것도 한 가지 예라 하겠거니와, 미미한 사회운동자였던 마르크스가 죽은 지 수십년 후에 이르러 소련이 공산주의를 표방하자 마침내 열국은 진동하고 한편 영미의 자유주의는 강대한 국가세력을 배후에 간직한지라 떳떳이 일대발언을 세계판국에 던지게 되었으니 이런 사실은 또한 다른 예라 하겠다. 그렇다면 주의사상도 긴요하려니와 차라리 그 배후에서 한 개의 실력을 부여하는 정치체의 성격을 한편 추궁하여서 소련, 미국의 실천 의도를 검토하고 또한 정치체의 실력 발동인 국가의 군사적 기저를 분석하여서 미국, 소련 국가 존립의 근원의 일부를 적출하는 것이 곧 역사적 현실의 진상을 직접 파악하는 요결이 아닐 수 없겠는가. 대저 사상주의란 이념이

요 명목이요 남에게 내세우는 명색이다. 한 개인의 행위에도 명색
이 있으니 하물며 정치운동과 국가법통에 명분이 없으리요만은 대
의명분만으로 국가의 체모가 유지되지 않는 것은 개인에 있어서
명목이 바로 그 실지가 아닌 것과 매양 일반이라 하겠다.

그러면 이러저러한 명색명목을 제쳐 놓고 그 실지라고 하는 것
은 무엇이냐. 대체 미국, 소련이 오늘날 열국의 일거수일투족에 발
언하고 간섭하는 근거는 무엇이며, 미국, 소련 양국이 홀로 남의 나
라와 유달리 강대하다면 그 강대한 이유는 무엇이냐. 이 점에서 가
만히 생각하여 보건대 국헌은 피차 달라도 미국, 소련이 더불어 다
른 열국과 같지 않은 점이 하나가 있다. 무엇이냐. 곧 단일민족국
가가 아니고 다민족국가이며 더구나 소련 같은 나라는 다민족주의
국가로 자처하고 있다는 것이 바로 그것이다. 현재 세계 각국 어느
나라를 따져놓고 민족국가 아닌 데가 없으되 민족이 뒤섞여 한 나
라를 이루고 있으면 반드시 끝끝내 독립하여 한 개의 나라를 세우
려고 애쓰는 것이 상법常法임에도 불구하고 미국, 소련만은 오히려
잡다한 민족이 뒤범벅이 되어서 한 개의 나라를 형성하여 자랑하
고 있다. 과연 그렇다면 세계는 단일민족주의국가와 다민족주의국
가의 대총大總 두 종류로 구별할 수 있게 된 것이 아니냐. 그런데 다
민족국가이든 단일민족국가이든 간에 천하의 열국이 그 성격상 민
족국가임에는 차이가 없고 민족이 국가형성의 중대한 계기가 됨에
는 다름이 없다. 아니나 다를까 장차 수립을 약속받은 한국도 한인
이라는 한 개의 민족으로 된 단 한 개의 나라를 가지려고 주장하며
약속하여 준 연합국측도 한국을 단 한 개의 민족국가의 입장에서
그 독립을 보고 있다. 여기에 이르러 우리는 또 하나 근본적인 문제

에 봉착하지 않을 수 없다. 무엇이냐. 민족이요, 민족국가이다. 과연 민족이란 무엇이고 민족국가란 어떤 것이며 어느 역사적 과정을 통하여 세계는 단일민족주의국가와 다민족주의국가로 이분되었고 또 어찌하여 다민족주의국가인 소련이나 미국만이 천하의 패권을 오늘날 각축하게 되었느냐. 이것은 환언하자면 민족이라는 안경을 쓰고 세계의 대세를 그 역사의 현상에서 파악하자는 것으로되 한국인들 역시 어찌 그 대세에 무관하리요. 이러한 문제의 제기는 도리어 바로 한국 자신의 문제라 하지 않겠느냐.

2. 민족사상과 근대국가

민족이라는 말에 관하여는 종래 여러 가지 설이 있으되 그 중에 가장 일반적으로 통행되는 견해는 "동일한 언어와, 제일齊—한 관습전통을 가지고 그리고 혈통과 지연관계가 있는 역사적 문화공동체"라는 것인데 때로는 혈연을 빼고 종교나 공동경제체라는 조목을 삽입하는 수도 있다. 이 밖에 한 개의 심리사실로 취급하여 말하기를 "민족이란 구경究竟 역사적 공동운명에 대한 집단의식"이라고 단언하는 학자가 있는가 하면, "민족이란 결국 한 개의 사회단체가 타집단의 압박을 통하여 형성하는 동류의식에 불과하다"고 입이立異하는 사회학자도 있다. 그뿐이랴 근래에 이르러는 심지 굳게 "민족은 필경 특권계급이 자가의 특권을 유지하고자 조작한 기만적 용어"라고 쓰는 논객도 있게 되었으며 다른 편에서는 "민족이란 도시都是 분명하지 못한 개념이다. 사람은 혹은 인종과 혼동하고 혹은 국민과 착오하나 민족이란 한 개의 명확한 의미를 가졌다기보다는 공동사회의 물질적 기반에 대한 정신상의 한 개 터부에 지나지 못한다"고 하며 그 말의 애매한 것을 탓하는 전문가도 있다. 그러나 이러저러한 규정이 모두가 정곡을 실失하였으며 사물의 일면만을 보았다 할 수 밖에 없었다. 왜냐, 이미 민족은 역사적 산물이라 한다. 곧 시간에서 형성된 것이요, 시간에서 변하여 가는지라 평면적으로 그 의미 내용을 탐색하는 것은 별반 의의가 없을 것이다. 또 민족이란 본래 한 개의 의미 내용에서 중요하다기보다 한 개의 정치이념으로서 일반 관심을 자극하는 것이니 민족이란 말이 오백년 전 옛날에서 금일에 이르기까지 만천하의 대중에게 애국의 구호가 되었다면 그것은 이 이념의 면에서 기인할 것이다. 이미 이념적인 말이라 애매할 수밖에 없으니 '자유', '평등', '박애' 등속이 그 동례라 하겠고 벌써 그 성질이 시간적이요 역사적인지라 그 의미와 의의가 때로 변할 수밖에 없으니 예법이 고금을 따라 다르고 의복이 시대에 따라 변천됨과 일반이라 하겠다. 학자는 종내 민족을 인종과 혼동한다고 일반을 힐난하였다. 그러나 이러한 혼동이 한 시대에 행하는 것은 역으로 보자면 민족의 역사적인 성격을 명시하는 한 개의 예증이요 또 의미의 변화라고 할 수 있으며, 다른 편으로 전문가는 시종 민족을 국민과 혼동한다고 일반을 힐책하였으나 일반이 민족과 국민을 동일시하는 배후에는 역사적 현실이 있는지라 민족이라는 말에 새로운 의미를 부여하려는 시대의 요구를 간과할 바가 아니다.

의미 내용에서 논하자면 민족이란 하필 근대사에서만 존재하는 것이 아니요 이미 역사는 오래인즉 민족의 존위도 천년 혹은 이천

년을 소급할 수도 있으려니와 이른바 민족사상은 벌써 단순한 의미 내용에 그치는 것이 아니라 한 개의 이념인지라, 이러한 이념으로서의 민족은 역시 유럽근대사와 더불어 출발한다 아니 할 수 없다. 대저 유럽근대사의 발단은 백년전쟁에 꼽는 것이 견식이라, 삼척동자도 오늘날 불리우는 오를레앙의 애국소녀 잔다르크의 순국도 당시의 일이며 이 전역戰役을 통하여 프랑스는 비로소 처음으로 프랑스민족이라는 통일의식을 형성하게 되었으니 근대국가의 최대의 특징으로 민족사상을 꼽는 사가가 백년전쟁을 근대사의 발단으로 잡는 것도 무리가 아니다. 그런데 근대국가의 초기형태로 또 사가는 절대군주제를 든다. 그러면 절대군주국가의 근대성이란 무엇이냐? 즉 민족사상의 도입이다. 민족사상의 도입이란 무엇이냐? 즉 민족사상에다가 국가 존립의 계기를 보는 것이다. 왜냐, 중세기 말에서 근대로 옮기는 변천기에 있어 새로운 국가 형식인 절대군주국가는 실로 민족이라는 데서 국가 발족의 기저를 보았다. 백년전역 후의 프랑스, 영국이 그 초기의 예증이요 스페인, 스웨덴, 덴마크 등이 그 후례라 하겠다. 이미 민족이 신 군주국가 형성의 계기이라, 신 국가의 국민은 이 민족사상에 지배된다. 바른 손에 총포라는 신병기를 들고 왼손에 신흥 상인계급의 부력을 움켜 쥔 근대 절대군주는 발밑에 이 민족적인 국민을 디디고 일어선다. 그런즉 일찍이 로마제국이나 그 의발衣鉢을 전하는 신성로마제국이 자타민족을 구별하지 않는 세계적 공민사상에서 이해되는 것과는 그 차이가 현저하지 않으냐. 그런데 이미 근대국가는 민족에서 이해되고 그 국민인즉 '민족적인 국민'이라 부른다면 도시 민족적인 국민이란 무슨 의미냐?

무릇 민족사상이란 타민족에 대한 자타의 분별에서 출발한다. 내, 남도 없고 자타가 혼일되는 세계에서야 당초 민족이란 소용도 없는 말이 아니겠느냐. 그러므로 민족사상은 첫째 성질상 그 대외면에서 유의의有意義할 것이요, 둘째 타민족에 대하여 비로소 생동할 것이다. 국가의 대외활동에 부첨되어 생동하는 이 민족열이 바로 근대의 애국심이다. 그런데 이와 달라서 국민이란 본래 국가의 내부 구조에 관계되는 것이며 주로 그 대내적, 국내적 의미에서 파악되고 이해되는 말이다. 만고에 그렇다면 한 개의 민족국가에 있어서 그 국가 좌우의 현실이 타민족과 대립되고 타민족과 경쟁하는 상태에서는 대외적인 민족사상이 국가의 지도관념이요, 기여其餘의 모든 관념 형태는 현실의 필요로 인하여 이 민족사상의 영향을 벗어나지 못할 것인즉 이런 경우에 국민의식이 이 민족이념에서 제약받고 또 국민사상은 그 민족 목적에 순응하려고 하는 것은 극히 자연스럽다 할 것이다. 그러나 반대로 한 국가의 좌우 현실이 대외적인 면에서 안정하고 국내적인 면에서 관심될 때에는 도리어 국민적인 사상이 대외적인 민족의식을 변모하고 또 민족에 대한 국민이라는 내부로부터의 요구를 실현시키려 할 것이다. 전자는 단 한 개의 민족으로 단 한 개의 국가를 주장하는 이른바 민족자결사상에 도달하는 배타적인 단일민족주의 국가관이요, 후자는 그것이 국민사상화하면 민족주의 사상이라 하겠고 밖으로 향하면 '국민 즉 민족'이란 태도를 취한다. 그런데 근대사는 마침내 이 전자의 노선으로 질주하게 되었고 이 민족주의적인 노선은 세월의 경과를 따라 자기모순의 약점을 마침내는 폭로하고 만 절대군주제를 배제하고 배타적인 단일민족주의 국가의 형성으로 돌진하게 되었다.

3. 단일민족주의 국가관의 확립

이미 근대의 절대군주 주권국가는 민족국가의 형성이며 벌써 그 기저는 민족에 있다는 것을 전장에서 말하였다. 그런데 이 신 군주 국에는 단일민족주의 국가의 완성에 직접 관계되는 세 가지의 특색이 있다. 무엇이냐. 첫째 민족국가에 있어서는 '민족은 즉 국민'이라는 생각이다. 곧 민족이기 때문에 국민이요 민족이 다수 거주하는 곳은 당연 그 국토라고 하는 사상이다. 둘째는 그러면서도 이국가의 기저라 할 민족 곧 국민은 국가 주권에 참가하지 못하고 절대군주로서 그 대표로 하는 국가 최고 권세의 객체임에 불과하였다는 사실이다. 셋째는 무엇이냐? 군주의 권세를 직접 유지하는 것은 강력한 용병인데 이 용병과 제반 군사비용인즉 곧 국민의 부담이려니와 그 국민 중에서도 부르주아지계급이 그 대부분을 독담獨擔하였다. 직접 국가비용을 부담하는 이 제3계급이 자기 계급의 대국가공헌이라는 자각 하에서 국민의 선봉을 자청하여 민권을 주장하고 국가활동에 발언권을 요구한 것은 극히 자연스러운 일이다. 그런데 일면 이 제3계급은 바로 민족적 대외활동으로 말미암아 그상권을 확장하고 그 이윤을 독점하게 되는 소득계급이요, 제3계급의 부유는 즉 이것이 국부로 치환되어 국외에 대한 민족적인 우월을 유지도 하고 보장도 하였다. 이 경우 제3계급은 민족운동으로 상징되는 국민사상의 바로 담당자요 대표자인지라 여기에 이르러 민족사상과 국민사상은 혼연일치하였던 것이다. 이것이 우리가 말하는 소위 제삼 특색이다.

그러나 이상하게도 이 신 군주국가의 특색은 날이 갈수록 현상유지가 곤란한 국가 자체의 모순으로 변하고 말았다. 그것은 또 왜 그러냐? 모순의 하나는 군주와 민족의 관계에 있다. 무엇을 가리켜 말함이냐? 민족은 그 역사적 성격상 단일민족주의의 노선을 취하여 역사의 가로街路를 매진함에 불구하고 절대군주는 또 역시 역사적인 인연으로 말미암아 타 민족국가의 군주 계승권을 주장하는 것이 일수요, 국민은 왕왕히 타 민족국가의 군주에게 자기 국가의 군주 계승권을 횡탈당하게 되었다. 국민국가의 민족노선과 봉건사회의 역사적 인연을 아직껏 행사하는 군주노선과는 조만간에 이 점에서도 갈라지지 않을 수가 없다. 민족적인 국가에 비민족적인 군주의 봉건성이란 자체가 모순이라 할 수밖에 없지 않겠는가. 둘째는 무엇이냐? 그것은 민족의 이해 곧 국민의 이해와 군주를 중심으로 하는 그 시대의 특권계급의 이해가 서로 배치한 것이다. 무엇을 가리켜 하는 말이냐. 당시 민족의 발전은 곧 국민소득이요, 국민의 소득은 곧 민족의 진출로 양자의 이해가 일치부합하였다는 것은 이미 위에 들어 특색으로 삼았다. 그런데 군주를 중심으로 하는 귀족, 승려의 이른바 특권계급의 이 착취와 간섭은 제3계급을 대표로 하는 국민에게 일대 공황이었고 국민 이해와 일치하는 민족의 발전에는 일대 지장이 되었다. 그리고 보면 그렇듯 민족이라는데 기저를 둔 절대군주제에 있어서 이 민족의 발전을 장해하고 민족 이해에 배반하는 군주라 함은 또 역시 자체가 모순이 아니냐. 여기에 이르러 그 모순이 축적, 배가되어 폭발된 것이 영국의 혁명이요 이 모순이 청소된 것이 저 프랑스대혁명이다.

그런데 프랑스대혁명은 원래 한 개의 민주주의적인 혁명으로 출발한 것이다. 이미 전장에서 들었거니와 무릇 국체의 변경이 타민

족의 압박에 의하고 타국의 공격을 통하여 진행될 때는 그 성격은
유독 민족주의적이려니와 만약에 그렇지 않고 국내적 제 원인에서
직접 도화導火되었다면 그것은 필시 대내적 관심에서 진행되고 '민
족 즉 국민'이라는 국가체에서는 국민에의 관심에서 결정되었을 것
이다. 프랑스는 당시 자타공인의 절대군주제의 민족국가였고 또 가
장 민족국가로서의 역사가 장구한 나라의 하나로서 군주제 민족국
가의 이른바 제모순을 가장 철저히 자각한 국가이다. 그럴진댄 그
국민적 관심이란 요컨대 민권사상 곧 국민사상이요 또 국민혁명이
요 일반인민혁명이며, 국민혁명이란 그대로 민주주의적 혁명이 아
니고 무엇이냐. 그러므로 국민은 무계급의 민족국가관에서 평등을
찾고 또 다른 피압박민족 속에서 대립이라기보다는 동정을 금치
못한지라 마침내 자유를 선언하고 평등과 자유에서 오는 평화감
에서 우애를 소리질렀다. 무릇 감격적이며 인도주의적인지라 일찍
이 영국혁명시의 영국 사상가가 "인권은 만인에게 공통되는 것이
요 각 민족은 자기의 국가를 세울 권리가 있다"고 갈파한데 이어서
프랑스대혁명의 영도자는 "프랑스 민족은 자유의 회복을 기념하는
모든 민족에게 가담하리라"고 선포하였다. 오직 민주적이며 또 단
일민족주의의 배타성과는 판이한 오직 우호적인 민족사상이다. 그
러나 역사현실은 그렇게 간단하고 정연한 것이 아니라 복잡하고
기괴한 것이다.

　당초에는 민주주의적인 국민혁명으로 출발한 프랑스대혁명은
의외천만으로 단일민족주의의 혁명으로 종결하고 따라서 제3계급
의 승리로 개변되었다. 왜 그랬느냐? 나폴레옹전쟁의 개입이 그 원
인이다. 무슨 원인이냐? 프랑스대혁명의 진보적 성격에 일경一驚한

당시의 유럽열국이 마침내 공동 무력간섭을 결의하자 프랑스민족은 이 국난에 직면하여 상하육력上下戮力 일치단결하여 한 개의 국민항쟁에 들어갔고 그것이 변하여 종말에는 나폴레옹전쟁으로 화하였다. 전쟁이 미친 영향은 무엇이냐. 전쟁을 통하여 비로소 새로이 배타적이요 대립적인 민족의식이 격화되고 그러므로 국민혁명사상의 지배로부터 현실에 대한 관심은 단일민족주의사상의 강화와 영도를 요구하게 된 것이 하나이요, 나폴레옹전쟁을 통하여 이러한 단일민족주의적인 민족자결사상과 민권사상이 유럽 전역에 프랑스 국기와 더불어 전파된 것이 그 둘이다. 이미 단일민족주의사상이 지배적이다. 역사적으로 민족주의와 이해를 같이하는 제3계급의 경제적 기저가 확립하게 되었고 벌써 부르주아지계급은 국민사상의 선도자였으니 여기에 이르러 완전히 이 계급의 혁명으로 종막終幕할 모든 기반이 구비된 것이다.

4. 단일민족주의국가의 3단계

앞서 약술한 바 단일민족주의 국가관의 확립으로부터 금일에 이르는 전개의 과정을 대개 세 가지로 구분할 수 있다. 그 세 가지의 상태는 필연적으로 경과하지 않으면 아니 될 성질도 아니요 또 일제히 경과해온 것도 결코 아니로되, 대체로는 순서로 역사상 전개되었고 또 유형적인지라 우리는 여기서 이것을 3단계라 부른다. 그러면 그 단계란 무엇 무엇이냐? 제1단계는 단일민족주의 국가관이 확립한 후 터키제국에서 그리스민족이 독립을 전취함으로써 출발

하여 19세기 말엽의 발칸 약소민족 독립에 다다른다. 제1단계의 특
징은 유럽 일대의 열광적인 민족자결운동이 전개되었고 선배국가
특히 영국은 자가의 자유주의적인 경제적 이유가 근원이 되어 적
극적으로 그 민족운동을 후원함으로 인하여 마침내 서유럽, 중유럽
의 일대는 민족자결이 비교적 성공한 시기이다. 제2단계는 이른바
식민지쟁탈전 시대라고 할까. 시기는 대충 1898년 독일제국의 세
계정책이 결정되어 제1차 건설계획이 착수되어서 세계 제일의 식
민지 보유국가인 영국과 정면충돌함으로써 시작되어 제1차 대전
에 이르는 동안이다. 제3단계란 베르사유 평화회의에서 발단하여
금차대전이 끝나는 시기로 그 특징을 들건대 단일민족 지상주의라
할 만한 사상, 환언하자면 "한 개의 민족이 선천적으로 벌써 타민족
보다 우월하고 그 탁월한 점은 이미 그 피 그 종족에 있다"고 하는
나치즘, 파시즘, 야마토大和 민족주의에 있다. 그런데 이와 같은 단
일민족주의 국가발전의 3단계는 그 출발에 있어서 피할 수 없는 역
사적 필요에서 기인된 것이려니와 역사의 야릇한 매커니즘에 의하
여 이러한 필요 자체가 시일의 경과에 따라 자기모순을 현시하였
다. 그렇다면 단일민족주의의 자기모순이란 무엇이냐.

　단일민족주의 국가관의 제1단계는 유럽 일대의 민족자결운동에
있었으며 영국은 선진국으로 이러한 운동을 적극적으로 후원도 하
였거니와 또 그로 인하여 다대한 경제적 이득을 보았다. 영국은 당
시 세계 제일의 해운국이요 네덜란드, 스페인, 프랑스를 쉽사리 뒤
집어놓고 동양무역을 태반 독점하여 원료 획득과 상품 구입에 단
연 앞잡이가 되었거니와 산업혁명에 의한 대량생산의 상품을 유
럽 열국에 매도하는데 있어서도 절대적으로 제일인자였다. 그러나

열국은 마침내 영국 상품의 구입을 거부하고, 약소 민족사회의 시장화를 지배민족은 환영하지 않았다. 요컨대 영국 국부의 증가는 그 국가세력의 확장이요, 확장은 곧 유럽열강의 소원하는 바가 아닌 까닭이다. 그럴진대 영국은 약소민족을 후원하면 대의명분도 갸륵하려니와 자유로이 신국가와 통상할 수 있고 따라 상리는 막대하다. 다시 말하면 영국 등과 민족자결운동과는 그 이해가 일치하였다. 그러나 이러한 제1단계의 사태는 얼마 못돼서 곧 자기모순을 드러냈다. 무엇이냐? 즉 민족자결사상에 의하여 새로 독립한 국가들이 바야흐로 자국이 강대국의 시장화한다는 것이 바로 그대로 종속관계에 서는 것이라는 자각에서 문호를 폐쇄도 하였거니와 더 나아가서는 단일민족국가의 배타성을 발휘하여 다른 민족에 대한 영국식 경제침략을 개시하였던 것이다. 이미 우리는 초기에 있어서는 국민사상의 대표자였던 제3계급의 이해와 민족의 이해가 상부相符하였다고 지적하였다.

그런데 여기에 이르러 민족자결사상의 완수는 일방적이고 독점적인 시장화 사상만 초래하고 자유통상이란 점에서는 폐쇄주의, 조건주의로 모든 단일민족주의 국가는 전향하였다. 이것은 민족사상의 결과가 제3계급의 이해와 모순하고 따라서 민족 자체의 이해와 모순한다는 결과를 의미한다. 이미 모순이 현저하여 이 체제의 유지는 곤란하다. 제2단계는 어떠냐? 제1단계에서 실패한 유럽 열국은 이즈음에 이르러 마침내 유럽 이외의 비교적 저항력이 저열한 토지에서 식민지 건설에 몰두하게 이르렀다. 하기는 벌써 권력에 습복한 식민지인지라 유럽 열국의 제국주의적 철쇄 아래 거의 무저항했다. 하나 여기 역시 두 가지의 모순이 발생하였다. 무엇이냐.

하나는 대저 단일민족사상 그 자체의 모순이니 단일민족주의는 그 발단과 그 본질에 있어 민족자결사상에서 출발하여 전개된 것이다. 그런데 자결사상이란 일민족 일국가사상이다. 이 원칙에 불구하고 식민지사상은 단일민족주의 국가가 밖으로는 타민족의 민족자결을 부인하고 안으로는 이질적 민족을 국가 유지의 국토, 경제, 인구라는 여러 가지 면에서 허용하는 것이 되어 완전한 모순을 노출하였다. 둘째는 무엇이냐? 열국의 식민지 경쟁으로 말미암아 국가의 군사적 준비가 가속도적으로 증가되고 그것이 또 마침내 경쟁과 대립의 근거가 되어 그 결과로 일층 더 식민지의 확대를 요구케 되었다. 식민지란 따로이 별세계에서 구하는 것이 아니라 지구상에서 구하는 것이요 그리고 또 이용될 수 있는 제한된 토지와 물자, 주민을 에워싼 경쟁인지라 자연 칼부림이 나고 살殺판이 벌어지는 것은 막을 수 없다.

독일제국이 1898년에 세계정책이라 할 대규모 식민지 획득계획을 성안하자 무엇보다 먼저 대해군 건설에 착수하여 전쟁 준비의 만전을 기한 것은 1차 대전의 전쟁 책임을 추궁하는 영국의 외교문서 공표가 이 1898년으로 시작하는 것을 보아도 넉넉히 짐작할 수가 있으니 곧 이 예라 하겠다. 그런데 이것은 또 모순이다. 왜 모순이냐. 이미 전단계에서 민족사상의 이해와 제3계급이 대표한 국민의 이해와는 서로 맞지 않게 되었다고 지적하였다. 그것뿐이랴. 이 민족사상과 국민적 이해의 상반을 계기로 하여 여기에 한 가지 중요한 사실이 발견되고 자각되었다. 무엇이냐? 제3계급이 결코 국민전체의 대표가 아니요 또 민족전체 활동에 의하여 유입되는 부도 결국은 제3계급이 차지한다는 것 즉 국민인식이다. 그렇다면 단일민족주의 국가의 부 획득에 국내적 균형에 있어서 또 한번 국내적 제 원인을 직접 계기로 하여 이 불평등의 원인을 제거하려는 사상이 일어나는데 이 사상은 민족주의와 달리 타 민족의 압박에서 민족의 대립면을 강조하는 것이 아니다. 라 마르세예즈의 혁명가를 부르고 궐기한 프랑스대혁명의 초기사상과 같이 국내의 압박, 국내의 특권계급에 대한 지대한 불만인 까닭에 타민족에게 관대하고 타민족 중의 피압박민족에게 대하여 동정하고 열국의 공동현상에 대한 통일의식을 갖추었다. 이것은 단일민족주의 국가관과 그 국가형태에서 소득을 보는 계급에게는 절대한 공포요 불구대천의 적사상이다.

그러나 대단히 제3계급에게 불리한 사실은 전에 이미 들은 제국주의적인 열국의 충돌 즉 전쟁에는 이 반反단일민족주의 사상을 품기 시작하고 국민의 재검토를 요구하여 식민지정책의 부당성을 고창高唱하는 국민의 대부분 곧 제4계급이라 할 대중의 참가를 절대로 필요로 하는 것이다. 이것은 과연 비극적이요 또 희극적인 모순이 아니고 무엇이냐. 제3계급의 출발은 정확하게 말하자면 제2계급의 청산되지 못한 모순에서 출발한다. 미국의 윌슨 대통령이 제기한 14개조를 근본안으로 하여 파리강화회의가 1차 대전 직후에 개최되어 그 중에서도 민족자결에 대한 안건이 세계의 여론을 자극한 것은 물론이요 한인은 기미만세운동에서 역사적 흔적을 영구히 남기었다. 그러나 실제에 조목을 읽어 보면 민족자결이란 구체적으로는 대체 전쟁 발발시까지 자주독립을 못한 동유럽 제민족에게 민족국가를 허용하자는 것이고 식민지 민족의 대부분인 아프리카나 동양에 관하여는 '민족자결권' 밖으로 내밀고 말았다. 이 점에서 대관하자면 이 구체적 민족자결안은 세 가지 의미가 있다. 그 전쟁으로서 대략 유럽 전역의 민족자결사상을 일단락시키자는 것이 하나요, 제2단계의 식민지의 모순을 그대로 유지하고 있다는 것이 둘이요, 그러므로 이름은 세계전쟁이기는 하나 그 실은 유럽의 식민지 경쟁국가간의 지극히 유럽적인 전쟁이요, 무력에 의한 구미열국의 식민지 재분할이라 하는 것이 그 셋째다. 그것뿐이랴. 베르사유회의에서는 위에 이른바 '유럽의 민족자결 완수'라는 대체의 안목도 유지 못하고 군사상 이유와 징계라는 명목으로 대세에 항抗하여 독일인을 이태리에 합편하고 말았다.

독일도 독일이려니와 이로 말미암아 유럽 소수민족의 단일민족국가 건설이라는 명목은 체코는 헝가리에서와 같이 복합민족의 혼혈을 남기었다. 완전한 모순이요, 각국이 대전 중에 선언한 전쟁 목적 그 자체의 기만성을 충분히 폭로하고 있다. 이러한 대세를 무시한 전후조치에서 독일이나 이탈리아는 쉽사리 단일민족지상주의로 돌진하였다. 나폴레옹전쟁시의 전례도 있거니와 타민족, 타국가의 압박이 심대하면 반드시 맹렬한 민족주의사상이 팽창하고 그 압박이 극도에 이르면 단일민족주의사상은 한 개의 민족지상주의관으로 변화하여 모든 기타 사물의 역사적 의의를 민족에서 강력하게 통일하려고 한다. 첫째 절대적이라 할 민족 전체성이 강조되어 개인 존재의 독자적 의의는 상실한다. 그런데 민족 전체의 의지를 대표하는 것은 곧 국가요, 국가는 민족이라는 전체성의 정수다. 그러므로 나치 영도자는 "국가라 함은 그 안에 개인이 있고 그 때문에만 있는 전체적 존재"라고 규정한다. 둘째 민족을 극도로 숭상하고 불가분의 단위임을 표상하기 위하여 민족은 즉 피의 결합이라고 하고 또 독일과 이탈리아와 일본민족에게는 하늘이 부여하는 신성한 사명이 있다고 한다. 셋째 그러므로 이 하늘의 선민은 결단코 민족국가의 사명을 실천하기 위하여 어떠한 장해든지 극복해야 할 것이며 그 장해가 타민족, 타국가인 경우에는 절대로 분쇄하고야 말 것이다. 넷째 이미 이렇게도 대외면에서 극단의 규정을 내린지라 국민의 자유니 민권사상이니 하는 것은 일종의 몽상이요, 국민사상이란 발언의 권리가 없다. 민권사상이란 저열한 민족의 저열한 사상에 불과하다. 그러나 이렇듯 극단에 이르는 점은 과연 파쇼적이요, 나치적이라 하겠으나 그렇다고 영국, 프랑스 같은 국가의 이와 유사한 생각이 없느냐 하면 결코 없지도 않다. 인도인과 아프리카 토인을 착취하면서 국민교과서에 인도와 아프리카를 가리켜 '영국의 공연한 부담'이라고 내뱉은 것은 바로 영국이 아니냐. 아프리카 토인의 고혈을 짜서 자국의 이익을 도모하면서 '문명의 선교행위'라 자찬한 것은 또 바로 프랑스가 아니냐.

일본이 한국을 병탄하여 이르되 천황은 한국을 아들로 삼고 양민족이 서로 형제요, 동생이라는 표현을 한 귀에 들으면서 한국민족은 등판에 모진 매를 호되게 맞았으니 그런 한인에게 별로 장황한 설명이 필요있겠느냐. 그러면 이 민족지상주의 국가의 모순은 무엇이냐. 일언—言으로 폐지弊之하면 민족사상에서 출발하여 민족을 부인하는 모순을 범하였다. 무슨 의미냐? 단일민족 지상주의란 한 개의 민족이 탁월하게 우수하고 또 우월한지라 다른 민족과 동격으로 취급할 것이 아니요, 따라서 모든 국제적 구속에 구애되지 않는다. 그러면 이미 타민족과 동격이 아니요 홀로 신의 선정한 민족이란 과연 다른 민족과 자기민족이라는 점에서 동격화하여 대립

하고 협동하고자 하는 민족과 양립할 수 있는 것이랴. 그것뿐이 아
니고 더 구체적인 모순이 있다. 즉 국민사상과의 절연이다. 본래 제
2단계에 이르러 생각하자면 그 생장의 역사에 있어서는 형제요 동
생이었던 민족사상은 벌써 의절義絶에 이르렀거니와 여기에 이르러
국민사상이라는 대내적 사상과 이 대외면의 민족의 유아독존주의
와는 더불어 양립할 수 없는 관계에 이르고 말았다. 그 결과는 독재
다. 이것은 모순이라기보다, 완전히 민족사상 그 자체의 해소라 하
겠다. 그렇기는 하나 단일민족 지상주의의 현실적 노선은 민족 회
복이요, 나아가서는 역시 타민족 정복과 식민지의 요구이다. 이 경
우에 있어서 제2단계의 모순국가체인 단일민족주의 국가가 이 강
렬하고 실력 있는 요구를 거부할 실력이 있을까? 없다. 왜냐? 전쟁
체제에 있어서는 자유주의라는 역사적 용어로서 국민면面을 표명
하는 단일민족주의 국가도 도저히 단일민족 지상주의를 표방하는
전체국가의 적이 아닌 까닭이다. 이미 제2차 대전의 서전에서 그
대표적인 단일민족주의 국가인 영국, 프랑스는 대 타격을 입었다.

그런데 어째서 결국 영국, 프랑스가 승리 측에 서게 되었느냐?
미국, 소련의 참가다. 연합국의 승리를 결정한 미국, 소련은 우리가
지금 검토해 오던 바 단일민족주의국가가 아니다. 여기에 이르러
우리는 단일민족주의국가와 이념이 다른 새로운 국가체제와 국가
관에 당면하였다.

5. 다민족주의국가

다민족주의국가란 구체적으로는 미국과 소련이요 특히 미국은 불완전한 다민족주의국가 혹은 다인종주의국가라고 우리는 부른다. 그러면 다민족주의국가는 이 외에 또 없느냐? 없다. 그러나 이러한 신민족국가의 외형체제를 모방하여 단일민족주의 국가의 식민지라는 자기모순을 완화하려는 노력은 없을 수 없으니 곧 영연방의 예가 그것이다. 이러한 노력이 바로 1931년에 정점에 달한 웨스트민스터조령에서 간취할 수 있는 바와 같이 식민지나 보호국을 통상과 및 군사의 양면에 걸치는 협약 밑에서 제국 이해와 동일 보조를 취한다는 각서를 받고 독립을 허용하는 조치이다. 일찍이 아일랜드자유국이 그 전례요 버마, 인도의 현황이 그 후례될 가능성이 있다. 이것은 틀림없이 일종의 완화책이요 영국이 대세와 타협하는 정치적 조처이다. 그렇기는 하나, 또 역시 일종의 타협에 그치는 바이요 단일민족주의 국가의 대내적 계급모순, 대외적 식민 모순을 완전히 해결하는 방책은 물론 아니다. 그러면 단일민족 국가가 아니요 따라서 단일민족주의라는 원칙에 입각하지 않고 있는 미국과 소련은 어떠하며 또 미국과 소련에서 공통된 것은 무엇이며 그 차이는 무엇이냐? 이하 대략 세 가지 관점에서 그것을 논의하고자 한다. 무슨 관점이냐? 1은 역사적 성격이요, 2는 민족이라는 관점이요, 3은 국가라는 견지다.

(1) 미국, 소련의 역사적 성격

미국의 역사는 대충 270년가량이라 하겠으나 마치 그 동안이 유럽 일대에서는 민족자결사상이 팽배하고 열국은 산업혁명의 영향을 입어 바야흐로 자본주의국가화하는 시기이라 미국 또한 이 압도적인 역사적 영향 하에 성장하였다. 미국의 건국사정으로 보아 대륙의 유민이 이미 민족적으로는 잡다한 데다가 또 한편 단일민족사상은 곧 주도 민족인 영국 민족의 본국에 대한 굴복을 의미하는지라 독립국가를 수립하는 한 영국과의 항쟁은 만부득이한 일로 꼽힌다는 것은 다시 말할 필요가 없다. 그러나 이 단일민족사상을 제외하면 이미 영어를 국어로 삼고 유럽문화를 자국의 문화적 자존심의 근거로 하여 건국의 제반 체제에 있어서도 영국, 프랑스의 진보사상과 아울러 유럽의 귀족적이고 봉건적인 특징을 답습함에 불과한 미국은 역시 역사를 통하여 유럽사상의 지점 격을 면할 수 없었다.

　현 미국의 이원제라는 제도의 봉건적이고 귀족적인 발단에 관하여는 이미 미국 역사가가 소상히 연구한 바 있고 현 미국의 자본주의는 영국 자본주의의 부유한 형제인 것은 일반경제학자의 논증하는 바이다. 벌서 의회제라는 데 있어서 미국은 유럽의 자유주의적 민주주의의 계승자이며 이미 그 생산체제에 있어서 영국의 자본주의를 일층 발전시키었다. 미국과 유럽의 관련은 과연 깊고 또 두텁다 아니할 수 없다. 그러나 돌이켜 생각하면 미국은 유럽의 문물을 계승 섭취함으로 말미암아 단일민족주의 국가의 제 모순을 일부분 계승 아니 할 수 없었을 것이다. 그 최대의 것이 이른바 단일민족주의국가의 제2단계에서 일어나는 계급의 문제라 하겠다. 대저 미국은 독립전쟁 후에 이렇다 할 국외력의 압박을 입지 않은지라 그 국가적 관심이 국내적으로 집중되기 쉬운 것은 자연한 일이요 대내

적 관심이 진행하는 한 그것이 국민혁명의 길을 취하려는 것은 이
미 설명한 바 있었다. 미국 초기 역사에 보존되었던 봉건성 및 귀족
성이 시일을 따라 점차로 타파되어 가고 또 산업국가로서 발달은
산업선에 참가하는 광범위한 대중의 민족문제를 초래하고 또 마침
내는 남북전쟁 같은 내란을 치르게 된 것은 이러한 국민사상의 과
정을 역사적으로 명시하는 예라 하겠다. 이런 점에서는 미국 자신
이 국민사상운동의 역사를 명료하게 자각하고 있다. 곧 미국이 항
시 '민주주의'를 내세우는 것이 그 명징이다.

그런데 국민사상의 최후단계가 국민 중의 세민細民의 지위 향상
인 것은 말할 것도 없다. 민주주의의 노선이 이 도착점을 향하는 것
은 벌써 미국의 면할 수 없는 역사적 필연이라 하겠다. 왜냐? 현대
고도의 산업국가로서의 자본주의체제를 취하는 국가는 또 필연적
으로 일반대중의 광범한 노동력을 필요로 하고 그것을 기저로 하
여 성립한다. 제4계급의 직접적인 발언권은 이미 여기에 있어 발생
하거니와 그것이 더 일층 실력을 얻고 제4계급 향상에 접근하는 과
정은 즉 전쟁이다. 자본주의는 원래 외부에 대하여는 제국주의적
이기 쉬우며 따라서 국제적 경제전의 면모를 갖거니와 동시에 국
내적인 계급의 말썽을 바꾸어 대외적 전쟁에서 민족적으로 전향시
킬 가능성이 풍부하다. 고 루즈벨트 대통령이 고의로 일본의 타협
을 피하여 전쟁에 돌입하였다는 일부의 비난은 이 점에서 고려될
것이로되 이미 전쟁은 현대에 있어서는 바로 총력전이요 총국민전
인지라 한편에 있어서 외족外族에 대한 국민적 국민의식도 앙양되
거니와 다른 편에 있어서는 전쟁에 직접 기여함으로 말미암아 제
4계급에게 중요한 국내 지위를 주게 되었다. 고 루즈벨트 대통령

이 전쟁을 결의하자 미국의 소련화라는 부질없는 힐난을 감수하면서 와그너법이라는 노동계급 투쟁이 유리한 법령을 허용하지 않을 수 없었고 이 법령이 현 자본주의 미국의 일대 두통이 되고 만 것은 이 예가 아닐 수 없다. 자본주의는 제3계급의 승리요 자유주의는 자본가의 방패로되 이 주의, 이 체제의 역사적 발전에 있어서 제4계급의 무시할 수 없는 발언을 초래하고 특히 전쟁을 통하여 일반 인민의 거대한 권리를 부인할 수 없게 되어 마침내 이 체제, 주의의 유지가 동요되기 시작하였다면 이것은 모순이라 아니할 수 없고 또 미국은 이러한 유럽적 모순을 인계, 심화한 것은 주지하는 바이다. 그러고 보면 이러한 역사적 성격으로 보아 미국은 민주주의라는 과정에 있어서는 과연 신국가라 하겠고 반대로 자본주의체제라는 점에서는 단연 구국가라 할 수 있을 것이다.

그런데 소련은 만인이 인정하듯이 미국이 유럽의 모순체제를 인계발전함에 반하여 유럽 단일민족주의국가의 대내적인 계급모순의 타파로부터 그 역사를 시작한다. 이미 계급혁명인지라 소련은 외민족에 대한 민족혁명이 아니라 국민혁명이요 대내적인 사태이다. 진실로 국민혁명인 점에 있어서 단일민족주의적 산업국가인 구미열국의 국민 내부의 모순을 완전히 극복하였다 할 만하다. 그러나 여기 간과할 수 없는 한 가지 사실이 있다. 무엇이냐? 러시아혁명의 강권적 성격이요, 소련의 강권주의적 역사이다. 그러면 그 강권적 성격이란 무엇이냐? 무릇 계급의 모순에서 피압박계급인 제4계급이 혁명의식과 해방의 실력을 획득하는 것은 이미 전술한 바 있듯이 단일민족주의적 산업국가에서였고 미국과 같은 자본주의국가에서 가능한 일이었다. 단적으로는 사회주의사상과 그 운동이

서유럽에서 탄생하고 발달한 것이 그 증거이다. 그런데 러시아제국
은 유럽천지에서도 중세기적 구체제를 대부분 답습하는 아시아적
봉건성이 농후한 국가요, 국민은 다민족으로 형성되고 산업은 중세
기적 치기를 면치 못하고 있었다.

　그렇다면 순전히 국내적인 제4계급의 자각에서 오는 계급혁명,
국민혁명은 약간 인연이 멀다고 할 수 있을 것이요, 혁명이래야 제
3계급혁명의 유사한 것을 기대할 만하였다. 아나나 다를까 당시의
급진파 이른바 다수당인 사회민주당은 말하자면 해외파로서 서구
근대 산업국가의 모순에서 깊이 그 혁명의식과 방법을 취득한 자
이다. 그러므로 사회민주당은 한편 러시아제국의 패전 사상과 누적
한 중세기적 모순에서 오는 국민의 불만을 토대로 하여 평소의 경
륜을 구현시킬 기회를 발현하였거니와 실제에 있어서 국내의 일반
대중은 이러한 제4계급혁명과는 관계가 멀었다. 무엇으로 증명하
느냐? 11월 혁명 직후에 개최된 전국국민회의에서 공산당의 전신
인 사회민주당이 일패한 것이 그 증거의 하나요 이른바 노동자 전
권專權만을 주장하는 트로츠키파가 나중에는 밀려나고 노농합작의
계급사상으로 전개한 역사적 정책이 그 증거의 둘이다. 벌써 국민
대회에서 패한지라 자당의 권세를 유지하고 주의주장을 관철하고
자 하면 무력 밖에 없다. 대회는 곧 강권으로 해산되고 당에 유리한
모든 체제 하에 대회가 재개최되어 강권의 위력을 내외에 표시하
였다. 과연 공산당의 강령으로 일국의 국헌을 삼는 소련은 그 건국
에 있어 이미 강권적이요, 강박적이요 따라서 그 후의 역사도 그 강
권의 사상을 버리지 못하였다. 소련의 국내 사정에 대한 비밀주의,
공산당의 일시의 무력혁명사상, 주의의 강박적 선전 등등은 틀림없

이 이러한 역사적 성격에 기인하는 바요 영국, 미국은 이것을 가리
켜 비민주주의 체제라 한다.

(2) 민족

미국은 영국 식민지 인구가 중심이 되어 영국이라는 본국에 용감
히 항쟁함으로써 독립을 전취戰取한 사적은 이미 중학생에게도 상
식이 되었다. 또 그러므로 단일민족주의가 될 수 없는 것은 지극히
당연하다. 그러면 곧 소련 같은 다민족주의국가냐? 그것은 아니다.
왜냐? 미국 자체는 다인종을 공인하거니와 민족을 인정하지 않는
까닭이다. 대저 미국의 인종주의에는 두 가지 원인이 있다. 무엇이
냐? 본토인인 아메리카 인도인이 미약하여 실제상으로 국토는 무
민족상태인 것이 하나이고 유럽 열국 등에서 유입하여 온 초기 잡
다한 주민은 한 개의 민족이라고 할 만한 집단이기보다 민족적 배
경을 언어와 관습에 지닌 그야말로 유민인 까닭인 것이 그 둘이다.
이러고 보면 다민족국가라 할 만한 요건 곧 민족의 지연적 성격도
태무하고 또 다른 요건 즉 그 집단적 성격도 박약한지라 이런 면에
서는 다민족사상은 무리라 하겠다. 그렇기는 하나 민족사상의 근거
가 전무한 것은 아니다. 다시 말하자면 비교적 다수의 집합인 영국
인의 문화적 동화력과 국어로서의 영어 채택은 민족적 색채가 깊
은 예라 하겠다. 이 밖에도 뉴욕 같은 대도시의 민족구라 할 동민
족의 집거도 사람의 눈을 이끌고, 일시 배일론자의 이목을 거스르
던 일본 제2세의 일본민족의식 강조의 운동이 있었으니 전연 민족
적 문제가 없다 할 수 없지 않으냐. 그러나 역시 의복, 피부색, 언어
같은 특색에서 인종적 관심이 지배적인 것도 사실이려니와 인종적

견지의 일대 효험이 되고 또 인종적 관점의 지당성을 고창하는 중
대한 원인이 있다. 무엇이냐? 유색, 흑색, 백색이라는 통속적 분류
에서 발생하는 백인의 단결이요 타인종에 대한 지배권의 확립이요
백인의 우월의식의 만족이다. 미국은 인종적 견지를 취함으로서 결
과로는 완전한 백인중심국가의 내용을 갖게 되었다. 이것은 절대로
중요한 사실이라 할 수 밖에 없다.

소련은 이에 반하여 건국의 당시로부터 민족문제에 직면하여 왔
다. 생각하건대 초기 혁명지도자는 대체로 민족문제에 관하여는 서
구적인 민족자결사상에 지배된 듯이 보인다. 무엇이 증거냐? 대독
단독협약인 브레스트-리토프스크조약이 1차 대전 후 연합국 측에
의하여 무효선언을 받았음에 불구하고 구러시아 영토인 핀란드, 폴
란드, 라트비아, 리투아니아 같은 군소 약소민족의 자주독립에 동
의한 것이 바로 그것이다. 그러나 이미 러시아 본토라 할 지금의 러
시아공화국 자신이 단순히 단일민족국가가 아니라 동양의 소수후
진민족을 상당히 당시에 포함하고 있었던 것은 주목할 만하다. 이
미 계급혁명이요 국민혁명인지라 민족문제에 관하여는 관대하다.
이미 관대한지라 타민족의 선주권이라는 역사적 토지 점유를 존중
히 한다. 만약에 그것이 사실이라면 이만한 이유로써 구 러시아제
국의 동유럽에서만 한하지 않는 무수의 단일민족국가가 탄생할 만
하였다. 그런데 역사적 사실은 그렇지 않고 민족자결의 대체의 노
선을 좇아 단일민족국가 구성을 용인하기는 하나 일방 연합체라
는 구조에서 다민족주의국가라는 일개 국가로 편성하였다. 왜 그러
냐? 거기에는 두 가지 원인이 움직이었다. 1은 무엇이냐. 구미와 동
양에 걸치는 자본주의 국가군에 대한 저항상 곧 그 군사적 기저로

서 금일의 연방체가 포함하는 국토와 인구와 자원을 절대 필요로
한 것이 하나다. 제2는 무엇이냐. 주의상 타민족을 식민지 민족화
할 수는 결단코 없거니와 다행히 그 세계관 계급관이 다수민족이
한 사회주의라는 명목 하에 협동하고 단결할만한 계기를 이룬 것
이 바로 그것이다.

이 점에 관하여 과연 그것이 역사적인 성숙에서 자발적 합의로
결성된 것인지 혹은 전자에 이른바 강권 하에 '정의'를 인식하지 않
을 수 없어 마침내 다른 민족공화국이 연방에 참가하게 되었는지
저간의 사정은 우리는 지금 말할 바 아니다. 요컨대 사회주의라는
대의명분이 다민족주의국가 형성의 절대적인 계기인 것은 이미 국
명에도 명시되는 바요, 스탈린의 신헌법 설명에도 누누 장설하는
바이다.

(3) 국가

대저 국가라는 주관적 존재는 그 의의가 대내적인 데보다 국제법
에서 이미 노출되듯이 타국가의 관계 하에서 더 큰 의의를 갖는다.
마치 민족이 자타에 대한 구별에서 그 의의가 분명하여지고 남의
압박을 입어서 그 사상을 선명히 하듯이 학설은 어쨌든지 역사적
사실은 국가를 가리켜 대내적 주권의 담당자라 하고 또 그러므로
타와 대립적인 면이 첨예화하는 약육강식의 근대 국제사태에 처하
여 국내로는 일층 지도적이요, 강력한 통제자인 역할을 부담하게
되는 것은 현대 열국에 있어서 정도의 다소는 있다 하나 일제히 국
가주의적 경향이 있는 것이 그 부인할 수 없는 예증이다. 그런데 국
가의 3대 기반으로 주권의 담당자와 국토와 국민을 지적하는 것은

종래 변하지 않는 통행사상이다. 이런 견지에서 보자면 민족주의란
국민에 대한 민족적인 규정을 조건으로 민족이 직접 주권에 관여
하려는 것이요, 민주주의란 국민 그 자체의 의미로서 주권에 관여
하는 것이다. 관여하는 형식은 여러 가지 있으되 그것은 정치형태
론이요 본론의 한계를 벗어난다. 좌우간 국가를 위의 세 기반에서
고려하건데 국민의 성격과 그 국민이 주권에 주체화하느냐 군주국
가에 있어서와 같이 객체에 그치느냐 하는 문제가 곧 국가 그 자신
이 체제를 결정하여 왔다는 사실은 부인하기 힘들다. 그러면 미국
과 소련에 있어서는 이 문제는 어느 특징에 있어 남과 상이되느냐.

　미국의 다른 국가와 상이되는 중대한 관념은 '국토'라는 지연地緣
형식에 있다. 왜 그러냐. 이미 일언한 바 있거니와 대개 미국의 건
국 당시에 있어서 미국 본토인이라 할 아메리카 인도인은 벽지산
곡僻地山谷에 구축되어 실제상 북부 아메리카의 대부분은 공지였다.
그런데 미국은 단일민족국가도 아니요 다인종이 결합할 운명적인
주의주장도 없을뿐더러 미국이 근대 항상 내세우는 민주주의랬자
그 불철저한 것은 학자가 모두 지적하는 바이다. 그러면 다수의 대
륙 거주민이 1국가를 형성하는 계기는 무엇이냐? 곧 같은 대륙에
산다는 지연이다. 무엇으로 징徵하느냐. 개척민이라는 지연사회 집
단의 역사적 특징과 사정을 인정하는 주제州制의 실시와 그 주제의
연합으로 합중국을 세운 국가체제가 그 증거이다. 이미 지연적 계
기에서 성립하는지라 국민의식의 본원도 이 지연관계 곧 국토사상
에서 벗어날 수 없다. 이 점은 단일민족국가가 그 국민의식의 기저
로서 민족을 매개로 하는 것과는 천지의 차差이요, 소양霄壤의 판判이
다. 이미 국민의식의 기본이 상위相違한지라, 그러므로 민족의식이

라는 점에서 미국은 고심한 일이 없다. 그 증거가 있느냐. 윌슨 대통령이 연합국의 1차 대전 후의 대방책을 내세워 그 최대한 것으로 민족자결을 고조하였음에 불구하고 그 직전에 미국하원에서 대독 선전포고를 설명함에는 민족자결을 제쳐놓고 '민주주의'의 옹호라 하였으니 이러한 표어의 차이가 바로 그 증거될 수 있다. 그러나 여기에 한 개의 변동이 발생하기 시작하였다. 무엇이냐? 즉 1차 대전과 2차 대전을 통하여 기왕에 유럽에서 근대국가의 국민이 전쟁을 통하여 민족주의화하듯이 한 개의 민족의식에 가까운 발전을 보이고 있는 것이 그것이다. 벌써 세인은 아메리카문명이라 하며 양키라는 지방어를 미국인 전부에 통용시킨다. 미국의 여론은 미국인은 한 덩어리요, 한 개의 새 민족의 탄생이라는 논조를 보인다. 이런 경우에 이미 민족은 과거의 민족이다. 민족이 국민을 규정하는 것이 아니라 역으로 국민의식에 출발하여 한 개의 민족의식을 규정한다. 지연에서 시작하여 일개 국가의 일개 국민으로 국가의 대내적 국민의식에서 민족으로 발전하는 모양은 고석古昔은 모르되 근대사 이후에는 처음 보는 획기적인 경향이라 하겠다.

소련은 그 연방국가 성립의 기저가 일은 다민족주의요, 일은 사회주의인 것은 지금은 만인의 상식이다. 이것을 그 국가의 지도자는 일국사회주의라 부른다. 이미 그것은 역사적 현실에서 제한받고 무장화한 사회주의인지라 벌써 대외적인 국가적 체모라 할 만한 현대적인 배타면과 대립사상을 충분히 준거하고 있다. 이러한 국제적인 불안시대, 아직 평화기구는 태중에 있고 역시 외교의 배후에는 군사력이 있는 현대에 처하여 일찍이 우리가 이른 바 강권주의에서 다민족을 강력히 일국민화하여 자본주의국가의 공격에 대비

한다는 소련체제는 구실로서는 충분히 양해할만한 그 나라의 사정
이다. 그러므로 공산주의자는 이를 현 단계라 부르고 자유주의자는
소련의 민주주의는 억압주의요 강권주의라 비난한다. 어느 편이 옳
고 어느 편이 그르냐. 그것은 가까운 시간이 해결할 것이로되 여기
서 그러한 '민주주의'라는 이념의 면에서보다도 실제에서 경험하는
소련의 한 개의 딜레마 곧 한 개의 위험이 있다. 무엇이냐? 설혹 만
민과 대중을 해방한다는 취지의 사회주의이기는 하나 현실적으로
는 일국사회주의인지라 소련의 국가적이요, 정치적인 고려는 그 주
변의 타민족을 희생시킬 가능성이 전무하지 않다는 것이 하나다.
이미 열국의 일국으로 열국에 혹은 협력도 하거니와 혹은 대립도
하는 소련이 부단히 작전적 고려와 정치적 고려에서 국외의 모든
국토와 민족과 국가를 접대할 것은 당연도 하거니와 때로는 일국
적인 계산에서 희생도 시키려니와 또한 역으로 타국의 공격 근거
지화를 방지하는 의미에서 군사적 조처를 취할 염려도 없지 않을
것이다. 이미 미국의 협조는 때로 단절하여 약소민족에게 반드시
환영하는바 아닌 각축전이 동유럽과 중유럽 일대에서 전개된 소식
은 한국인이 간혹 듣는 바이다. 이것은 소련이 실로 '일개의 국가라
는 데에 있고' 사회주의라는 명목에서 유래할 바가 아니다. 또 둘째
의 위험은 무엇이냐, 곧 2차 대전을 통하여 마치 미국이 새로운 의
미에 있어 한 개의 민족화를 진행시키듯이 한 개의 소련인을, 한 개
의 조국을, 한 개 소련의 전통을 높이 들어 단일민족화의 현저한 경
향을 명시하였으므로 다민족주의국가의 계기인 민족의 상호협동
사상에서 이탈하여 민족의 대립사상으로 전이할 가능성이 풍부하
게 되었다. 종래에 있어서 '노동인민의 일원인 본인은'하고 시작하

는 적군赤軍 군병의 선서문이 1939년 유럽위기에 당면하자 마침내 바뀌어 '소련의 일국민인 본인'으로 말을 일으키어 '내 동포와 내 조국 소련과 노농민의 정부를 위하여' 최후의 혈액까지를 흘리겠다고 개변된 것은 바로 이 좋은 증명이 아니겠느냐.

이상에 누설한 바 다민족주의국가와 다인종주의국가의 3개의 특징 속에서 실로 기왕의 단일민족주의 국가관의 제 모순을 해결하는 면과 또 민족관념의 성격이 바뀌어 국민의식에서 규정받는 새로운 사태를 추궁하였거니와 이 모든 역사적 사건은 일층 더 노골하고 직접적인 면에서 그 전모를 현시한다. 무엇이냐, 곧 군사적 기저다.

6. 단일민족주의국가와 다민족주의국가의 군사적 기저

고금동서를 막론하고 무릇 국제적 무통제상태라고 할 만한 실력시대에 있어서 국가와 사회 간의 최후의 결말은 결국 군사력에 의한다는 것은 천하의 숙지하는 바이다. 설혹 일시는 유순한 외교 언사와 일견 신사적인 국제 교섭이 평화리에 전개된다 하더라도 항상 그 배후에는 총포의 위협이 있고 외교전의 공방에는 국가 군사력의 계산이 중요한 동기가 되는 것은 막을 수 없다. 그렇다고 반드시 일반 국민이 막대한 공사의 희생을 재래齋來하는 전쟁을 기대할 리 없으리로되, 그러나 각국 국민은 또 역시 각자의 조국이 철혈의 전쟁을 통하여 금일의 국가와 명예를 보존하고 있는 사실에 대하여 적지 않은 자긍심을 피력하고 있다. 그렇다면 군사력 자체의 성인成

囚이 무엇이든 국가의 주의이념이 무엇이든 당면하는 모든 국제적 교섭과 그 결정이 이 국가 무력의 면에서 첨예히 표현되고 노출될 것은 자연하지 않겠느냐. 국가의 군사적 기저 그 자체가 국가체제를 유지 보존하는 가장 현실적이요 가장 강력한 조건임은 자명하지 않느냐. 만약에 이에 틀림이 없다면 전장 각항에서 소상히 논급한 바 단일민족주의 국가관의 군사적 기저는 무엇이며 금일의 강대를 이룬 미·소의 군사적 기저는 무엇이냐.

대저 그 상세를 버리고 그 대간大幹을 들면 군사적 기저라 함은 구경 표에 도시圖示하는 바와 같은 인적, 물적 양 방면의 현 세력을 지칭하는데 불과하다.

군사적 기저	인적	동원력	군사동원
			보급노동동원
		군사기술(특히 병기제작기술)	
	물적	군자(軍資)	
		자원과 생산능력(현재는 군사공업시설)	
		작전지리	

개략 표와 같은 견지에서 근대민족국가의 초기 형태인 근대 절대군주국가의 군사적 기저는 일견 명료하다. 무엇이냐. 당시의 신병기라고 불리운 총포의 사용 곧 군사기술의 혁신이 제1차적인 것이요, 당시적 고용 조치의 군비를 대부분 부담한 제3계급의 등장이 제2차적인 것이다. 이미 신흥 세3계급은 민족사상에서 단결된지라 이 점으로도 군주국가는 민족사상을 국가 존립의 사상적 요인으로 간주 아니할 수 없었거니와 또 제3계급은 다른 국민의 어느 층보다도 직접 국가의 군사적 기저에 공헌함으로 말미암아 제3계급혁명

의 노선을 필연적으로 걷게 된 것이다.

　그러면 그 다음에 연_連닫는 단일민족주의 국가의 군사적 기저는 무엇이냐. 다름 아니라 나폴레옹전쟁으로 전개된 프랑스 국민항쟁에서 그것을 보는 이른바 징병제 혹은 국민개병제가 곧 그것이다. 환언하면 근대 초에 있어서 병기혁명과 군비력이 그 특징임에 대하여 단일민족주의국가의 확립은 이 동원혁명에 의거하는 바가 크다. 무엇을 가리켜 하는 말이냐, 첫째 국민병 동원으로 말미암아 국민 전체의 국가주권에 대한 발언권은 이미 불가피한 상태에 이르렀고 둘째는 동원혁명에 의한 유럽 열국간의 군사상의 균형이 파괴되어 마침내 유럽 전토가 나폴레옹 장군의 발 앞에 짓밟히고 프랑스의 민권사상이 천지에 유행한 것이다. 셋째는 순군사적 견지에서 볼진대 처음으로 대규모 동원이 가능하게 되고 따라서 그 당시의 형편으로서 일개의 결전사상을 탄생하게 한 것이다. 말하자면 동원혁명이라는 획기적인 군사기저의 변화가 바야흐로 강대화하는 단일민족주의 국가관의 확립을 일시에 결정한 셈이다.

　그런데 원래 징병의 채택에 의한 대규모 동원이 가능하다는 것은 곧 교통, 병량_{兵糧}, 공급 및 병기보급이라는 산업혁명적 기반이 있고서 비로소 문제되는 것이다. 그런즉 17, 18 양세기에 걸치는 이른바 산업혁명이 바로 그 군사변화의 또 기저요, 산업혁명의 담당자는 주로 제3계급인지라 동원 형식에 의한 대규모 전쟁은 제3계급의 성쇠와 밀접한 관계를 이루었든 것이다. 이미 대동원에 의하여 전쟁은 결전 형식을 취하고 전선은 광범위하여지고 군비는 석일_{昔日}의 비_比가 아니었다. 대동원이 가능하고 그 병기병식_{兵器兵式}의 보급이 가능한 국가가 단연 승리의 화관을 점유하는 것은 갈수록 명백하게 되었다. 유럽 천지를 진압하던 나폴레옹시대의 프랑스 군사동원이 전후 9년간에 연인원 250만을 초월하지 않던 것이 보급사정의 급진보에 의하여 제1차 대전에 이르러는 연합군 중 프랑스군 동원만 하여도 4년간에 840만을 돌파하였으며 보불전쟁에 불과 1억 마르크에서 상하하던 군사비가 단지 1900년도 초에 거포 제작에만 독일은 4억 마르크를 지출하고 그리고 반충실린더의 발명에 의한 거포 수선과 제작에만 1억 마르크를 소비하였다.

이처럼 사태는 양이라는 점에서 압도적으로 변화하였다. 말하자면 산업체제의 발달이 국민개병이라는 동원혁명을 재래하였거니와 동원혁명에 의한 대규모 작전은 곧 국내산업의 체제를 일층 고도화시키었으며 마침내는 일대 공업체제의 발달과 대규모 동원이 합작하여 전쟁으로 타국을 위협하기 시작하였다는 것이다. 요컨대 나폴레옹전쟁시 이후의 동원혁명은 보급체제로서의 군사의 물적 기저를 자극하고 역으로 산업체제의 고도발달에 의하여 이 동원규모는 배일층 확대한 것이 단일민족주의국가 전체의 군사적 성격이다. 그런데 동원과 보급면에는 더불어 자연적 제한이 있다. 무엇이냐? 하나는 동원 기저로서의 인구요 둘은 생산력의 기저인 자원이라 하겠다. 다른 것은 모르되 일국의 인구와 토지에 제한받는 자원만은 어찌할 도리가 없지 않으냐. 여기에 이르러 단순히 경제적인 이유 이외에 한 개의 불가피한 단일민족주의 국가의 군사적 요구로서 식민지가 등장하는 것이다. 과연 군사적 요구가 선행하느냐 단일민족주의 국가의 제국주의적 성격이 선행하느냐 하는 근대 식민지 발생의 기원문제는 차제에 논할 바가 아니다. 식민지라는 단일민족주의국가의 침략적 체제는 일면 폐쇄적이 되어가는 열국의 경제적 정책을 완화도 하거니와, 다른 한편으로 확대하여 가는 동원과 증가하여 가는 자원에 대한 군사적 요구를 충족시키는 점에서도 진실로 중요한 의의가 있는 것이다. 영국의 인도병이든 프랑스의 식민지병은 그리고 보면 동원면의 보충이요, 식민지의 자원은 바로 군사공업의 불가결의 원료이고 또 어느 때는 영국의 지브롤터에서 그 유형적인 예를 보듯이 토지 그 자신이 군사의 작전지 이상 요구를 만족시키기도 하였다. 이러고 보면 단일민족주의 국가의 군사적 기저는 그 동원면에서 시작하여 요컨대 물적, 인적 양면의 획기적인 양에 대한 요구로 변한 것이다.

그러나 일찍이 단일민족주의국가의 발전단계에서 검토하였거니와 식민지 그 자신은 이러한 단일민족주의와는 동행할 수 없는 모순이요, 따라서 국가는 항상 식민지의 반란과 이탈을 고려하지 않으면 아니 된다. 벌써 이러한 고려는 식민지 그 자체를 한 개의 작전적인 마이너스로 취급 아니 할 수 없고 식민지병은 그 품성의 우열은 고사하고 그 동원의 한도까지도 의문시되었다. 세인이 가리켜 인도병, 베트남병 같은 식민지병은 전투에 열악하다고 하고, 또 노몬한 전투에 있어서 몽고병, 만주병의 조기 패산敗散이 일본군 전멸의 원인이 되었다고 하는 것은 그 예라 하겠다. 그뿐만 아니라 식민지 민족의 민족자결운동은 바로 식민지 보유의 불안이요, 식민지의 불안은 그대로 단일민족주의 국가의 군사적 기저가 동요되는 것이다. 그리고 보면 총력전이라는 대규모 동원과 장기 소모전을 특색으로 하는 금일에 이르러 마침내 단일민족주의 국가는 한 개의 위기에 빠진 것이다.

다민족주의국가가 오늘날 단지 국가관에 있어서뿐만 아니라 그 군사력에 있어서도 탁월한 이유는 바로 근거가 여기 있는 것이다. 곧 단일민족주의국가의 군사적 불안이 해소되는 까닭이다. 이미 다민족, 다인종주의인지라 그 동원 기저라 할 인구 수효는 단일민족에 비할 바 아니요 또 장차 일층 타민족과의 합편에 의한 증가가 가능하다. 또 벌써 다민족주의인지라 각 민족의 영토는 곧 국토가 되고 그 강대하여 가는 토지는 곧 현대와 같은 후방기지의 광대가 곧 작전상 연관되는 시대에 있어서 중요한 역할을 하게 된다. 나머지는 자원이다. 이러한 광대한 국토를 소유할 시의 일개의 자원 문제가 단일민족에 비하여 어떻다는 것은 길게 설명할 필요가 없을 것이다. 마침내 다민족주의국가는 아무런 식민적 불안이 없이 현대 군사상의 모든 요청에 적응한 것이 되었다. 여기까지가 현세이며 우리가 직면해온 사실이다.

그런데 현대에 이르러 한 가지 중대한 변화가 예상되어 가기 시작하였다. 무엇이냐? 곧 원자탄의 출현이다. 돌이켜 생각하건대 근대적 총포라는 신병기의 출현은 당시의 군사 기저의 균형을 깨뜨려 그 위에서만 가능하였든 봉건국가의 군사력을 일변시키고 또 그것이 일 원인이 되어 봉건국가는 쇠운에 빠지고 말았다. 그런데 현금現今 원자탄은 만약에 지금 항간에서 논의하는 바와 유사하다면 그것은 마치 중세기 말의 총포와 같아 군사 기저의 균형을 타파할 가능성이 있다. 원자탄의 생산력이 증가하고 성층비행 같은 단시간 장거리 비행력이 실현한다면 다시 전쟁은 단기적 결선 양식을 띠울 것이며 따라서 대규모 동원과 일반 군사자원의 의의는 변할 것이요, 또 따라서 다민족주의국가의 군사적 기저가 일변함으로 말미암아 이 국가의 존립 그 자신에 영향이 미치지 않은가.

7. 결어

우리는 민족이라는 관점에 근대국가에 있어서 처음으로 출현하고 마침내는 근대를 겪어 현대에 이르기까지 세계사의 일대 대세를 이룬 민족주의의 의의와 그 전개의 면모를 이상 각장에서 검토하였다. 또한 이러한 민족주의가 역사상 배타적인 단일민족주의 국가관을 초래하고 그것의 발전이 결국은 자기모순화하여 다민족주의국가관 아래 굴복하였으되 다민족주의와 그 변태요 중간태인 다인종주의 국가관에도 여러 가지 난문제가 내포되고 있는 것을 지적하였다. 여기에 이르러 다시 한국을 삼의론적 입장에서 생각하건데 한국은 수십 년간 일본민족의 압박 아래 맹렬한 민족의식을 배양하였으며 아직도 민족자결사상은 한국의 주류되는 사상이라 할 수 있다. 또 유럽의 앞바퀴는 이미 굴렀으나 뒷바퀴로서의 동양에 있어서 한국이 민족국가로서 발전될 것은 자타가 더불어 인정하는 바이다. 그러나 이미 타민족의 압박이 제거된 오늘날 민족문제에서 국내적인 국민운동으로 관심이 집중하는 것은 극히 자연한 일이라 할 수 있다. 한국은 여기에 이르러 역사적 성숙 미성숙의 의문을 머리에 건채 아직껏 건조되지 않은 민족국가와 국민해방을 동시에 시작하지 않으면 아니 되었다. 과연 한국은 단일민족주의 노선에서 장래를 전개할 것인가 혹은 다민족주의 노선에서 미래를 건설할 것인가? 대규모 동원이 필요 없는 단기전 그리고 특수무기전은 구경 다민족주의의 현군사적 성격을 일변하여 지금까지 민족간의 협동은 바뀌어 구속이 되고 단일민족사상이 재흥할 것이 아닌가. 마지막으로 유엔 같은 평화기구는 전번 국제연맹과 같이 순전한 평

화기구이기보다는 현재의 강대국의 현상유지 기관이 되지 않겠는
가. 이러한 여러 가지 문제는 스스로 본 논문과 별개의 문제이며 따
로 새로운 관점을 필요로 할 것이다.

　본론의 의도는 한국민족이 장차 민족국가를 세운다면 각 장에
기술한바 여러 가지 역사적 사태의 영향을 아니 입을 수 없을 것이
라는 데 있다.

《신천지》 1947년 6월호

정치명분으로서의 근대화
한국 케이스를 중심으로
(1965)

1

'근대화'라는 용어는 여기서 특정한 역사적 개념 혹은 사실개념으로 보지 않고 차라리 변혁기에 처한 아시아 사회의 특정한 사회태도의 표현으로 파악된다. 본래 역사적으로 볼 때, '근대화' 또는 근대화와 유사한 의미를 지녔던 '개화', '개명' 그리고 '양무' 등은 19세기 후반에 있어서 명백히 식별될 수 있는 의미로 통용되었다. 그것은 사회 여론의 주류, 정부정책, 법령 등에 있어서 오해의 여지없이 표현되었다. 말하자면 근대화란 의미의 '개화', '개명', '양무'는 의당 실시하여야 할 가치 있는 것이로되, 그러나 전통 사회의 가치체계나 정체, 법제를 손상하는 이데올로기나 법제, 경제, 정치체제가 아닌, 오로지 기술적이며 경제적인 부국강병에의 도움이 되는 것으로 이해되었다.

청말 근대화운동의 하나의 양상인 양무운동이 단지 부국강병을 위한 서구식 군사기술, 공업기술, 무역론의 도입인 것은 주지된 일이며, 한국 역시 그러하였다. 이 점에 있어서 일본 역시 예외가 아니었던 것은 1874년 제정된 내무성 직제의 서두를 보아도 알 수가 있다. 따라서 '근대화'는 19세기 후반 동북아에 있어서는 군사 서구화를 포함한 공업화, 산업화로 이해되었을 뿐 아니라 또 그 한도에서만 가치 있는 것이었다. 왜냐하면 이밖의 다른 요소는 그것이 정치, 사회적이든 이데올로기이든 간에 보잘 것 없는 이적夷狄의 것이라고 인정된 것은 역시 주지의 일이다. 다음으로 근대화는 단순한 '공업화'가 아니라 이와 겸하여 유럽 문물, 특히 정치체제, 법률체제 및 정치사상에 대한 가치부여라는 단계가 온다. 대체로 일본에 있어서는 1880년대 소위 '로쿠메이칸鹿鳴館 시대'로부터요, 중국에 있어서는 만청타도 운동의 시대(신해혁명기), 그리고 한민족에 있어서는 일제식민지 시기에 들어서서 대중화된다. 여기서 한 가지 유의할 점은 '서구화' 식의 근대화가 먼저 도입된 일본은 역사적으로 동아시아 문화권에 있어서는 그 위치가 변경에 처하여 있어서 과거 그 중국문화화의 정도가 얕았다 하는 사실이다. 이 까닭에 문화권의 변경에 처하고 있었다는 국제상황이 역으로 신사조, 신체제에 대한 사회적 수용을 비교적 용이하게 하였다고도 생각된다. 더욱이 아시아 일대에 걸쳐 식민정치하에 신음하던 여러 민족은 필연적으로 정치적 목표에서 근대화를 이해하게 되었으므로 '근대화'는 우선 정치적인 점이 강조되었으며 그 기조는 구미적인 것이었다. 다음으로 제3단계가 온다. 제3단계는 적어도 신생 아시아 국가에 있어서는 아주 최근 곧 제2차 대전 후 그것도 대체로 1950년대에 속한다.

한국에 있어서는 특히 1954년 이후에 속한다. 이 단계의 특징은 '근대화'의 '공업화', '경제건설'의 면이 새로운 의미에서 고조되고, 따라서 근대화의 '정치면'을 능가하여 일견 근대화와 '공업화, 경제건설'을 동일시하려는 사회태도가 현저한 점이다. 그런데 이 단계에 있어서 '공업화, 경제건설'에 대한 이해는 19세기 후반과는 판이하니 곧 ① 군사적인 강국주의는 대개 탈락된다. ② 부국개념도 민생향상, 사회복지에 직접 관련되게 되고, ③ 이러한 경제적 근대화에 대한 욕구의 근원도 당로층當路層이 아닌 일반 대중으로 바뀌게 되었다. 뿐만 아니라, 이 새로운 '경제건설 곧 근대화'라는 사회태도의 경향은 한편 선진국의 개발원조계획과 이에 따른 개발이념의 선전 및 개발원조 활동과 밀접히 관련되는 것이 주목된다.

2

말할 것도 없이 사회태도로서 이해되는 근대화는 목적적이고 가치 포함적일 뿐 아니라 동시에 추상에서 이해되지 않고 구체적이며 목표시되는 모델에서 양해된다. 따라서 근대화의 '모델'에서 이해되는 한 근대화는 예나 지금이나 '구미화, 구미모방'인 것은 주지의 일이다.

왜냐하면 제1단계에 있어서 양무, 개화, 개명이 설령 기술, 공업, 군사에 한한다 하더라도 그 목표가 되고 또 그 모델이 되는 곳은 유럽이었고, 제2단계에 있어서 신사조, 신체제 역시 구미가 그 모델이며, 또 제3단계에 있어서도 그 새로운 '근대화 곧 경제건설'의 모델은 소련도 유럽세력으로 간주하는 한 역시 구미였다. 이런 의미에서 아시아의 '근대화사'는 결국 '구미화'의 역사가 아닐 수 없다.

그런데 '근대화사'가 서양화의 역사라고 해석된 근거는 말할 것도 없이 국제정치사의 상황 아래 이루어진 것이었다. 근대화는 적어도 동아시아에 있어서 역사적으로는 유럽 세력의 동점의 결과 파생된 문제였으며, 이에 따라 이슬람 문화권, 또는 유교 정치세계가 붕괴되어 나아가는 과정에서 발생하였다. 그러므로 이러한 역사적 상황에서 관찰한다면 초기 근대화의 '부국강병'은, 말하자면 정치, 사회, 법, 경제 질서를 달리하는 전통적 아시아 세계의 방어를 위한 입장에 선 것이며, 중기의 근대화는 전통적 질서의 몰락에 따라 새로운 구미 질서에의 적응이라고도 해석할 수 있다. 물론 이 경우 구미 질서에의 적응으로서의 근대화는 무작정 '구미화', 구미의 어느 모델이거나 여기저기서 임의로 택한다는 의미는 아니다. 신사조, 신체제의 도입이라는 의미의 근대화는 그 아시아 사회와 긴밀한 영향 관계에 서 있는 구미 사회에 대한 모델 설정과 모방에서 시작한다.

근대화의 현실은 그것이 사회태도로 나타나고 또 구체적 모델 설정을 그 사회가 가장 영향을 받는 나라에 두는 것이 보통이다. 따라서 모델국의 정치가치 체계, 법제, 정치체제 등을 한 세트로서 전체적으로 받아들이며, 적어도 가치체계를 그 중에서 한 부분 한 부분을 골라서 받아들인다는 것은 생각하기 어려울 뿐 아니라 그것은 또 강국정치가 일찍이 허용하는 일도 드물다. 그러나 그렇다고 해서 그 모델의 성취도를 그대로 도입할 도리는 없다. 그것이 모델에 대한 서투른 적응인 한 그 사회가 택한 모델에의 모작이 아니기 어렵다. 더욱이 신생 아시아 국가에 대하여 강력히 영향을 주는 모델국은 과거 또 현재에 있어서 선진 강대국이 아닐 수 없으며, 또 그러한 영향 관계의 설정은 보통 그것의 선행하는 현실적인 영향 관계가 존재하는 까닭에 이러한 모델 설정도 궁극적으로는 권력

정치의 대국에서 이해될 수밖에 없을 것이다.

더구나 '신사조, 신체제'의 채택이라는 근대화는 구미 정치양식의 기준에서 볼 때 신출新出의 어색한 정치가 아닐 수 없으며, 또 이 까닭에 아시아 정치의 이러한 의미의 근대화는 일견 구미 정치질서의 변두리에 위치하는 것이 되어, 마치 당대唐代의 일본이 당唐법제의 도입과 중국화를 감행하면서도 한편 유교 문화권의 변강에 위치하였던 까닭으로 토착정치의 전통을 잃지 않던 것에 방불한 느낌이 있다. 이 점에서 볼 때 변경적 위치는 정통에 비하여 혼탁하고, 중앙에 비하면 변경이 되나, 그러나 한편 다시 변모하는 경우에는 구 국제정치권에서 쉽사리 이탈할 수 있는 묘미가 있다.

3

근대화를 사회태도의 표현이라는 견지에서 관찰하는 경우에 또 하나의 특징은, 그것이 단순한 판단이 아니고 오히려 강렬한 가치관적 판단인 점이었다. 이 까닭에 양무, 개화기에 있어서 근대화로서의 '공업화'는 구미 가치관에 대한 부정적인 태도에서 유래하는 편의적인 이용관이었고, 이에 반하여 '신사조' 시대화는 구미 정치질서에 대한 긍정적인 가치관에서 출발하여 급기야 정치혁신운동에까지 미치는 대의명분이 되었었다. 그러므로 지금 이 논문은 이런 정치혁신 운동의 역사를 서술하는 게 목적이 아니므로 그것은 생략에 붙이거니와, 그러나 이 시기에 있어서 중요한 점은 이 시기의 근대화는 대체로 구미 정치심벌의 여러 것이 새로이 아시아 정치의 대의명분으로 등장하였다는 것이다.

일본은 메이지 시대의 근대화 과정에 있어서 입헌, 법치주의를

이미 단순한 가치가 아닌 정치적 명분으로 채택하였거니와 또 식
민지 통치하에 있었던 제2차 대전 전 아시아 여러 민족도 구미통치
에서 유래하는 민족주의, 민족자결의 명분 아래 대개는 독립을 희
구하였다. 더구나 종전 후에 있어서 동아시아의 대다수국은 영국,
프랑스, 미국, 네덜란드와 같은 세력 아래 혹은 평화적으로, 혹은
분규를 통하여 독립하면서, 동시에 이들 제국 특히 영국, 미국의 정
치 이념에 대한 적응에서 독립정치의 대의명분을 찾게 되었다. 말
하자면 신생 아시아에 있어서 제2기의 '근대화'는 뒤늦게 돌연히
진행되었을 뿐 아니라, 이른바 '민주화'라는 정치적 명분을 급자기
근대화의 소산으로 맞게 되었다. 이 점은 대한민국에 있어서의 갖
가지 여론을 조사하면 간단히 나타난다.

　해방 직후로부터 한국전쟁에 이르는 정치여론의 붐에 있어서 정
치적 명분으로서의 자유민주주의의 왕좌는 미동도 아니하였을 뿐
아니라, 적어도 대의명분으로는 1961년의 군사혁명 후로부터 오
늘날에 이르기까지 정치 지도자도 끊임없이 그것을 강조하고 있는
형편이다. 설령 일부에서 정치의 실지는 물론이요, 그 정치 강령에
있어서까지도 자유민주주의가 아니라는 비난을 받는 경우일지라
도 아이러니하게 정치 지도자는 꾸준히 자유민주주의를 내세웠는
데, 그것은 지도자의 신조라기보다는 한국에 있어서 그것이 국민이
의거하는 정치적 명분이기 때문에 그러는 것 같은 인상이었다. 이
러한 점에서 볼 때 근대화와 '민주화'의 동일시라는 사회태도의 표
시는 특정한 강국 영향 아래 정치적 해방을 맞는 신생국가의 건국
설계에 대한 욕구와 관련되며, 동시에 해방 직후의 국제정치 상황
을 어느 정도 반영하는 것이라고도 생각된다.

4

자유민주주의는 물론 자유민주체제에 대응된다. 자유민주체제는 사회 여론에 있어서는 여러 형태로 해석되는데, 그 중요한 것으로 정당정치 혹은 의회정치, 정권의 평화적 교체, 자유·보통·비밀투표, 기본적인 자유경제, 인권 등인데 또 동시에 외부 세계와의 접촉, 통신을 든다. 특히 신생국의 여론은 외국 여론에 민감하다. 이런 의미에 있어 자유 신생국은 비교적 외계와의 커뮤니케이션이 자유스러운 나라이며, 이것을 이른바 개방사회라고 한다면 그 반대를 폐쇄사회라고 부를 수 있으리라. 이 경우 개방사회의 특징은 자연히 타국 사회와의 비교가 폐쇄사회에 비하여 빈번하게, 그리고 세밀히 행하여진다는 점에 있다. 따라서 신생 아시아 사회에서 정치적 근대화가 명분화 단계에 도달하고 있는 경우 그 정치의 현실은, 다시 말하면 변경적인 구미양식의 정치는 부단히 그 모델국에 비교될 것이며, 또 일방 그러므로 수정도 되고 또 미흡한 점을 새삼 배울 수도 있을 것이나, 그러면서 동시에 모델에 미급未及하는 변경적 정치미숙에 대한 불만이 축적되는 것도 우리가 자주 보는 바이다. 한편, 건국기를 경과한 거의 모든 아시아 신생국은 정치적 흥분 다음에 오는 국민의 위장胃腸 문제를 생각 아니할 수 없다. 거의 모든 연구는 독립 신생 국민이 지니고 있는 경제생활에 대한 기대수준이 급속히 상승하고 있음을 가리키고 있다. 그것은 따진다면 아마도 절대적인 빈곤에 기인할 수도 있고, 또 생산정체와 인구증가에 따른 상대적인 빈곤화일수도 있고, 또 입후보자의 정치선동의 영향도 원인이 되는 빈곤의식일 수도 있고, 정당정치의 경쟁에서 나온 사회복지정책의 과장에서 유래하는 부산물일 수도 있다.

또 혹은 개방사회적인 신생 약소국가의 병폐로서 경제생활에 대한 타국과의 비교기준을 적당치 않게도 세계에서 가장 부유한 나라에 둔다는 결과일 수도 있다.

마지막 경우에 있어서는 신생국 사회의 여론기관에 대한 보도 공급원의 중심이 세계 최대강국인 경우는 자연히 비교는 가장 부적당하게 실시된다는 불행한 사태가 생긴다. 이러한 결과는 신생국 국민의 욕구 불만을 급격하게 증대시킬 뿐 아니라 그 사회가 자유체제인 한에는 곧 정당정치를 통하여 압력은 정치에 미칠 것이다. 우리들이 알기로는 건국기를 마친 신생국이 근대화를 새삼 '경제건설'의 면에서 동일시하는 경향의 발생은 국내적으로는 이러한 대중의 욕구불만의 정치적 압력으로 작용하는 일면을 가지고 있다. 더구나 일반적인 경제불만은 그 불만의 기준을 국제적 기준에 두고 있는 한 쉽사리 충족되기 어렵다. 우리는 왕왕히 빈곤한 폐쇄사회보다는 생활수준이 높은 개방사회의 경제불만이 더 격심한 예를 본다. 더구나 여기 다시 선진국의 개발원조의 선전이 가세될진대 그 대중의 팽배하는 기대에 응한다는 것은 여간한 일이 아니리라.

이러한 환경 아래 한국과 같은 예를 보면, 경제향상이라는 문제와 관련하여 '근대화'는 급속히 정치적 대의명분으로 전환되고 있다. 그것이 선거에 의한 지도자이건 혹은 군사혁명에 의한 지도자이건 간에 모든 정치지도자는 근대화를 '경제건설'이라는 좁은 면에서 강조하는 경향이 있으며, 여러 가지의 계획경제의 안의 작용에 따라 근대화라는 정치 명분은 명백히 '공업화, 경제건설'에 집중한다.

5

한국에 있어서 이승만 정부 아래 국방, 건설의 양 기본정책이 선양되고 그것이 곧 정권의 민족적 책무로서 고조되었던 것은 바로 이러한 근대화 관념과 관련되었다. 그리고 특히 그 중에 있어서도 건설면이 점차로 더욱 강조된 것은 이승만 정부의 붕괴 후에 수립된 장면 정부에서 쉽사리 간취할 수 있었다.

더욱이 5·16 후는 근대화 곧 경제건설이라는 것은 정치지도자의 기조연설의 어디서나 발견할 수 있는 일이다. 이러한 사태는 마치 근대화의 전기의 소산이었던 정치이념 '민주화'가 적어도 '근대화'라는 관련에 있어서는 후퇴를 시작하고, 새로이 경제건설이라는 이미지 아래 '근대화' 의식이 사회태도의 중심으로 나타나는 것같이 보인다. 이러한 현상은 일방 자유민주체제에 대한 신랄한 지식층 비판을 가져오는 사태와 병행한다. 과연 민주체제는 한국에 적당한 것이냐 하는 이론으로부터 정치의 가치에 대한 회의, 자유경제체제에 대한 공공연한 의문은 그것의 정부正否는 고사하고 이러한 사태는 그만큼 이들이 대의명분의 좌座에서 전락되는 기미에 있다는 것을 시사한다. 뿐만 아니라 동시에 '근대화'라는 관념에 나타난 사회태도의 변화 속에 일종의 '근대화' 관념의 혼란을 발견할 수 있다. 아마 그 가장 좋은 예가 아무리 보아도 자유민주주의와는 다른 방식의 정치인 것같이 보이는 경우에도 여전히 자유민주주의를 내세우는 것이 통례인 사실이다. 그러면서 동시에 근대화의 개념에 무엇보다도 경제건설을 담아서 생각하는 정치엘리트의 태도는 바로 동시에 근대화 관념의 변모과정을 점하는 증좌라고도 생각할 수 있는 면이 있다.

'근대화' 관념은 앞서 말한 것 같이 아시아 신생국가의 민주화와 자유민주주의 체제의 명분화를 가능케 한 커다란 요인의 하나였다. 그러한 근대화 관념이 근래 점차로 '신사조, 신체제'의 시대로부터 정치가치에 있어서 중립적인 개념으로 느끼는 '경제건설' 혹은 '공업화'로 이동하고 있으며, 이와 때를 같이하여 구미의 정치체제에 대한 비판이 성행하고 모델, 이미지가 점차로 상실되어 가고 있다는 사실은 그것이 국내 정치면에 있어서의 새로운 요인의 증가와 더불어 주목거리가 아닐 수 없다. 혹시 이것은 단순한 근대화 개념의 변모에 비친 정치 변화의 면에 그치는 것이 아니라, 일보를 더 나아가 구미정치의 변경에 속하고 있는 아시아 신생정치가 변경에 서나마 이탈하는 징조라고 판단될 때는 사태는 자못 중대화할 것이다. 그러나 아마 이러한 판단은 현재로서는 시기상조인 것 같다.

《신동아》 1965년 8월호

한국민족주의의 의의
(1966)

제가 회장으로 있는 이용희올시다. 오늘 이와 같이 오신 사회의 대
선배 또 학계의 스승, 선배 또 여기에 나와 주신 여러 선생님이 계
신 자리에서 제가 외람되게 몇 마디 토론에 앞서서 말씀드리게 된
것을 대단히 영광스럽게 생각합니다.

제가 일전에 어느 학생토론회에서 학생들이 얘기하는 중에 이런
문제가 나왔다고 들었습니다. 과연 지금 우리 민족이 남북으로 양
단되어 있는 이 마당에 있어서 우리가 한 민족이라고 할 필요가 과
연 어디에 있는가, 한 민족이라 하지 말고 다 따로따로 이데올로기
분쟁을 하고 있는 두 민족이라고 하면 어떠냐, 이런 문제가 나왔다
고 하기에 제 자신 크게 놀랐습니다.

이 점은 학생들의 그 순진하고 소박한 마음에서 그 의문, 과연
왜 우리는 현재 남북으로 나누어져 있는데도 불구하고 한 민족이
아니면 안 되느냐 하는 문제가 나왔다고 하는 데에 대해서, 저뿐만
아니라 그런 얘기를 들은 우리 동료들도 깜짝 놀랐습니다.

근대국가와 민족주의

현재 우리 한국은 세계 속에 있습니다. 또 우리 한국의 역사는 세계역사 속에 있는 역사입니다. 그 점에 있어서 우리 한국은 한국만을 주장할 수가 없을 것입니다. 그러나 세계 속에 있고 또 세계역사 속에 있는 한국 사람이지만, 그러나 나나 또 여러분은 세계에 그냥 직결되어 있는 것이 아니고, 우리가 사는 이 한국을 통해서만 연결되어 존재한다고 이렇게 생각되는 것입니다. 왜 그럴까요.

저희들이 대개 알고 있는 바로는, 세계역사의 큰 조류는 대체로 근대국가라고 우리가 부르는 어떤 국가형태의 방향으로 걸어왔다고 알고 있습니다. 그게 좋은 것인지 나쁜 것인지는 모르겠습니다마는 아무튼 근대국가화, 다시 말하면 근대국가의 몇 가지의 형태로 나갔다는 것이 세계사의 조류였던 것 같습니다. 다시 말하면 내 나라 내 민족, 너와 나를 초월한 우리의 세상이 아니라 내 나라 내 민족이라고 하는 그러한 터전 위에서 '너', '나'를 생각하고 세계를 생각할 수밖에 없었습니다. 그러므로 적어도 '나'라는 자신이 속하고 있는 민족의 관념을 넘은, 또는 국가의 관념을 넘은 행위는 현실에서는 실효성이 적었습니다.

공산주의 국가에 있어서까지도 이념을 가지고 서로 얘기를 해보면 초국가적인, 초민족적인 이념을 내놓을 수 있습니다마는, 그 공산주의의 현실정치를 실지에서 본다면 여전히 근대국가의 특징인 자기들의 나라, 자기들의 국민경제, 자기들의 국방체제를 위주로 합니다. 그러면 이러한 특수한 형태를 취하고 있는 것도 결과적으로는 역시 같은 근대국가의 모든 성격을 속 깊이 간직하고 있는 탓입니다. 그 사람들이 어떠한 말을 하든 어떤 주장을 하든 간에 현재로서는 역시 근대국가의 방향을 가지고 있습니다.

그렇다면 어떻게 되는 것인가, 우리는 이제까지 민족 중에도 단일민족이라고 하는 근대국가의 가장 핵심되는 형태를 취하였고, 지금 아무도 단일한 민족의 국가였다는 것을 부인하지 않습니다마는, 요사이 저희들이 아는 세계강대국은 대체로 보아서 단일민족주의가 아니고 다민족주의라고 하는 새로운 형태로까지 나가고 있습니다. 그렇게 단일민족주의가 아닌 다민족주의라고 하는 새로운 형태로, 다시 말하자면 단일민족이라고 하는 것 가지고는 안 된다는 인식에서 단일민족이 가지고 있는 것보다 더 넓은 지역과 자원을, 단일민족주의의 단순한 민족의 수효만 가지고는 도저히 달할 수 없는 국방동원을 다민족주의의 표방으로 더 대규모로 동원한다고 하는, 그렇게까지 나가는 이 마당에 있어서 우리는 어떻게 되어 있을까요.

우리는 단일민족으로서의 오랜 체험감은 있습니다마는, 아직 근대국가의 체통을 얻은 것도 최근이요, 또 아직도 미비한 형태에 있는 것으로 알고 있습니다. 뿐만 아니라 이러한 근대민족국가에의 미달이라는 불만이, 나아가서는 우리 젊은 청년들로 하여금 과연 우리는 하나의 단일민족이냐 하는, 이러한 어마어마한 소리까지도 나오게 한 이유가 아닌가, 저는 이렇게 생각했습니다.

사실인즉 이러한 민족국가 혹은 근대국가 중심의 세계상황에 있어서는 하나의 민족이 아니라고 주장한다 하더라도 현실적으로는 실효가 없는 것 같아요. 우리가 밖에 나가서 우리는 한 민족이 아니다, 북쪽에 있는 민족들은 내 민족이 아니라고 주장을 해보면 어떻게 됩니까? 누가 그렇다고 해줍니까? 우리 혹은 후배 젊은 청년들이 설혹 우리는 한 민족이 아니라고 그렇게 주장을 한다고 하더라도 누가 그렇게 인정합니까?

이러한 국제상황, 우리가 처해 있는 이 세계 속에서 과연 우리는, 그럼 어떻게 해서 단일민족으로서, 또 한 민족으로서 실수 없이 나가야 하느냐 하는 실천적 문제가 나옵니다. 저는 이렇게 생각합니다. 세계의 모든 신생국가의 민족은 싫거나 좋거나, 또 자율적이든 타율적이든 간에 이러한 근대국가의 방향으로, 따라서 근대국가 방향에 반드시 있어야 되는 민족주의적인 요소를 내포하면서 나가야 됩니다.

왕조사와 민족사

한편 공교롭게 과거에 있어서 남의 민족 앞에 지배자로서 나타났고 방대한 지역을 강점하고 강대한 경제력을 갖고 우월한 군사력을 과시하는 나라가 있었는가 하면 반대로 지배받고 착취되고, 억눌리고, 그러면서도 남에게 끌려나가지 않으면 안 될 그런 민족들이 있었습니다. 이것을 저희들 학자 간에 하나는 우월의 민족주의, 지배의 민족주의, 하나는 욕구불만과 또 오욕감과 수치와 같은 열등감에 지배되는 저항의 민족주의가 있었다고 말합니다. 말하자면 참을 수 없으니 저항하여야 된다는 절박한 민족주의입니다.

저는 가끔 이렇게 생각합니다. 우리나라의 역사를 돌이켜 볼 때 우리나라 역사에는 두 개의 뚜렷한 어떤 조류가 있지 않은가, 하나는 소위 왕조사라고 하는 정권의 역사입니다. 저 고려 때부터 또 저 이씨왕조를 통해서 맥맥히 내려오는 정권의 역사가 있습니다. 저는 고려 이전에는 올라가지 않습니다. 않는 이유는 한국의 민족의 역사적인 기저는 형성 중에 있었는지 모르나, 그러나 나라에 귀속 감을 같이 느끼고 뭉치는 하나의 민족이 과연 그 때에 어떤 형태로 있었는지 저는 모르기 때문에 그 말씀은 안 드리겠습니다.

그러나 고려 이후는 열 가지 이유로 보아서 명명백백히 민족에 대한 어떠한 민족적 자각이 점차로 형성되어 가고 또 명백히 나와 있다고 생각되는데 이러한 한민족의 의식이 표출된 이후의 역사의 과정을 본다면, 공교롭게도 지배층 중심의 이러한 역사는 기실 언제든지 피동적이거나 외세에 대해서 대체로 약세여서, 외세에 의하여 어느 정도 압박을 받으면 처음에는 저항을 하다가 그 정권의 유지가 한번 보장되면, 그만 이른바 사대관계를 결과적으로 감수하였다는 그러한 정권의 역사였습니다.

저는 이에 대해서 소위 민족의 전통을 생각합니다. 정부나 사대부의 역사문헌 속에 올바로 표시될 수도 없는 초개草芥같은 농부, 서민을 중심으로 한 민중의 역사를 생각합니다. 이 민족사의 주인공, 그들은 지배층보다는 민중의 대부분을 상징적으로 대표하는 무명의 사람들입니다마는, 그들은 지배층이 외세에 직접적 항거를 그만두고 사대주의적 관계에서 정권을 유지하던 경우에도 국난이라고 해서 자발적으로 싸우고 아무런 보상도 바라지 않던 민족의 핵심들입니다.

뿐만 아니라 나라가 망해서 식민지가 되고, 의지할 아무런 자기 정부나 경제의 배경이 없는 경우에도 또 외족外族의 압박과 지독한 착취에도 불구하고 남부여대男負女戴, 민족의 생활력 하나만을 가지고 북으로 북으로 올라가서 오늘날 북간도와 만주의 여러 곳에다 자기 자신의 씨를 뿌려놓은 그러한 민족이었습니다. 다시 말하자면 왕조의 역사를 본다면 어떤 때에는 국토가 줄고 어떤 때에는 남에게 지배당하고, 또 정권이 쇠잔하여 마침내 망해 버렸습니다. 한편 민족의 발전을 역사에서 볼 때 항거하고 팽창하고 심지어 구 왕국의 실권이 미치지 못하였던 영역까지도 사실상 한민족의 육탄적인 진출에 의하여 점거되었습니다.

이러한 역사의 사실을 우리는 보지 않을 수 없지 않나 저는 그렇게 생각했습니다. 이렇게 볼 때, 한국의 진정한 민족주의, 다시 말하자면 장차 세계사의 조류에 따라서 새롭게 근대국가의 노정을 걸어야 할, 그러한 근대국가적인 구실을 담당하는 민족의 특질은 어디에서 찾을 수 있느냐, 그것은 왕조냐 정권이냐, 저는 생각건대 한국사의 기저는 민족의 역사전통에 직결된다고 생각합니다.

근대국가의 형태가 민족국가의 형태로 끝난다면 근대국가는 필연적으로 민족사의 전통에 서서 국가의 근대적인 면이 발전돼야 되고, 나라의 고난이 극복되어야 될 것입니다. 이러한 민족사의 전통이 곧 대중이 참정參政하는 민족주의 형태로 전개된 근대국가에의 기저가 될 것이 아닌가, 그것이 옳은 방향이 아닌가, 저는 그렇게 생각했습니다.

저항의 민족주의

그러면 이 사실은 근대적인 민족주의가 반도에 들어온 구한말로부터 오늘에 이르는 동안 이 민족사적인 전통은 역사적 사실로 어떻게 표출되었을까요. 다 아시다시피 세계사적 견지에서 볼 때 우리들의 근대민족주의는 저항의 민족주의였습니다. 다시 말하자면 주로 외세에 대해서 저항한다는 민족주의에서만 발전할 수밖에 없었습니다. 한말에 있어서의 저항운동은 여기 우리 역사계의 대가, 또한 동료 여러분이 더 잘 아시는 일이니 생략하겠습니다. 또 일제 때에 있어서의 저항의 역사도 생략하겠습니다.

오늘날에 있어서 38선은 우리의 의사가 아니었습니다. 따라서 그것도 일종의 우리가 받는 외세의 압박입니다. 이것에 대한 우리 민족이 가지고 있는 전체적인 감정도 새삼 말씀드리지 않겠습니다.

그러나 저는 가끔 생각합니다. 근대국가를 만든다고 하는 것은 저항에서만이 있는 것도 아니고 저항에서 시작되는 것도 아닙니다. 기실 저항민족주의는 근대국가 전의 현상이며 독특한 민족주의의 형태입니다. 역사상에 있어서 새로운 근대국가적인 발전, 혹은 그 것에 따른 민족주의의 발전이라고 하는 것은 그 전단계의 저항에 서부터 앞으로 나가는 건설적이고 전진적인 것입니다. 외세의 저항 뿐만 아니라 그 외세에의 저항으로부터, 그 다음에는 스스로의 힘을 기르고 스스로의 민족의 발전을 꾀하는, 곧 근대국가로서의 현대적인 체제를 자기충족적으로, 내부적으로 발전시키고 또 외부적인 조건을 만드는 그러한 전진적인 능력이 비로소 근대국가를 만드는 민족주의의 혼이고 얼이라고 생각됩니다.

그런 의미에 있어서 과거 우리의 저항사는, 물론 영광에 차고 명예의 역사이기는 합니다마는, 그러나 그것은 그것만으로써는 미완의 장이요, 미결의 과정이 아닐까요.

민족주의의 적극적 전개

이 땅의 민족사가 필연적으로 걸어야 할 길은 저항하면서 동시에 또 하나를 찾지 않으면 아니 되는 그러한 것이 아닐까 이렇게 생각이 듭니다. 어떤 사람은 가끔 그럽니다. 우리나라의 경제생활이 잘 되면 이것이 근대화가 아니냐. 저도 이렇게 생각합니다. 우리가 말하는 근대국가화라든지 민족주의라든지 혹은 모든 근대화라든지 하는 문제는 세계사의 각도에서 볼 때 현대적인 근대국가로 나가는 한 조건으로서 문제되는 것입니다. 근대국가로 나가는 방향에 위배되는 경제주의나 정치, 사회현상, 어떤 형태이건 간에 근대화라는 이름 아래 국가관념을 잊어버려라, 너의 민족관념을 잊어버려라, 또 네 나라의 정치를 잊어버려라, 그런 연후에 오로지 너의 경제생활만 어느 방식으로든지 나아지면 되지 않느냐 하는 따위의 궁극적으로는 반민족주의적인, 반근대적인 것이 주장된다면 이것은 어긋난 방향이 아닐까요.

그런 의미에 있어서 제 생각에는 단순히 압력에 대한 저항이 아니라 저항을 다시 넘어서가는 진정한 근대화의 앞길이 있어야 되는데 그런데 지금 현재 어떠한 상황에 있을까요.

우리는 저항을 하다가 보니까 외세의 압박에 대한 거족적인 저항이라는 문제 때문에 어떠한 경우에는 우리 자체 속에 가지고 있는 근대적으로 나가는 데 방해되는 비근대적인 요소, 전근대적인 요소, 심지어는 비민족주의적인 요소, 아니 말을 더 심하게 한다면 반민족주의 요소까지도 어떤 경우에는 그대로 받아들이고 나왔습니다.

그러나 그것은 우선 압도적인 외세에는 오로지 저항하여야 되는 연합전선이 시기에 있어서는 이해가 됩니다마는 그러나 저항이며 동시에 또 새로운 조건을 내부에서도 성숙시키지 않으면 안 될 시기에는 새로운 국가형태로서 새로운 국가목표를 설정하고, 새로운 환경에서 내외의 조건을 정비하여감으로써 민족주의의 새 요소를 적극적으로 촉진하고 나아가야 할 것입니다.

새 단계의 민족주의적인 상황에 있어서는 근대국가적인 발전 속에 총력을 집결하고, 전진적 자세에서, 피동적인 형태가 되기 쉬운 저항의 자세까지도 새로운 적극적인 양태로 전환시켜야 될 것입니다.

그런데 이러한 마당에 있어서는 단순한 저항이라는 진지로 무차별하게 집결시킨 모든 전근대적인 것, 비민족주의적인 요소라는 것은 여기에 이르려는 진정한 근대화를 이룩하는 자체 내의 조건 성숙에 커다란 장애로 변모하지 않을 수 없을 것입니다. 왜 그럴까요.

진정한 의미의 민족주의란 신생국가에 있어서는 결국 현대의 근대국가화 경향이라고 저는 규정하였습니다. 그렇다면 근대국가화에의 출발을 만드는 계기로서 국가와 정부의 형식을 취할 때까지는 사회의 모든 요소와 구성분자는 이 계기를 마련하기 위하여 동원되어야 될 것입니다마는, 한번 그 계기가 불완전하나마 마련되어 저항을 필요로 하는 환경과 동시에 새로이 근대국가화의 정치적 조건이 일부에서나마 실현된 경우에는 중점은 응당 근대국가화 편에 있어야 될 것이며, 따라서 이 방면에 플러스하는 요소와 그렇지 않는 요소는 구별되어야 할 것입니다.

민족주의의 담당층

이 문제가 가장 예민하게 나타나는 것은 다름 아닌 지도층과 지도력의 성질의 문제입니다. 아시다시피 민족주의에 있어서 지도력의 문제의 기초는 우선 지도계층의 성격, 역할, 능력, 그리고 그것이

만들어 내는 '민족상'일 것입니다. 이 외에 지도자 문제가 나옵니
다. 지도자는 무엇입니까? 지도자는 혼자서 마음대로 하자는 것입
니까? 반드시 지도계층의 대표로서 나와야 할 것이고 또 지도계층
은 기실 우리 민족 전체를 대표할 수 있는 어떠한 역량이나 또 이
미지나 또 민족의 핵인 민중의 지지를 받는 계층이 될 것입니다.

곧 민중과 지도자, 지도계층이 단 하나로 뭉칠 때에 비로소 전진
이 있고 앞날이 있고 친화가 있고 또 근대국가로서 발전할 수 있는
정신적 계기가 마련된다고 생각됩니다. 그런 의미에서 우리는 어떻
게 지금 생각해야 되고 어떻게 당면한 사태를 생각하지 않으면 안
될까요? 제 생각에는 우리의 왕조적이고 역사적인 전통이 아닌, 다
만 민족적인 전통이라고 생각됩니다.

그런데 우리나라의 역사를 보면 그 정권사와 민족사와는 서로
멀리 떨어져 있었거나, 혹은 일치하지 않은 것 같은 인상을 줍니다.
물론 떨어져만 있었던 것은 아닙니다. 세종대왕의 일대—代를 통해
서 이룩한 민족적 발전이라든지 또 혹은 우리 민족의 정신 속에는
때로는 민족의 발전과 어떤 왕조사의 정신이 가까웠던 때도 볼 수
있었습니다.

그러나 총체적으로 볼 때에는 떨어져 있었지요. 근대국가로서
급속히 발전한 나라, 예를 들면 어떤 유럽의 나라라든지, 어느 나라를
막론하고, 나라가 진정한 의미에서 근대적으로 전진할 수 있는 자
세에 있어서 정권을 잡은 계층과 그 정권을 잡은 계층의 밑바닥에
있는 대중 사이에 적어도 민족적 무드에 있어서 괴리가 있을 수 있
습니까?

이렇게 볼 때 진정한 의미의 전진적인 요소는 적어도 근대적인

방향에서 찾으려면 우리 역사의 이제까지의 전통으로부터 크게 비약을 해서 새로운 전통을 만들 기개가 없으면 안 될 것입니다. 아니, 새로운 전통에 필요한 조건을 형성하여야 될 것입니다.

말하자면 역사의 이원적 대립으로부터 정권을 잡은 지도계층이 그대로 진실한 민족의 지도계층으로서 나와야 되지 않나 생각합니다. 그것이 안 된다고 하면 끝끝내 우리 역사는 오로지 저항만의 역사, 다시 말하자면 근대국가화로 가는 민족주의의 언저리에서 피동적으로 저항해야만 되는 비전 없는, 애수의 노래를 전통적으로 하는 그러한 역사를 되풀이하여야 되나 하고 걱정이 됩니다. 아마 이렇게 되면 국가, 정부의 형태는 생겼어도 근대국가화의 계기는 잃은 것이겠지요.

어떤 사람은 말하기를, 우리나라의 현재 상황에 있어서는 가장 중요한 것은 외세에 대한 철저한 저항을 전개함으로써 우리의 자주성을 확립하는 데에 있다고 그럽니다마는, 제 생각으론 그것보다도 백 배, 천 배 더 중요한 것은 이제까지 있었던 우리 역사의 이원성을 극복해서 어떻게 하면 우리 사회의 정치적인 지도계층이 동시에 민족의 지도계층으로서의 자세를 지키고 그리고 지도계층이라고 하는 그 말 속에 포함되어 있는 우리 민족의 바라는 바 어떤 이미지를 대표하고 대행할 수 있는 계층을 확립시키고 육성시킬 수 있느냐, 이런 것이 우리의 당면과제가 아닌가 하고 저는 생각을 합니다.

한국 민족의 광장

여러분이 잘 아시다시피 현재 우리 민족의 문제라는 것은 민족이

라는 민속학적, 인류학적, 역사적 공동체의 차원에서가 아니라 '민
족주의적'인 의미에 있어서의 민족 개념에서 나오는 것입니다. 다
시 말하자면 현대에 있어서 근대국가형의 나라로 가는 데 있어서
어느 정도 이 방향에 이바지할 수 있느냐 하는 의미에 있어서의 민
족주의의 문제입니다.

 그런데 이러한 민족주의가 우리나라에 있어서는 실은 마치 두
갈래로 나누어져 있는 것과 같이 되어 있는 현상입니다. 그것이 자
주적인 상황에서보다도 오히려 역사적인 의미에 있어서 소위 강대
국 정치의 영향 하에서 계기가 마련되고 또 현재 그곳에 진정한 소
인素因이 있으며, 앞서 시사한 현상도 깊이 이와 관련된다면 도대체
한국민족주의는 이 자기분열적인 상황 아래 어떻게 실천되고, 어떻
게 관념되고 어떻게 형상화하여 비로소 하나의 광장을 찾을 수 있
을 것인지 정말 의문이 아닐 수 없습니다.

 만약에 이렇듯이 자기분열적인 양상이 그대로 진행되고 민족주
의의 한국적 영토가 바야흐로 이대로 좁아진다면, 민족주의라는 이
름 아래 생기는 앰비밸런스ambivalence는 마침내 분열된 골짜기를 이
을 다리가 없는 영譽으로 들어간 것 같습니다. 만약에 우리 사회가
현대적인 '근대국가'로 나가는 이 마당에 있어서 민족주의에 민족
적인 기저가 영점으로 돌아가고 말았다, 또는 기저가 넓지 않다, 또
혹은 한 민족으로서 뭉칠만한 광장이 없다고 한다면 남는 것은 강
대국정치의 지배가 압도하는 외적 조건만이 대세를 지배한다는 일
일 것이며, 또 따라서 없어질 수 없는 민족주의적인 정치인간일 수
밖에 없는 한민족의, 거의 본능적이며 전망 없고 비전 없는 또 하나
의 저항의 민족주의가 홀로 무대를 차지할 것이 아니겠습니까.

그러나 저항의 정신은 숭고한 것이라도 이렇게 되면 저항만의 한국민족주의란 진실로 후진적이 아닐 수 없습니다. 진실한 민족주의는 실은 내부적 조건의 조성 속에 외적 조건에의 적응능력을 말한 것입니다.

오늘 국제정치학회가 감히 선배·동료, 여러 사회 인사를 모시고 '한국민족주의'라는 벅찬 문제를 내세운 것은 제 소견으로는 이러한 엄청난 문제가 있는 까닭이었습니다. 이렇게 학회가 문제를 여러분께 내놓음으로써 많은 지도와 편달을 받고 교시教示를 바라고, 그것으로 말미암아 우리들의 앞날에 민족주의적인 어떠한 전진적인 자세가 이루어질 것인가, 혹은 적어도 옷깃을 가다듬고 이 문제를 같이 생각해 보자고 희망하는 것이올시다.

제 자신은 변변치 못한 생각, 변변치 못한 구상 하에서 감히 여러분에게 우리 국제정치학회가 가지고 있었던 어떤 의문점을 제 나름대로 해석해서 솔직하게 말씀드렸습니다. 그러면서도 객관적인 사정에 맞추어서 말씀드릴 수밖에 없었습니다. 이제까지 현실의 형편에 맞추어서 말씀드린 점은 여러분이 다 양해해 주시고, 이 문제에 대해서 가능한 한, 기탄없이, 또 전진적인 자세에서 건설적으로 저희들을 교시해주시고 지도해주셨으면 감사하겠습니다.

변변치 않았습니다마는 제가 국제정치학회를 대신해서 저희들이 이번에 이 문제를 내놓은 의중을 감히 말씀드렸습니다.

《국제정치논총》 6집, 1967년

한국민족주의의
제문제
(1966)

1. 들어가는 말

여기서 민족주의(내셔널리즘)란 정치적인 뜻에서 취급된다. 또 동시
에 정치적인 성격이 민족주의의 핵심으로 나는 이해한다. 무릇 민
족주의란 서유럽사에 있어서 근대후기 곧 프랑스대혁명 이후에 또
렷이 나타난 이른바 근대국가nation state 유형에 대응하는 정치적 명
분으로 해석된다. 아니, 단순한 명분에 그치지 않고 근대국가적 활
동에 내재적으로 작용하는 동력으로도 이해된다.

본래 민족주의 또는 국민주의란 근대 전기의 절대군주형이라는
전기근대국가의 이념과는 사뭇 거리가 있는 터로, 절대군주형의 본
으로선 예컨대 "나는 곧 국가이니라" 따위를 들 수 있다면 한편 후
기 근대국가형의 본으로는 예컨대 "나라의 주권은 국민nation에 유래
한다"는 따위로 찾아볼 수 있었다.

그런데 이러한 정치 명분의 전환이 있기에 앞서 이미 서유럽에
있어서는 민족의 역사적 형성은 끝났고 또 국가 활동의 사실상의
기저로서 작용하고 있었던 것은 주지된 일이다. 그렇기는 하나 문

제는 이러한 민족의 존재를 확인하거나 또 혹은 정치적 기저로서
작용하였다는 사실을 인정하고자 하는 데에 있는 것이 아니었다.

　주의로서의 민족주의는 역사적인 존재로서의 '민족'이 새로이
'국민'이라는 국가의 통합 개념으로 상승하고 민족이 국가의 내재
적인 존재 이유로서 공인된다는 가치원리의 변모에 있었다. 이렇
게 볼 때 서유럽사의 근대 전기는 '민족'이라는 기저의 형성기라고
한다면 이에 대하여 후기의 특색은 기저적인 '민족' 개념이 마침내
'국민'이라는 공법 개념으로 승화하고 또 '민족'이라는 개념이 지배
적인 정치 이념으로 기능하는 데에 있다고 여겨진다.

　이에 따라 서유럽의 사람은 단순한 민족의 한 사람으로부터 마
침내 민족주의적인 인간유형으로 변모하고 또 이럼으로써 정치의
새로운 인간형이 발생하여 근대국가의 모든 양상에 골고루 그 정
치상을 반영시키게 되었다.

　또 본시 근대국가 현상은 다면多面하며 동시에 통일적이었다. 근
세의 중요한 조류, 예를 하나 들면 자본주의 생산의 발달, 근대전
의 출현, 근대관료제, 유럽적인 근대문화는 각기 그대로의 독자성
이 있는 조류이기도 하였지만, 또 보기에 따라서는 우리가 조잡하
게 근대국가라고 부르는 정치 분야에 긴밀히 밀착되어 왔다고 할
까, 혹은 상호매개되어 불가분이라고 할까. 여하간 따로 떼어 논할
수 없는 연관을 인식하게 된다.

　그리고 이 경우 모든 분야의 다면성이 근대국가라는 점에서 통
합되는 근거는 그것이 비단 국가정책에 영향을 받는다든지 또 국
가이해가 우선하였다는 따위의 성질을 넘어서 오히려 정치명분에
서 출발하는 '민족주의'적인 인간형의 활동이라는 주'동력'이 노정

되는 데에 있다.

물론 여기에는 유력한 이론이 있는 것을 안다. 그 중에도 사회경제사의 입장에서 이러한 주 동력으로 자본제 생산양식을 드는 예는 너무나 유명하다. 그러나 적어도 '민족주의'라는 견지에 서는 한 근대국가와 더불어 출현하는 민족주의적 인간형의 의미는 결정적이 아닐 수 없다. 또 이것이 민족주의가 단순히 정치명분으로만 그치지 않았던 이유이기도 하다고 나는 생각한다.

뿐만 아니라 마치 근대국가의 실상이 역사의 일시적 소산도 아니요 또 정태적인 존재로서 시종始終할 수도 없듯이 그 동력이자 양상이던 민족주의도 역시 자기전개적이고 동태적이요 또 다양한 가운데 근대국가의 '상'에 밀착하고 있다. 그러므로 근대국가 '상'이 출현하는 곳에는 틀림없이 민족주의의 정치 이념과 민족주의적인 정치인간의 가치의식과 행위양식이 출현한다.

이 점에서 보면 근대국가의 '상'은 그대로 민족주의의 '상'이기도 하다. 또 그러므로 서유럽에서 나타난 근대국가유형이 다른 지역에 전파될 때에는 영락없이 민족주의가 뒤따르게 마련이며, 또 전파의 순서가 대체로 중동유럽, 중남미, 동아시아, 중근동, 아프리카라는 것은 우리가 모두 알고 있는 터이다.

2. 문제의 틀

한국민족주의의 문제는 결국 세계사의 주류로 나타나는 근대국가유형의 전파와 연결되어 제기되고 또 한편 특정한 역사적 시기, 특

수한 한민족의 환경 그리고 새로운 민족주의적 민족의 지향이라는
실천문제 사이의 상관관계로서 구체화할 것이다. 말하자면 민족주
의의 일반 유형이 한국적인 특수에 있어서 어떻게 구상화하느냐의
문제로 정식화할 수 있다.

　다음, 민족주의와의 관련에서 근대국가의 일반유형을 우선 설정
한다.

　1) 근대국가는 나라 사이의 관계의 총화로서 또 근대국가가 있
는 장場으로서 '근대국제정치질서'를 전제한다. 그리고 이 '국제정
치체제'는 근대국가의 성격의 밖에 있는 것이 아니라 서로 매개됨
으로써 일체를 이룬다고 해석된다. 이 '장'에 있어서 복수적이고 원
자적인 개별국가는 그 절대권을 주권적인 독립으로 표시하고 있고,
그리고 국가 사이의 어떠한 종류의 국제적 '서열'도 공인하지 않는
다.

　이 '국제정치'형은 국제법상의 평등권이라는 위장 아래 현실적
으로는 군사적 강약의 질서로 유지되었고, 그 방식은 군사동맹의
공인과 세력균형의 원칙이며 또 그 변동의 합법화로서 오래 전쟁
을 국가의 수단으로 제도화하였다. 이로 인하여 이 국제정치에 있
어서 일국은 본질적으로 타국의 잠재적인 적국이 아닐 수 없으며,
사람은 그 사이에 있어서 그 국가에의 귀속을 명백히 하지 아니할
수 없었다. 이러한 근대국제정치의 기본 유형에 대응하는 이데올로
기가 민족주의인 것은 주지의 일이다. '내 나라', '내 민족'의 동가同
價가 곧 '주권', '독립권'에 통하고 또 주권의 연원으로서의 국민에
게 통한다.

　이것이 또 내셔널리즘이 때로 '국가주의', '민족주의', '국민주의'

로 번역되는 연유이기도 하다. 이에 대하여 70여 년 전까지도 기능
하던 동아시아의 사대주의적 국제정치는 나라 사이의 '서계'序階를
공인하고 각국의 국내법 속에까지 그것을 규정한다.

　100년 전의 회교권에 있어서는 본질적으로 대립되는 정치적인
'민족', '국민'이란 도저히 상상할 수 없는 난해물이었다. 그리고 또
한편 내셔널리즘은 근대국가 관념에 대응하여 근대적 애국주의, 국
수적인 역사문화주의 그리고 절대적인 자율성에서 위신과 희열을
느낀다.

　2) 근대국가는 그 국제정치적 '장'의 성격으로 말미암아 무엇보
다도 먼저 군사, 경제의 우월을 목표로 한 것과, 그것이 급기야 식
민지 지배로 발전한 것은 주지의 일이다. 이것이 근대국가가 또한
군사국가, 경제국가, 식민지국가라는 이름으로 때로는 불리는 이유
인데, 이에 따라 두 가지의 민족주의 유형이 구별된다. 곧 근대국
가 전개에 성공하여 지배적 위치를 확보한 경우이며, 그 반대로 또
하나는 피지배, 억압의 대상이 되면서 근대국가의 '상'을 희구하는
경우이다. 말하자면 하나는 '우월의 민족주의'이며 또 하나는 불만,
오욕에서 오는 '저항의 민족주의'라고 할 수 있다.

　따라서 근원은 같을지언정 민족주의의 표현은 아주 대척적이 아
닐 수 없다. 흔히 논자가 말하는 팽창주의, 제국주의 속에는 '우월
의 민족주의'의 면이 있고, 또 한편 '식민지 민족주의'라는 것이 일
종 '저항의 민족주의'인 것은 말할 나위도 없다.

　3) 근대국가 내셔널리즘의 기저에는 말할 것도 없이 '국민'이라
는 일종의 이념상이 있었다. 그런데 이것이 역사의 전개과정에 있
어서 사회의 어느 층을 구체적으로 가리키느냐 하는 문제는 내셔

널리즘의 국내적인 면으로 중요하지 않을 수 없었다. 말하자면 '국민'의 상과 사회계층 간의 동치同値 문제인데 이 문제는 곧 내셔널리즘은 사회의 어느 층의 내셔널리즘이냐 하는 어려운 문제를 끌고 나온다. 논자에 따라 19세기의 서구 내셔널리즘을 부르주아 내셔널리즘Bourgeois Nationalism이라고 부르는 입장은 이러한 견지에서 출발하였음이 틀림없다.

적어도 국내법상으로는 국민의 상은 본래 서민대중을 포함하지 않던 옛 '국민'nation으로부터 '시민'과의 개념일치, 그리고 급기야는 '인민대중'을 포함하는 모든 국적 보유자와의 일치라는 선까지 도달하였다. 그러나 그럼에도 불구하고 내셔널리즘의 실질적인 담당 계층은 과연 어느 층이며 또 따라서 그 계층의 지도원리와 이해는 무엇이며 또 나아가 정치권력과 재부財富의 배분은 진정 내셔널리스틱nationalistic하냐 하는 문제는 여전히 남는다.

그리고 이 문제는 바로 국민주의로서의 내셔널리즘이 일국 내의 민주주의화와 서로 부합하는 점이며, 동시에 전근대적 그리고 비민족주의적 국내세력과의 대치라는 점에서 마침내 '근대화' 문제와도 직결된다.

이상은 근대국가=내셔널리즘의 간단한 일반유형과 관련된 상황이거니와,·이러한 일반을 그 속에 지니면서 그러면서 한반도의 역사와 현실 위에 구체화되는 한국민족주의의 문제는 과연 무엇일까. 적어도 오늘날의 요청에서 볼 때 몇 개의 문제는 시급히 검토를 요하는 것이며, 또한 그것은 한국민족주의의 문제 전반의 성격을 시사하는 것으로 이해된다. 지금 그 중요한 것을 들면,

1) 한국민족주의의 한국적 기저의 문제.

2) 근대국가의 외형을 어느 정도 갖추게 된 오늘에 있어서, 그 내면적인 충족에의 방향을 싸고도는 민족주의의 문제는 무엇이냐. 그리고 '통일'의 문제는 이 시각에서 어떠한 문제가 될 것인가.

3) 한국민족주의의 지도계층의 문제와 이에 따른 민족주의적 한 인상韓人像, 민족의 양단兩斷문제는 여기에도 관련될 것이다.

4) 민족주의 방향의 내부적인 조건과 외부적 조건. 이른바 한국 민족주의의 '얼'과 '강국정치'라는 국제환경의 문제

3. 민족사적 민족주의

한국민족주의는 자연히 한국사라는 '터'에서 출발하기 마련이다. 우선 한국민족주의는 그 기저로서 '한민족'을 전제하고 있다. 그렇 다고 하여 한민족이라는 의미는 마치 '한민족'이라는 민족이 역사 적으로 이미 형성되고 또 존재하고 있다는 식의 가벼운 뜻은 아니 다. '한민족'이라는 민족주의의 기저의 문제는 말하자면 한국민족 주의의 '유전형'을 결정하는 특이한 한민족의 양태로서 전제된다는 점에 있다.

무릇 한국사의 조류를 크게 훑어보는 경우 또렷이 인정되는 한 특색을 볼 수 있다. 그것은 곧 민족사와 왕조사의 괴리라는 것이다. 대저 민족사란 무엇이냐. 민족의 형성과 발전, 통합과 팽창, 그리 고 이에 관련된 문화의 역사인데 그 주인공이 민족인 것은 말할 것 도 없다. 이에 대하여 왕조사는 이를테면 정권사로서, 공권력을 장 악한 국가지배층과 '통치'의 입장에서 역사의 각 면을 엮는 것인데

중심은 왕자王者요 지배자일 수밖에 없다. 민족주의의 입장에 설 때, 민족의 통합, 발전과 왕조의 성쇠, 영고가 비례하거나 또 일치하는 경우, 우리는 왕조사와 민족사를 구태여 가릴 필요를 느끼지 않는 다.

영국, 프랑스의 역사가 그러하였고, 서역에서 사라진 수많은 나라가 이 예에 속한다. 그런데 한국사에 있어서는 이와 사정이 매우 달랐다.

첫째, 국가에 계속繫屬되는 민족의 통합이라는 점에서 고려시대는 매우 중요한데, 이 시대로부터 이씨 조선에 이르기까지 왕조사적인 정권 존재의 형식은 사대질서에의 인종忍從에 있었다. 이것이 민족사적 전통이 될 수 없음은 두 말이 필요 없다.

둘째, 고려 왕조 이래 구한말에 이르기까지 자그마한 변경 경략經略을 제외하면 커다란 대외전쟁은 모조리 실패하였으면서, 집권층은 매번 사대주의적인 안일 속에 대체로 자족하여 정권유지에 급급하고 그리고 민족적 항전을 조직화하지 못하였다. 그러므로 왕조사적으로는 그것은 많은 경우 오욕의 역사였다. 이에 반하여 민족사에서 볼 때에는 대몽전쟁 40년과 삼별초란 등을 통하여 고려백성의 끈덕진 민족적 항쟁이 과시되고, 또 일방 임진왜란은 물론이요, 을미사변 때나 대한제국 멸망기의 의병과 게릴라전은 대개가 민중의 민족적인 자발적 저항이었다.

셋째, 왕조사를 상고하면 고려에서 조선왕국에 이르기까지 여러 차례 서북, 동북의 변지를 경략하고 여러 번 도민거주徙民居住시킨 것을 안다. 동시에 고려는 일시 자비령慈悲嶺 이북의 땅을 원에 빼앗기고 동서북변의 행정권도 자주 마비되었던 역사사실을 안다. 조선왕

조에 있어서도 동북경의 행정관할이 때로 소홀하여 야인野人이 침
투되는 경우가 많았고, 심지어 한말에 이르면 간도지방의 한인 거
주자의 권리를 옹호할 길이 없었던 채로 그만 망하고 말았다. 이에
대하여 민족사의 입장에서 보면 한민족은 고려 이래 꾸준히 팽창
하였다. 영토의 일부가 몽고의 손에 들어가든, 여진 야인이 엄습하
던 바가 되든 간에 한번 정착한 동서북의 백성은 최악의 경우에 있
어서도 끊일 새 없이 수로도 증가하고 황토荒土도 개척하여 나갔다.
오늘날 연해주, 만주 일대에 펼쳐져 있는 한민족은 이런 의미에서
전연 정권과 국가의 지원 없는 민족 진출의 예거니와 특히 간도의
경우는 정치압박, 경제착취, 인권유린, 약탈의 모든 악조건 아래 하
등의 정치, 경제의 지원 없이 한 지역을 민족의 생활력으로만 점거
하는 좋은 사례를 남겨 주었다. 말하자면 왕조의 정권사는 위축과
타율의 추세를 보였음에 반하여, 한편 민족사는 반도를 넘고 대륙
에까지 올라가는 팽창의 경향을 보여 주었다.

넷째, 왕조사의 말기인 한말사를 상고하면 새로운 '민족주의'의
태동에 있어서도 정권의 핵심계층은 정권의 유지제일주의에서 때
로는 독립, 때로는 사대의 양단兩端 간에서 주저하였으며 또 한편 대
중의 완연한 민족주의 경향을 압살하는 데 바빴다. 한청 종속논쟁
이나 대對 동학 처리를 보면 저간의 사정은 명백하다고 할 수 있다.

이에 대하여 동학의 '척왜양'斥倭洋이나 '구빈'救貧의 사상, 그리고
한말 민중의 대일저항은 의심 없는 민족주의의 대두를 의미하였거
니와, 특히 동학의 발상에 나타난 샤머니즘적인 요소는 그 운동의
저변이 사회의 하층에 연결됨으로써 굳건히 정초되어 있는 것을
의미하였다.

위에서 본 바와 같이 한국사에 있어서 왕조사의 전통과 민족사의 전통에는 일치하는 점보다는 결정적인 면에서 어긋나는 점이 두드러져 서로 위화성이 강하다. 그런데 한국민족주의가 딛고 서는 한민족이라는 기저는 바로 이러한 민족사의 전통에서 결정結晶된 것으로서, 그 특징은 ① 역경에서 닦아진 강인한 생활력, ② 정권과의 위화감, ③ 대중의 자율성 등으로 요약된다. 그리고 이러한 한민족의 민족사적인 전통은 바로 그대로 한국민족주의의 기저를 형성하였으며, 또 바로 그것이 오늘날까지 겪어온 한국현대사의 타율성에 대한 강인한 저항의 역사적 근거이기도 하였다.

다음으로는 민족주의의 시기의 문제가 나온다. 또 이와 관련하여 한국민족주의의 시원始元의 문제도 같이 나온다. 그런데 이 문제는 실은 나의 민족주의의 전제 속에 이미 그 해답이 내포되어 있는 셈이다. 본 논문은 민족주의는 근대국가와 떨어질 수 없는 관계에 있는 것으로 전제하였다. 따라서 한국민족주의는 엄밀히 한말 근대국가와의 접촉에서 시작하는 것이라고 단정된다.

그렇다면 한말로부터 일제하를 겪어 오늘에 이르는 동안, 이 세 시기를 통하여 검출할 수 있는 한국민족주의의 특징은 무엇일까. 첫째, 한말에 있어서 초기 민족주의적 양상이 무엇보다 먼저 외세에 대한 저항에 집중하였던 것은 쉽게 이해되는 일이다. 국내정치에 있어서의 부패와 혼란과 포악에도 불구하고 그것을 규탄하는 지식인이나 동학군이 모두 정치의 기본체제에 육박하지 못하고, 행정적 광정匡正이나 일부의 개혁이나 개화론에 그치고 만 것은 말할 것도 없이 외세의 위협이 초미의 관심사였던 까닭이다. 둘째, 일제 시기에 있어서 민족주의는 처음부터 식민지 민족주의로서 나타남으로써 주권회복과 압정壓政에의 저항사가 된 것은 주지의 일이다.

셋째, 해방 후 한국민족주의는 일대 시련에 직면하게 되었다. 민족주의는 한편 타율적인 요소에 계속 영향을 받게 되면서, 동시에 왜곡된 형식으로나마 사상 처음으로 민족주의적 지도와 정치권력에의 민족의 관여라는 문제에 접하게 됐다. 이리하여 한국민족주의는 어언간 지도계층과 정권 간의 '화합'과 '괴리', 그리고 정치권력층의 이데올로기와 민족주의의 성격 문제라는 얄궂은 현실에 부닥치게 되었다.

그러면서 이 중대한 한국민족주의의 새로운 문제는 타율에의 관심으로 말미암아 결과적으로는 국내적인 민족주의의 초점에서 약간 어긋나게 되고 중심은 여전히 반도분단과 민족의 양단으로 인한 불만과 또 '민족통일'에 우선적으로 집중되었다. 이러한 해방 후의 사태가 그래도 민족의 강국에 대한 반발, 열등감, 압박감을 한층 더 북돋우고 또 그럼으로써 민족사적 기저의 일면에 직결되었던 것은 다설多說을 요하지 않는다.

요컨대 한국민족주의는 그간 걸어온 세 시기를 통하여 한결같이 저항의 민족주의인 것이 그 주류이며 그럼으로써 제노포비아 xenophobia의 경향이 없지도 않다. 뿐만 아니라 이러한 '저항민족주의' 전통의 형성은 뜻하지 않은 결과를 초래하였다. 환언해서, 민족주의의 국내적인 발달의 방향이라고 할 수 있는 민주화 및 근대화의 성숙을 지원할 수 있는 민족주의적 조건이 실제적으로 왜곡되는 경향이 있었다는 것이다. 이로 인하여 국내 민주주의에 한민족 사회의 전근대적이고 비민족주의적인 계층까지도 포섭되었다. 또 이와는 반대로 아예 이러한 민족주의의 국내면에 대하여 추호의 흥미도 표시하지 않는 예도 나왔다.

　이러한 사태는 실은 한국민족주의의 후퇴가 아닐 수 없으며, 비유컨대 거꾸로 말을 타고 달리는 셈이 되었다. 왜냐하면 민족주의의 전진과 '저항'의 강도는 무엇보다 대중과 지도계층의 진정한 이해일치, 그리고 또 전근대적, 비민족주의적 요소의 장해를 넘어설 때 비로소 오는 까닭이다.

4. 민족주의의 지도층

모든 민족주의는 사람의 면에서 볼 때 민족주의 운동일 수밖에 없고, '운동'에는 지도자와 지도계층이 필수물이다. 한국민족주의에도 지도계층이 있으며 또 한국대로 특수한 면도 있고 일반유형에 부합되는 면도 없을 수 없다. '지도계층'이란 어떤 것이냐?

　1) 지도자가 배출되는 사회계층이며,

　2) 민족주의의 현실적인 성격과 가치관을 대표하는 계층이며, 또 특정한 '민족주의'의 효능과 이익을 가장 예민하게 반영하는 계층이고,

　3) 또 '지도'적이란 의미는 결국 이러한 특정한 사회계층의 민족주의 '상'이 그대로 대중을 지배한다는 데에 있다.

　본래 근대민족주의의 일반유형에서 볼 때 근대국가적인 인간상과 근대민족주의의 인간상은 동가同價의 관계에 선다. 그리고 근대국가의 인간상이란 주지되듯이 국가라는 사회의 지배적 계층의 인간상일 따름이다. 따라서 통치계층의 인간상이 도전을 받았을 때에

는, 국내에 있어서는 혁명기이며 대외적인 경우에는 국체國體의 위기로 나타난다. 그러므로 특정한 시대의, 또 특정한 민족주의의 성격은 곧 그 지도계층의 성격일 수밖에 없으며, 이 까닭에 19세기의 서유럽의 민족주의를 '부르주아 민족주의'라고 부르는 사람도 있게 된다.

그런데 이러한 지도계층이 계층으로서 성숙되지 않거나, 혹은 계층 간의 경합이 치열해서 민족주의의 통일적인 상에 균열이 생겼거나, 또 혹은 지도성을 발휘할 만한 계층이 도대체 존재하지조차 않거나 하는 경우에는 사태는 적이 까다로워진다. 뿐만 아니라 민족주의 운동의 내부에 전진적인 조건이 성숙도 하기 전에 내·외부의 저해적 조건만이 압도적인 경우 민족주의는 으레 소박한 단거리반응short circuit reaction으로서의 '저항의 민족주의'로 타락하고 만다. 요컨대 지도의 결여요, 지도계층의 태업이라고 할 만하다.

한국민족주의에 있어서의 지도자와 또 그 지도계층의 문제는, 민족사적 기저의 문제와 아울러 민족주의의 문제의 핵심이자 또 동시에 그 운동의 도정道程을 가리키는 관건이기도 하다.

대저 한국민족주의 운동은 앞서도 이른 바와 같이 해방까지는 무엇보다 먼저 주권회복과 외세에의 저항에 전적으로 집중되었다. 그러므로 이 시대의 민족주의 인간상은 항쟁과 투쟁의 인간상으로서, 예컨대 최익현의 창의倡義, 이준 열사, 의병무력항쟁, 안중근의사, 장인환·안명근 양 의사, 33인과 유관순, 동삼성東三省 독립군, 의열단, 윤봉길 의사와 그 외의 무수한 독립운동가, 무력투쟁자는 그 대표일 뿐 아니라 상하이의 임시정부를 비롯하여 재在만주, 재러시아, 재미의 독립단체 국민회, 흥사단 등도 이 상像과 관련되어 역사에 빛난다.

그러나 일면 항쟁, 투쟁에의 전적인 집중은 그것이 어느 특정한 계층의 민족주의 '상'이기에 앞서 오히려 온 한족 사회의 공통되는 상, 다시 말한다면 저항민족주의 혹은 근대국가주의의 가장 원초적인 '정치적 독립'이라는 상이었던 까닭에, 지도계층의 입장과 이해의 특수성이라는 문제는 감히 전면에 나오기 어려웠고 또 별로 크게 문제도 되지 아니하였다. 있었다면 겨우 사회주의 입장의 도입이라는 세류細流가 있었는데 이 역시 저항과 투쟁의 현실에 있어서는 특정한 계급적 시각을 독립운동 주류에 가져오지 못하였다.

아마도 그것은 그 당시의 사회적인 여러 조건과 국제 환경의 시대적 조건으로 보아 필시 그럴 수밖에 없었던 것으로도 이해된다. 따라서 이러한 사태는 한번 한국민족주의가 정치적 독립이라는 가장 원초적이며 가장 명분적인 단계에 마침내 들어선 후, 바야흐로 그 다음에 뒤이어 오는 근대국가의 실질적인 구축이라는 그야말로 건설적 민족주의 운동에 들어가자 거연히 강렬한 지도계층의 부재라는 현실에 당면하게 되었다. 왜냐하면 해방 전 한국사회의 모든 계층은 '원초적'인 독립이라는 점에 있어서는 규揆를 하나로 하고 있으나, 그러나 전진적이요 전개적인 한국민족주의의 장기적인 '상'을 내걸 만한 계층은 하나도 없었던 까닭이다. 다시 말하자면 국제정치의 과실로 떨어진 독립을 새로이 이어서 발전시킬 만한 사회의 내부적 조건의 성숙이 미처 이룩되지 않았다.

우리가 주지하는 바와 같이, 한말의 선구적인 민족주의, 곧 동학운동, 의병항쟁 그리고 독립협회 등은 전체적으로 볼 때 그 가운데 주도세력도 없었거니와 그 '상'에 있어서도 현격한 차가 있었다. 먼저 동학운동은 '저항' 차원으로서 '척왜양'을 거세게 들고 나왔으나, 그러나 그 외의 장기적 '상'을 내놓지 않은 것은 중국의 홍수전 내란과 크게 다른 바이다. 다만 동학군 중에 상당수의 불평 사인士人이 끼어 있어서 순수한 서민전쟁은 될 수 없었으나, 그 전투의 핵심은 역시 빈농상민으로서 이 점에서 볼 때 동학전이 민족사적인 민족 기저에 연결되는 것은 다시 강조할 만하다.

이에 대하여 의병항쟁이 그 자체로서 비이데올로기적이었던 것은 주지의 일이며, 한편 양반, 중인의 독립협회가 저항과 더불어 해외 근대국가의 제도를 감안한 정부개혁안을 누차 주장한 것은 언뜻 민족주의의 장기적 '상'을 지닌 듯하였으나, 그러나 돌이켜 생각하면 그것은 오히려 관념적이고 공상적인 연설문에 지나지 않았다. 왜냐하면 중산계급의 육성도 없고 자본제에의 투신도 아닌, 왕조의 사인계층이 자유민족주의liberal nationalism의 몇 가지를 주장한다는 것은, 마치 아침에 와서 저녁식사를 대장간에 가서 요구하는 격인 까닭이다.

일제기의 독립운동이 주로 중산층 특히 종교가, 학생, 기타 문화인에 의하여 지도되었던 것은 거의 모든 '식민지 민족주의 운동'의 유형대로였다. 이 점은 '저항민족주의'의 주류를 이루었던 기미년 3·1운동의 중앙·지방 지도자의 사회신분을 보면 명백하다. 당시 전국적으로 자행된 검거 또는 학살사건의 일제 측 보고라는 것에 의하면 만세운동 초기의 중앙·지방의 지도자는 거의가 종교가, 학생들이었는데 특히 종교에 있어서는 천도교, 기독교가 두드러졌으며 중기 이후에 이르면 거의 전국적으로 이른바 서민대중의 자율적인 일본군 습격 또는 격렬한 투쟁을 본다. 다시 말하면 지식인,

종교인이 속하는 중산계층이 대체로 지도층으로 등장하였으되, 동시에 그 지도가 가장 효과적인 경우는 역시 '기저적'인 서민대중의 전통적인 자율성이 발로하는 때였다고 생각된다.

여기 한 가지 한국민족주의의 비극은 일제기에 형성된 이른바 자본계층과 관료군#인데 관료군은 말할 여지도 없거니와, 한편 자산층은 다른 구미국의 경우 일반유형으로 '부르주아 민족주의'의 전위요 근대국가형 시민의 지도층이었는데, 이에 반하여 일제시기에 있어서는 일제의 정책적 엄호 아래 비민족주의적으로 육성되었던 까닭에 그만 민족주의의 상을 지녀 볼 여지가 없게 됐다.

그리고 그러한 초初단계적인 상황에서 갑자기 해방을 맞는다. 뿐만 아니라 해방은 자율적인 한국민족주의의 지도층이 점차로 형성되기 전에, 바꾸어 말해서 바야흐로 전진적이며 건설적인 민족주의 '상'이 설정되기 이전에 국제정치의 압력은 이러한 문제의 과정을 비약하여 정권의 좌座에 타율적인 요소가 강한 집권층을 앉혀 놓았다.

이리하여 다시 정권사와 민족사의 괴리가 발생할 가능성이 생겼으며, 또 이리하여 한국민족주의의 일원성 또는 '정권을 통한' 운동을 가능하게 하는 집권층이자 바로 민족지도층의 형성이 지연되게 되었다. 왜냐하면 국내적으로만 보더라도, 집권층 창설의 경위에서 이미 비민족주의적 요소가 적지 않았으며, 또 다른 신생국가의 예에서와 같이 독립 후에 일어나는 새로운 방향의 민족주의의 노선은 필연적으로 도시와 지식인 속에서 일어나게 마련인데, 이 경우에 있어서는 이러한 계층은 대개 반反여당적인 입장을 취할 가능성이 많다.

이러한 의미에 있어서도 도시 지식인의 계급성에 대한 연구는 시급을 요하거니와 이와 아울러 간과할 수 없는 점은 신생국의 '군' 軍의 민족주의 문제이다. 아마 이 중대한 문제는 반도 양단에 따른 한국민족주의의 이데올로기 분열과 아울러 가까운 장래를 뒤흔드는 문제일지 모른다.

5. 한국민족주의의 고난

오늘의 한국민족주의의 앞날은 일견 고난뿐인 것 같다. 이미 앞에서 고난의 일부와 그 연유가 비슷이나마 취급되었다. 그러나 이 고난의 문제는 비슷하게만 다룰 것이 아니라고 생각된다. 우선 고난의 차원부터가 각색이다. 그것은 모두가 내면적으로 얽히고 설키어 구태여 차원을 따로 가릴 필요가 없을지 모르나, 적어도 외견상으로는 나라의 내외로 나누어지며, 또 그리고 한 차원에 속한 문제는 차원대로 다시 중심문제를 초점으로 하여 결합된다. 먼저 나라의 안으로 들어간다.

1) 문화와 사회의 전근대성의 문제는 본질적으로 한국민족주의의 전진을 위하여는 고난이 아닐 수 없다. 앞서도 여러 번 언급했거니와 오늘날까지의 한국민족주의는 부득이 외세에 대한 집중적인 저항의 민족주의였던 탓으로 일면 통일전선을 위하여, 또 타면, 일제에 대한 반발로서 많은 전근대적인 문화 유제遺制와 보수층을 계속 포섭하여 왔다.

그 중에 있어서도 역사주의적인 국수주의 사상은 항일애국의 외식外飾 아래 오래 한국사관의 전근대성을 유지하여 왔다. 또 그런가 하면 일제하의 지식인 중에는 유럽문명의 섭취라는 명분 아래 문화과학 전반에 걸쳐 유럽의 계몽기 이래의 보편주의, 그리고 사상의 코스모폴리타니즘을 받아들였다. 그러므로 그것은 오늘날의 대한민국의 일부 문화계에 있어서는 거의 사고와 문화에의 자세로 된 느낌이 있다. 이것은 결국 결과적으로 외세의 지배의 현실을 아니 보려는 일종의 도피주의에 불과하다. 이 점에 있어서 독일의 고전문학기의 보편주의, 세계주의가 결과에 있어서 그 얼마나 독일민족의 통일의식을 늦게 하고 또 그로 인하여 마침내 독일의 후진성이 19세기의 후반까지 극복되지 못하였다고 하는 역사적 사실을 상기할 필요가 있다.

그러나 이보다도 열 배나 더 중요한 문제는 말할 것도 없이 우리 농촌사회의 문제이다. 다시 말하면 한국 도시와 지식인의 민족주의적 자세가 단순한 저항일색에서 벗어나 점차로 전진적이며 통합적인 전망을 가지려는 방향으로 움직임에 반하여, 농촌사회의 현황은 마치 도시와 농촌과의 기형적인 불균형 발달과 같이, 아직 일제기의 민족사적 '기저' 수준에서 바둥거리고 있다는 점이다.

물론 현재 농촌사회는 변해가고 있다는 것이 상식이다. 특히 6·25사변 이래 무엇보다도 농촌장정의 병무동원, 그리고 전시 인구이동의 여파로 인하여 인륜관계와 향촌구조에 급격한 변화가 일어나고 있는 것은 두 말이 필요 없다. 그렇기는 하나 그래도 그 생산양식은 왕석往昔과 크게 다를 바 없고 농촌경제는 사실상 아직도 자급적 폐쇄경제의 성격을 띠고 있어서 결과로 보면 전근대적 정치현실과 골수 보수주의의 사실상의 아성牙城이 되고 있다.

나는 앞서 여러 번 민족주의란 결국 근대국가화 과정에서 출현하는 현상이라고 하였다. 그렇다면 국가 이전의 국가의 '상'을 추구하던 식민지 시대의 '저항의 민족주의'의 비지도적 추종성이 오늘날에 있어서도 변함이 없다면은, 이것은 과연 한국민족주의의 일대 위기가 아닐 수 없다. 아니나 다를까 근래 도시 민족주의적인 사건에 있어서 농촌은 끄떡없다. 민족사적 민족기저의 역사적 근원지는 마치 역사의 전진에서 홀로 뒤떨어진 것 같다.

2) 다음, 근대국가에 있어서 그 발전의 충족감을 역사적으로는 먼저 군사력, 경제력의 충실에 두었는데, 이것이 바로 민족주의 위신의 한 근원인 것은 모두 아는 터이다. 그런데 민족주의적인 여론의 요청과 국내통치의 실력적 수단이라는 점에서 어느 나라고 간에 이 문제는 국가정책의 제1순위로 삼는다. 더구나 근래에 있어서는 경제향상에의 팽배하는 국민의 요청은 그대로 사회적 압력으로, 그리고 다음 정당정치에 있어서는 정치압력으로 일변하는 까닭에 여하한 수단을 쓰든지 간에 급히 그 요청에 응하거나 또 혹은 그러한 인상이라도 조작하려고 할 것이다. 그런데 여러 신생국에 있어서는 가식의 사이비 군사력, 경제력을 외면적으로 유지하는 사례가 있다.

또 이러한 외식과 정권유지에의 필요한 실력과 위세를 위하여 민족주의의 핵심인 자율성의 극대치를 희생하는 경우가 있다. 민족주의에 있어서의 지도계층과 집권계층 사이의 괴리는 왕왕 이런 면에서도 일어나는 것은, 쉽게 알 수 있는 일이다. 한국민족주의에 있어서는 이런 사태가 있어서는 안 될 것이다.

3) 또 다음, 문제될 바는 이른바 사이비 '근대화'의 위기이다. 특

히 산업화, 경제주의, 경제성장론의 왜곡이라고 할 만한 경향이다. 대저 오늘날 신생국가 일반의 공통되는 현상은 국민이 소위 '후진 의식' 특히 경제적 후진의식이 직접간접으로 사회불만 또는 정치불 만의 명분이 되고 있다는 점인데, 이 점에 있어서는 이른바 선진자 본수출국도 이 경향을 촉진하는 데 상당한 역할을 한다고 생각된 다. 왜냐하면 선진국의 자본수출, 곧 공사公私의 무상원조, 차관, 직 접투자 등등에는, 이러한 후진의식은 거역할 만한 일일 뿐 아니라 세계 커뮤니케이션의 발달에 의하여 신생국의 매스미디어는 대규 모로 자기의 빈곤을 선전하고 있는 셈이 되고 있다.

다시 말하면 강국의 정책으로 보나 또 개방사회의 성격으로 보 나 경제후진의 의식의 심화는 면할 길이 없다는 결론이 나온다. 그 런데 이러한 추세는 마침내 일부 신생국에 있어서는 마치 경제적 향상만이 제1차 문제요, 또 그러므로 이에 필요한 비민족주의적 정 책은 충분히 명분이 있는 것으로 자처한다. 경향만으로 말한다면, 마치 국토는 마침내 단지 국민이 모여 경제생활을 하는 데 제1의第 一義가 있는 단순한 지리적 표현으로만 화할 위험이 있다.

4) 한국민족주의의 최대의 비극은 말할 것도 없이 타율적인 국 토의 양단이요, 또 동시에 민족주의의 이데올로기적 분열이 초래되 었다는 사실이다. 이로 인하여 민족주의로서의 기반은 현 시점에 있어서 매우 좁아져서 공약수를 찾기가 막연하기 짝이 없다. 순전 히 이론상으로 본다면 '통일'의 계기는 민족이라는 개념을 두고는 다른 것을 찾을 수가 없다.

그러면서 민족주의 '상'의 차는 지금대로라면 거의 절망적이다. 따라서 이러한 막다른 골목에서 탈출하려면, 적어도 이론상 민족주의 '상'의 수정이 필요한데, 그것은 또한 민족주의의 성격에서 보듯이 일시적인 것이라기보다 오히려 자기전개적이요 전진적으로 발전하여 가면서 이루어질 것이다. 그렇다면 한국민족주의의 입장에서 본 '통일'에의 전망은 흔히 논의되듯이 통일에의 직선적인 접근으로서보다는 차라리 방향을 바꾸어 지도계층과 그 민족주의의 '상'의 진정한 검토가 효과적일지 모른다.

우리는 한민족의 민족사적 전통을 너무나 깊이 믿는 까닭에 국내외의 누구나가 모두 통일에의 지향을 가지고 있으면서도 수단과 방법과 견해의 차이로 이렇게 늦는 것이려니 생각하기 쉽다. 한민족은 이 미몽일지도 모를 견지를 용감히 벗어나야 된다. 그리고 '통일'은 적어도 국제정치적인 한 문제이기도 한 까닭에, 한민족의 과감한 노력이 부족한 틈을 타서 어느새 강국정치의 게임이나 또 혹은 평화가 아닌 상태로서 그 결과가 나타날지도 모른다.

또 다음, 이번에는 나라의 밖이라는 차원으로 옮겨 본다. 본래 강국정치는 근대국제정치의 핵심인 고로, 따라서 민족주의는 이 '틀' 안에서 전개되기 마련이다. 그러므로 이러한 강국정치의 거미줄 속에서 겪는 한국민족주의의 고난이란 크게 말해서 민족주의의 정도正道인 근대국가'화'에의 전개과정에서 강국정치에 의하여 그 전진이 저해받는다는 의미일 것이다. 그러나 그러면서 한국민족주의는 정체할 수는 없다. 타율의 틈바구니에서도 자율에의 솟아날 길을 찾아야 한다.

무릇 강국정치의 '터'에서 가장 한국민족주의를 경계하는 요인은 다름 아닌 강국이 설정한 현상유지라는 것이다. 왜냐하면, 현재 동아시아에 있어서 강대국 간에는 일종의 미묘한 균형을 유지하여

왔던 것이며 그 위에 현상유지의 이른바 평화가 있었다. 한국사변 이래 1960년까지 계속된 동아시아의 정세는 아마도 이런 것이었을 것이다. 그러나 지금 이런 '평화'는 중공의 강대화와 아울러 월남 같은 곳에서 강대국 균형이 마침내 깨져가려고 하는 판국이다.

이러한 예에서도 짐작되듯이 강대국의 아슬아슬한 균형 위에 평화라는 현상유지가 진행하는 경우에, 저울대를 뒤집어 놓는 듯한 민족주의적 독자적 정책이란 강대국이 단연코 무관심할 수 없는 일이다. 왕년 이승만 박사의 이른바 '북진통일'과 한일 정상화 거부가 한·미 사이에 어떠한 갈등을 빚어내었는가 하는 것을 보면 사과반思過半의 감이 없지 않다. 뿐만이 아니라 군소의 우방국이란 자칫하면 강대국의 세계정책의 장기의 '말'과 같은 꼴이 되기 쉽다. 또 그럴 때는 '말'의 자율성, 독자성이란 강대국이 무관하기 어려운 일일 것이다. 왜냐하면, 본래 강대국의 정책대상은 넓지 않을 수 없다. 동아시아의 일국 일국을 따로, 그리고 독립적으로 생각하느니보다 오히려 동아시아 전역을 한 개의 대상으로 삼아 그 전역과의 관련에서 일국을 고려할 것은 말할 필요가 없는 일이다.

한편 한국민족주의는 강대우방과의 관계에 있어서 최대한 한국의 독자적 문제를 우선적으로 고려하여 줄 것을 희망하고 한국의 자율성을 최대한 존중하여 줄 것을 바랄 것이다. 다시 말하면 한국민족주의는 외교의 자율성, 이른바 자량권自量權을 극대화하려는 데에 반하여 강대국은 자량의 극소를 요망한다.

이리하여 본질적으로 대화는 불완전할 수밖에 없다. 더구나 더 사태를 복잡하게 하는 요인은 거의 모든 신생국가에 있어서 여러 가지 방식으로 통상무기의 확산이 진행되고 있으며, 또 각 신생정권은 이 무기획득에 분망奔忙하다는 사실이다. 이러한 무기는 대개 선진사회의 사용연도가 초과된 구식 통상무기의 확산이다. 그리고 이것을 통하여 강대국의 발언권은 증대하고 심지어는 이른바 신생 국가의 '군대'라는 특수한 유형을 통하여 여러 신생국의 민족주의 는 기형화하여 대개의 경우 민족주의는 나라의 '밖'으로만 향하게 되었다. 이러한 상황도 한국민족주의와 절대로 무관할 수는 없는 것 같다.

6. 결론

한국민족주의의 문제를, 나는 기본적으로 세계사적인 일반유형이 한국이라는 특수에 있어서 어떻게 개성적으로 표현되었느냐 하는 방식으로 파악하였다. 한국민족주의는 그것이 딛고 서는 한국역사 의 기저에 있어서 이미 민족사적인 몇 가지의 특색을 지니고 있었 다. 지금 그것을 또 한 번 달리 표현한다면, 첫째가 '저항과 생활력' 이었다. 둘째가 '정권에의 불신' 혹은 '정권으로부터의 소원疏遠'이 었고, 셋째가 '자율적인 투쟁력'이었다고 할까.

그리고 이러한 특색은 그대로 한말로부터 해방에 이르는 동안에 처하였던 '저항민족주의'의 선과 부합하여 그 특색을 발휘하였다. 그러나 이러한 '저항민족주의'라는 민족주의의 원초적 단계에 있어 서 정당하였던 '저항' 일색의 민족주의는 해방 후에 있어서는 그 내 부적 발전의 미숙과 담당 지도계층의 미확립으로 인하여 적이 정 체에 빠지게 되고, 또 이에 비례하여 한민족 사회의 자율성이란 본질적으로 누란累卵의 지경에 이르렀다.

그 가장 위험한 예는 현 시기에 있어서의 최대의 문제인 민족통일의 문제가 아닐 수 없는데, 이것은 자칫하면 한국민족주의를 공소空疎한 미사美辭로 남겨 놓고, 실질적으로 강국의 손에 지배되어 버리지 않으면 자멸적이며 비평화적인 사태로 나타날 위험성이다. 오늘날 한국민족주의는 이렇게 보면, 비교적 명백한 양상으로 나타나고 있는 것 같으며 또 이에 따라 그 향방도 오히려 분명한 것 같다. 무엇일까? 무릇 민족주의는 단색의, 그리고 정태적인 것은 아니다. 민족주의는 사회의 근대국가'화'의 단계에 따라 발전하고, 그 논리도 새로운 국면에서는 새롭게 전개된다.

원초적 독립을 위한 저항과 투쟁의 다음에 나타나야 되는 한국민족주의는, 모름지기 저항과 투쟁의 기백을 가지고 타율 속에 자율의 한도를 극대화할 뿐 아니라 오히려 그보다도 더 한층 중요한 것은 내셔널리즘의 새로운 주류로서 국내의 지도계층을 확립하고, 그리고 될 수 있는 대로 그 계층이 그대로 정권의 담당층이 되어야 된다는 것이다.

한번 원초적이나마 독립의 명목을 얻은 민족주의가 그 전까지의 '식민지 민족주의'의 입장에 서서 새로이 정권과 대립된다는 것은, 적어도 근대국가'화'에의 과정에서 볼 때 낙오의 길인 것은 틀림없다.

다시 말해서 한국민족주의의 제일선은 바로 나라 안에 있다. 그리고 이러한 새로운 지도계층은 무한한 자율적인 생활력을 지닌 대중의 본거本據인 농촌사회의 새로운 저력을 동원하야여 될 것이다. 농촌의 뒤떨어진 의식과 환경이 도시와 지식인의 전진적 민족

주의의 기치 아래 움직일 때 비로소 한국민족주의는 새로운 활력
을 얻을 것이라고 나는 믿는다.

《국제정치논총》 6집, 1967년

한국근대화의 기본문제

(1968)

이 논문은 지난 1968년 4월 20일에 열렸던 한국국제정치학회 주최의 학술토론회 〈한국근대화의 갈등과 조화〉 때 자기의 소견을, 동료의 권유로 적어서 제출한 것이다. 그것은 조금이라도 예비회의 때에 여러분이 선정한 문제가 본회의에서 토의되는데 장해가 될까 두려워, 일부러 본회의장에서 배포만 하는데 그치고 낭독조차 피하였다. 이 논문은 '기본문제'라는 점에서 '오늘'이라는 의미를 역일曆日을 초월한 '시대'라는 단위에서 생각하였으며 따라서 시국을 초월하는 거시적 입장을 취한 면이 많다. 그리고 '지도층', '주도세력'을 사회각계의 주력군이라는 뜻으로 썼다. 다만 본회의 전야에 창졸 간의 집필이라 여러 동료가 묻듯이 '한인의 제 나름대로의 세계사 주류에의 공헌'이란 과연 무엇이냐 하는 점에서 너무 막막하다는 평을 받게 되었다. 원래 이 문제부터는 지도'층' 혹은 진실로 지도자의 비전으로 나오는 것이 현실의 순서로나 개인으론 알고 있으나, 그러나 나의 뜻하는 바를 조금이라도 자세히 할 의무도 있기에 몇 줄을 붙여서 보유補遺의 형식을 취하였다.

의도

모든 일이 그렇습니다마는, 한국근대화라는 문제도 그것을 다루려면 알게 모르게 하나의 시각, 하나의 입장을 취하게 됩니다. 그러므로 우선 명백히 할 것은 우리는 과연 어느 입장에 서서 이 문제를 다루어야 되느냐 하는 의식입니다.

하기는 근대화를 고작 국내정치의 지배의 명분을 조작하는 구호로 쓰는 경우도 있고 또 강대국의 대외정책을 합리화하는 도구로 사용하는 근대화론도 있습니다. 물론 여기서는 이런 종류는 문제 밖입니다.

흔히 근대화는 구미화, 경제발전의 역사적 유형과 관련시켜 봅니다. '근대화'는 곧 유럽사에서 추상된 유형개념이라고 보는 예가 많습니다. 나는 이것을 '고전적 근대화'라고 부릅니다마는, 하여튼 이러한 유형관념이 요새 수많은 신생국에서 '가치 있는 역사적 모델'로 공인되고 또 구미의 번영을 그 유형의 연장선상에서 보고 그러므로 우리도 이 유형에 따라 번영을 누려보겠다는 열의가 대단한 것 같습니다. 이런 의미에선 유럽사적인 근대화관념의 국제적 평준화가 진행 중인 인상을 주고 있으며, 한편 세계 정치·경제에 휘말려 든 신생국은 이 유형을 따라 국제수준의 번영을 힘껏 추적하고 있다고도 할 수 있는데, 우리도 그 틈에 끼어 있는 것이 감출 수 없는 사실입니다. 그런데 여기 한 가지 잊지 못할 일이 있습니다. 앞서 내 나름대로 명명한 고전적 근대화는 어디까지나 '고전적인' 유형일 뿐이지 오늘도 그대로 통용된다고 하기엔 너무나 시대적이며 역사적인 유형입니다. '근대화'를 역사적 개념으로 이해하는 한, 두말 할 것 없이 그것은 필연적으로 시대계열 속에 잡히고 또 특정한 고장과 터전의 제약을 받을 것입니다. 그러므로 '근대화'는 개념의 성질상 문제되는 시기와 고장을 떠날 수는 없습니다. 또 그러므로 한국근대화라는 문제는 불가피하게 한반도라는 고장의 성격과 특정한 시기, 이 경우에 있어서는 오늘이라는 역사적 시기의 특징에서부터 출발 아니할 수 없을 것입니다. 그런데 우리 한인에게 있어서는 한반도라는 고장과 오늘이라는 시기를 의식한다는 것은 다름 아닌 현실감일 것입니다. 우리가 우리라는 존재를 담고 있는 시간의 계열과 공간의 의미에 나는 사상의 분석에 그치는 표피적 객관주의를 이 경우 적당하다고 보지 않습니다. 근대화사를 엮는 것으로 자족하는 역사취미도 달갑게 생각하지 않습니다. 또 근대화라는 일반개념을 정립하려는 분석적 방법도 가可하다고 여기지 않습니다. 한국근대화의 문제는 자기의 고장과 자기가 사는 시대에 대한 날카로운 자각에 서는 한 행동과 실천의 대안對岸으로 향하는 문제일 것입니다. 그래서 나는 한국근대화를 이렇게 정식화하여 문제 삼으렵니다. "한국근대화는 누가, 무엇 때문에, 무엇을 하려는 것인가".

누가?

앞서도 잠깐 암시한 바가 있습니다. 본래 오늘의 근대화문제는 결국 유럽사적인 가치기준과 구미사의 정치, 경제, 군사의 성과를 국제수준화하여 생각하는 경우 그것에 접근 또는 도달하려는데 생기는 문제입니다. 그렇다고 요사이는 국제수준도 하나만은 아닙니다. 이른바 자유세계의 기준밖에 공산사회의 기준이 따로 있는 것은 상식입니다. 물론 그것도 따지고보면 유럽사상사의 산물이니 유럽사적 가치기준임에는 틀림이 없습니다.

이렇게 보면 소박하게 말해서 한국근대화란 이러한 국제수준, 물론 대한민국의 경우는 이른바 자유선진사회의 수준에 하루 빨리 도달하겠다는 것입니다. 그렇다고 하면 다음 중요한 실천상의 문제가 나옵니다. 근대화를 우리 중에 누가 맡아야 한다는 것입니까? 하기는 한민족이 단일체가 되어서 한다는 애족적 표현이 있습니다. 그러나 여기는 학술대회이니만큼 애국적이기는 하지만 광막한 표현은 피하겠습니다. 보통의 경우 '누가'라는 문제는 지도층과 주도세력의 문제입니다. 그러니까 바꾸어 말하면 어느 지도'층'과 그를 중심한 어느 주도세력이 근대화를 맡아 해낼 수 있느냐고 하여도 좋습니다. 고전적 근대화의 예에서는 절대적 군주세력과 시민세력이 그것을 담당하였다는 통설이 있습니다. 절대왕조는 종교로부터의 정치의 독립 그리고 근대국가의 형성과정에서 근대화의 역군이었고, 시민자본세력이 국민경제의 확대와 자유민주주의의 형성에서 그 다음을 맡았다는 것은 널리 유포되어 있는 설입니다. 그런데 절대군주나 시민자본세력이 근대화의 지도'층', 주도세력으로 인정된 것은 단순히 근대국가의 형성과 국민경제발전 등에 공헌하였다는 이유에서만이 아니라 그 시대의 공감을 산 '방식'에 의하여 공헌하였다는 데 원인이 있었습니다. 말하자면 그 시대의 모랄, 혹은 윤리성이라고 할까요. 그것에 연沿하여 국민을 이끌고 나간 지도'층'이 되었던 것입니다. 좋은 예가, 한번 이 윤리성 또는 공인된 방식을 벗어나면 거연遽然히 폭군, 착취계급의 악명을 남겼습니다. 이 교훈은 아주 중요하다고 나는 생각합니다. 왜냐하면, 지도'층', 주도세력이라는 개념 속에서 일종의 국민윤리가 내포되어 있다고 생각됩니다. 선악의 윤리라기보다는 국민의 시대적 욕구와 당위감 위에 선 윤리성이 있다고 생각합니다. 그럼으로 해서 이른바 '지도층'이라고 불리우는 것이 아니겠습니까. 이런 의미의 윤리성이 결여되면 사이비 지도'층'이요 지배세력일 뿐입니다. 요컨대 근대화는 결실과 더불어 방식이 중요합니다. 오늘날 자유선진세계의 국제기준은 절대권력의 부정이며 견제와 균형이 오히려 권력의 미덕으로 공인되고 있으며, 한편 국부의 증대는 단순한 증대가 아니라 국민복지위에 선 증대로 나아가고 있습니다. 이것이 근대화의 한두 가지 방식이라면 그 '누가'라는 지도층이 만일에 근대화의 결실이라고 하여 국부의 증대만에 국척騙躇하고 강행력의 효율만을 절대화한다면 그것은 시대감각을 벗어난 왕조기의 근대화일지언정 오늘에는 근대화의 자세일 수 없습니다. 우리가 바라는 지도'층'은 항상 현실적으로 국민의 공감과 에너지를 용솟음치게 함으로써 권력의 행사일지라도 국민의 환호 속에 감추어 놓을 수 있는 층일 것입니다. 이런 '층', 이런 '권력'이 아니 나오면 천만언千萬言을 써서 근대화를 부르짖어도 근대화는 허탕입니다. 이러한 이론에서 보면 근대화에의 긍정적인 지도'층'이 없고 오직 반근대화만이 부르짖어도 근대화 미덕이 될 수 있다는 것은 근세초 유럽사상의 폭군방벌론Monarchomachen 이래의 진리일 것입니다.

또 한 가지 문제가 있습니다. 나는 일찍이 근대화를 피동적인 형태로 본 일이 없습니다. 양 물결이 치는대로, 신식군대의 위압이 시키는대로, 그리고 외국자본이 밀어닥치는대로 이것을 계기 삼아 해외의 문물을 수동적으로 받아들이는 것은, 정치, 경제, 사회의 변동이라는 객관주의적 입장에서는 확실히 근대화의 사상事象임이 틀림

없습니다마는 한번 입장을 바꾸어서, '고장'과 '시대'의 통일체로서의 주체적 사회가 국제기준에 능동적으로 접근, 도달하려는 실천적 자세에 서서 본다면 이것은 근대화가 아니라 식민지화입니다. 아마 강대국은 그것도 근대화라고 이해시키려할 것입니다마는, 이 점에서 지도'층', 주도세력의 자세의 문제가 나옵니다.

기왕의 역사를 살펴보면 근대화에 능동적으로 참여한 국민과 민족 중에 자기에 대한 긍지와 자기전통에 대한 깊은 생명감을 지니지 않은 예를 볼 수가 없습니다. 국민적 프라이드와 전통에 대한 내면적 생명감을 자랑하지 않던 국민을 발견할 수 없었습니다. 서유럽에는 남이 근대화 모형으로 삼는 나라가 몇 개 있습니다. 가서보고 사귀어보면 이른바 근대화된 면의 몇 배되는 비근대적 지방색, 불합리한 전통을 긍지를 가지고 아끼면서 보존하고, 그러면서 필요한 분야에서 '근대화'의 사고방식과 물질 환경을 만들고 있습니다. 미국은 현대기준으로 보아 근대적 의회제와 아울러 고도의 근대적 생산양식이 발달한 나라라고 합니다마는 그 선거의 보스제도, 이른바 계파machine는 비근대적인 것의 전형 같은 것입니다. 그러나 그것은 그대로 옳은 일입니다. 근대화는 국민의 행복감과는 반드시 일치하였던 것은 아닙니다. 오히려 이른바 선진국의 예를 그 지방색, 전통에서 긍지와 국민의 공감을 찾고 근대화에서 국제적 경쟁을 하고 있는 것뿐입니다. 요컨대 근대화란 특정한 시대상황에서 자기고장에의 애정과 긍지 있는 전통의 생명감에서 몇 가지 국제 가치기준을 추구함으로써 국제대열에 낀다는 것인데, 근대화를 한다는 주체가 자기능력에 대한 자긍이 없이 혹은 자기식의 존재가치에 대한 긍지 없이 어떻게 근대화라는 국제경쟁 속에 서겠단 말일까요? 그런데 이 긍지와 자각과 자기식의 생활에 대한 깊은 신념의 주인은 지도'층', 주도세력의 가장 중대한 역무입니다. 이것을 불러 일으키지 못하고, 현실적으로 자기에의 긍지와 신념을 저버리는 국민은 이미 근대화에의 출발에서 낙오한 것입니다. 하물며 지도'층', 주도세력 자체가 자기전통에의 신념과 민족된 긍지와, 국민의 공감 위에선 자부가 현실적으로 결여되어 있다면은 이미 근대화는 실천의 차원에서 추락한 것입니다. 그렇다면 오늘날 한국근대화의 지도'층'과 주도세력은 있는 것인가요, 없는 것인가요?

무엇 때문에?

왜 한민족은 근대화를 하여야 됩니까? 내 귀에 가장 쉽게 들리는 대답은, 남과 같이 물질적으로 잘 산다는 것입니다. 그래서 한국소득수준론이 나오고, 중진국, 선진국론이 나옵니다. 어느 소득수준이 경제적 풍요냐 하는 문제는 차치하고, 우선 이런 식의 근대화론을 나는 경제주의라고 불러 봅니다. 하여간 '잘 살아야 된다'는 것은 표어 식의 대중성 있는 논리인데, 그 밑바닥에는 남과 같이 잘살지 못한다는 전제가 있을 것입니다. 그러므로 먼저 '못산다'는 빈곤의식이 우리 사회의 시대적 상황에서는 무슨 의미가 되나 하고 생각해 보겠습니다. 이 경우 내가 취급하는 것은 '빈곤의식'이요 또 '국제수준'에 대한 의식입니다. 물론 의식의 문제가 아니라 영양실조에 빠져서 생명의 유지가 어렵다는 절대빈곤을 사회단위에서 문제삼을 수도 있습니다마는 우리의 근대화 문제에서는 '의식'만을 취급하겠습니다.

　우선 대한민국은 비교적 개방된 사회라는 것을 전제합니다. 개방도 모든 방향으로 개방된게 아니라, 적어도 매스컴적 개방 면에 있어서는 서방 강대국과 일본 일부에 압도적으로 개방된 사회입니다. 이 까닭에 한국사회는 비교적 높은 생활수준의 국제수준을 조석朝夕으로 의식하게 됩니다. 자기생활과의 비교가 너무나 빈번하지 않을 수 없게 되어 있습니다. 이 결과 생활수준의 낙차에서 오는 민족적 열등감과 사회의 욕구불만은 대단한 것이 있을 수 밖에 없습니다. 그러면 그러한 국제수준에 따라가면 되지 않느냐 하는 의욕적 의견이 나옵니다. 바로 이 점이 난難문제 중의 난문제입니다. 1946년 유엔개발무역회의 이래 명백히 된 사실입니다마는, 이른바 선진국과 후진국 사이의 경제적 낙차는 연년세세 좁혀지기는커녕 반대로 벌어지기만 하고 있는 형편입니다.

물론 생활수준이 절대적인 향상은 세계의 여러 곳에서 일어나고 있습니다. 대한민국도 그렇습니다. 생활수준의 절대적인 향상은 평균적으로 볼 때도 의심의 여지가 없습니다. 그러나 현재의 국제경제의 구조 아래서 이런 따위의 경제주의를 근대화라고 생각하는 입장에서는, 적이 역설적으로 들립니다마는 생활은 좋아지는데 빈곤의식은 도리어 깊어간다는 사태가 일어납니다.

우리도 예외일 수가 없습니다. 물질생활의 환경을 만든다고 물량의 증대를 노력하였는데 그럼에도 불구하고 빈곤감은 한층 첨예하여가고 사회불만은 미만彌滿만하여 갑니다. 매일같이 번영국과 자기를 비교하여가며 사는 개방사회의 숙명입니다. 더구나 지도층의 졸속주의가 여기에 겹치면 우선 소수만이라도 국제수준에 접근하게 하고 그리고 일부의 시설이라도 기념탑 만들 듯이 만들어서 표본효과와 전시효과를 내자는 경향이 생깁니다. 이렇게 되면 결과적

으로 보아 나라 안에는 빈부의 예리한 대립이, 그리고 시설과 물질
환경에는 고대와 중세와 근대와 현대가 공존하는 파노라마가 전개
될 것입니다. 사회불만은 나라 안에서 점차로 정치불만으로 그리하
여 세태는 불안이 '정상'이 되어서 도화선만 연결되면 마침내 폭발
한다는 것이 소위 사회정치이론의 정설로 알고 있습니다. 현재 제
3세계라고 불리우는 세 대륙의 신생국은 대부분 이러한 '위기상태'
가 정상적이요, '정상적'인 것이 비정상적이라는 묘한 평을 받고 있
으며, 그러기에 제3세계는 혁명시대를 걷고 있다고도 말합니다.

   그런데 혹시 그 한 이유가 앞에 든 근대화정책의 경제주의적 현
실일지도 모릅니다. 나는 이러한 식의 물량주의, 경제주의는 일종
의 흉내내기, 거짓의 근대화이며, 이 악착스런 시대에 있어서 대국
은 혹시 이롭게 생각할지 몰라도 적어도 우리 한인이 택할 길은 아
니라고 생각합니다. 그러면 무엇 때문에 근대화입니까? 잘산다는
진의는 무엇일까요?

   나는 하번 기우氣宇를 넓게 갖고 힘껏 고차원에 서보려고 합니다.
본시 근대화는 유럽사적인 가치기준과 물질생활이, 그리고 또 그
뒤에 선 군사력이 오늘의 국제기준으로 통용하는 데서 생겨난 문
제라고 나는 해석하였습니다. 곧 유럽사가 근대사를 거쳐서 세계
사의 주류를 형성하였던 때로부터 생긴 문제였습니다. 우리는 지금
싫든 좋든 세계사의 주류가 가지고 온 국제기준에 적응하느라고
노력하는 것뿐입니다. 세계사의 '현단계'에서 이룩되는 세계정치의
최저단위는 '민족국가'nation-state입니다. 그러므로 우리는 우선 한 개
의 민족국가로서 완결되어야 되지 않겠느냐 하는 것뿐입니다. 또
네이션이라는 말의 대내적 의미 곧 국민이라는 관점에서 볼 때, 현

대정치의 기준은 명분으로나 현실감으로나 서민과 지도세력 사이의 공감위에선 국민국가의 형태이니 우리도 이 방식을 현실적으로 채택하여 잘 살자는 것뿐입니다. 아니 실은 '잘 산다'는 근대화적 의미에는 이러한 '방식'이 내재되어 있는 것이며, 이 방식을 무시한 결과주의, 재물의 풍요를 가져오기만 하면 된다는 사고는 그 자체가 반근대화의 전형적인 것입니다.

나는 천학淺學의 한낱 정치학자입니다. 그러나 오늘날 세계사의 주류가, 적어도 민족이라는 관점에서 볼 때 단일민족주의로부터 다민족주의로 이미 옮겨져가고 있는 것을 뼈아프게 깨닫고 있습니다. 그리고 아마 그 다음에는 새로운 세계주의가 역사의 주류로 나타나는 게 아닌가하고 개인으로는 믿고 있습니다. 만약에 그렇다면 우리가 열망하여 마지않는 민족국가로의 통일이나 혹은 우리의 민족주의라는 것은 결국 세계사라는 수레의 뒷바퀴에 붙어서 굴러간다는 것이 되어서 어지간히 겸연쩍습니다. 그러나 돌이켜 생각하면 세계사의 변두리에서 모멸 속에 짓밟히지 않고 그래도 주류의 향방에서 참여와 경쟁 그리고 나아가서 세계문명에 공헌하는 태세를 갖추려면 민족국가로 완결되지 않고서는 세계정치의 단위로조차 부족한 것을 어떻게 합니까? 내셔널리즘을 극복하고 그리고 세계사의 주류에서 전진하려면 먼저 그 내셔널리즘 위에 서야된다는 것은 얼마나 커다란 역사의 아이러니입니까?

내셔널리즘의 대외적 형태는 아시다시피 민족국가의 완결인데 그것은 오늘날 '내 민족'의 존재의 정치적 보장일지언정 그것을 넘어서 남의 민족, 남의 나라에 대한 종속 강요는 반동적인 자세로 인정됩니다. 내셔널리즘의 대내적 형태는 국민감의 형성인데, 그것은

강제력과 권력으로 만든 것이나 그로 인한 질서에서가 아니라 아
시다시피 공감과 합의의 현실감에서 우러나온 법질서, 정치제도라
야 된다는 국민국가관이 오늘의 모럴입니다. 이 최저의 바탕위에
세계사의 주류에 이바지함으로써 우리의 삶은 의식주의 삶만이 아
닌, 더 한층 고귀한 삶을 한다는 고양된 사명감이 생길 것입니다.
또 국민의 물질생활의 근대성이란 무엇일까요? 물질의 풍요와 풍
족에는 두 가지가 다른 특색이 있습니다. 하나는 앞서도 말씀드렸
습니다마는 현대적 '방식'을 통한 풍요, 풍족 곧 복지주의 위에 선
풍요, 풍족이라는 것이요, 또 그 둘째는 더구나 최고의 물량이, 최
고의 상품생산이, 또 최고의 자본량과 사치가 근대화의 상징같이
보인다면 그것은 그렇게 생각하는 사람이 그 얼마나 비근대적이고
저속한가를 가르킬 뿐입니다.

풍요는 그 절대량에서, 또는 그 자체가 근대적인 것이 아니라 세
계문명에 이바지하는 그 특색에서 근대적인 것입니다. 북미합중국
의 풍요와 덴마크의 유족裕足은 서로 다릅니다마는 모두 근대화의
성과입니다. 고전 아테네의 호화보다 스파르타의 검소가 못하다고
생각한 후세인은 아마 없을 것입니다.

물량이 근대적인 아니라 물량을 자주적으로 조절하는 것이 근대
적입니다. 물질생활은 어디까지나 생활이라는 행복을 위한 인간의
영위營爲이지 물질의 전시展示는 아닙니다. 그런고로 나는 생각합니
다. 이러한 형태의 풍요, 자주적으로 조절된 생활이 어떻게 오늘의
'방식'을 통하여 열매를 맺음으로써 세계사의 주류에 부응할 수 있
는가를. 근대화는 무엇 때문에 하는 것일까요? 강대국에의 모방이
어야 될까요? 유럽사가 남겨놓은 국제기준에 접근하려는 것만으로

그칠까요? 그렇지 않으면 '우리'라고 하는 이 도망갈 수 없는 역사적 집단을 세계사의 변두리로부터 불러일으켜 고양된 시대의식에서, 또 자기나름의 창의에서 장래를 앞서보는 생활을 한번 해보자는 것일까요?

무엇을?

그러면 구체적으로 한국근대화는 무엇을 해야 되는 것일까요? 하기는 나의 의견의 대요大要는 이미 앞서 논급한 말 속에 있는 것을 여러분은 짐작하셨을 것입니다. 먼저 근대화에 임하는 자세가 서야 비로소 실천이 가능할 것입니다. 결과적으로 식민지적이 아니될 수 없는 수동적 추종이 아니라면 근대화에의 자세는 곧 '우리'에 대한 자긍과 전통이라는 자기의 생이 줄기에서 솟아나오는 자신에서 찾을 수밖에 없습니다. 국제경쟁 속에 서는 절실한 필요와 이러한 정신이 합칠 때에 비로소 능동적인 국제생활에의 참여 곧 근대화가 시작될 것입니다. 어떤 분은 이런 경우 곧 전통을 고려대장경, 고려자기, 한글 등등의 문화재에 연결시킵니다. 이것들은 물론 소중한 우리의 문화유산입니다마는, 내가 말하는 전통 관념은 아닙니다. 내가 생각하는 우리의 전통이란 수백의 민족이 흥하고 사라져간 험한 동아시아의 역사 속에, 그렇게 남들이 험하다고 한 지리적 위치에서 꾸준히 민족으로 커가고 또 자라온 그 강인한 생활력을 가리키는 것입니다. 근대화 능력이란 결국 새로운 국제환경에 적응할 수 있는 생활력입니다. 우리는 역사적으로 여러 번 뒤떨어진 일이 있습니다마는 그래도 그 속에서 살길을 찾았고, 또 식민지 동일정책 속에서도 자기를 건졌습니다. 이 전통이 근대화에의 자세

를 밑받치는 근거입니다. 그 다음 근대화에의 정치적 자세는 앞서
도 누누이 말씀드렸듯이 세계정치의 최저단위인 민족국가로서의
통일입니다. 이것이 없으면 근대화에의 전진 방향에서 우리는 낙
후할 위험이 있습니다. 왜 그럴까요? 유럽의 여러 나라는 근대국가
로 독립하면서도 '유럽'이라는 모태가 있음으로써 자기 것과 동시
에 자기를 밑받치는 문화권을 의식하였습니다. 자국의 발전이 문화
권의 발전도 됨으로써 세계사의 주류를 이루게 되었습니다. 우리는
그것이 없습니다. 유교세계의 몰락 이후에는 밑받치는 모태도 없고
다민족적인 장을 형성할 수 있는 우리 식의 '유럽'도 이제는 없습
니다. 이 점에서는 아랍민족보다도 딱하고, 이슬람세계조차 부러울
지경입니다. 그러므로 마치 지금 말레이시아에서 또 아프리카 제국
에서 국민형성nation-building이라고 해서 안간힘을 쓰듯 진행 방향에
서려면 한인은 하루 빨리 민족국가로서 완결하고, 그리고 다음에는
다민족적인 지역형성을 위하여 평화와 민족방식으로 안간힘을 써
야 비로소 한인은 한인다운 정치적인 근대화의 이미지를 갖는다고
나는 생각합니다.

　주지되듯이 유럽 19세기사의 국민주의, 곧 국내적 내셔널리즘의
도달점은 민주주의라는 기준입니다. 하기는 오늘날 민주주의라는
말을 하도 각색으로 쓰여서 어떤 것이 본색인지 분간하기 매우 어
렵습니다마는 하여간 그 밑바탕에는 공감과 합의에서만 지배가 가
능하다는 이념을 여러 가지 제도로 구현한다는 것입니다. 적어도
서민은 피지배자만이 될 수 없다는 실천이론입니다. 그런데 얼마
전까지 현실세계에서는 같은 내셔널리즘이 국외와 국내에서 서로
모순이 되는 듯 하였습니다. 대외적으로는 남의 민족을 억압하는

식민지론도 밑받치고, 국내에선 적어도 이념상 평화와 인권과 자유와 평등을 주장하는 구실을 맡았습니다. 제2차 대전까지의 특징은 세계정치의 현실에서 이 모순이 정당하다고 간주된 점일 것입니다. 3·1운동 때의 쓰라린 경험이 우리에게 있습니다. 오늘의 시대는 다릅니다. 이미 내셔널리즘은 나라의 내외를 가리면 아니 될 이념으로 있지 않으면 역사의 방향에서 낙후하게 되었습니다.

내셔널리즘은 곧 국내에서와 같은 세계라는 장에 있어서도 평화요, 자유요, 평등이요, 또 인권이어야 되게 되었습니다. 아직 현실은 그렇지 않아도 적어도 향방은 그렇습니다. 또 아마 현실은 이 모든 요소의 아슬아슬한 균형을 모색하는 결과가 되겠습니다마는 하여튼 한가지의 방향은 평화에의 추구입니다. 핵무기시대, 역사 최대의 군비시대에 역사는 평화주의의 방향으로 주류를 돌리는 것 같으니 묘합니다. 또 그것이 우리나라 우리같은 신생국의 살길이 아닐까요? 도대체 도저히 따라갈 수 없는 군비시대, 몽상도 못하는 파괴력이 한반도의 인간을 순식간에 없앨 수 있는 시대에 있어서 우리의 최대의 무기가 평화가 아니고 무엇이겠습니까? 나는 무방비가 좋다는 이론은 아닙니다. 그런 것이 아니라 정치근대화에 있어서 우리의 향방이 어디냐 하는 것을 내 나름대로 말씀드린 것뿐입니다.

다음은 물질생활의 향상의 문제입니다. 이미 나는 경제주의, 물질우선만은 근대화와는 거리가 멀다 보았습니다. 경제주의, 물질주의는 비유하자면 청말의 안이한 양무론 같은 것입니다. 양무론 중의 속류는 중화의 문물에 서양의 군기軍器와 경제만 들여오면 족하다고 생각하다가 망했습니다. 우리의 물질생산의 향상은 그것이 진실로 오늘의 '방식' 위에선 근대화라면 몇 가지의 원칙을 벗어나지를 못할 것입니다. 첫째는 쓸데없는 국제수준에 대한 기대의식을 조절해야 될 것입니다. 기대와 욕구는 자연한 것입니다. 그러나 자연에 맡기면 근대화라는 피와 땀으로 그리고 계획과 협조로 가는 길은 차단되어 있는 듯이 보입니다. 그러면서 이 기대의식을 조절하는 길은 둘밖에 없을 것입니다. ① 민족에 대한 긍지만이 가져오는 진실한 절제와 매스컴 기타의 지도적인 견식見識, 그리고 ② 너도 나도 같이 영위한다는 검소한 생활 속의 평등의 안도감, 이러한 기대의식의 조절 위에 세계문화와 국제적 생활기준에 이바지 할 수 있는 한인 나름의 생활방식이 무엇이냐가 국민의 공감 위에서만 논의되고 또 조성해야 할 것입니다. 선진기술의 도입, 자본형성의 방식, 국제경제와의 연관조절, 국내외의 시장성격에의 대책은 모두 그 다음에 오는 전술적 문제일 것입니다.

　마지막으로 우리의 근대화의 사고태세는 어떠하여야 될까요? 또 사회행위는 어떤 것이 옳을까요? 나는 환경론자도 아니고 정신주의자도 아닙니다. 아마 물질생활의 변화는 필연코 생활행위의 일부를 변하게 할 것입니다. 또 인간의식의 행동화는 기필코 사회풍습도 바꿀 것입니다. 그러나 한 가지 확실한 것은 인간의 적응속도에는 한도가 있고 또 사고의 태세가 곧 근대화는 아닐 것이라는 것입니다. 근대화는 어디까지나 국제기준에 적용할 절실한 필요에서 발생하며 그것을 넘어서서 세계사의 주류에 자기 나름대로 이바지함으로써 종착하는 것이라고 나는 믿습니다. 한국근대화는 한반도라는 장소의 의식 속에 오늘의 감각을 담고, 그리고 전통적인 민족의 생활능력으로, 한편 국제기준에서 취할 바를 취하고, 한편 그것

을 넘어서서 반도를 넘는 평화와 복지에 정신생활로서도 이바지한
다는데 우선 목표가 있다고 나는 보았습니다. 이러한 입장에서는,
최대급행으로 국제수준에 적응한다고 외치면서 실은 자기분열증
에 걸리는 것을 좋게 볼 수 없습니다. 또 합리주의, 계산성, 서구식
사고방식을 논하면서 그 위에 고전적 근대화의 정신을 볼 수 있으
니, 그러므로 오늘의 우리생활의 여러 모에 보이는 비합리주의, 비
계산성을 먼저 문제삼아서 서구식의 사고방식을 배워야 된다는 논
의에도 나는 적이 의심을 품고 있습니다. 근대화는 행동 속에 논리
요 또 윤리로 귀착되는 생활의 필요로 내게는 보여집니다. 바꾸어
말하면 앞서 말씀드린 자세와 국제환경에의 적응의 필요와 목표
같은 것 위에서 행동할 때 비로소 한 개의 윤리가, 일종의 사고방
식이 생활의 필요로서 결과할 것입니다. 설령 지식인에게 있어서는
이것이 개념이론의 순서가 아니라고 생각될지 모르나 그러나 한국
의 근대화는 결국 한인 전체에게 결과하는 생활과 목표의 모색이
므로 오히려 이러한 생활과 행위와 논리의 불가분적인 일치야말로
진실로 체험적이 아닌가 생각됩니다.

이렇게 볼 때에 과연 우리는 무엇을 하고 있는가요? 또는 아니
하고 있는 것일까요?

갈등과 조화

요컨대 내 생각으로는 오늘날 '한국근대화에 있어서의 갈등과 조
화'란 누가, 무엇 때문에, 무엇을 하려고 하느냐 하는 통절한 한인
의 욕구와 기대로 보아 반근대적인 자세, 향방, 정책, 행위, 개념은
무엇이며, 이에 반하여 근대에의 자세, 향방, 정책, 행위, 개념은 어

디 있고 어떻게 될 것이냐 하는 문제로 나는 이해하였습니다. '근대화'의 기준과 향방을 보는 눈에는 여러 가지 시각이 있습니다. 따라서 여러 가지 시각과 투철한 통찰력으로 나의 좁은 시각 그리고 어두운 력을 여러분이 토의를 통하여 계발하여 주시기를 바라마지 않습니다. 그리고 내가 가지고 있는 아시아에 대한 기본적인 시대판단, 곧 우리는 위기적인 것이 정상같이 되고 있는 아시아의 긴 혁명시대에 살고 있는 관계로 '비상'과 '위기'는 어디까지나 정상이 아니라는 이른바 선진국의 입장은 우리를 거꾸로 서라는 것이라는 것도 잘못이 있으면 시정하여 주시기 바랍니다.

〔보유〕

나는 넓은 의미에서 근대화란 국제기준에서 본 사회변화의 역사적 유형으로 파악한다. 이런 의미에서 고전적 근대화의 유형은 바야흐로 세계사의 주류로서 전진하던 유럽사의 일 유형이었고, 따라서 그 때의 기준은 유럽 안의 선진사회의 그것이었다. 오늘날에 있어서 근대화는, 비록 유럽사가 중대한 공헌을 하였기는 하나 19세기 후반부터 새로운 의의를 지니게 된 세계사의 '현대' 단계에 있어서 문제되는 역사적 유형으로 개념한다. 이렇듯이 근대화를 고전적인 것과 현대적인 것, '현대적'인 '근대화'란 적이 어감이 어지럽기는 하지만, 곧 두 개의 유형으로 이해함으로서 한국근대화의 향방에 두 가지의 성격이 문제될 수 있을 것이다. 곧 물질생활과 이념생활의 그 이유는 이러하다.

우리 사회에서도 잘 알려져 있는 막스 베버의 고전적인 자본주의 정신론이 있다. 막스 베버에 의하면, 요컨대 자본주의는 칼뱅이즘이라는 금욕적 신교의 윤리의식을 계기로 발달한 것으로서 그 윤리에 따르면 근세초까지 천시되어 오던 재화 획득에의 인간노력이 오히려 인간에게 부여된 천직이라고 의식되고 또 그것을 위한 계산적이며 체계적인 사고와 행위가 바로 합리주의의 의미라고 해석되었다. 물론 여기에서는 이 논란 많은 베버의 자본주의 발생론을 말하려는 것은 아니다. 다만 내가 베버를 잠깐 이끌은 까닭은 그 문제제기의 방식이 오늘에도 유효한 탓이었다. 다시 말해서, 베버는 고전적 근대화의 한편의 핵심인 근대자본주의 발생을 추구하면서 그것을 윤리성 혹은 인간 이념의 문제와 서로 매개시켰다는 문제의식이 나에게는 흥미롭다. 더구나 베버는《프로테스탄트 윤리와 자본주의정신》의 제2부 종장에서 자본주의가 가져온 물질문명의 풍요 속에 그 주의가 지녔던 종교적, 윤리적 의의의 상실과 현세주의의 자행恣行을 들었다. 이 점 역시 논란이 많거니와, 그러나 그 문제의식의 방식은 나에게 또한 재미있었다. 곧 인간문명의 발달은 구경 물질생활과 윤리생활의 상호매개로 돼 있다는 의식에서다.

근대화는 그것이 진정 역사적 의미를 가지려는 그것은 의당 물질생활의 향상과 동시에 서로 매개되어 있는 이념생활의 방향을 가져야 될 줄 안다. 그렇다면 오늘날 근대화를 유형짓는 이념의 향방은 어디일까? 베버는 미국의 자본주의적 풍요 속에 금욕과 경건이라는 종교적 윤리의 상실을 보았는데 한편 우리는 지금으로는 도저히 따라갈 수 없을 듯이 생각되는 이른바 선진사회의 물질과

물량의 풍요 속에 실은 물량과 정신과의 불균형을 또 물심物心의 부
조화에서 오는 대도시의 고독한 군중과 자살과 자학의 급증과, 그
리고 불안감에 사로잡힌 신세대들의 반항을 보지 않는지……

아마도 근대화의 현대적 문제는 과학의 발달이 가져온 핵무기와
세균전의 공포나, 또는 물량에게 도리어 지배되는 인간생활, 그리
고 물질생활의 급변에 적응미급適應未及한 역사적 '주변인'을 만드는
데 있는 것이 아니라 오히려 이러한 과속, 과잉의 물질생활을 '검
소 속의 풍요'로 돌리고 이념의 세계를 애써 타개함으로써 물심의
조화, 물질생활과 이념생활의 균형을 되찾는 것이 기실 중요한 것
이 아닐까 생각한다. 그런 의미에 있어서 내가 마음속에 지닌 한국
근대화의 향방은 '검소 속의 풍요'를 찾을 수 있는 물질생활의 개선
과 아울러, 아니 그보다도 서양사회가 오늘날 잃어가고 있는 물심
의 균형을 전진적으로 되찾기 위하여 창의를 가지고 이념의 세계
를 전통 위에서 같이 모색하는 데 있듯이 보인다.

목전 외우畏友 금곡 이동욱李琴谷이 한편의 연설문 초고를 던져주
고 필리핀으로 떠났다. 그곳에서 열리는 아시아 상공회의소 대회에
서 읽을 연설문이라고 들었다. 그 글의 말미는 하도 내 마음을 들여
다 보는 듯 하기에 우의를 믿고 여기에 인용하면서 이 글을 마친다.
"현대과학이 물질의 심오한 비밀을 밝히는 데 큰 공이 있으면서 반
면 인간정신의 발굴에 성과가 적었다면, 또 20세기의 문명이 미숙
의 심령으로 물질의 거인을 만들었다면, 그리고 이 지구라는 유성
이 서양 물질문명의 불균형한 발달로 인하여 현재 더욱더욱 생활
하기 위험한 장소로 화해지고 있다면, 우리 아시아인은 이제 새로
운 발전에 즈음하여 아시아의 위대한 전통을 그냥 포기할 것이 아

니라, 오히려 수천년에 걸쳐서 아시아를 다른 무엇보다도 소중케 하던 정신적이며, 도덕적인 가치를 재평가해야 되고, 개혁하여야 하며 또 재활시켜야 될 것입니다."

《국제정치논총》 8집, 1969년

한일관계의 정신사적 문제

변경문화 의식의 갈등에 대하여

(1970)

본인은 원래 사학자가 아닙니다. 정치학을 공부하는 일개의 노학도입니다. 사학 방면에 문외한인데도 불구하고 이런 빛나는 자리에 나오게 되어 한편 외람스럽고 한편 영광스럽게 생각합니다.

과거 한국학자가 한일 관계를 논한 예를 보면, 내가 잘못 본 탓인지 몰라도 흔히 과잉의식적이라고 할까, 혹은 일인日人 학설에 대항을 의식한다고 할까, 그런 면이 강조되는 경향이 보였습니다. 본인은 여기서 그런 대립이나 대항의 각도에서보다는 한일관계를 한층 더 높은 입장에서 내려다보는 것이 어떠할까 하고 생각하였습니다.

내 힘이 모자라서 다른 역사적 문제는 감불생심敢不生心입니다마는, 정신사적 문제의 몇 가지는 평소 약간 생각한 것이 있기에 그것을 거시적인 각도에서 말씀드리고 교시教示를 얻고자 하는 것입니다.

1. 방법

우선 문제에 대한 나의 방법론적인 지표 설정을 말씀드리겠습니다. 한일관계의 역사적인 문헌, 기록류를 개관하면 대체로 한일 양 민족 혹은 양 정부, 기타 관계자들의 관심이라는 것이 그 속에 나타나고 있습니다. 이 경우 '관심'이라는 개념은 단순히 주의가 끌린다는 것을 넘어서 어떠한 특정한 태도를 가지게 하는 그런 의미로 사용하겠습니다. '태도'라는 말의 심리학적 의미에는 어떠한 대상에 대한 감정적인 추향趨向이 포함된다고 알고 있습니다. 그러니까 행동의 시점, 또는 준비태세라고 할 수 있는 '태도'는 감정적인 형태로 나타나기 쉽고 또 그것이 감각적인 표상을 가질 적에 그것을 이미지image, 번역해서 심상心像이라고 부르겠습니다.

다음, 이러한 이미지는 대개 단일한 요인으로 성립되어 있지 않고 여러 요인이 모여서 한 이미지를 형성하고 있습니다. 가령 유명한 정치가의 TV 이미지의 형성을 보면 용모, 화술, 내용, 복장 등등의 요인이 모여서 그 사람의 이미지로 시청자에게 정착됩니다. 그리고 정치가인 이상 머리가 비틀즈 머리라든지, 화술이 비속하다든지, 내용이 미용美容 관계여서는 안 된다는 면이 있습니다. 정치가인 이상 정치가라는 이미지에 알맞게 이미지의 요인이 구성될 때 비로소 이미지의 혼란이 아니 일어납니다. 말하자면 이미지는 여러 요인이 모여서 형성되는 것이 보통이고 또 그 요인 사이에는 일종 유기적인 관계가 있는, 소위 구조적인 것이라고 여겨집니다.

지금 나는 이러한 심리학적 개념을 빌어서 시각을 정하고 과거 한일관계의 문헌과 기록을 뒤적이며 따져보자 하는 것입니다.

한편 '문헌', '기록'하였습니다만, 한일관계의 문헌과 기록은 여러분이 잘 아시다시피 엄청나게 많습니다. 따라서 그것을 어떻게 다루느냐, 말하자면 앞서 모든 작업개념에 알맞은 샘플을 어떻게 정하느냐 하는 문제가 나옵니다. 아주 넓은 의미로 쓰면 문헌과 기록에는 위로 금석문으로부터 서적, 신문류, 잡지, 관청기록, 조사기록 등 여러 가지가 있습니다. 그 중에는 또 내용으로 보아 단순한 사건의 기록과 넓은 의미의 문화의식적인 기록이 있습니다. 문화의식적이라는 말은 이 경우 문화가치에 대한 태도가 담겨 있다는 뜻입니다. 또 단순한 기록, 곧 사건의 유무를 단순히 적어놓은 기록이라 하더라도 모든 사건이 빠짐없이 기록되는 일은 없으니 결국 기록을 할 만한 가치나 이유가 있다고 생각한 것에 한할 것이며, 따라서 '관심'의 표시라고 이해됩니다. 더구나 어떤 대상에 대한 기록의 빈도와 강도가 퍽 높을 때에는 그것이 곧 관심도의 높이라고 해석될 것이 아니겠습니까.

이렇게 보면 문화의식적인 것은 물론이요 심지어 단순한 대상기록, 사건기록도 그 빈도에 따라서 관심도를 설정하고 그 위에서 그것에 나타난 태도와 심상을 추출한다면 그것이 바로 정신사적 연구에 큰 자료가 될 수 있다고도 여겨집니다. 문헌과 기록을 이런 각도에서 취급한다는 것입니다.

2. 시대의 구분

다음은 한일관계의 시대구분의 문제입니다. 한일관계사는 워낙 오

랜 시간에 걸쳐 있으며 시대에 따라 각기 특색이 있는 것은 주지의
사실입니다. 그러나 여기서는 한일관계사 전반의 시대구분 문제가
아니라 정신사적인 측면을 독특한 각도에서 정리하는 데 편리하다
는 점에서 대략 다음과 같이 구분해보려고 하는 것입니다.

한일관계를 지금 다섯 시기로 나눕니다. 제1기는 까마득한 상고
로부터 기원후 9세기 말까지로 정합니다. 굳이 9세기 말로 끊는 이
유는 한일관계의 대량기록이라고 할 수 있는 일본의 역사, 곧《6국
사》六國史의 끝책이《삼대실록》三代實錄이며 또《삼대실록》의 종장이
닌나仁和 연간으로 끝맺습니다. 이때쯤 되면 당나라를 비롯하여 신
라와 발해가 모두 종말기에 들어서고 일본도 헤이안平安 후기로 옮
겨가서 한일관계도 한 시기를 획劃하게 됩니다.《삼국사기》로 보아
도 나라가 망하는 단계이니까 말할 것도 없습니다마는 9세기 말
경문景文·헌강憲康 대에 일본 국사國使 기록이 보이고 그 후는 없습
니다.

제2기는 10세기로부터 여말까지로 잡았는데 이 시기는 왕조사
적 시대 구분을 따른 것입니다. 하기는 고려의 창건으로부터 얼마
안 되어서 고려 국첩國牒이 일본에 왔다는 것이《일본기략》日本記略에
기재되어 있습니다. 또 고려·몽고의 연합군이 일본을 엄습한 후
로는 오래 국교가 단절되었다가 여말에 와서 새로 외교 교통을 노
력할 즈음에 그만 고려가 망한 것은 모두 아시는 터입니다. 그리고
《고려사》의 일본에 대한 관심이 주로 왜구에 쏠리던 시대입니다.

제3기는 조선왕조 시대라고 하여 또 왕조사적 구분을 따랐습니
다. 물론 엄밀히 말하면 조선왕조의 말기는 일본의 메이지明治 연간
에 해당하고 이 동안은 종전과는 아주 다른 관계에 들어가던 때입

니다. 그러나 의식, 태도, 심상의 면에서는 전통적인 요소가 강하게 남아 있던 때인 고로 그저 조선조 시대에 붙입니다. 그리고 이 시대는 기간도 길거니와 임진왜란을 전후하여 정신사적인 변동도 간취看取되는 때이기 때문에 혹 다시 세분할 필요가 있을 것도 같습니다.

제4기는 소위 왜정시대라는 식민지 시대입니다. 이 시기의 특징은 말할 것도 없겠죠.

제5기는 해방 후 오늘에 이르는 동안인데, 이 시기의 특징의 하나는 한토韓土의 분단이며 또 하나는 일본 피점령과 경제적 부흥인 것은 역시 다언多言을 필요로 하지 않습니다.

이렇게 5기로 한일관계사를 나누어 보면, 그 자료 면에서 제3기까지는 서적 문헌과 관부官府 기록이 압도적이며, 제4기·5기는 이른바 매스미디어라는 것과 여론조사 등이 기본적이라는 것을 쉽게 짐작하실 줄 믿습니다.

제1기

그러면 한일관계의 제1기를 대관大觀하겠습니다. 이 시기를 다루는 데에 우선 자료상의 난관이 있습니다. 의식과 태도와 심상의 역사로서 한일관계를 다루는 데에 있어서 한국·일본 사이의 자료의 차가 무엇보다 먼저 눈에 띕니다. 피아彼我의 기록은 서로 양도 다르고, 질도 다르고, 또 사적史籍 편찬의 시기에도 큰 차가 있는 것은 주지의 일입니다. 따라서 엄밀히 비교하려면 난점이 하나 둘이 아닙니다마는, 그러나 대체의 추세를 발견하는 데에는 큰 지장이 없다고 나는 생각합니다.

아시다시피 한국 측에는 5세기 초의 광개토왕비가 있어서 "왜이

신묘년래"倭以辛卯年來니, "백잔위서여왜화통"百殘違誓與倭和通이니 또 "왜
인만신라국경"倭人滿新羅國境, "왜침입대방계"倭侵入帶方界라는 말이 나옵
니다. 현재로는 이 기사가 과연 어떠한 역사적 사실과 관련되는 것
인지, 또 이 경우 '왜'는 국명인지 지명인지 인종의 이름인지 아직
정설이 있는 것 같지 않습니다. 아마 일본 학자의 다수는 해석된 셈
으로 알고 있을지 몰라도 우리는 별로 그렇게 생각하지 않는 것이
실정입니다.

다음에는 12·13세기에 나온 김부식의《삼국사기》와 일연의《삼
국유사》가 있어서 삼국시대의 대일 관계를 얼마간 적어 놓았습니
다. 그러나 일본 측의 자료에 비하면 양도 못 따를 뿐 아니라 제2기
의 편찬 자료로서 과연 삼국시대의 원사료를 어떻게 선택하고 또
한일관계 기사에의 관심이 어느 입장에서 이루어졌던 것인지 알
수 없는 점이 많습니다.

한국 측에 비하면 일본 측은 제1기 중에 편찬된 사적과 기타의
문헌기록도 많고 또 양도 대단합니다. 뿐만 아니라 결정적이라고
생각되는 것은 편찬의 태도가 예리하게《사기》와《유사》와는 달라
서 태도와 의식, 그리고 심상 형성의 면에서 호례好例를 남겨 주고
있습니다.

우선 일본의 이소노카미石上 신궁에는 4세기 후반 것이라는〈백
제 칠지도七支刀〉의 명문銘文이 있습니다마는 이것 역시 한일 학자 간
에 해석이 구구해서 자료로 쓰기에는 마음이 안 놓입니다. 다음에
는《만엽집》萬葉集(8세기 말경),《회풍조》懷風藻(8세기 중엽),《능운집》凌
雲集(814년)이나 화한시집和漢詩集 같은 정치적 의식과 태도에 비교
적 물들지 않은 어문 관계가 있어서 대한對韓의식의 편린을 보여줌

니다. 또 원사료의 면목이 남은 것으로는 관부에서 제출시킨 각종 《풍토기》風土記(8세기 초)의 잔권殘卷이 있습니다. 다음에는 다분히 정치색이 깃들어 있는 《고사기》古事記(712년 편찬이라 전함), 《신찬성씨록》新撰姓氏錄(815년) 등이 있고, 끝으로 앞서 든 《6국사》라는 일본의 정사正史가 있어서 대한심상 형성에 중대한 기여를 하게 됩니다.

《6국사》란 아시다시피 《일본서기》日本書紀, 《속일본기》續日本記, 《일본후기》日本後記, 《속일본후기》續日本後記, 《몬토쿠 실록》文德實錄, 《삼대실록》의 여섯 가지입니다. 대개 이런 것이 이 시기에 작성된 중요한 사료들입니다. 다만 이 가운데 정치적인 것, 특히 《고사기》, 《일본서기》에 이르면 일인日人도 이것을 문학류에 편입할 정도로 창작적 요소가 많아서 오래 한일 학자 사이의 논쟁거리가 되고 있습니다마는, 그러나 그것을 태도와 심상 형성의 자료로 보면 그대로 재미있는 면이 있습니다.

하여튼 이러한 자료들을 개관하면, 먼저 눈에 띄는 것은 전반적으로 일본 자료에 한일관계 기사가 많은 것, 특히 정사正史라는 《6국사》, 또 그 중에서도 《일본서기》에 엄청나게 많은 양이 기록되어 있는 사실입니다. 더욱이 제9권 〈진구황후기〉神功皇后紀라는 것에는 백제 기사가 하도 많아서 이것은 《일본서기》가 아니고 백제서기인가 하는 착각도 날 정도인데, 일본 학자 중에는 이것은 백제가 당시 일본의 신속臣屬이었던 탓이라고 하는 사람도 있습니다(岩波 文学大系本 『書紀上』 補註 612~3). 일본의 고대인들은 묘한 사람들이어서 같은 신속이라던 고구려[고려]·신라, 특히 일본부日本府가 있었다던 소위 '임나'任那는 차별대우를 하였던 모양이죠. 하여튼 간에 《일본서기》만 하더라도 삼국과 '임나', '삼한' 관계 기사가 무려 3백에 가까

운 횟수로 나타납니다. 이것을《6국사》전체로 보면 아마 1천 회에
육박할지 모릅니다. 사실은 대강을 계산하다가 하도 많아서 그만두
고 만 것이 실정입니다.

이에 비해서 한국 측의《사기》나《유사》는 실로 요요寥寥합니다.
《삼국사기》는 50 미만의 횟수이며 그나마 다수는 왜구에 관한 짤
막한 기록이 주입니다. 이 점은《일본서기》의 한국 관계가 대개 사
건의 본말과 교섭의 내용을 장황히 적은 것과는 아주 대조적이라
고 할까요.《유사》에 이르러는 10개 미만으로, 그 뜻도 얘기 내용이
갖추어진 것은《사기》,《유사》를 통틀어 호공瓠公, 석탈해昔脫解, 연오
랑延烏郎, 석우로昔于老, 김제상金堤上 얘기 같은 3, 4개에 불과하니, 설
령《사기》,《유사》가 12·13세기의 편찬, 저술이라고 하더라도 너무
나 심한 차이라고 생각이 됩니다. 요컨대 제1기에서의 관심도의 차
이는 이것으로 명백히 짐작이 됩니다.

다음으로는 이미지 형성의 문제로 들어가겠습니다. 제1기에 있
어서 한국·일본에서는 어떠한 심상 형성이 있었느냐 하는 문제입
니다. 솔직히 말씀드려서 한국 측 기록으로는 제1기에서 과연 어떠
한 대일심상을 가졌던 것인지 추측하기 매우 힘듭니다.《사기》,《유
사》만 가지고 본다면 거의 또렷한 일본 이미지가 없었지 않았나 하
는 인상을 주고 있습니다. 이유의 하나로 통일적 이미지가 없다고
할 정도로 기사가 간단한데, 그 까닭은 아마《사기》와《유사》가 제2
기에 속하는 12·13세기의 사서요, 설화적이라는 점도 추측됩니다.
동시에 또 다른 이유로, 본래 문화지역이던 신라·고구려·백제 등
이 아예 변수邊陲의 미개지역에 관심이 적었다는 생각도 듭니다.

이 점은 중화를 자처하던 중국이 변강제국諸國에 대하여 통일적

인 이미지 형성을 오래 못한 역사사실과 잘 부합이 됩니다. 하여튼 《사기》,《유사》로 보면 이렇다 할 통일적 심상을 갖지 못하고 있습니다.

이에 대해서 일본 측은 사정이 대단히 다릅니다. 우선 한토韓土에 대한 관념인데, 그 전승으로 보아 고태古態가 많은 것으로 생각되는《풍토기》에서 보면, '한국'韓國, '한인'韓人, '지라기'志羅紀, '신라', '임나', '백제' 등이 나오고 보통 '한'韓(가라)은 신라, 백제, 가락의 뜻으로 두루 쓰이는데 이 경우는《만엽집》(15卷 遺新羅使人)의 예에서와 같이 신라志羅紀의 뜻으로 쓰고 있습니다. 그리고 신라, 백제가 서로 구별되어서 따로따로 의식되고 있지 한토 전체에 대한 관념이 보이지 않습니다. 현존하는《풍토기》의 잔권이 과연 와도和銅 6년의 찬진명령撰進命令으로 엮어진 그대로인지 모르겠습니다만, 하여간 신라가 나타나는 빈도가 가장 높고 또 이른바 진구神功황후의 원정설화도 신라에 국한됩니다(常陸國, 播磨國, 肥前國의 각 風土記).

또 신라에 대한 초기 관념으로 인정되는 것을 보면 '고금지라기' 栲衾志羅紀(흰 옷의 신라)라는 표현방식이 있듯이 우미優美하게 여겼던 것 같습니다(出雲國 風土記.《書紀》의 〈神功紀〉). 이 점은《서기》의 〈신대기〉神代紀에 나오는 스사노오素戔嗚尊의 신화에 관계되는 한토가 바로 신라라든가, 또 〈진구기〉에 신라를 금은보화가 가득한 재보국財寶國으로 부르는 것과 상통하여 일본 고전에 과연 신라는 어떻게 의식되었나 하는 면을 보여주고 있습니다.

712년에 엮어졌다는《고사기》에는 이미 아시다시피 진구비神功妃가 남복男服을 하고 신라를 굴복시키자 백제는 제풀에 자진해서 복속하였다고 되어 있고, 720년에 찬진撰進된《일본서기》는 다시 더

확대해서 신라가 굴복하자 백제, 고구려는 적대할 수 없음을 깨닫
고 자진하여 신_臣을 칭하였다는 것으로 되어 있습니다. 이 기_紀 · 기
_記의 양서兩書는 모두 문제가 많은 책이고 또 현존본이 과연 원본대
로인지 의문이 있는 터입니다만, 하여튼 《풍토기》의 신라 일국은
《서기》에 이르러 신라, 백제, 고구려[句麗] 3국의 복속으로 확대됩
니다. 그리고 그것이 10세기 이후의 사서에 오면 '황후의 삼한정벌'
이라고 해서 별안간 전 한토의 관념으로 바뀝니다. 이러한 설화의
기원문제를 차치한다면 대한對韓의식의 확대과정으로 아주 흥미 있
는 면을 드러내고 있습니다.

대저 《6국사》 이전의 고자료를 개관해보면 대체로 두 가지 태도
를 검출할 수 있습니다. 하나는 선진문화국, 곧 자기문화의 모체로
서의 대한의식입니다. 학문, 공예의 선진문화가 한토로부터 도래하
였다는 것뿐만 아니라 스사노오 미코토 신화, 한신韓神, 천일창天日槍
설화에서와 같이 신화의식에 있어서도 연관이 자각되고 있습니다.
또 하나는 오키나가타라시히메노미코토氣長足姬尊(진구황후)의 원정설
화로서 대표되듯이 신라의 정벌, 백제의 조공 같은 식으로 무력의
우위와 신국관神國觀이 설화화되고 있습니다.

《일본서기》에 오면 사태가 거연遽然히 달라집니다. 이미 그것은
단편적인 설화가 아니라 방대한 한일관계 기사로 윤색되고 확대된
체계적인 심상으로 나타납니다. 더구나 문화의존과 무력우위라는
양계兩系의 의식과 태도는 새로이 황국의 우위라는 관념 아래 통일
적으로 해석됩니다. 첫째로 신국이며 황국인즉 의당 다른 인국隣國
과는 차원이 다른 우위에 있을 수밖에 없고, 따라서 일본은 '중국',
'천조'天朝, '신국'神國이라는 강대국의 입장에서 지위와 신분이 떨어

지는 신라, 백제, 고구려의 3국과의 교빙交聘은 이소사대以小事大의 조공관계일 수밖에 없고 출병은 정벌(상국이 하국에 출병한다는 의미)일 수밖에 없을 것입니다. '천조'인 일본의 천황이 그래도 대등으로 상대할 수 있는 것은 '일몰처日沒處의 천자', 곧 한토漢土의 중국황제 정도가 된다는 의식도 나옵니다.

이런 신국관에서 보면, 강대한 '천조'요 '중국'인 일본에 도래한 한토韓土의 선진문화는 기껏해서 신속臣屬하고 있는 이웃 문화적인 야만국이 조공으로 헌납한 것이거나 또 '천조' 일본을 향모向慕하여 내도한 귀화인이 가져온 것이라는 것이 됩니다. 어째서 '신국' 일본에는 야만국이 지니고 있던 선진문화가 없었는지 약간 아리송합니다만, 하여튼 문화의존의 의식과 강력한 황국이라는 관념을 교묘하게 통일하여 체계화한 셈이 됩니다. 더구나 스이코推古기 이후로는 한토문화의 연원이 되는 당과 같은 중국문화를 직수입한다는 의식이 행간에 엿보입니다.

이렇듯이 《일본서기》라는 이른바 정사에서 추출할 수 있는 의식과 태도로서의 대한對韓심상의 체계화는 다른 정사에 계승되어 후세의 대한심상을 결정짓습니다. 물론 이러한 대한심상의 사실적 근거에 이르면 주지되다시피 문제투성이이고 조작이 눈에 띕니다. 《고사기》부터 위서설僞書說이 있을 정도입니다. 대한심상 형성의 결정타라고 할 수 있는 《일본서기》는 하도 의혹에 가득 차서 일본 학자들이 미세한 점까지도 연구를 하였습니다만 아직도 거세巨細 간에 문제가 많고, 특히 근일에는 한일 학자 간에 논쟁이 계속되고 있는 사실은 이미 여러분이 아시는 바와 같습니다. 그러나 이 자리는 《서기》를 따로 논할 자리도 아니요 또 전문가도 아니므로 그대로 넘어가겠습니다. 또 제1기라는 9세기 말까지의 의식과 태도의 역사라는 점에서는 그것이 그리 큰 문제 같지도 않습니다. 다만 이러한 의식과 태도의 역사라는 입장에서도 간과할 수 없는《6국사》전체의 커다란 문맥의 의미에 대하여 두서너 마디만 말씀드리고자 합니다.

《6국사》의 한일관계를 그 전체의 문맥에서 우선 대관하는 경우에 눈에 띄는 한 가지 특징을 여러분도 이미 느끼고 계실 줄 압니다. 이런 의미에서《6국사》라는 편년체 사서를 거꾸로 훑어봅니다. 먼저《삼대실록》(858~887년간의 역사) 50권의 한토·한인 관계를 뒤져보면 5, 60조목이 넘는 기사 중의 압도적인 수효가 망명한 백제 왕족, 유신遺臣과 연지連枝의 관작 수여와 사성賜姓에 관계되는 것입니다. 또 내궁內宮의 후비로 백제녀가 있는 것도 발견됩니다. 다음 발해의 사객使客 기사가 여러 번 있고, 신라 관계는 단지 수회數回만을 보게 되는데 그것이 비우호적인 일들입니다. 가령 죠간貞觀 연간의 예를 들면 신라와 동모同謀해서 반역을 꾸미던 일인日人 관계, 또 신라 해적 관계 등등입니다. 죠간 연간에 해당하는 신라의 경문왕 때《사기》의 기록에는 일본 국사國使가 두 번이나 온 것으로 되어 있어서 대조를 이룹니다.

다음,《몬토쿠 실록》(850~858년)의 한인관계는 대략 10여 회 가량입니다만 그 거의 전부가 백제 출신과 망명귀족의 관작 수여 관계입니다.《속일본후기》(833~850년),《일본후기》(792~833년)의 양서兩書에는 1백 회가 훨씬 넘는 기사가 있습니다만, 역시 그 대부분은 백제 망명귀족의 관작 수여와 사성 등이고, 그 밖에는 발해 사객 관계가 약간 있고, 나머지는 얼마 안 되는 신라 관계입니다. 신라 관계는 양서가 모두 다 비우호적인 것뿐입니다. 대개는 대마도의 대신라 방위관계, 대신라 사행의 중지 같은 것인데, 악감정의 한 예를 들면 "(신라) 불용구례 당회간심 포저불공 기사상가 규국소식"不用舊例 當懷奸心 苞苴不貢 寄事商賈 窺國消息이니 차제에 신라국인의 입국을 일체 금단禁斷하자는 요망서要望書 따위입니다.

　다음은,《속일본기》(697~791년간 역사), 말하자면《고사기》,《풍토기》,《일본서기》등이 편찬되었다고 전해지는 해가 포함되는 시대의 역사입니다.《속일본기》의 전년에 속하는〈몬무기〉文武紀로부터〈고켄기〉孝謙紀 초(699~750년)까지는 대략 신라의 효소孝昭, 성덕聖德으로부터 경덕왕景德王에 이르는 동안이고, 또〈몬무기〉의 시자은 백제 수도가 함락한 지 30여년 후입니다. 아무튼 이〈몬무기〉와〈고켄기〉초 사이의 한국 기사는 대략 80회가 넘는데 그 중의 70개 가까이가 나·일 사객의 교환이라는 교빙 관계이어서 약간 의외라는 감이 없지 않습니다. 그리고 백제 출신의 관작 수여는 어쩌다가 한두 번 보이다가〈쇼무기〉聖武紀로부터 도수가 조금 잦아지다가《후일본기》의 후반에 가면 거의 한국 관계의 대부분을 차지하는 것이 앞서든 예와 같습니다.

　나·일 관계는 아시다시피〈고켄기〉를 넘어〈준닌기〉淳仁紀에 들어서면 냉랭해지다가 급기야는 악화된 기록이 나옵니다(天平寶字 4年 9月 癸卯 기사). 한편《삼국사기》경덕景德 13년 조에도, 일본 국사가 왔는데 만이무례慢而無禮해서 왕이 그를 만나지 않았다는 기사가 있어서 잘 부합합니다. 그리고 발해는〈쇼무기〉로부터 시작하여 나·일 관계가 악화하는〈준닌기〉까지에는 30여 회의 사객 관계로 나타납니다.

말하자면 고켄孝謙 초까지, 일본 기록으로는 나·일 관계가 양호
하다가 750년 이후부터 악화일로에 들어가고 따라서 대신라 심상
이 기사로도 나빠질 뿐만 아니라 바로 이때부터 백제 출신의 일본
정부에의 편입이 대량화해서 아마 그들의 학문·문장과 일본 관인
官人으로서의 공헌이 바야흐로 기대되었으리라고 추측이 갑니다. 이
점은 지금 유전되는《신찬성씨록》같은 신국사관에 입각한 9세기
초의 관제 성씨대장에서도 충분히 엿볼 수 있습니다. 이《성씨록》
을 참고하면 소위 이방異邦 출신을 엮어 놓은 번부蕃部라는 부류 속
에 있는 백제계의 대성大姓이 경향京鄕 합하여 무려 1백 8을 산算한
것으로 기억하고 있습니다. 이에 대하여 고구려[句麗]계가 47, 48,
신라계가 11 정도, 임나계가 15성으로서 백제계가 엄청나게 많을
뿐더러 황족의 외척으로도 나옵니다. 가령 간무桓武 천황의 모후가
바로 백제계라는 따위입니다.

이러한 지식을 가지고《일본서기》를 읽어보면《서기》의 백제 편
중이 특별한 인상을 줄 것입니다. 이른바 백제사료의 중출重出, 백제
국내기사의 과다, 심지어 비역사적이고 설화인〈진구기〉에 "짐(진구
황후)이 사귀고 친親하는 백제국은 천天의 소치所致"라는 따위가 모두
이《6국사》의 문맥에서 보아야 함직한 것을 암시합니다.

신라는 한편《서기》에서는 줄곧 악덕의 나라로 나타납니다. 역
사시대는 그만두고라도 일본 학자도 설화시대라는〈오진기〉應神紀
이전을 보아도 임나·백제의 공물을 중도에서 가로채는 악덕의 나
라로 나옵니다.《서기》의 신라 관계 기사는 약 8, 90개 되는 것으로
지금 기억합니다만, 그 중의 3분의 2 가까이가 분규紛糾 관계요, 불
가신不可信의 악덕국惡德國으로 표현하고 있습니다.

우리가 유의할 것은 이렇게 관념된 신라관이 나중에는 한토로 확대하였습니다. 다시 말해서 신라의 한토통일에 따라 신라에 대한 심상은 전 한토에 대한 심상으로 전환된 것이라는 것입니다.《속일본기》후반 이후의 정사正史로 보면 신라가 한토를 통일한 후에 일본 관가官家에 봉사하게 되는 방대한 백제왕족과 유민이 과연 신라 장악 하의 한토를 어떠한 심정에서 볼 것인지 대강 추측이 되지 않겠습니까.

여하간 적어도 대한심상의 형성이라는 각도에서 본다면《일본서기》의 심상 형성은 마치 요로養老 4년(720년)이 아닌 후대, 곧 나·일 관계가 외교면에서 악화하고, 한편 일본 관가에서의 백제 출신의 대량진출이 있은 후에 형성된 심상이 역으로 투영되어서 설정되고, 또 역사화, 설화화하였다는 인상입니다. 이러한 거시적인 문맥관이 과연 개개의 문제점에 대하여는 어떻게 적용될 것이냐 하는 것이 사실은 역사연구의 본론이 될 것입니다.

하여간 제1기에 있어서 한토 측이 거의 무無라고 할 정도로 대일 심상이 애매하고 관심이 낮은 데에 반하여 일본 측은 신화, 설화, 지명, 문물 등에 관심이 비상하였습니다. 특히 현존 형태의《일본서기》에 이르러 대한태도, 관심, 의식은 설화, 역사의 형식으로 체계적으로 통일해서 마침내 어마어마한 신국神國 체계 하의 대한관, 엄청난 우열관에 입각한 심상 설정을 완결하였습니다.

제2기

다음 제2기의 고려왕조 시대인데, 우선 태도 검출의 샘플 구실을 할 자료를 말씀드리겠습니다.

한국 측 자료로는 우선 정사인 《고려사》高麗史와 《고려사절요》高麗史節要 등을 들어야 되는데, 주지되듯이 이것은 모두 조선왕조 때의 편찬입니다. 이밖에 조선왕조 성종 때 편집된 《동문선》東文選 같은 곳에 나오는 고려 때 시가 중에 일본 사객 관계가 약간 있고, 그밖에 《목은집》牧隱集, 《포은집》圃隱集 시가에 일본 관계가 나오는 정도로 실로 요요寥寥하고 영소零少합니다. 《고려사》의 관계기사도 압도적으로 많은 것은 왜구 관계고 그 밖에 사행 기타가 있으되 아주 간단한 기록에 그쳐서 태도·심상의 자료로는 어지간히 부적당합니다. 고려왕조 때는 13세기 후엽에 여몽 연합군에 의한 일본침공이 있었습니다마는 한국 측 자료는 대원對元 관계가 주여서 역시 대일심상 형성의 자료로서는 미미합니다. 요컨대 남은 문헌도 적습니다만, 관심도 아주 얕다는 것입니다. 다만 그 중에서도 왜구에 대한 관심은 비상했으니까 아마 그것이 대일심상에 일부 투영되었을 가능성은 있겠지요.

한국 측에 비해서 일본 측은 역시 자료가 풍부합니다. 정치색이 없는 10세기 초의 《왜명류취초》倭名類聚鈔 (일명 《화명초》和名抄), 헤이안 시대 말기의 《금석물어》今昔物語, 다음 사관史觀이 보이는 《유취국사》類聚國史, 《부상약기》扶桑略記, 《제왕편년기》帝王編年記, 《일본기략》日本記略, 《우관초》愚管抄, 《신황정통기》神皇正統記, 《수경》水鏡 등 상고부터의 통사通史들이 있습니다. 그 다음은 《태평기》太平記, 《소석기》小石記 등이 나옵니다만, 하기는 소위 일인이 원구元寇라고 하는 여몽의 일본침공에 대하여는 야마다 야쓰에이山田安榮가 편찬한 《복적편》伏敵編 (1892년) 2책에 열거하듯이 사료가 하도 많아서 여기서는 그 책에 미루고 생략하겠습니다. 또 이 밖에는 《백련초》百鍊抄, 《우관기》愚管記,

《호죠 구대기》北條九代記, 《오처경》吾妻鏡 등이 있어 참고가 됩니다. 따라서 적어도 자료로서 비교하는 한, 설령 한토자료가 많이 없어졌다는 것을 참작하더라도, 도저히 문제가 안 될 정도로 일본의 대한 관심도가 높았습니다.

그리고 일본 측의 대한심상 또는 태도·의식의 면을 보면 결론해서 제1기의 계속이라는 감이 깊습니다. 《화명초》에는 지명, 물명 등에 한토의 문화의 전파가 의식되어 있고, 또 《금석물어》라는 얘기책 속에 한토 관계의 얘기 줄거리가 있어서 항간의 옛 얘기에 얼마만큼 한토의식이 있었나 하는 것을 검출할 수 있습니다.

사서에 들어서면 《일본서기》적인 체계적인 신국사관이 대체로 그대로 유전됩니다. 한 예로서 석가釋家의 입장에서 신국사관과 다른 말세관을 적은 지엔慈圓승의 《우관초》(1220~1224년간 작) 같은 책도 소위 '삼한정벌'과 한토문화, 특히 불법佛法의 전래를 유서類書처럼 병기합니다. 또 비교적 중국 숭상의 기미가 있는 이 책도 중국을 한가漢家라고 부르고 한가의 이른바 통치의 삼통三通(皇, 帝, 王道) 중 일본은 황도에 속한다고 하여 신국관을 견지하고 있습니다. 기타바타케 지카후사北畠親房의 《신황정통기》神皇正統紀(1339년)에 오면 서명書名 그대로 소위 황국사관이 확립됩니다. 그리고 '원구' 때의 신조神助를 들어 신국의 소이연所以然을 밝힙니다.

하기는 앞서 든 《금석물어》 중에도 '신라정벌' 이야기가 잠깐 나오는 정도로 《풍토기》, 《고사기》 이래의 설화가 민간에 정착하고 있는 것을 보여줍니다. 여몽 연합군의 일본침공에 대하여 고려의 까닭 없는 침공과 부녀자, 백성의 무자비한 살육을 서술하는 얘기책까지도 나와 있습니다. 가령 《팔번우동훈》八幡愚童訓 같은 것을 들 수 있겠죠. 말하자면 제2기에 있어서는 고려 측의 왜구의 인상에 대하여 일본 측은 여몽의 침입이라는 관념이 맞섭니다.

또《일본서기》적 태도에 이미 일본에 전래된 한토문화는 본시 중국 것이라는 관념에서 한토문화를 경시하는 면이 나와 있었습니다마는 제2기에 있어서는 '원구'元寇 사건을 계기로 해서 노골적으로 새로운 한토관을 덧붙입니다. 곧 한토는 예로부터 중국의 예속된 땅이며 또 그 문화는 중국문화의 모방이며 그 조박糟粕이라는 관념입니다. 그러므로 이 각도에서 일본은 중국 것을 직수입하면서 중국에 맞서는 황국이라는 것이 되는, 실제의 정치가 가마쿠라鎌倉 막부 이래 어떠하였든 간에 사관으로는 크게 작용하게 됩니다.

이에 대하여 앞서 말씀드린 대로 고려 측은 대체로 무관심의 태도고 또 명확한 심상 형성을 못하고 있습니다. 다만 여러모로 보아 일본은 천애天涯에 위치한다는 절역감絶域感이 있었던 모양이고(가령《東文選》卷10에 실린 포은 정몽주 작〈丁巳奉使日本〉), 또 여몽의 침공 이래 교빙도 중단상태였으니까 자연 남는 것은 흉악한 왜구의 인상만이었을 것입니다.

제3기

제3기는 아마 전·중·후의 3기로 다시 나누어 보는 것이 성격상 가할 것 같습니다. 전기는 임란壬亂 전·중기는 병자수호조약 때까지, 후기는 일제의 강점 때까지로 끊으면 각 시기의 특색이 잘 나올 것으로 느껴집니다만, 지금은 시간이 없으므로 그것을 대강대강만 간추려서 취급하겠습니다.

먼저 샘플 자료입니다. 이 시대는 제2기까지에 비하면 조선왕조 측도 제법 자료가 많은 편입니다. 따라서 어떤 것을 의식·태도의 검출에 적당한 샘플로 정하여 자료를 추출하느냐 하는 문제가 있었습니다. 물론 《조선왕조실록》이 이 시대 전체를 통하여 중요한 가치가 있습니다. 그러나 중기 이후에 보이는 관부官府의 기록은 너무 사건 열거에 그쳐서 의식·태도의 자료는 부적당한 점도 있습니다. 하여튼 결과적으로 말씀드리면, 전기에는 보한재保閑齋 신숙주申叔舟의 《해동제국기》海東諸國記, 송희경宋希璟의 《노송당기행》老松堂記行, 《해행총재》海行摠載 소수所收의 사행기 등이 있어서 대일심상을 엿볼 수 있고 또 《동문선》에 소수된 시문이 자료 구실을 하는 것은 말할 것도 없습니다.

이에 대하여 동 시대의 일본 자료는 이보다도 빈약합니다. 일본은 마치 아시카가足利 정부의 쇠퇴기로부터 전국시대 등에 걸치는 까닭에 대외관계에 여가도 별로 없었고 또 중앙정부의 위력도 발휘되지 않은 때였던 것은 아시는 바와 같습니다. 이 시기의 가장 중요한 문헌으로는 즈이케이 슈호瑞溪周鳳 등이 편찬한 정正·속續의 《선린국보기》善隣國寶記가 있는 정도입니다.

중기에 들어서면 한국 측은 《실록》을 위시해서 몇 개 교린관계의 관찬官撰 서적이 있는 것은 여러분 같은 전문가는 다 아시는 바입니다. 《교린지》交隣志, 《통문관지》通文館志, 《변례집요》邊例集要 같은 것 외에 앞서 든 《해행총재》 소수의 사행기, 《고사촬요》攷事撮要, 각종의 임란기록, 《지봉유설》芝峯類說, 《성호사설》星湖僿說을 비롯하여 《해동역사》海東繹史 같은 것, 또 각종 문집의 일본 관계가 있는데 잘 아시는 것들이니 생략하겠습니다.

일본 측은 이 시기에 오면 자료가 풍부해집니다. 통사는 그만두고라도 《이칭일본전》異稱日本傳 등의 사서, 《통항일람》通航一覽, 《조선통교대기》朝鮮通交大紀 등등의 외교 관계, 《조선물어》朝鮮物語, 《한사품휘》韓事品彙, 《낙수잡담》落穗雜談, 《금계잡화》金鷄雜話 등의 조선왕국 관계의 서적이 있습니다. 문집에는 일본 주자학파의 《후지와라 세이카집》藤原惺窩集, 《라잔선생문집》羅山先生文集, 《아라이 하쿠세키집》新井白石集, 그리고 일본 국학자 모토오리 노리나가本居宣長의 저술 중에는 대한심상의 일파를 대표하는 면이 있습니다. 아마 도쿠가와德川 막부의 말기에 오면 요시다 쇼인吉田松陰의 《유수록》幽囚錄, 하야시 시헤이林子平의 《삼국통람도설》三國通覽圖說, 사토 노부히로佐藤信淵의 《우내혼동비책》宇內混同祕策 같은 경륜서經綸書에 변모해 가는 대한관을 볼 수 있을 것입니다.

후기에 오면 이미 여러분이 잘 아시는 대로입니다. 한국 측은 관찬의 사서 외에 각종 일본시찰기, 각종의 수신사기록, 《운양집》雲養集, 《갑신일록》甲申日錄, 《한성순보》, 《독립신문》, 위정파衛正派의 《면암집》勉菴集 등등 개화기 문헌이 적지 않아서 여기 다 열거할 겨를이 없습니다. 일본 측은 그야말로 자료가 방대합니다. 이른바 정한론 관계 문서로부터 관찬 《외교지고》外交志稿 등, 후쿠자와 유키치福澤諭吉의 논설, 각종의 한반도 관계 서적, 갑오전쟁 관계 문헌과 러일 전쟁 관계 문헌, 강점까지에 이르는 일본 정객의 전기, 문서 등 실로 끝이 없습니다만, 아마 이 시기부터는 신문, 잡지라는 매스미디어가 의식 · 태도의 검출에 가장 중요한 자료라고 할 만한 것입니다.

이 시기의 전기는 일본 내의 사정이 큰 원인이 되겠습니다만 대한심상에 큰 변동이 있었던 시대입니다. 이 시기는 《해동제국기》에 소상昭詳하듯이 일본 아시카가 정부는 물론이요 지방의 태수들이

각기 기회를 얻어 조선에 교역과 문화재를 얻으려고 노력하던 때
였습니다. 뿐만 아니라 세종 기해년의 동정東征같이 조선군이 대마
도를 원정하여 점령도 하던 때였으며, 한편 일본은 이것이 처음에
몽고의 내습으로 와전될 정도로 외래사정에 어두운 때였습니다.

　일본의 아시카가 정부나 지방 태수들이 조선에 구한 것은 주
로 불경과 교역이었는데, 이런 물질적인 것뿐 아니라 정치적 명분
에 있어서도 유교권의 사대주의 질서를 따르는 때였습니다. 이 까
닭에 일본은 스스로 비하해서 조선을 상국으로 불렀습니다.《선린
국보기》권중 · 하에 실린 다섯 개의 일본국서를 보면(寬正 元年 · 文
明 4년 · 文明 6년 · 文明 18年), 사례辭禮도 깍듯하고 또 상국으로 모시
고 있습니다. 그리고 명나라에 대한 국서에는 스스로 동번東藩이라
부르고 또 신臣을 칭한 예가 나옵니다. 즈이케이 슈호 자신은 그 서
序에 쓰듯이 "오국지위신국지유"吾國之爲神國之由 신국사관을 견지하고
있어서 명나라에 칭신한 것에 대한 변박辨駁의 글을 가하고 있습니
다. 그러나 요컨대 수록된 일본 국서에 의하면 종래의 신국사관을
버리고 사대의 정치명분을 따라서 명나라에 신을 칭하고 조선을
상국으로 모신 사례가 있었고 또 그런 시기가 있었습니다.

　한편 조선 측의 대일관심과 심상으로 보면 뭐니뭐니해도 첫째는
대마도 등을 중심한 왜구의 소탕문제이어서 급기야 기해동정己亥東
征까지에 이릅니다마는, 본래 대마도는 지미地味가 빈약한 곳이라 스
스로 조선에 소속하기를 원할 뿐 아니라 혹은 조선의 정벌이 있을
까 해서 전전긍긍하고 있었습니다(《老松堂記行》). 이러한 대마도 관
계가 조선서는 오랫동안 대마도를 거의 조선의 속지연屬地然하는 관
념을 유포시키고 또 무수撫綏의 의미에서 아마 교역의 혜택을 주었

겠지요(《海行摠載》所收 金鶴峯의 〈海槎錄〉). 본래 이 시기의 왜구는 일본 국내의 통제력의 약화에 기인하는 면이 있었고, 일본 정부는 해구海寇를 때로 몰랐다고 공언할 정도로 무책임하였습니다(《善隣國寶記》卷上 14~15면). 아시카가 정부와의 교빙은 무엇보다 먼저 일본 측의 해구 통제를 촉구하는 의미가 컸던 것은 여러분이 잘 아시는 일입니다. 그러한 상황에서 일본을 '도이'島夷(《東文選》卷84 〈送鄭達可奉使日本詩序〉), '이적'夷狄(《海東諸國記》序)이라고 보는 야만관이 익어갑니다. 하기는 한토의 왕조는 스스로 소중화(李承休의《帝王韻記》)를 자처하였으니 명분으로도 일본을 하대할 만하였습니다만 거기에다 일본은 천애의 절역이라는 주변지역 관념이 첨가되었습니다(《東文選》卷90 〈送密陽朴先生敦之奉使日本之 序〉). 말하자면 유교문화권의 사대질서로 보아 변경의 이적으로 여겨질 뿐 아니라(만추蠻酋, 만관蠻館, 만인蠻人, 만주蠻酒, 만가蠻歌) 현실적으로도 국내질서가 문란한 미개지역으로 간주되었습니다.

임진, 정유의 난부터 병자수호조약 사이에 관계는 다시 일본 관계의 심상을 일변시킵니다.

먼저 조선 측인데, 임란 전에도 일본을 경계할 것을 말한 율곡 선생 같은 분이 계셨던 것은 널리 알려져 있습니다. 그러나 일본의 무력을 진실로 경계한 흔적은 보이지 않습니다. 임진왜란 후로는 오래 일본의 침략을 기억하고 또 그 강병을 두려워하였을 뿐 아니라 일본이 외적의 침해를 입지 않는 이유로서 그것이 바다 속에 있는 섬이라는 점이 주의되었습니다(가령《星湖僿說》卷5 上 〈倭僧玄方〉條). 하기는 당시의 전투조건을 생각하면 타당한 견해라고 아니할 수 없습니다. 그러나 이것보다 중요한 것은 조선 측에서는 유교권

의 대의명분의 입장에 서서 임란 때의 일본 침입은 실로 명분이 없
는 야만행위로 단정하고 그리고 일본과는 구수仇讎의 관계라고 생
각하게 된 것입니다. 말하자면 더욱더욱 무식야만의 나라라고 생각
하면서 동시에 침략되었던 굴욕감에서 더욱 구수감이 깊어졌습니
다. 물론 조선정부로서는 그렇게밖에 하지 않을 수 없었는데, 전시
피랍인의 시급한 쇄환刷還도 필요하였기 때문에 도요토미 히데요시
豊臣秀吉의 집안이 망하고 도쿠가와가 집권해서 통교를 요청하니까
무고無故침략의 죄를 모두 도요토미 정부에 뒤집어 교빙에 응하게
되었습니다마는 일반의 백성은 구수감이 간단히 없어질 수 없는
게 아니겠습니까.

더구나 조선왕조는 문치주의의 입장이었기 때문에, 또 혹은 사
대질서에서, 보통은 외교로서 평화를 누리는 재미를 맛보았던 탓
일까요, 일본의 비문화적(비유교)인 것에 대한 경멸이란 대단하였습
니다.《일본사행기》에 보면 우선 맨발을 내놓는 습관이나, 일상생
활의 예의가 없다고 하여 멸시하고 또 청천青泉 신유한申維翰의《해유
록》海遊錄에 나오듯이 일본인의 사장력詞章力(한문력)이 모자라는 것은
결국 무식한 것으로 생각하였습니다. 따라서 '왜국', '왜노'란 말이
이때로부터 독특한 멸시감에서 쓰이게 됩니다. 절역의 미개야만이
라는 관념은 무력으로 굴욕을 당했던 까닭으로 더욱더 강조되었다
고 할까요. 말하자면 임란 후 대일심상의 구조의 하나는 소화小華 사
상에서 오는 문화적 멸시, 또 하나는 침략당한 굴욕감이라는 상반
된 요인이 억지로 붙어 있는 자기분열적인 것이었습니다.

한편 일본은 일본대로 변화가 왔습니다. 하나는 무력우위에 대
한 신념입니다. 지금 도요토미 히데요시의 조선침공을 이야기로 엮

은《태합기》太閤記,《조선정벌기》朝鮮征伐記 같은 것은 차치하더라도 이 퇴계의 영향을 받아 일본 주자학파를 창건한 후지와라 세이카藤原惺窩 같은 유가에 이르러도 이 점이 문제되었습니다.

그 사람의 〈명국 강화사講和使에 대한 질의초고〉라는 것을 보면, "명은 대국이요 조선과 합모合謀하여 일 소국小國인 일본과 일전을 하였는데 조선이 불급일전不及一戰하고 패주하여 불능보수기국不能保守己國은 그 이유가 어디 있을까" 하였습니다. 또 "대명국은 공맹孔孟의 소출국所出國이라 문무겸비하고 지용쌍전智勇雙全하리라고 믿었다. 조선 역시 화풍華風을 숭모하여 그 명을 받드는 나라인데 이 꼴은 무엇인가"하는 등 조·명 문화주의의 문약文弱을 수상히 여겼습니다 (《藤原惺窩集》卷下 367면).

이러한 기풍은 세이카의 제자이고 또 에도 막부의 교빙의 문서를 담당하던 하야시 도슌林道春(林羅山)의《무장전》武將傳에서도 볼 수 있습니다(《羅山先生文集》卷2〈本朝武將及日本武將贊〉). 또 같은 하야시 라잔의《왜부》倭賦를 일독하면 진구神功의 삼한정벌로부터 임나·백제·발해의 통호·청원·내빙 등을 읊고 있습니다. 아예 그 첫머리부터가 신국사관입니다(《羅山先生文集》卷1, 2면). 그러면서 조선 사신에게는 단군의 기록이 없으니 제동야인齊東野人의 말이 아니냐는 따위의 무례한 질의서를 냅니다(《羅山先生文集》卷1, 156면).

도쿠가와 이에노부德川家宣의 유신儒臣으로서 대對조선교빙서를 담당했던 미나모토모 기미요시源君美(新井白石)에 오면 더욱 조선의 문약을 비웃고 조선의 소화자존小華自尊의 태도에 반발합니다. 더구나 그 시대의 일본 국학자에 이르면 극단적인 신국사관이 있어서 그들이 황도사관의 형성에 기여한 바가 자못 큽니다만, 때로는 어지간히 망발인 것도 있습니다.

가령 이런 일이 있습니다. 도쿠가와 막부 시대에는 사관에 신국 사관만이 있었던 것은 아닙니다. 18세기에 후지와라 사다모토藤井貞幹란 사람이 있어서 〈충구발〉衝口發이란 글을 지었는데, 이것은 철두 철미 신국사관을 의심하고 일본 문물은 7세기 중엽까지 한토에 전적으로 의존하였고 또 일본사의 신화와 황계皇系는 믿을 것이 못 된다고 하는 것을 적었던 것 같습니다. 나는 불행히 이 글을 볼 기회가 없었습니다마는, 일본 국학파의 대표라고도 할 수 있는 모토오리 노리나가本居宣長가 지은 그 반박문 〈겸광인〉鉗狂人이 있어서 그 대요를 짐작할 수 있습니다(本居宣長全集 第4卷, 853~879면).

지금 모토오리 노리나가의 인용으로 〈충구발〉을 보건대 거기에 진무神武 원년 신유辛酉는 위서緯書의 신유혁명설에 의거한 것으로, 그러므로 6백년을 감해 보아야 된다는 현대학계의 정설로부터, 진무 천황의 황통을 의심하여 진무의 혈통은 주아이仲哀에 끝난 것으로 보는 것, 또 일본언어의 언훈言訓이 십중팔구는 한韓, 한漢, 서토西土의 전용이라는 것, 일본 제성諸姓이 대개 삼한의 관명官名과 말에서 유래하는 것이 많다든지, 일본이라는 국호가 《일본서기》 등의 일본 국호의 추기追記라는 것, 아마테라스 오미카미天照大神의 설화는 진한辰韓의 무속에서 온다는 것, 그리고 《일본서기》를 읽을 때에는 그에 앞서서 일본은 진辰·마馬·변한弁韓의 삼한에 의하여 개화되었다는 것을 명심해야지 그렇지 않으면 올바르게 해독이 아니된다는 등등 문제점을 많이 던지고 있습니다. 이에 대한 모토오리 노리나가의 반박은 기紀·기記 양서의 신성관념에서 출발한 것으로 학문으로는 거의 문제가 안 될 것입니다.

그러나 문제는 이런 일본 신국사관과 기·기의 사실시라는 신앙이 그대로 대한심상을 새삼 공고히 했다는 것입니다. 또 가령 마쓰시타 니시미네松下西峰의 《이칭일본전》異稱日本傳의 서序를 보면 "대일본국자 신령소부 자개벽 신성출 이숭상기도"大日本國者 神靈所扶 自開闢 神聖出 而崇尙其道라 하고 진구의 삼한정벌과 일본신국인 소이所以를 적었습니다(卷上 7면). 그러니까 자연 외국사서에 수재收載된 일본 관계기사를 채록하되 기·기 등의 기사를 기준해서 시비를 가립니다. 요컨대 기본적으로는 대부분의 일본학자들이 취하는 방식입니다.

아마 이 시기의 대한심상의 문제를 가장 상징적으로 대표하는 사람은 앞서 든 미나모토모 기미요시源君美 또는 아라이 하쿠세키新井白石라고 알려져 있는 도쿠가와 정부의 유신儒臣일지 모릅니다. 지금 《아라이 하쿠세키집》을 정독해 보면 대한 태도에 여간 흥미 있는 것이 적지 않습니다.

먼저 재미있는 것은 하쿠세키는 한토문화가 일본에 일방적으로 온 것이 아니라 서로 교류했다는 생각입니다. 《동아》東雅라는 언어연구의 서序(제4권)와, 《고사통혹문》古史通或問 중에 그렇게 취급하고 있습니다(제3권 361면 이하). 하기는 《동아》 20권은 《화명초》에 나오는 일본 말의 해의解義 같은 것인데, 그 중 40개가량의 말을 한어韓語로 풀이하고 한어 중의 일본어원이라는 것을 겨우 하나둘 들었습니다만, 그나마 현대의 연구로 보면 근거가 없는 것이었습니다. 또 《고사통혹문》 하下를 읽으면 "옛날 한토와 같은 것은 당우삼대唐虞三代의 때로부터 오늘까지 대대로 그(중국) 황복荒服(변두리)에 있으면서 조공을 바쳤다"고 하고(제3권 394면), 계속하여 역시 일인의 습관인 진구의 신라정벌 얘기가 나옵니다. 하기는 이렇듯이 한토는 언제나 중국의 속국이었다고 보는 풍조는 이 시대의 일본의 일반적인 것이어서 앞서 든 하야시 라잔이나 모토오리 노리나가에도 나옵니다. 물론 예외도 있어서 가령 에도 막부의 관찬의 외교문서집인《통항일람》通航一覽(林輝 編, 1853년)에는 "생각건대 조선은 기미羈縻의 주州로서 정삭正朔을 (중국으로부터) 받고 군신의 의식을 행할 뿐이지 제후왕과 같은 것은 아니라"고 적어놓고 있습니다(國書刊行會本 제1권, 297면).

다음《아라이 하쿠세키 전집》新井白石全集에는 조선 사신을 접대하고 외교문서를 작성할 때 문제되었던 빙례, 신서信書 서식 등등에 관한 저술들이 보이는데 그곳에서는 부지불식간에 대한심상이 노출합니다. 우선 한일관계의 역사에 대하여 하쿠세키는 다음과 같이 말합니다. "본조 국사(일본국사)를 안案컨대, 처음 진구 황후가 삼한을 정벌하시고 피국彼國에 일본부를 두어 그 나라를 통치하신 후로 사이메이齊明 천황의 조朝에 이르기까지 무릇 천황 24대, 역수曆數 4백 60여 년간을 피국의 군민은 아조我朝(일본)의 신첩臣妾이 아니라는 자가 없었다. 이 일은 단지 일본국사에 보일 뿐 아니라 진晉·송宋·제齊·양梁 등의 남북제사南北諸史,《구당서》舊唐書 및《백제본기》등의 책에 모두 자세하다. 그런데 지금 조선의 사서를 참고컨대(《동국통감》,《삼국사기》) 아국(일본)을 가리켜 피국의 외번外藩인 것 같이 적어놓았다. 이것은 일본에게 신속하였다는 사실을 부끄러이 여기고 괴로워서 자기 나라를 위하여 왜곡하여 숨기고 꺼리는 바가 있는 까닭일 것이다"(제4권, 671-2면, 朝鮮國 信書의 書式事)

하쿠세키는 자기나라 역사에 대하여 제법 탁견을 내었다는 평이 있는 사람인데, 이것을 보면 그 논법과 감정에 아연하지 않을 수 없습니다. 요컨대 외번 취급을 한 것이 자존심을 건드린 것 같습니다. 하쿠세키는 일본 내의 여로旅路에서 조선 사신을 후대하는 폐弊를 논한 다음, "조선은 길이 인호隣好를 맺을 나라가 아닌데 거기에는 이유가 있습니다. 그 이유인즉 조선 역대의 서책을 보건대 대개 일본을 가리켜 피국(조선)에 신속한 것 같이 적어 놓고, 심지어 왜추倭酋, 왜노倭奴, 왜적 등으로 기록하여 끊이지 않고 있습니다.—사람을 얕봅니다—옛날 삼한의 나라가 일본에 신속한 것을—피국의 군신이 일본을 원망하고 또 성내고 있으며—그 병력이 약하여 일본에 대적할 수 없는 것을 깨닫고 어떻게 하든지 문사文事로써 그 수치를 씻으려고 생각하고 있습니다"라고 자존자대自尊自大를 겸하여 분개도 하고 있습니다(〈朝鮮聘事後議〉 동권, 683면).

그래서 빈례를 논한 끝에, "일본과 조선이 서로 균형이 되어서 고하高下가 없도록 한다"고 하여 일본의 불리한 빈례를 대등한 것으로 고치려 하였습니다(〈奉命敎諭朝鮮使客〉 동권, 663면).

하쿠세키가 조선사신과 논쟁을 해가면서, 일방 도쿠가와 정부의 수뇌를 설복해서 빈례와 신서信書서식을 대등하게 고친 것은 유명한 얘기인데, 그의 자서전을 보면 어지간히 일본정부 내에서도 하쿠세키에 대한 반대가 있었던 모양으로 빈례개혁에 따라 상당한 후유증이 있었던 모양이고, 또 그 개혁도 얼마 안 가서 구례舊例로 되돌아갔습니다(〈柴木記〉 제3권, 81면). 이것으로 보면 하쿠세키는 한편 무력의 우위와 삼한 신속臣屬의 고기古記를 들어서 자존自尊하면서 또 한편 문사에 뒤지고 외번같이 멸시되는 것을 극히 분개한 모양인데, 바로 이러한 태도와 대한심상이 이 시대를 대표하는 경향이었습니다.

열등 속의 우월, 우월감 속의 열등감이니 그 얼마나 자기분열적
이겠습니까.

성질은 다릅니다만 자기분열적인 구조를 가진, 따라서 불안정한
심상인 것은 조선이나 일본이나 매한가지라고 할 만합니다.

하쿠세키는 유가儒家 출신이며 대마도의 대對조선교섭을 맡던 아
메노모리 호슈雨森芳州, 그리고 무로 규소室鳩巢·기온 난카이祇園南海
와는 같은 기노시타 쥰안木下順庵의 문하였습니다만, 도쿠가와 쇼군
의 측근으로 로마의 신부를 취조할 기회에 서양에 대한 지식을 갖
게 된, 말하자면 일본 양학파洋學派의 선구자입니다(《西洋紀聞》〈采覽
異言〉). 그런 탓인지, 또 신국사관의 전통적인 유지를 위하여서인지
일본의 대명관계에 대단히 비판적이고 또 명나라를 '천조'로 부르
는 것을 대단히 분개하였습니다(〈朝鮮聘使後議〉 제4권, 679면). 그러면
서도《동아》에서는 수많은 일본말의 한토 기원을 논하였으니 아마
상당히 심란하였을지 모르겠습니다. 이러한 태도는 조선 문인에게
묘한 인상을 주고 일유日儒는 과대하다고 평하면서, 한편 일반 일본
민중은 조선을 예의지국으로 알고 있고, 일본에 문장이 없으며 시
문을 얻으려는 무리가 문전성시라고 적어놓았습니다(申維翰,《海遊
錄》).

후기에 오면 아주 사태가 달라집니다. 여러분이 잘 아시다시피
병자수호조약 후로는 일본에 대한 관심이 한토에 일어나지 않을
수 없게 되었습니다. 더욱이 전통적인 일본 이적관夷狄觀으로부터 일
변하여 한편에는 개화파에 의한 개화 일본의 심상이 제시되고, 다
른 한편 위정파衛正派에는 호랑虎狼의 양이洋夷와 다름없는 이적 일본
의 심상이 있어서 서로 대립하였습니다. 그리고 현실정치에 있어서

는 병자 운요호雲揚號 사건을 위시하여 임오군란, 갑신정변, 동학혁명운동, 갑오전쟁, 러일전쟁, 의병항쟁 등등을 통하여 일본 병력의 강압이 있었던 까닭으로 자연 서민층에서는 일본 심상 형성에 악덕일본, 강압일본이라는 요인이 전통적인 멸시관에 첨부되게 되었습니다.

이것은 하도 구한말 문헌에 자주 나와서 그 근거를 열거할 필요가 없다고 느낍니다. 아마 이러한 악덕일본의 심상이 깊이 민중의 뇌리에 박힌 까닭에 그 반동으로 일제 주도 하의 근대화운동에 대하여 전통적인 생활습관을 고수하려고 하면서 그 결과 아주 보수적인 인상을 주었을지 모릅니다. 해석에 따라서는 이런 보수는 일종의 저항적 보수일지 모릅니다. 위정척사를 외치던 항일저항에는 이런 심리적인 논리가 작용하였을 법도 합니다.

한편 일본 측은 이 시기에 그야말로 급선회를 합니다. 소위 메이지유신 이전에도 일본에는 오래 양학洋學·난학蘭學의 전통이 있어서 서양에 대한 지식이 상당히 깊게 유포되고 있습니다. 그러다가 1850년대에 미함美艦을 비롯한 외국세력에 접하게 되어 마침내 개화로 들어서자 한편 양이론도 있었습니다만 또 한편 해외지식과 부국강병의 사상이 팽배한 것은 알려져 있는 역사사실입니다.

이 당시 소위 경륜가적이라고 할 수 있는 지사들의 조선경략론이 나옵니다. 말하자면 조선점령론인데 그 직접적인 이유가 해방론海防論(林子平)이든 노골한 병탄론(佐藤信淵, 吉田松陰, 橋本左內)이든 간에 그 입론의 기저에는 황국일본론이 있었습니다(矢澤康祐,〈江戸時代における日本人の朝鮮觀について〉, 제4·5장,《朝鮮史硏究會論文集》1969). 그러면서 동시에 해외지식을 얼마나 열망하였는가는 조선침

략의 경륜을 폈던 요시다 쇼인이 미국에 밀항하려다가 잡힌 후에 쓴 회고록을 보면 알 만 합니다(《現代日本記録全集》 제1권). 또 이 요시다의 제자였던 양이파의 다카스기 신사쿠高杉晋作가 상하이에 여행하고 있는 사실은 인상적이라고 할 수 있습니다. 말하자면 이미 메이지 이전에 유교문화권의 대의명분과는 다른 방향으로 젊은 일본은 향하고 있었다고 할까요.

메이지 초의 대한심상을 살피는 데에 좋은 예는 소위 정한론征韓論이라는 것입니다. 이 정한론에 대하여는 근자 일본학계에서도 여러 각도로 연구가 되어 있습니다만, 얼마 없는 시간에 잠깐 여러분의 주의를 끌려고 하는 점은 정한론의 표면상의 발단이 양국이 서로 상대가 오만무례하여 나라의 체면을 버렸다고 주장한 점입니다.

가령 정한론의 강경파로 알려진 사이고 난슈西鄕南洲(西鄕隆盛)에 의하면 "오늘날 조선이 교과모만驕誇侮慢한 때에 당하여" 인순因循의 논의를 편다면 천하의 조롱을 살 것이라고 하고, 또 국서를 접수하지 않은 것은 국욕國辱이라고 분개하고 있습니다(이타가키 다이스케板垣退助에 준 편지). 이에 대하여 경오년 일본 사신이 동래東萊에 휴래携來한 일본 국서에는 대일본 대황제니, 칙서니 하는 중국 천자의 서식에 있어서 오만무례하다고 조선 정부는 생각해서 국서의 접수를 거부하였습니다. 더구나 일본 사신은 이전과 달라서 양복을 착용하였던 고로 조선 관원은 이것을 양이에 물든 탓이라고 생각해서 더욱 경모輕侮하게 되었습니다. 오늘날의 입장에서 보면 이것은 완연히 근대국가의 서식과 사대질서의 서식 사이의 분규이고 그 배후에는 완전히 다른 문화관과 국가관이 있었습니다. 그러면서 동시에 일본의 근대국가관은 단순한 근대관이 아니라 전통적 황국사관의 자존 위에 선 것이었습니다.

메이지 14년, 곧 1881년 일본의 외무성은 성내省內의 장고掌故용으로 《외교지고》外交志稿라는 일서一書를 완고完稿하고 동 17년에는 인행印行하여 세상에 내놓았습니다. 이것은 정부출판물이고, 본래는 성내용으로 외교 사적을 종람綜覽하는 것을 목적으로 했다는 것입니다. 그 권2 〈전쟁편〉에 보면 여말선초에 성행하던 왜구를 들어 마치 일본 병력의 침공인 것 같이 적고 있습니다. 《일본기록》에 엄연히 해우海隅의 소민小民이 작폐作弊하는 것을 부끄러이 여긴다는 국서가 있음에도 불구하고 《동국통람》에 나오는 왜구를 꼬박꼬박 '아병'我兵이라고 해서 마치 정규적인 작전인 것 같이 기록하고 있습니다. 물론 이 《외교지고》는 황국사의 신화, '진구의 삼한정벌'과 그 후의 복속관계라는 것을 적습니다. 말하자면 일본의 메이지 초의 외무성이 어떠한 사관을 가지고 구한국을 대했는지 짐작이 될 법도 합니다. 또 국서의 접수가 거부되자 이런 사관에서는 분개할 만합니다. 또 한 가지, 해구海寇 기사를 병력의 침공으로 적어 놓는다면 혹은 이런 수법으로는 《일본서기》의 저 장황한 정벌기록은 혹시 신라고기의 왜구 기사를 정규병력의 침공으로 바꾸어 쓰지 않았던가 하는 생각도 납니다.

하여간 메이지 연간은 일본 사상계에 있어서는 근대화의 급진전이 있었던 때였는데 이에 따른 대표적인 것이 혹은 후쿠자와 유키치의 〈탈아론〉脫亞論(1885년 작, 岩波書店版, 《福澤諭吉全集》 卷2)일지 모릅니다.

〈탈아론〉은 아시다시피 갑신정변이 실패한 그 이듬해에 기초된 논설입니다. 그 요지는 서양문명은 지금 홍역같이 유행하고 있는데 그것에 대항할 수 없으면 따를 수밖에 없는데 현금의 정세는 일본만이 서양문명을 채택하여 구투舊套를 탈脫할 뿐 아니라 아시아 전체가 아시아의 전통을 탈출하여 서양문명을 채택해야 된다고 전제합니다. 그리고 일본의 인방隣邦인 중국, 조선이 구태의연한 유교의 정교풍습에 젖어 있는 것을 지적하고 그들이 스스로 개혁하지 못하면 이 문명풍조 앞에 독립을 유지할 수 없고 망하리라는 것입니다. 끝으로 일본의 입장에서 남이 인국隣國이라 해서 중국 · 조선 · 일본을 동일시하는 폐단을 없애기 위하여 인국인 중국, 조선의 개명을 기다리느니보다 서양문명국을 따라 서양식으로 인국을 대하여야 된다는 제국주의의 결론을 내립니다. 말하자면 정교政敎의 문화관에서 선진국이던 조선, 중국이 졸지에 서양문명의 기준에서 야만으로 화하고 일본은 후진국으로부터 일약 서양문명을 채택한 선진국이 되고(중국에 대해), 그리고 이러한 야만국에 대하여는 서양제국이 하듯이 하라는 것이 됩니다. 요컨대 아시아적 전통에서 탈출하여 서양문명의 척도를 배우고 또 그 문명을 따라라 하는 것입니다.

이렇듯이 상고로부터 내려오던 한일관계의 문화적 기준은 이 시기에 와서 돌변합니다. 이 의식과 태도에 의하면 무력은 종전과 같은 명분 없는 단순한 폭력이 아니라 서양문명의 적자생존의 원리에 따른 강병입니다. 그렇게 되면 일본의 대한심상은 서양문명(근대화의 뜻)에 뒤떨어진 야만이요, 적자생존에 낙오하는 약국으로밖에 보이지 않을 것입니다. 그렇지 않아도 중기에는 황국사관의 부활에 의하여 일본에 신속했던 삼한의 유토遺土, 또 중국에 역대 신사臣事하는 약국이라는 멸시관이 대한심상 형성에 작용하였는데 이 후기에 이르면 전통적 심상에 남아있던 예의지국, 문장의 나라, 선진문화국이라는 요인조차 빠져 버리고 간단히 야만몽매의 약국으로만 보이고 맙니다.

일방 조선 측은 앞서도 말씀드렸습니다만 더욱 저항적이 되고 또 따라서 자기의 반反진보적 요인을 외세에 대한 저항을 위하여 견지한다는 결과가 되어 한층 더 대일심상은 혼란에 빠지게 됩니다. 왜냐하면 한편 저항의 자세에서 전통적인 왜노관倭奴觀, 상무적常武的인 후진문화라는 멸시관에 새삼 호랑 같은 구수관仇讎觀이 첨가되고 그 위에 또 다시 우리보다 선진인 근대국으로 받아들여야 된다는 요인이 겹치게 됩니다. 자기분열적인 대일심상은 불안정하고 깊은 열등감을 낳습니다.

제4·5기

대단히 유감입니다만 이제는 아주 시간이 촉박해서 자연 요략要略만을 말씀드릴 것 같습니다. 하기는 제4·5기의 자료는 거의 말씀드릴 필요가 없을지 모릅니다. 왜냐하면 제1·2·3기의 자료 상황이 일본 측이 비교적 풍부한 데 반하여 한국 측이 빈약하고, 또 따라서 관심도로 보면 일본이 대한관심도가 지극히 높은 데에 반하여 한국 측의 대일관심도가 심히 박약한 것으로 나타났습니다. 그러던 것이 제4·5기에 오면 완전히 역전됩니다. 일본 측의 일반적인 대한 무관심에 대하여 한토 측의 높은 대일 관심도가 대응됩니다. 말할 것도 없이 제4기의 식민지 시대는 항일의식이라는 예리한 의식, 신문명의 가까운 표본이라는 관심방향, 그리고 일제의 정책적인 유도에 의하여 관심은 완전히 일방통행같이 되고 말았습니다.

제5기 곧 해방 후는 한국 측에 국토분단이라는 사태가 일어나서 한일관계의 심상적 연구는 우선 대한민국에 한하겠습니다. 또 그런 경우, 시간이 없어서 자료를 생략하겠습니다마는, 나타나는 관심도는 일본의 여론이나 조사에 보이듯이 아주 얕아서 식민지시대 이하에 관심도만을 표시하는 반면 대한민국 측은 줄곧 높은 관심도를 표시합니다. 그리고 그러한 관심도와 태도에서 검출되는 심상에는 아주 특징적인 것이 있습니다.

한토 측은 제4기에 있어서 구수仇讐·전통적 경멸·선진문명이라는 상반되고 분열적인 심상을 형성하는데, 이런 경우에도 흥미 있는 것은 마치 일본인이 한토의 선진문화를 흡수하면서도 그것은 중국문화의 모방이라고 경멸하는 것을 잊지 않듯이, 힌민족은 일본의 선진문명을 열심히 흡수하면서도 그것은 일인이 서양 것을 모방한 것에 불과하다는 경멸감을 잊지 않았습니다. 또 마치 일본이 한토에서 공예와 학문, 종교를 배워 갈 때 한토 고유의 것은 젖혀놓고 중국 것을 한토에서 찾고 배워가듯이, 한민족은 일본 속의 선진문명을 배울 때에 일본 고유의 것에 하등의 흥미를 갖지 않고 일본에서 구미 것을 배워왔습니다. 그렇게 많은 일본 유학생 중에 일본 것을 전공한 사람이 거의 없고, 내 알기로는 일본사 전공한 분이 한 분이 있었을 따름이었답니다. 또 서울에 설치된 경성제국대학에 입학한 한국 학생 중에 일본 관계 전공이 한 사람도 없었다는 것입니다. 이 사실은 한일 양 민족의 심상 형성의 중대한 특징이 아닐 수 없습니다.

한편 제4기에 있어서 일본 측의 대한심상은 야만시, 후진시 위에 황국사관에 의한 우월감이 첨가되었습니다. 그러나 이러한 전통적인 신국사관에서 오는 우월의식은 물론 근대적 의식일 수는 없

습니다. 마치 제4기의 일본 사회 자체가 고대적인 신국관을 정치지
배의 명분으로 하고 그 위에 근대기구와 행정·전쟁수단을 접목하
듯이, 서양문명적이라는 근대적 선진의식과 신국사관은 아무리 보
아도 자기모순적이 아닐 수 없습니다.

　제5기의 일본 측의 대한심상은 한토의 양단兩斷으로, 그리고 재
일교포 문제로 약간 혼란이 있습니다. 그러나 여론조사로 보면 대
체로 구舊식민지였던 후진, 위험지역, 싫은 나라라는 태도가 보입니
다. 다만 제4기와는 달라서 신국사관적인 우위관이 줄어듭니다. 아
마 그러나 최대의 특징은 학자님들의 좌담에도 나오듯이 무관심이
아닐까요(旗田巍 編, 《日本と朝鮮》).

3. 문화권과 해바라기 현상

지금까지 오랜 시간 말씀드린 것을 요약하면 아마 이렇게 말할 수
있을 것입니다. 제1·2·3기에 있어서는 관심도는 일본 측이 높았
는데 제4·5기에 오면 반대로 관심도는 한국 측이 높아집니다. 제
1·2·3기에서는 한토 측이 선진문화로 공인되었는데, 제4·5기에
오면 일본 측이 선진문명으로 공인됩니다. 제1·2·3기에서 일본은
한토의 문화를 흡수하면서도 그것을 중국문화의 조박糟粕이라고 해
서 경시했습니다. 제4·5기에 있어서 한국은 일본의 선진문명을 배
우고 모방하면서도 그것을 구미문명의 조박이라고 하여 경시합니
다. 제1·2·3기에 있어서 한국의 대일심상은 문화적 멸시와 때로
는 군사적 굴욕감 간에 자기분열적인 구조를 지니고 따라서 불안

정한 심상을 형성합니다. 일본의 대한심상은 문화적 열등감과 군사적 우위감이 뒤섞여서 역시 자기분열적으로 작용합니다. 이 까닭에 양측이 모두 불안정한 심상을 갖게 되고 따라서 감정적 요소가 강하고 열등의식이 부자연한 자존자대自尊自大로 나타난다고 생각됩니다. 제4·5기에 있어서 한국의 대일심상은 구수상仇讎想에서 오는 저항으로서의 전통적 멸시감과 일본 선진문화관이 역시 분열적으로 작용하고, 일방 일본의 대한심상은 제4기에서는 후진시·신국사관적 우위·무력지배의 우위감이 공존하고 있는데, 그 중의 근대적인 선진문명의 의식과 전통적인 황국사관은 서로 모순이 되는 면이 있어서 문화국이라는 대한심상을 처리하는 데에 곤란을 느끼게 할 것입니다. 또 제5기의 대한심상은 관심도의 저하로 과거에 비해 심상설정이 아주 약화됩니다만, 대체로 구식민지국의 이미지에 위험지역의 심상이 붙어서 싫다는 태도 표시가 나오지 않았나 생각합니다.

하여튼 이렇게 각 시기의 심상을 추출해보면 그곳에는 또렷한 특징이 있는 것을 발견합니다. 곧 제3기의 후기를 분기점으로 하여 심상의 중심요인이었던 문화관이 역전한다는 사실입니다. 제3기까지의 선진문화가 별안간 후진이 되고, 어제까지의 후진이 돌연 선진의 이미지를 가져옵니다. 물론 이것은 제3기까지 한일 양국이 알든 모르든 속해 있던 정교문화라고 할 수 있는 중국 중심의 사대질서가 붕괴된 데에 기인합니다.

말하자면 구미를 대표하는 서양문화권과 중국을 중심으로 하는 정교문화권의 교체가 동북아에서 일어났을 때가 마침 제3기의 후기였습니다. 그리고 제3기까지 그렇게 한일 간의 시비 거리가 된 문화, 문장, 예의, 문물에 관한 논쟁이 실은 중국의 정교문화를 전제하고 있었던 것을 알 수 있습니다. 이 중국문화권의 입장에서는 사대질서에 들어오지 않고 신국이니 천황이니 하는 것이 바로 비문화적이요, 이적의 특색이었습니다. 마치 흉노의 가한可汗 칭호나 그 흉노적인 관직명이 바로 새외북적塞外北狄의 증거로 여겨지듯이 일본의 독자성, 정치이념의 일본색이 바로 중국문화권의 아주 먼 변두리에 있는 미개한 만이蠻夷라는 말을 듣게 되는 소이입니다. 마치 요새 한복에 상투 짜고 의식에 나가면 외국인이 흔히 미개로 보듯이 조선의 사신이 일본에 가서 나족裸足의 사대부를 보았을 때 우선 그들을 야만시하였던 것입니다. 한국은 이 까닭에 열심히 중국문물을 배워서 소화小華로 자처하였습니다만, 그러나 결국에 소화에 불과하던 까닭에 일인으로부터 중국의 속령이니 중화의 조박이니 하는 핀잔을 받았습니다.

한편 제4·5기로 오면 심상 형성의 문화적인 요인은 결정적으로 서양문명 의식으로 변했습니다. 이 입장에서는 일본이 소화고 한국은 야만이 됩니다. 그리고 제3기까지 일본이 문화적 열등의식에서 심상 형성에도 영향을 입듯이 이번에는 반대로 한국이 제4기 후로는 문화적 열등의식에 잡혀 버리고 맙니다.

요컨대 각 시기의 심상 형성은 기실 그 당시 소속해 있던 문화권의 성격을 반영하고 있었습니다. 심지어 군사적 우위만 하더라도 일본은 오래 그렇게 무력의 우위를 공인시키려 하였으나, 정교적인 문화관에 의하면 명분 없는 무력은 야만적인 것, 곧 경멸의 대상이었던 고로, 임란 후에도 또 일제강점 후에도 그 우위가 납득되지 않았습니다. 그것이 의식되지 못하였다는 점이 바로 일본의 문화의식이 정교문화의 기준에서 얕았다는 것이 될 것입니다. 역으로 서양문명권에서 무력·군사력이 어떻게 정당화되었는가는 국제법의 발달사를 들 것 없이 근대국가의 권력주의에서도 간단히 간취할 수 있는 것입니다.

무릇 모든 문화권에는 중심과 주변이 있습니다. 중심은 문화가치의 전파가 시작되는 곳이며 또 문화가치의 기준을 제공하는 곳입니다.

중국에서 아주 옛날부터 오등복五等服이라고 하여 후候·전甸·수綏·요要·황荒을 구별해서 중심과 주변을 나눈 것은 주지된 일입니다.《상서》尚書의〈우공〉禹貢 편에 나오고《주례》周禮에도 보입니다만, 또 아마 그렇게 오랜 것인지는 의문입니다만, 적어도 춘추시대 이후는 문화권의 사상으로 정립되었던 것 같습니다. 물론 이러한 중심과 주변 사상은 고대 그리스에도 나오고 또 근세 유럽에도 나옵니다. 요컨대 문화권이 형성된 곳에는 필연적으로 이 중심과 주변 개념이 나오는데 그런 의미에서는 아마 중심과 주변이라는 요인은 문화권에 구조적으로 포함되어 있는지 모릅니다.

또 하나, 문화권에는 '해바라기 현상'이라고 할 만한 현상이 꼭 따라다닙니다. 해바라기 현상이라고 하는 것은 간단히 말하면 해바라기가 항상 태양을 향하듯이 한 문화권의 주변의 문화적 관심은 항상 중심을 향한다는 것입니다. 지리적으로 인접해 있지 않고 멀리 떨어져 있더라도 인접을 젖혀 놓고 멀리 문화의 중심지에 관심을 달립니다. 가까운 대만이나 도쿄보다 뉴욕, 모스크바에 더 관심을 갖는 풍조를 우리는 흔히 좌우에서 봅니다. 바로 그것이 해바라기 현상입니다.

이렇게 개념정리를 하고 보면 한일관계의 심상사적인 문제가 비

교적 명석해집니다. 한국은 대일심상에 있어서 일본을 절역絶域이라
고 보았으며 동시에 제3기까지는 별로 큰 관심을 표하지 않았습니
다. 임란에 호되게 맞았습니다만 그렇다고 해서 일본에 관심을 갖고
일본 사정을 연구하느냐 하면 역사는 아주 달랐습니다. 심지어 구한
말에 유포된 전통적인 천하도天下圖에 붙어있는 일본 지도를 보면
대개는 엉뚱하고 유치한 것이었습니다. 조선왕조 초에 나온《해동
제국기》의 부도附圖만큼도 못하니 놀랄 일이고, 또 그 당시 중국을
그린 강역도가 정교하였던 것을 생각하면 다시 또 한 번 놀라게 됩
니다.

　요컨대 해바라기 현상으로 주관심이 문화의 중심, 곧 중국을 향
하고 있었습니다. 따라서 소화小華라는 의미는 중심에 문화적으로
가까운 지역이라는 의미이며, 절역이란 문화적으로 문화권의 경계
지역에 있다는 의미가 될 것입니다. 그러므로 제1 · 2 · 3기의 한일
심상의 특징은 누가 더 중심에 가까운 인접문화냐 하는 주변문화
의 경쟁이었고, 일방 해바라기 현상으로 서로 중국을 향하면서 그
인접을 무시하는 데에서 일어나는 갈등이었습니다. 요컨대 주변문
화 의식의 갈등에서 빚어지는 심상형이었습니다.

　다음 제4 · 5기에 오면 이번에는 한국이 절역이 되고 일본이 소
화가 됩니다. 그러면서 해바라기 현상으로 서로 무시합니다만, 다
만 한국은 고대의 일본이 그랬듯이 현실적인 편의로 가까운 문화
의 본을 취합니다. 그러면서도 심상의 형성에서는 해바라기 현상을
고수하여 '소화'를 경시합니다.

4. 주변문화 의식과 탈권脫圈

그런데 여기 상당히 중요한 문제가 야기됩니다. 지금까지 말씀드린 것에 가장 기본적인 점은 한일관계의 정신사적 문제로서, 피아의 심상 형성을 따져 보면 그것은 모르는 사이에 동·서문화권 내의 주변문화 의식의 투영이라는 형태로 바꾸어볼 수 있다는 점이었습니다. 그리고 주변문화라는 개념은 전래된 문화를 매개해서 중심을 향하여 해바라기 현상을 일으키는 단계의 문화라는 의미입니다. 제 1기에 있어서 일본에 불교가 한토로부터 도래된 후 다시 당시 대승 불교의 중심이던 중국을 향하여 불교의 발전을 구하였습니다. 그런 경우가 주변문화적인 것입니다. 주변문화의 문화는 전래된 것이면 서 동시에 주변답게 중심과 다른 토착적인 요소가 강할 것입니다. 토착적인 요소가 너무 강하면 같은 문화요인의 공유로서 성립되는 문화권에서는 서로 교신을 매개하는 문화적 공통성이 약해져서 점 차 문화권에서 일탈할 것입니다. 또 주변문화끼리도 서로 교신이 되는, 말하자면 공통의 문화가치 관념이 매개되지 않으면 서로 충 분히 이해하기 어려울 것입니다. 따라서 주변문화 의식의 갈등이라 고 하는 것은 그 의식 간의 교신이 충분하기 어려운 문화가치의 공 통성의 결여, 혹은 토착적 독자성의 과다로 인한 문화적인 유대감 이 상실되는 것으로 이해될 수 있을 것입니다.

앞서 제3기까지의 대한심상의 특징은 일본의 신국사관이라고 보았습니다. 그 까닭에《일본서기》에 보듯이 일본이 스스로를 가리 켜 천조·중국·신국이라고 기록하고 인국은 번국蕃國이요, 교빙은 조공이라고 적었습니다. 그것을 확실히 하기 위하여《고사기》,《일본서기》의 〈신대〉神代 편이 있고, 천황의 세계世系가 정리되어 서술되었습니다. 그러면서 일방 중국문화권의 문화를 열심히 한토로부터 도입하고 나중에는 중국에서 직수입하였습니다. 말하자면 주변문화의 특징을 갖추면서 한편 마치 주변문화가 아니고 다른 문화가치에 입각한 다른 문화권의 중심인 양 역사를 꾸몄습니다. 이 점이 바로 한국의 대일심상이 미개로 보았던 것인데, 토착적인 요소가 전래적인 문화, 곧 문화권 공유의 문화보다 우위에 있다는 것은 그 주변문화가 그야말로 절역에 처해서 언제 권외로 탈락할지 모른다는 것을 의미할 것입니다.

일본은 중국문화권에서 제일 먼저 빠져나간 나라며, 후쿠자와의 말대로 용감하게 '탈아'한 나라였습니다. 근래 일본의 근대화 과정을 논하는 많은 저술과 논문이 나왔습니다. 때로는 사회경제사적으로 때로는 정치법제사적으로 여러 개의 호저好著가 나왔습니다. 나는 이러한 여러 가지 면 외에 지금 내가 말씀드린 절역에 존재하던 주변문화로서의 일본이라는 특징이 '탈아'를 가장 쉽게 하게 한 중요한 요인이 아닌가 생각하고 있습니다. 일본은 에도 막부 시대까지만 하더라도, 심지어 주자학자 같은 유학자에 이르기까지 황국사관적인 전통사상에 젖어서 토착적인 독자성을 너무나 많이 가지고 있습니다. 말하자면 너무나 일본적이었는데 바로 이 점이 문화권의 절역적 성격이고, 또 이 까닭에 금단禁斷은 있었습니다만 양학·난학이 다른 지역보다 먼저 발달하고, 또 이 까닭으로 새로 서양문명이 들어와서 대항이 어렵게 되자 주저하지 않고 '탈아'를 감행하였습니다. 바로 한일 간의 주변문화 의식의 갈등을 빚어낸 그 원인이 그대로 '탈아'의 정신사적인 태세를 쉽게 한 것으로 믿어집니다.

그런데 제4기부터는 일본은 '절역'이 아닙니다. 오히려 일본이 '소화'고 한토가 절역이 되고 말았습니다. 그것도 대한민국은 자유주의 문화권의 절역이요, 이북은 공산주의 문화권의 절역입니다. 남은 한국을 후진이라고 하고, 서양문명권의 '소화'로 되기에는 생활, 관습, 경제, 정치가 모두 기본적으로는 전통적인 요소를 다분히 품고 있습니다. 마치 일본이 대한심상의 형성에 문화권 외적인 독자성을 작용시킴으로써 한국의 대일 이미지와 갈등을 일으키듯이 현재는 우리의 대일심상은 때로 전통적이고 구舊중국문화권적이고 해서 남의 대한심상과는 적지 아니 갈등을 일으키고 있습니다. 말하자면 자유문화권에서는 그 현실에 있어서 아직 정착하지 못하고, 따라서 '탈권'脫圈의 가능성이 많은 나라일 것입니다. 동시에 자세한 말씀은 안 드리겠습니다만 이북도 그 문화권에서는 같은 처지인 것으로 이해하고 있습니다. 물론 '탈권'에는 여러 가지 다른 요인, 사회경제적 또는 정치적 요인이 작용할 것입니다. 그러나 한일관계의 정신사를 변경문화 의식의 갈등으로 해석하고 또 양국의 심상사史가 가지고 있는 '변경'의 위치를 생각할 때 이러한 '절역지위'가 계속하는 한은 항상 탈권의 위험이 있는 것이며, 한 번 '탈권'이 이루어지는 경우 일본 혹은 중국 본토의 정치·문화적 위치가 일변할 것입니다. 아마 일변하는 것은 혹은 일, 중만이 아니고 우리 민족 자체일지 모릅니다.

상당히 오랜 시간을 말씀드렸습니다만, 시간 관계로 제시 못한 제4기의 자료와 문화권의 이론은 후일로 미루겠습니다.

1970년 5월 29~30일 전국역사학회서의 강연속기
《신동아》 1970년 8월호

현대민족주의
그 역사적 현실의 맥락을 뒤돌아보며
(1973)

1. 모델 개념의 설정

민족주의는 단순한 추상 개념이 아니라 여러 입장에서 여러 목적을 달성하려는 고도의 정치적 개념이며, 동시에 실천적인 믿음의 표현인 것은 이미 알려진 일이다. 그러므로 이에 대한 일반적인 모델 개념을 설정한다는 것은 그 실천적 목적과 현실의 양상을 풀이하는 데에 있어서 한낱 지표에 불과하다. 그렇기는 하나 모델 개념의 설치는 일련의 정치행위와 사상, 주장과 정감情感을 정리하는 데에 우선 기준으로 필요하다.

민족주의는 '내' 나라라고 하는 정치, 경제, 문화 체제의 형성과 고양을 민족, 국민이라는 인적인 면에서 정당화하려는 집단의사로 정의한다. 그것은 강렬한 명분의식인 고로 정감이 높은 가치관으로 나오게 마련이며, 또 내 나라, 내 민족이라는 단일체 의식으로 집결하므로, 자연 '남'에 대한 '나' 혹은 '우리'라고 하여 '나'와 '남'을 준별하는 태도를 낳는다. 모델 개념으로서 민족주의는 민족집단에 골고루 타당하며 따라서 객관적으로는 '나'와 '남'이 피차 다를 것이

없는 평등상태로되, 현실의 민족주의는 내 민족, 내 나라라는 개별
적 정감이 강해서 항상 내 민족관념이 남보다 앞서게 된다. 이런 의
미에서 내 민족, 내 나라라는 단일체 의식은 본시 남에 대한 것일
뿐 아니라 전시와 같은 극한상황에서 가장 순수하게 나타나는 것
을 주지의 일인데, 이 까닭에 국제정치론의 일부에는 나라 관계를
이 특정한 '민족국가'라는 단위 간의 관계로 순수화해서 이른바 원
자적 관계라고 표현한다. 그러면서 여기 주의할 점이 생긴다. 민족
주의는 원래 나라 또는 나라를 지향하는 정치집단의 인적인 구성
면을 명분 주는 사상이며 의사라고 보았다. 인적인 구성면이란 이
경우 민족 또 국민의 개념인 고로, 민족주의의 개념 형성의 순서로
는 민족, 국민의 개념이 선행하고 또 주의의 기저에 존재한다. 그
런데 이러한 민족이라는 인적 결집의 선재先在는 단지 개념론일 뿐
이지 역사의 현실로는 반드시 그렇지 않다. 어떤 민족이 객관적 현
실로 역사에 존재한 연후에 그것을 계기로 하여 민족주의가 탄생
한다는 것은 오늘의 역사에서는 오히려 소수 예일 뿐이다. 또 민족
주의의 전제로서의 '민족' 개념은 역사적이며 객관적인 의미의 민
족의 존재와는 아예 서로 범주를 달리한다. 역사적 현실에서 본다
면, 역으로 민족주의가 선행한 연후에 민족의 형성이 뒤따르는 것
이 현재 다수 예가 되고, 단일민족이 이미 역사적으로 존재한 연후
에 민족주의의 기반으로 작용하는 한민족 같은 예는 오히려 소수
에 속한다.

　　요컨대 민족주의라는 가치관의 기저가 되는 민족개념은 단순한
객관적 실체가 아니라 '내' 나라라는 귀속감과 정감의 소유자인 사
람과 집단의 집결체이면서 동시에 '나라의 주인'이라는 권리의 원

천으로 규정된다. 설령 실체적인 한 민족이 역사상 존재하는 경우라도 정치권력의 명분 또는 통치의 명분체로 취급되지 않는다면 민족주의의 가치관을 지닌 민족 개념으로는 이해되지 않는다. 따라서 민족주의에 있어서의 '민족'은 밖으로는 불가분의 단일체로 기능하고 또 그 까닭에 근대국가의 기준 단위로 구실을 다한다.

그러나 한편, 민족 개념의 내면에 있어서는 이러한 단일체로서의 결집은 현실적으로 무엇을 기준으로 하고 이루어졌느냐 하는 의문이 나온다. 이것은 두 가지 각도에서 볼 수 있을 것이다. 하나는 통치의 명분체가 되는 민족(국민)이라는 객관화의 매체는 무엇이며 주관적인 요인은 무엇이냐 하는 문제. 전자는 여러 사람이 논급한 언어, 역사, 풍습, 혈연 따위의 지표이며, 주관적 요인으로 얼(정신) 또는 의지 따위를 들어 설명하려 한 것은 주지의 일이다. 다음 또 하나의 각도는 민족(국민)의 기준 내용을 설정함으로써 민족의 모델상像을 결정하는 자는 누구냐, 민족의 어느 계층이 이 결정권을 가지냐 하는 관점이다. 민족은 밖으로는 단위체로 보일 경우라도 그 실체는 불가분의 하나가 아니라, 여러 계층, 여러 집단, 여러 인간에 의하여 구성되어 있고, 또 재부財富, 권력에 있어서도 그 사이에 차이가 많다. 따라서 민족이란 명분 아래 구체적인 지표를 설정하고 내용을 담는 것은 그때그때의 주도층, 지배층으로서 그들의 민족상, 국민상을 기준으로 하여, 민족의식이 통일되고, 민족과 국민의 이해와 방향감도 결국 주도층, 지배층의 민족이해, 민족방향감에 크게 의존한다. 이른바 민족주의에 내포된 주도 계층의 성격문제이다. 그러면서도 민족상, 국민상은 명분으로는 민족의 전체상의 형식을 취하고 있으므로, 비록 현실은 대중이 주도층의 민족상을 받아들이고 있으나 공식적으로는 대중의 순수한 민족상을 주도층이 받드는 방식으로 표현한다. 이른바 민족의 단결이 문제이다. 이렇듯이 단결의 실태는 결국 주도층의 가치관, 이해관을 국민상, 민족상을 통하여 민족 전체의 것으로 납득하고 주도층 중심으로 결집하는 것인데, 결집도는 특정한 상대에 대하여 나타나는 것인지라, 그 극대極大의 경우는 대개 대적對敵 관계 같은 전시, 식민지 압박 상태요, 일방 극소極小는 민족의 통일상이 형성되지 않은 경우이리라.

그러나 이상과 같은 일반적인 모델 개념은 어디까지나 지표적인 구실을 할 뿐이지, 민족주의의 참모습은 역사적 현실 속에 실천적 목적을 띠고 나올 때 비로소 약동한다. 그리고 현실의 민족주의는 단독으로 기능하고 작용하느니보다는 오히려 다른 가치의식 또 행위양태와 연결되어서 나타나는 것이 실정이다. 마치 서유럽의 민족주의가 자유주의나 자유민주주의의 발전과 불가분의 관계에서 나타나듯이. 따라서 민족주의는 때와 곳에 따라 그 구체상이 다르다. 시대적인 여건과 지역적인 조건에서 민족주의의 실천면이 구현된다는 것인데, 돌이켜 생각하면 그렇다고 해서 한 시대의 양상 가운데 그 주류를 못 찾을 바도 아니며, 또 지역대로의 특성이 있다고 치더라도 몇 개의 유형을 상정 못할 것도 아니다.

2. 시대의 주류

그러면 시대의 주류란 무엇일까. 본시 현대민족주의는 단순히 시간과 시대로 보아 과거가 아닌 현대의 민족주의라는 의미는 아니다. 그것은 민족주의의 일반적 모델 개념에 속하기는 하나, 그러나 특정한 시기를 끊어 생각하는 경우, 그 시기에 두드러진 특징을 지적할 수 있는 무엇이 있다는 인식이다. 그리고 그것은 과거를 받아서 다음 시대로 넘기는 데에 주된 구실을 하였다고 판단됨으로써 주류라고 일컫는다. 다른 정치 개념에서와 같이, 무릇 민족주의도 정치체제의 큰 틀 안에서 형성되고 기능하고 변형한다.

따라서 시대를 지배하는 세계정치의 틀이 바뀌면 어언간 정치의 특성도 바뀌고 또 역으로 정치의 특성이 변함에 따라 역사의 시기 획정도 필요하게 된다. 이러한 거시적 각도에서 민족주의의 온 발전 과정을 살펴보면, 그 속에는 완연히 서로 다른 국제정치의 틀을 볼 수 있을 뿐 아니라, 또 그 틀의 차이와 연관되는 민족주의의 주된 특성이 있었다.

그 첫째는, 이른바 근대국가라는 특정한 국가유형의 발달을 가져온 서유럽 지역의 정치의 틀인데, 원래 민족주의는 이 틀 안에서 유럽적인 특색을 지니고 전개되었거니와, 그 특색은 유럽국가 사이의 민족주의와 비유럽 지역에 대한 민족주의를 엄별하는 독특한 이원주의였다. 이 시기는 대략 제1차 대전 전으로 끝난다.

다음 시기는, 유럽세력의 팽창에 따른 유럽 정치개념의 세계화, 곧 새로운 세계정치라는 틀에 대응하는 민족주의인데, 이 시기의 특징은 온 세계의 인구, 자원, 지면의 방대한 부분을 차지하는 비유럽 지역에 새로 유럽적인 기준에 따라서 정치, 경제, 사회 기타 각 방면에 걸친 변화가 일어났다는 사실이다. 이에 따라 민족주의도 이 새로운 시대에 나타나는 비유럽지역의 저항적인 것이 그 주류로 인정된다. 이 시기는 대체로 제2차 대전으로 끝난다.

다음은 우리가 살고 있는 현대라는 시기이다. 이 시기를 여러 사람은 탈식민지 시대라고도 하거니와 이 각도에서 보는 경우 현저하게 눈에 띄는 사실은 대전 후 '탈식민지'하였다는 대부분의 신생국가는 대체로 구식민지시대의 국경선을 따라 독립하였던 까닭에, 때로는 종족, 부족끼리 서로 분리되는가 하면 한편, 역사적인 단일민족이 지역적으로 분단되는 현상이 생긴 일이다. 이 점은 단일민족국가에의 기대와는 거리가 멀었던 제1차 대전 후의 동유럽의 독립국의 문제보다도 몇 배 복잡하고 까다로운 문제를 남기게 되었다. 이러한 사태 아래 민족주의는 또 한 번 새로운 양상을 띠게 된다. 그것은 전례 없는 폭넓은 의미를 가지며 한편, 일국 위주의 민족주의로부터 세계정치의 구조에까지 파고드는 지역적 결집과 국제적인 방향으로 향하는 것이 오늘의 주류가 되어가는 것 같다.

물론 오늘날 각 지역의 구체적인 민족주의는 반드시 그 주류만을 따라서 움직이는 것은 아니다. 지역대로의 특수사정, 곧 그렇게도 고르지 않게 발전하는 역사의 현실에서 그 지역이 어떠한 위치를 차지하고 있느냐, 또 무슨 가치관과 손잡고 있느냐, 그리고 어떠한 장애에 직면하고 있느냐 등등의 문제에 따라 현실은 천차만별일 것이다.

그러나 잊지 않을 것은 민족주의의 주류라는 것은 적어도 역사적 현실의 주 무대란 의미가 되고 내일에 연결되는 조류라는 뜻이 된다는 점이다.

3. 시민민족주의

시민민족주의는 서유럽의 특정한 정치상황에서 출현해서 발달한 것은 이미 주지된 일이다. 영국 크롬웰 시대에 이미 민족주의의 형태는 명백히 나타난다. 이에 앞서 중세기적 제왕권, 또 로마 교황청의 보편적 교권주의에 대항하는 왕권의 주장 속에 혹은 민족주의의 싹을 볼 수 있다는 사람도 있으나 그것은 있다고 치더라도 싹일 뿐이다. 민족주의가 실질적으로 서유럽에 널리 유포되는 것은 모두 말하듯이 프랑스대혁명부터인데, 영국이건 프랑스이건 간에 그 출발에 있어서 주목될 사실은 그것이 대외면이 아닌 대내면, 곧 군왕권과 봉건신분제에 대한 국민권, 민족권의 쟁취라는 데에 있었다는 점이리라. '모든 주권의 원칙은 기본적으로 국민(민족)에게 있다'라는 〈인권 및 시민권 선언〉의 구절은, 다음 시기에 있어서 주류를 이룬 비유럽지역의 민족주의와는 달리 외적에 대한 극렬한 저항으로 시작된 것과 예리하게 대조가 된다. 물론 서유럽의 민족주의는 이렇게 출발하였다 뿐이지, 이것만으로 그치는 것은 절대로 아니다. 이런 여러 문제를 편의를 위하여 프랑스의 사례를 들어 요약해 본다.

무릇 프랑스대혁명은 결국 제3계급의 승리로 끝맺었다는 것이 정설이다. 그것의 민족주의적 의미는 요컨대 주도층의 민족상(국민상)은 바로 이른바 '시민의 상'이었는데, 이 도시적인 '시민' 층이야말로 시장경제의 발달을 담당한 계층으로, 봉건적인 신분제와 경제활동의 전통적 제한이 일체 타파된 후에 얻은 자유와 평등의 핵심은 경제활동의 자유와 또 그것을 보장하는 '법 앞에의 평등'으로서 그 위에 참정권이 선다는 의미가 된다. 따라서 이에 따른 민족주의의 서유럽형의 제1도식이 성립한다. 곧 국민상으로서의 '시민', 시민적 자유와 평등의 정치체제, 그리고 시민적인 경제체제로서의 자본제와 국민상에 맞는 국민경제의 틀. 이러한 도식으로 이해된 일부 서유럽 사회가 나라로서 번성하고 경제체제로서 발전된 까닭으로 이러한 도식은 후대에 크게 영향을 미친다. 뿐만 아니라 민족주의는 그 초기에 있어서 이미 깊이 시민적인 자유주의, 이른바 시민적 민주주의(자유민주주의)와 연결되어 있던 것은 주의할 만하다.

그 다음 서유럽 민족주의에는 제2의 도식이 나타났다. 현실적으로는 나폴레옹 전쟁을 계기로 해서 독일 지역 등에 퍼진 민족주의인데, 이것은 비슷이 보불전쟁 후에 프랑스에도 해당한다. 곧 외적의 침략에 대한 자기방어로서의 민족주의인데, 이 경우 그것은 대외면, 다시 말해서 모델 개념의 이른바 '나'와 '남'의 대립이라는 한 계상황에서 오는 단일체 의식의 고양상태로서 마치 대내적인 면의 긴장이 때로 대외적인 단일체감을 손상하듯이 이러한 대외면의 긴장은 대내면의 구조적 문제를 소홀히 하게 된다. 이 까닭에 나폴레옹 전쟁과 보불전쟁 후 독일, 프랑스 민족 간에는 민족의 전체성과 민족의 신성, 영예 같은 식의 신화화가 유행하고, 또 민족이상을 구현화한다고 인정되는 '국가'의 개념을 지상至上의 존재로 인격화하여 마침내 민족의 구성원인 개아個我는 그 설 자리를 잃었다. 심지어 F. 리스트에서와 같이 경제사상에 있어서도 국민주의가 팽배해서 경제원칙은 보편타당하다는 영국 고전학파에 대립하여 국민경제의 특수성을 강조하고 또 그것으로서 보호관세정책의 근거로 삼았다.

또 프랑스의 블랑제 장군파Boulangist들이 독일에 빼앗긴 실지회복을 하기 전에 우선 프랑스 내의 질환을 치료해야겠다고 한 것은 시민주의의 아성인 의회제의 폐지 등을 기도한 것으로, 보수적인 국가(민족)지상을 내세운 것은 역시 흡사한 민족 관념에서 나온 것이다. 요컨대 제2도식에 있어서 주도층의 국민상은 곧 전통과 역사의 전체상을 방어하기 위한 저항적 영웅상인데, 영웅이란 본시 대중적인 욕구의 상징인 고로 저항적 영웅이라는 상은 결과적으로 지도층의 영웅화를 의미하는 경우가 많다.

제2도식 아래에 있어서는 일단 대내적인 긴장, 곧 개아나 구성계층 사이의 알력관계는 정지가 요구되고 전체적인 동질성만이 강조되고 동원되므로 자연히 시민적 자유와 평등개념은 딛고 설 땅이 없게 된다. 이 점은 전체주의, 전통 보수주의가 일면 민족주의의 대외면에 연결되고, 때로 적대감을 권력유지의 명분으로 이용함으로써 그것이 긴장조성을 통하여 제도화하는 것을 알 수 있다. 하기는 민족주의의 프랑스어의 의미에서 쇼비니즘의 뜻도 있는데, 그것은 이러한 민족주의의 대외면과 깊이 연결되어서 일어난 것 같다.

이렇듯이 서유럽의 민족주의에는 두 개의 도식화가 가능한 양상이 있었는데, 이것은 유럽세력의 세계팽창에 따라 다른 지역에 커다란 영향을 주게 되었다. 그러나 그렇다고 해서 서유럽적인 민족주의의 확산이 곧 제1차 대전 후의 민족주의로 발전된 것은 아니다. 왜냐하면 가장 중요한 유럽의 또 하나의 특색은 그대로 고스란히 서유럽에 머물렀던 까닭이다.

본시 서유럽은 다른 유럽지역과 같은 기독교문화권이로되 동유럽은 대부분 투르크의 식민지, 곧 이슬람권이 있었을 뿐 아니라 비

유럽계 민족(가령 마자르 민족)이 뒤섞이어 있었고 기독교도 동로마
계통이 많으므로 자연 서유럽만이 순수한 기독교문화권으로 자처
되었다. 그러므로 서유럽은 기독교문화의 동류의식이 강했으며, 근
대국가 단위의 국제관계에 있어서도 일종의 독특한 정치윤리가 인
정되었다. 그 사이비似而非 법적인 표현의 대표가 바로 유럽국제법이
었다. 또 이 까닭에 18세기 말 종결된 폴란드의 삼국분할은 이 윤
리감에 어긋난다 하여 오래 유럽의 양심을 괴롭히고 지식인의 힐
난의 대상이 되었다. 아마 이런 정치윤리감으로 말미암아 전쟁으
로 승패는 결정지을지언정, 다른 서유럽국가를 식민지화한다든가
합병하고 만다는 것은 19세기 나폴레옹 전쟁 이후로는 유럽 사람
의 상상 밖의 일 같이 되었다. 물론 현실적으로는 세력균형의 원칙
이 작용하였든가 또 비유럽지역이라는 광대한 침략의 대상지역이
따로 있었다는 사실이 있었으나, 그러나 유럽정치의 틀에는 동류의
기독교문화권이 이루고 있는 유럽사회라는 일종의 공동체 관념이
있어서 현실정치를 규제하였다. 그 한 가지 증거로 이른바 신성동
맹이라는 러시아 황제의 기독교윤리관을 적어도 일단 받아들인 점
에서도 엿볼 수 있으리라.

　그러면서 서유럽은 비유럽지역에 대해서는 거연遽然히 태도를 달
리하였다. 그 명백한 증거는 국제법의 적용이었다. 유럽에서 채택
한 국제법이 소위 '문명국'에만 적용된다는 관념은 20세기에 와서
도 고집되던 것인데, 이 경우 '문명국'이란 본래 구미사회를 두고
하던 말이었고, 그러므로 비유럽지역에는 적용이 아니 되는, 다시
말해서 법관념이나 기독교문화권의 윤리관념에 구애받지 않고 마
음대로 실력을 행사할 수 있는 지역으로 간주되었다. 구한말의 양

요洋擾는 그런 의미에서 행해진 것이며, 일본의 에도 막부 말엽에 존
왕양이론으로 내란상태에 있었을 때 영국정부가 영 함대에 중립법
을 준수할 필요가 없다고 한 훈령도 이런 관점에서 이루어졌다.

　　이 점은 서유럽의 민족주의가 근대민족주의로 넘어가는 과정에
매우 중요한 의미를 갖는다. 왜냐하면 서유럽에 있어서 민족주의는
제2도식이 나타나는 전시적인 적대관계에 들어가는 경우라도 거기
에는 한도가 있고, 또 대립은 무한대립이 아니라 '남'의 존재를 용
인하는 대립, 그야말로 경쟁적 공존관계에서 오는 대립이었다. 국
제관계는 유럽의 용어대로 나라와 민족 사이의inter-national 관계를 전
제로 했다. 적대도 동류 사이의 적대이지 상대의 국가적 존재 자체
를 부인하는 것이 아니었다. 그러던 것이 비유럽지역이 대상이 되
자, 흑黑아프리카 대륙 같이 마치 무인지역에 대한 선점권 같은 것
이 자행되는가 하면, 한편 북아프리카 및 아시아에 있어서와 같이
무제한한 유럽민족의 침략경쟁이 벌어지고, 다른 민족의 정치적 존
재를 인정하지 않는 식민지화에 유럽민족주의가 동원되었다. 프랑
스의 유명한 식민지주의자며 수상이었던 J. 페리Ferry의 의회 발언
을 빌면, "우수한 족속에게는 한 개의 권리가 있는데 그것은 의무,
곧 열등한 족속을 개화시킬 의무에서 온다"라고 침략을 당연시했
다(1885년). 영국 케임브리지 대학의 저명한 교수인 J. R. 실리Seeley
의 명저라는《영국의 팽창》(1883년 초판)은 한 말로 해서, 영국 침략
사에 대한 무한한 찬송이며 대영제국주의의 선양인데, 그것이 당시
대표적 영국민족주의였다.

4. 저항민족주의

제1차 대전 후의 민족주의에는 몇 가지 중대한 변화가 일어났다. 하나는 주지되듯이, 비유럽지역의 구舊문화국들이 새로 민족주의를 받아들인 것이다. 둘은 수입된 민족주의의 개념에 커다란 혼란이 일어난 점이다. 그리고 그 배후에는 유럽정치의 세계제패가 있었다. 유럽정치의 세계제패라는 국제정치사적인 사실은 대부분 숙지의 일인 고로 여기서는 생략에 붙이거니와, 그 중의 한두 가지는 독자의 주의를 새로이 환기시킬 만하다. 하나는, 유럽정치의 기준단위, 곧 유럽적인 근대국가의 개념이 점차 보편적인 '나라'의 개념으로 세계에서 받아들여지고 이에 따른 유럽 국제정치체제가 보편적인 국제질서로 용인되었다는 사실인데, 따라서 비유럽지역의 이슬람적인 또는 유교적인 국제질서가 붕괴되고, 겸해서 구질서에 연관된 모든 정치, 사회 개념이 의미상실을 보게 되었다.

또 하나는 유럽정치의 제패의 방식의 문제이다. 앞에서도 잠깐 언급한 프랑스 수상 페리는, 식민지사업은 유럽 같은 경제국가의 당연한 법칙이며, 또 식민지정책은 유럽 공업정책의 결실이라고 솔직히 표명한 사람이기도 한데, 적어도 서유럽 집권층의 정책은 국내에서는 대영, 위대한 프랑스, 대독일 같은 우월민족주의를 고취하고 밖으로는 경제이익을 추구하되 대포와 군함으로 그것을 보장하는 것이었다. 이것은 곧 새로 유럽정치의 권내에 들어간 민족과 나라에 있어서 일국의 무력이 강해지면 으레 행하는 의심 없는 방식으로 받아들여졌다. 입으로는 평화의 웅변을 과시하는 것도 구미에서 배웠거니와, 현실로는 '부국강병'의 방식이 어떤 것이냐에 대하여 확신을 갖게 된 것 같다. 바로 이것을 밑받침한 국제질서가 유럽이 퍼뜨린 유럽질서의 의미였는데, 그것은 세계적 규모에 있어서는 유럽 내에 적용되던 기독교문화라는 문화권 윤리가 결여된, 따라서 무력만이 최후의 이성이 되는 그야말로 '무정부'anarchy의 세계질서였다. 그러면서 그것이 질서의 성격을 띠고 있던 것은 바로 국제연맹의 역사에서 볼 수 있듯이, 강대국 간 세력권의 현상유지가 강대국의 이해로써 합의되었던 까닭이었다.

　이러한 큰 틀 아래서 비유럽지역은 새로 민족주의를 받아들인다. 그것도 민족적 혹은 토착적 저항의 수단과 명분으로 받아들인다. 본시 '민족적 저항'과 '민족주의적 저항'은 그 차원이 서로 다르다. 제1차 대전 전, 대체로 19세기 후반부터는 비유럽의 각 지역에서 유럽세력에 저항하는 격렬한 운동이 일어났다. 19세기 말 통킹지역의 10년 저항전쟁(1885~1895)은 귀족, 유생, 농민을 포함하는 광범위한 월남 민족의 대對프랑스 저항이었고, 투르크 제국에 대한 아랍 민족의 저항은 그 몇 가지 예에 불과하다. 그러나 이 모두가 침략에 대한 격렬한 민족적 투쟁이기는 하였으나 민족주의적 투쟁은 아니었다. 그 간단한 증거로 이러한 저항과 투쟁에 표명된 목표는 대개 존왕주의, 복고, 전통 옹호에 그치고 있었다. 혹은 이런 의미에서 구한말의 척사위정斥邪衛正의 격렬한 투쟁도 역사적으로 민족적 저항인 점에 의의가 한정되는지 모른다.

　민족저항이 쉽게 성공하면 사회, 정치의 기본 권력구조는 보존되고 기껏해야 입헌주의로 옮겨가는 것을 본다. 혹은 일본에서와 같이 권력형태는 바뀌되 전통적 요소가 깊이 정치이데올로기로 남는다. 또 중국에 있어서와 같이 민족적 저항이 급기야는 민족주의적 혁명으로 진전하는 수도 있다.

한편 19세기 후반에 있었던 강렬한 저항이 반드시 통일된 민족 의식에서 발생한 것만도 아닌 예는 너무 많다. 1857~1858년 무굴 제국의 최후를 가져온 유명한 인도의 세포이의 군란, 필리핀의 끊임없는 대對스페인 투쟁은 모두 통일된 민족의식 없이 가능하였다.

생각하면 민족주의라고 하는 통치권의 명분으로서의 민족(국민) 개념을 내세우는 정치가치관은 본시 그 사회의 하부구조라는 사회, 경제력의 발달과 그것을 주로 담당하는 사회층의 권리주장이라는 역사적 단계와 밀접한 관계가 있었다.

서유럽의 고전적 예에서는, 민족주의라는 이름 아래 시민상을 투영하고 그 시민상 아래 민족주권을 내세우게 된 것은 시에예스 의《제3계급론》에서 보듯이, 그럴만한 사회경제력의 축적 아래서 가능하였던 것으로 보인다.

이렇게 보면 20세기에 들어와서 유럽세력의 세계화가 진전됨에 따라 세계 각지의 사회, 경제구조에 변화가 오면서, 동시에 민족적 혹은 토착적 저항이 민족주의적 저항으로 바뀌는 이유도 짐작이 되고, 그러면서 한편 대내적인 민족주의의 발전이 지지부진하고 인 텔리의 언론에 그치는 예가 많은 까닭도 짐작이 될 만하다. 여하튼 간에 제1차 대전에 와서 비로소 민족주의는 온 세계적 성격을 띠거 니와, 이른바 강대국의 민족주의가 민족우월 전쟁주의Jingoism, 제국 주의, 식민지주의로 기울어짐에 반하여, 그 대상이 되는 지역의 민 족주의는 자연 그 정치적 존립이 부인되어 가는 한계상황에서 극 렬한 저항주의로 나갈 수밖에 없었다. 그것도 침략세력의 식민지주 의 위협 아래 저항은 전시적이 아니 될 수 없고, 이 까닭에 저항은 불구대천의 '적'에 대한 저항이 된다. 그것은 시민적 민족주의의 경쟁적 공존이 아니라 '적'과 '나'와의 극한적 대립으로 이해된다. 이런 각도에서는 진정 '인류사회는 아我와 비아非我의 투쟁'이라는 역사관이 정당할 수밖에 없다(단재 신채호). 그리고 이 시기에 있어서 세계사의 중심문제는 비유럽지역의 유럽정치화였던 고로, 따라서 이에 관련된 비유럽지역의 저항민족주의가 민족주의의 중심문제로 대두된다.

뿐만 아니라 민족주의의 내면적인 논리에 있어서 제국주의·식민주의의 민족주의는 모순에 빠진다. 그것은 실천적이며 정감에 찬 '내' 민족, '내' 나라라는 민족주 속에 현실적으로 이질적이요 대립적인 또 하나의 민족주의를 품어야 된다는 모순이다. 그렇다고 해서 저항민족주의는 그 극한적 저항이라는 면에 연해서만 서유럽 민족주의의 전통을 잇는 것은 아니다. 역사적인 현실에서 관찰한다면 저항민족주의의 시기에 연해서 알고 모르는 사이에 시민민족주의 양식을 모범적 방식으로 받아들이는 경향을 보였다. 그 하나는, 시민민족주의의 주류를 점하던 단일민족주의의 사상이다. 따라서 민족자결의 의미도 단일민족의 역사적 존재를 전제로 하여 민족주의를 생각하는 면이 있었으며, 이 점은 단일민족의 전통이 강한 동북아시아의 여러 민족주의에 있어서 더욱 그러하였다.

단일민족주의는 항용 역사와 혈연, 그리고 얼을 들고 나선다. 백범白凡 선생으로 예시하면 민족이란 "피와 역사를 같이 하는 것"이고, 백암白巖 선생의 말을 빌면 민족은 얼(국혼)이 중요하고 역사는 그 얼을 가리키는 것이다. 그런데 이 얼과 역사, 혈연이 서로 상충되는 예가 이미 서유럽의 고전시대에 나온다. 따라서 역사와 얼이 일치하는 것이 과연 보편적인 요인인지 확실하지 않다. 보불전쟁 후 알자스 로렌 지방의 독일귀속에 따라 일어난 독일, 프랑스 민족주의의 충돌이 바로 그 한 예가 된다.

그 대표적 견해를 요약하면, 독일 측에서는 그 지방의 역사와 혈연을 들고(가령 로마 역사가로 유명한 몸젠 교수), 프랑스 측은 그 지방 사람의 얼을 들었다(가령 《고대국가》로 유명한 퓌스텔 드 쿨랑즈). 이러한 논쟁에 관련해서 E. 르낭의 〈민족이란 무엇이냐〉라는 유명한 논문이 나오고, 그곳에서 '민족이란 곧 얼'이라고 단정한 것은 사람에게 회자된 일이다.

이렇게 보면 얼과 역사, 혈연이 일치되는 때는 다행한 일이며, 단일민족주의는 이 경우 고양될 것이로되 만일에 그것이 분열되는 경우는 일대 혼란이 일어나기 마련이다.

단일민족주의의 관철을 위한다는 명분 밑에 범게르만주의, 범슬라브주의라는 민족운동이 대국정치와 야합하였을 때나 대세르비아, 대폴란드주의라는 단일민족주의의 선양이 무엇을 가져왔는지는 참고되는 바가 크다. 뿐만 아니라 단일민족주의가 저항에 그칠 때는 매우 강한 결집의 매개가 되는 반면, 팽창주의에 편승했을 때는 전연 다른 면이 노정된다는 역사적 사실도 명심할 필요가 있다.

단일민족주의적 전통에 관련해서 또 한 가지의 유산은 일국민족주의 곧 일국단위(동유럽 예와 같이 단일 민족이 아니더라도 일국을 이룬)의 민족주의가 부국강병의 길이라는 생각이다. 비유럽지역의 저항민족주의는 설령 이 시기에 있어서는 식민지, 반식민지로부터의 탈출과 정치적 독립을 위한 저항단계에 있기는 하였으나, 그 어느 한 구석에는 장차 독립해서 부국강병을 이룬다는 꿈을 갖고 있었고,

또 그것이 민족의 이름으로 요청되는 과업으로 이해되었다.

서유럽에 있어서 단일민족국가 아래 부국강병이 이루어지고, 더욱이 약소 일본이 메이지明治 연대에 러시아 제국을 이겨 강국으로 올라선 것은 적지 아니 약소민족의 민족주의에 영향을 주었다. 부국강병은 본질적으로 일국주의일 수밖에 없고 또 그것이 서유럽의 민족주의와 결탁되었던 탓으로, 그 방향에서 민족주의의 앞날을 생각하게 되었다. 물론 저항민족주의의 단계에 있어서는 민족주의의 침략성은 부인된다. 더구나 윌슨주의라는 민족주의의 이상주의적 해석이 유행된 후부터는 저항민족주의에 있어서 침략적 성격이란 금물이었다.

기미년 독립선언을 위시하여 8·15 해방 당시의 백범, 민세民世 양 선생에 이르기까지 한국 저항민족주의에 있어도 이 점이 명백히 표명되고 있다. 그러나 부국강병을 목표로 달리는 근대국가체제에 있어서 인류의 평화공존 이상의 표현은 현실의 가능성은 아니다. 부국강병의 일국주의는 페리 수상의 오만한 정책관을 끌지 않더라도, 그 경제주의만으로도 대외팽창으로 그 당시 아니나갈 수 없게 된다. 일본제국주의의 한 면이 바로 이 점을 밝히고 있다.

백암 박은식 선생이 "현 시대는 세계인류가 생존경쟁으로 우승열패의 때[秋]"라고 하였을 때(《대한정신》), 약육강식은 도리 없는 원칙인즉 부디 약자가 되지 말자는 뜻으로 이해될 수밖에 없다.

이런 경우 저항민족주의는 약자의 입장에 있을 때의 민족주의라는 것이 되고, 따라서 일단 강자가 되면 침략주의, 식민지주의는 강자대로 옳다는 이론이 나오기 쉽다. 따라서 저항민족주의에서 내걸었던 독립 후에 조선민족으로 공헌하겠다던 아름다운 인류평화에의 세계상과, 한편 현실적인 정치의 틀, 또 그 틀 아래에서 생장하고 존재하고 저항민족주의의 구체적 성격과는 서로 괴리될 가능성이 컸다. 더욱 문제되는 것은 불가부득한 상황에서 일어나는 저항민족주의의 대외 위주의 성격이다. 앞서 언급되었듯이 본시 서유럽의 민족주의의 시발은 대내적인 억압지배층에 대한 시민권의 확립에 있었고, 이념으로는 개아個我의 자유와 해방에 있었다. 그런데 저항적 민족주의는 서유럽 민족주의의 제2의 도식이라던 형태의 극한상태, 곧 민족자결권이 밖으로부터 통째로 부정되는 상태의 민족주의인 고로, 그 대내적인 체제의 정비는 아예 돌아볼 여지가 없게 된다. 아니, 돌아볼 여지가 없을 정도가 아니라 철통같이 단결된 저항을 위하여 원래는 대내 면에서 적대관계에 설 수밖에 없던 전통주의 봉건적 체제와 가치관이 도리어 저항의 한 요새로까지 활용되어야 되고, 나아가서 전통 세력과 공동전선을 펼침으로써 민족의 단일체감을 북돋고 단결을 강화할 필요를 느끼게 된다. 이 까닭에 저항적 민족주의에는 자칫하면 전통주의의 미화, 역사적인 것을 '내' 것으로 승화시켜, 그 고유성이라는 것을 견지하려는 국수國粹의 자세까지 낳게 된다. 한 번 민족주의에 서면 그 정치적인 '내' 나라 의식을 어언간 문화의 각 방면으로 확산되어, '내' 것이 무엇보다 소중하고 우선한다는 태도를 빚어내는 것은 이미 서유럽의 예에서 J. 방다가 자세히 밝힌 바 있다(《지식인의 반역》). 저항민족주의에 있어서는 그 열등감의 탓으로 더욱더 이 경향은 조장되고 민족주의의 한 특성으로 정착해 간다.

그러나 설령 표면상으로 대내적인 민족주의의 기능이 일단 정지되어 있듯이 보이는 경우라도, 이미 앞선 제2도식이라는 모델에서 보듯이 그 깊은 저류에 있어서는 그 누가 민족, 국민의 저항상의 본을 결정하고 주도하느냐, 또 그 누가 저항의 영웅상을 설정하느냐 하는 문제가 꾸준히 진행된다. 그것은 공적으로 비상시기의 문제가 될 수 없다고 하여 금지의 딱지가 붙여지나 그럴수록 그것은 더욱 은밀히 작용한다. 민족주의의 그 당시의 중심문제가 아닐 뿐이지 현실로는 작용 아니 될 수 없다. 그리고 그러한 본이 되는 상은 대중적인 지도층의 '상'일수도 있거니와, 서아시아 등에서 보듯이 군주의 위장된 영웅상일 수도 있고 봉건적 자산층의 상일수도, 또 중산층의 저항상일 수도 있다. 이 까닭에 저항기는 가장 쉽게 위로부터의 민족주의가 잉태될 수 있는 때였고, 또 이 까닭에 뒷날 대내적인 국면에서 반민족주의로 되돌아갈 위험성도 생길 수 있다.

다음, 문제되는 것은 저항민족주의가 서유럽의 유형에 잡혀서 있는 동안 한편 발전해 나가는 역사의 현실이다. 앞서 언급하듯이 저항민족주의는 이론에 있어서 단일민족주의의 노선을 밟는 경향이 있었다. 이것은 두 가지 국면에서 어려운 문제를 일으켰으며 제2차 대전에 와서 결정적이 되었다. 하나는 동유럽 민족국가의 탄생에서 보게 된 문제였다. 동유럽의 민족구성이 복잡한 것은 그곳이 동서민족의 교류지로서 오랜 역사를 가진 것과, 또 오래 이슬람권의 지배 아래에 있었던 것과 밀접히 관련되는 것은 다 아는 일이다. 또 베르사유 체제 아래서 단일민족주의적인 민족자결의 원칙과는 거리가 먼 '민족국가'가 여러 개 성립된 것도 우리 모두가 역사로 아는 바이다. 그런데 동유럽의 대부분의 나라는 결과적으로 단일민족의 '민족국가'가 아닌데도 불구하고, 단일민족주의 관념에서 지배적 민족 이외의 민족은 소수민족문제라는 애매한 이름 아래 취급되었다. 개중에는 실제적으로 '소수민족'인 경우도 없지 않았으나 많은 경우는 오히려 복합민족적인 민족국가의 형태였다. 따라서 실질적으로는 '민족국가'가 성립된 연후에 단일한 국민상(민족상)을 어떻게 이룩하느냐 하는 문제가 나왔다. 또 하나는 대세르비아주의, 대폴란드운동, 독일민족의 재통일 같은 단일민족화 과정에 분란이 생기게 된 점이다.

그리고 이보다도 더 큰 문제는 공적으로 다민족국가를 자처하는 소련, 또 다인종국가라고나 할 미합중국이 동유럽의 복합민족국가와 달리 강대국으로 확고한 지반을 얻게 된 것이다. 더구나 이 다민족국가는 서유럽 단일민족국가의 민족국가로서의 약점, 곧 군사적인 의미의 동원저변의 협착狹窄(인구), 자원 해외의존도의 과소(식민지), 식민지제의 불안정 등등의 취약점을 다민족적인 민족주의의 방편으로 충분히 충족시킴으로써 단일민족주의를 능가하는 기세를 보였고, 제2차 대전에서는 무서운 위력을 발휘하였다. 말하자면 서유럽 단일민족주의의 전통은 '부국강병'에 있어서 다민족 대국에게 그 우위를 빼앗긴 셈이 되었다. 한편 저항민족주의의 현실형태로서 지배적인 식민지 독립운동의 면에서 또 다른 한 가지가 시야에 들어오지 못했었다. 곧 아프리카 대륙의 문제이다. 19세기 후반은 이른바 유럽역사의 제국주의 시대요, 그 주된 희생이 아프리카 대륙인 것은 주지의 일이거니와, 같은 피압박의 처지로되 사하라 이남의 흑아프리카는 당시 아직도 부족사회의 세계며 이슬람권이나 유교권과 같은 문화사회권이 아니라는 유럽적인 편견이 곧 그대로 저항민족주의군群에 용인됨으로써 흑아프리카는 마치 침략과 제국주의의 피해자가 아닌 듯이 무관심의 대상이 되었다. 요컨

대 저항민족주의는 일국에 그치고 국제적 연대성이라는 문제는 몽
상도 아니 되었다. 그것이 얼마나 역사적 전반에 어두웠으며 또 단
일민족주의가 시민민족주의에 그 얼마나 잡혀 있었더냐 하는 좋은
증거일지 모른다.

　뿐만 아니라 충격은 또 다른 각도에서도 나타났다. 곧 마르크스
주의의 계급관념과 국제주의였다. 민족주의 기저관념인 민족(국민)
개념을 넘고서는 '계급' 개념을 들고 나온 사회주의, 공산주의는 단
일민족주의에 일종의 혼란을 가져왔다. 이 계급개념은 저항민족주
의에 있어서 그 일국주의, 그 단일민족이라는 단위개념을 깨뜨리는
것이 된다. 심지어 외적에 대한 단일체로서 부각되어야 할 저항시
기에 대외적인 면에서 '계급'적 국민상을 요구받게 되고, 한편 공산
국가와의 국제적 연대가 요청됨으로써 민족단일체의 상은 혼란에
빠질 위험이 생겼다. 물론 계급투쟁이라는 각도에 있어서도 식민지
해방과 민족독립운동은 직접적으로 국제적인 자본주의 태세에 타
격이 될 뿐 아니라 소련의 국익에도 부합되는 까닭에 공동전선의
여지가 없는 것은 아니었으나, 그러나 새로 주도권 장악을 요구함
으로써 민족상 설정의 결정권을 다투게 되는 한 진정한 의미의 공
동전선이란 있기 어려운 형편이었다. 이러는 가운데 제2차 대전이
끝나면서 현대민족주의에 접어든다. 이 경우에도 마치 서유럽의 단
일민족주의가 오래 영향을 주듯이 저항민족주의의 전통은 신생민
족국가에 한 전통으로 계승되는 면이 생겼다.

5. 현대민족주의

무릇 오늘날의 민족주의는 그 역사적 상황과 현대국제정치의 독특한 틀 안에서 과거와 다른 특이한 양상을 전개한다. 그리고 그 이념적 주류는 그 국제성, 지역성으로 판단된다.

　우선 오늘날의 특색은 그 탈식민지적인 상황인 것은 다 잘 알고 있는 일이다. 구식민지 형태로서의 식민지는, 주로 중남미, 아프리카의 몇 지역을 제외하면 거의 지구상에서 사라지고 그 대신 70여 개가 넘는 신생국이 탄생하였는데, 따라서 세계는 경제로는 선진자본국, 사회주의국, 저개발국의 3개권으로 나누어진다고 하거니와 (UN의 분류), 정치적인 면에서도 대체로 이에 대응하는 상태가 되었다. 그리고 오늘날 정치적 발언권을 갖게 된 이른바 후진국은, 그 나라 수효에 있어서 압도적 다수일 뿐 아니라 세계인구와 지표의 48% 정도를 차지하고 있어서, 그 양적인 의미에서도 세계정치에 새로운 영향을 주게 되었다.

　한편 민족주의라는 지표에서 보아도 그 성격은 가지각색이다. 신생국은 원하든지 말든지 간에 오늘날의 나라인 이상 민족국가(국민국가)의 체제를 갖는다. 국제정치의 틀은 아직도 근대국가형의 국민국가를 기준단위로 하고 있는 까닭으로, 싫든 좋든 간에 민족국가(국민국가)로 행세하게 되는데, 이러한 정치의 틀 아래 탄생한 신생국 민족주의의 모습은 과연 다채롭다. 단일민족주의는 오랜 전통을 지닌 역사적 유형이거니와, 단일민족을 자랑하는 한민족, 독일민족, 베트남민족은 명실상부하게 분단국이 되었고, 중국민족도 그 본토는 사실상 분단되어 있고, 동남아에 있어서는 새로운 나라를 형성하였다(싱가포르). 신생국 중에는 아랍민족 같이 여러 나라로 분립되어 있으면서 아랍민족주의를 내세우고 아랍동맹체제를 꾸며가면서 통일을 모색하는 민족주의도 있다. 또 각기 민족의 모체를 따로 갖고 있으면서 새로이 다민족국가를 형성하여 장차 단일한 민족주의를 이룩하려는 말레이시아와 같은 예도 있고(소위 다양 속의 통일원칙), 아예 부족사회에서 구식민지 국경선에 따라 부족통일의 원칙도 일부 무시된 채 새로 수십 개의 신생국이 탄생한 흑아프리카같이 민족의 기반 없이 범아프리카 민족주의가 제창되는 지역도 생겼다. 그러므로 민족주의는 역사적 민족의 존재를 전제로 하고 발생한다는 식의 옛 신화는 오늘날 현실 앞에 무색하게 되고 말았다. 그런가 하면, 민족주의의 발상지였던 서유럽은 일부 그 인근 지역과 구식민지지역 일부를 그 외곽으로 하면서 새로 경제통합체로 변모하고 있는데, 그것이 단일민족주의의 전통에서 점차 탈출하여 장래 유럽민족주의라는 일종의 다민족주의로 발전할 가능성은 경제통합의 시초부터 정치통합의 문제가 나와 있는 점으로 보아 의심되지 않는다. 여하간 이러한 상황 아래 민족주의에 관련된 몇 가지 문제가 표면화하였다. 하나는 세계정세의 틀의 문제요 또 하나는 세계경제의 추세였다.

　제2차 대전 후 세계정치의 틀은 주지하듯이, 그 제1단계는 초강대국의 적대에서 연유하는 냉전시기인데, 그 당시 미국, 소련 양대국은 첫째 군사망의 형성으로, 다음으로 정치진영의 수립이라는 방식으로 대처하게 되어, 거의 모든 신생국은 그 영향을 받게 되고 따라서 자주적 외교정책이란 매우 힘든 것이 되었다. 냉전시기의 온기간은, 지금 극도로 단순화한다면 대체로 미국세력이 소련을 군

사, 정치 양면에서 대전 직후의 현상유지의 기준으로 봉쇄하려 들
던 때로서, 결과로 보면 1960년대 전반에 이르러 미국, 소련 군사
력이 균형 상태에 이르게 되자 냉전은 공존관계로 변모하게 된다.
아마 이때쯤으로부터 저개발국이라는 지역이 실질적으로 제3지역
으로서 독자적 의미를 갖게 된다고 볼 수 있을 것이리라. 물론 이
에 앞서 네루의 중립파 결성의 노력, 반둥회의군의 형성, 중립국회
의체, 범아프리카 회의, 3대륙운동이 있어온 것은 알려진 일이기는
하나, 그것이 과연 냉전체제를 능가하는 효력을 가졌던 것인지 의
문이 아닐 수 없다. 오히려 1964년 운크타드UNCTAD 같은 무역개발
회의가 지닌 정치적 의의가 그 시기의 면에서 중대할지 모른다. 한
편 신생국은 냉전시기의 영향을 깊이 받았다. 그것은 사회주의 대
반공이라는 이데올로기가 국내세력의 형성에 깊이 관련되었다는
점과, 또 선진자유국, 선진공산국의 군사원조 및 무기판매라는 현
상 탓으로 대부분의 신생국에 군인계층의 권력태세를 정착시키는
결과가 되었다는 점이다. 이것은 곧 민족주의가 좌우 어느 방향을
취하든 간에 군인계층의 성격을 반영하게 되어, 위로부터의 지도적
민족주의의 방향을 채택하게 되는 한 요인으로 해석된다.

　한편 경제적 추세로 보면, 냉전시기에 있어서 신생국의 민족주
의의 기본개념과 관련되는 현상이 일어났다. 냉전기에 있어서 미
국은 반공체제의 공고화를 위하여 또 때로는 신생국의 군사부담을
보상하는 의미에서 방대한 경제원조를 실시하였던 것은 주지된 일
인데, 그 정치적 효과에는 시민적 민족주의의 경제적 기반을 닦아
준다는 면이 있어서, 결과적으로 자유민주주의의 전파가 의도되었
다. 그런데 현실에 있어서 반공군사체제의 확립을 병행해야 된다는

필요는, 마침내 자유민주주의와는 반드시 일치하지 않는 군인계층의 지도적 민족주의 아래 자유주의를 육성하여야 된다는 심히 난감한 사태를 빚어내는 형편이 되었다. 한편 소련 측은 대전 후 세계시장은 자본주의권과 사회주의권으로 양분되었다는 판단 아래(스탈린, 《사회주의 경제의 제문제》, 1951) 사회주의권을 경제적으로 폐쇄하였을 뿐 아니라, 신생국 민족주의의 시민주의를 막기 위하여 민족주의의 대내면, 곧 어느 계층이 민족상(국민상)을 결정하여야 되느냐 하는 각도에서 계층 간의 계급이익에 초점을 돌리게 하고 그럼으로써 계급투쟁의 국제연대성을 강조하였다.

다음에는 공존단계에 있어서 또 한 번 변화가 일어났다. 주지되듯이 이 시기에 자유진영 내에도 분열이 노출되었거니와(가령 미국-프랑스 관계 등) 한편 공산권에 있어서도 중국-소련의 분규가 심화하여 '형제'국 관계를 벗어나기 시작했다. 이 점은 1965년 이후 70년까지 냉전시대와 달리, 구미와 소련의 교역량이 배가된 것이나 1960년을 기준으로 하면 3배 가까이 증가됐다는 사실과 부합한다. 그런데 한편 세계무역을 지표삼아 세계경제의 추세를 참고하면 1960년도를 기준연도로 하는 경우, 과거 10년간 세계무역은 약진적으로 성장해서 2배를 훨씬 넘는 숫자를 보여주었다. 그러나 그 무역증가는 주로 자유선진국 사이의 교역이 대폭으로 증가되었던 것이며, 저개발국은 총체적으로 부진하고 강대국에 있어서도 미국, 영국은 침체 상태였다. 1964년 운크타드 제1회 회의년도까지의 경제성장에 있어서도 사회주의국, 선진자유국에 대해서 저개발국은 총체적으로 하회下廻하였을 뿐 아니라, 1950년 작성된 유엔 개발계획의 목표였던 경제성장률 5%에 훨씬 미달하였다. 이 점은 장

기자본유동에 관한 유엔 통계에도 같은 면이 엿보인다. 통계에 의하면 1959년 이래 선진국(자유, 공산 진영 모두)으로부터 저개발지역에 유입되는 액보다 수십 억 달러 초과되는 금액이 연년세세 저개발지역으로부터 선진국으로 유출되고 있는 것을 알 수 있다. 이러한 사태는 국제경제의 장기전망의 중대한 위험요소인지라, 이 각도에서만도 후진국지역에 대한 경제개발과 무역촉진은 선진국의 적지 않은 관심사가 되었다. 그런데 선진자유국의 개발원조와 지도의 방식은 직접, 간접 '근대화'라는 개념을 중심하게 되었는데 이 점에서 민족주의는 큰 영향을 받게 된다. 왜냐하면 근대화는 실질적으로 산업화, 그것도 자유경제체제 하의 산업화 곧 시민민주주의와 관련되던 자유경제의 시민상을 촉진하는 것인데, 그 방식은 앞서도 언급했듯이 냉전시대의 유산이 아니면 또 다른 이유에 의하여 아래로부터가 아닌 위로부터의 지도방식에 의거하지 않으면 아니 되게 되었다. 그러나 아마 이상에서 논한 바와 같은 세계정치와 경제의 일반적인 틀과 흐름보다 현대민족주의에 있어서 더 중요한 것은 신생국 자체 내의 문제일지 모른다.

민족주의 개념의 내면적 변화

나는 이 논문의 벽두에 있어서 잠정적인 모델개념으로 민족주의를 '내 나라라고 하는 정치, 경제, 문화 체제의 형성과 고양을 민족·국민이라는 인적인 면에서 정당화하려는 집단의사'로 봤다. 그런데 현대민족주의에 앞서 든 저항민족주의에 있어서, '정치, 경제, 문화 체제의 형성과 고양'은 현실적으로 단순히 탈식민지요, 정치적 독립이었던 까닭으로 '독립' 자체의 의미를 이모저모 따져 볼 겨를이

없는 것이 당연하였다. 따라서 심지어는 서유럽 민족주의에 있어서
그 시발에서 문제가 된 봉건세력조차 공동전선의 일익으로 기꺼이
받아들여졌다. 말하자면 저항민족주의의 적敵의 상은 외국의 침략
정부였던 관계로 자기 나라, '내' 정부를 갖게 되면 독립은 완전히
이룩되었다는 의식이라고 할까. 그런데 일단 국가를 이룩하고 정부
를 수립하는 마당에 있어서 민족주의의 기준에서도 두 가지 문제
가 일어났다. 하나는 저 고전적인 문제 곧 어느 계층의 상이 국민상
이냐 하는 주도권 문제, 또 하나는 과연 정치적 독립으로 독립이 되
는 것이냐, 아니 진정한 정치적 독립은 자립적인 국민경제와 자주
적인 문화의식이 같이 있어야 비로소 완결되지 않느냐 하는 문제
가 나왔다.

실은 이 문제는 19세기에 이미 대부분 정치적 독립형태를 갖춘
중남미 민족주의의 계속적인 문제였던 것으로, 이 점에서는 아시
아, 아프리카 신생국의 민족주의는 중남미 민족주의와 같은 차원에
서게 되었다. 이것은 민족주의의 모델개념의 심화를 의미한다.

본시 시민민족주의는 사회집단의 하부구조의 성숙기에 나온 문
제였던 것은 앞서도 잠시 언급하였거니와, 그러한 경제적, 사회적
성숙 없이 세계정치의 소산으로 수입된 민족주의는 급기야 민족국
가를 이룩하는 바로 그 시기에 이르러 그 물질적 기반이 문제된 것
이다. 현실적으로 중남미에서 보듯이 강대국 자본에 대한 고도의
의존성이 민족의식을 자극하는 형식이로되 이것은 필연적으로 이
문제에 대한 민족 속에 있는 여러 계층 간의 이해관계와 관련되는
고로 구체적으로는 주도권 싸움으로 노정되기 마련이다. 이 경우
이러한 주도권 싸움을 정지시키고 민족을 '대동단결'시키는 결정적

인 전략은 민족주의를 다시 대외면에 집중시키고 대내면을 덮어두
게 하는 긴장감을 조성하는 것인데, 그것은 대외적인 '적'을 만드는
능력으로 표현할 수도 있다. 따라서 어느 주도세력이든 간에 그것
이 '적'을 조성하고 국민에게 납득시킬 수 있으면 대내적 난제는 적
어도 '적'의 상이 엄존하는 한에는 당분간 유지될 수 있는 가능성이
생긴다. 더욱이 그 '적' 개념이 주도세력이 단순한 전략이 아닌 신
조인 경우는 거의 저항민족주의의 열기를 띨 것이다.

　이런 의미에서 여러 개의 '적'의 개념이 나타났다. 냉전시대에
있어서 그것이 진영 소속의 신생국에 '공산적', '제국주의'로 부각
되고, 아랍민족주의에 있어서 이스라엘, 범아프리카 민족주의에 있
어서는 신식민지주의, 또 많은 중남미와 아시아, 아프리카의 여러
나라들에 있어서 '경제침략'인 것은 우리가 자주 듣는 바이다.

　요컨대 '적'의 조성이라는 것도 주도층의 성격에 대체로 따르거
니와, 국제상황의 변화에 따라 '적' 개념이 애매해질 때 흔히 특정
한 민족주의는 혼란에 빠진다.

　냉전시대에서 국제긴장완화 곧 평화공존 시대로 들어설 때, 진
영 내 약소국이 당하는 것에 바로 이런 것이 있다. 하여튼 이 단계
에 와서 민족주의의 정치관념은 깊이 경제자립과 연관되게 되는
고로 이 문제는 도처에서 심각하게 반영되고 있다. 중남미의 여러
예를 참고하면 사이비 민족주의, 민족자본주의, 혁명적 민족주의의
구별은 대략 외래자본과의 결탁, 민족자본의 육성, 옹호, 그리고 이
른바 反경제침략주의라는 구별과 대응하는 것은 민족주의의 새
로운 '독립' 개념을 이해하는 데에 도움이 된다.

국제적 연대성에 대하여

오늘날 나타난 신생국들은 10여국을 제외한 80여국이 모두 인구 2천만 미만인 조그마한 나라들이다. 신생국이 아닌 나라를 합하면 이런 인구 규모의 나라는 무려 110여 개가 된다. 이것은 '나라'의 적정규모의 문제를 가져온다. 또 이것은 단적으로 저항민족주의 시대의 목표인 '부국강병'의 개념을 적이 어지럽게 한다.

현재의 국민소득과 군사규모에서 보면 쿠웨이트 같은 나라는 부국은 될지 몰라도 부국강병이나 강국은 말이 안 되고, 장래에 대한 잠재력도 소국에서는 인정되지 않는다. 이 점은 저항민족주의 때의 입장에서 매우 실망적일 것이다. 말하자면 오늘날 '저항' 시대의 강국의 꿈은 꿈으로조차 일반적인 것이 못 된다. 뿐만 아니라 대부분의 신생국들은 부국이 될 가능성보다는 오히려 상대적인 의미에서 빈국으로 머무를 가능성이 많다. 빈부의 상대적 척도는 무엇이냐 하는 문제가 나오겠거니와, 지금 1969~1970년을 기준으로 1인당 GNP 1천 달러 이상의 나라를 세어 보면, 온 세계의 나라 1백 40여 개 가운데 불과 27개국이 이에 해당하고(IMF 통계, 1972), 그나마 선진부국과 후진빈국 간의 격차는 매년 더 벌어져 가는 경향을 보인다. 절대적인 의미에서 신생국은 총체적으로 근래 선진자유국군群보다도 높은 경제성장률을 보이고 있으나, 그것은 개발 초기현상일 뿐 실질적인 격차는 점점 더 커져 가고 있다.

뿐만 아니라 오늘날 통신, 운수수단의 발달은 사실상 과거에 보지 못하던 '좁은 세계'를 만들어 놓았는데, 이러한 통신, 교통수단을 매개하여 먼 곳에 있는 선진부국의 생활형편은 즉각으로 보도되어 저개발지역의 대중의 기대와 욕구를 자극하게 되어 있고 이것이 그대로 시장수요로 작용한다. 그러므로 한편으로 절대적인 생활향상이 있으면서도 상대적 빈곤국이 심화하고 또 그것이 그대로 사회적, 정치적 압력으로 집결되어 집권층의 급진적이거나 졸속주의의 성급한 경제성장정책으로 나타나고, 또 그것으로 해서 강력한 행정주의 혹은 지도적 민족주의에의 명분 구실을 한다. 이 점에서 보면 어떤 신생국이든 간에, 보수든 혁신이든 경제성장정책에 있어서 초超급행주의의 자세를 아니 가진 나라가 없다. 그러면서 결과로는 개개의 차는 있으나, 총체적으로 빈부국의 격차는 여전히 벌어지기만 한다. 이 까닭에 문제는 개개의 나라와 민족의 상대적 빈곤이 아니라 이러한 세계적 규모의 빈부의 차가 과연 어떠한 경제의 틀과 관계가 있느냐 하는 근본문제로 제기되었다. 그리고 이 점에서 저개발지역 전체의 등질성, 연대성이 새삼 전면에 나타난다. 그 일부는 이미 운크타드 제1차 회의에서 표현되고, 제2, 3차 회의를 거듭할수록 빈부국의 대립이 심각해지는, 이른바 남북문제로서 예리화銳利化한다. 또 그것은 세계자원의 소비비율에 있어서 10여 국의 선진국이 1백 수십여 국의 평균소비량보다도 25배나 더 자원을 소비하면서, 그러면서 그로 인한 환경오염과 공해는 세계에 고루 배분한다는 엄청난 불균형을 어떻게 저개발국은 공동으로 처리해야 되느냐 하는 기본과제를 가져온다. 이른바 후진국이 널리 목표로 삼던 선진국의 복지정책, 문명생활이 실은 이러한 세계자원, 특히 후진지역 자원에 대한 불공평한 소비와 우선권 위에 가능하고, 또 현재 진행되고 있다는 사실은 신생국군新生國群에 실망거리가 아닐 수 없다. 현재의 정치와 경제의 틀에서는 후진의 존재 위에서만 선진의 복지와 높은 수준의 생활이 가능하다는 것은 후진지역의 꿈을 깨게 하는 데에 상당한 자극이 된다.

요컨대 오늘날 국내정치와 경제는 그 기본문제에 있어서 국제정치나 국제경제와 같은 차원, 같은 범주에 있으며 그 사이에 질적 차이는 없다. 곧 그것은 마치 한 민족, 한 나라 안에 있어서 재부財富에 대한 균형된 배분이 기본문제이듯이, 국제적인 차원에 있어서 세계의 자원과 배부에 대한 각 나라의 몫은 어떻게 균형되어야 되느냐 하는 문제였다. 저항민족주의 시대에 있어서 이 점은 어디까지나 일국주의, 일 민족 내라는 범주에 그치고 '적자생존'의 경쟁원칙에서 우열은 당연시되었다. 그러나 그것은, 적어도 이론상 국민개념 위에선 국가이론에 있어서도 부당하고 복지사회정책의 근본정신과 모순된다.

오늘날 주지되듯이 국내정치에 있어서 다수의 대중을 무시할 수는 없다. 마찬가지로 세계정치와 경제에 있어서 다수 신생국의 요구는 그리 간단히 무시될 수 없는 판국으로 가고 있다. 일국 내에 복지정책이 중요하듯이 세계정치에 있어서 국가 간의 복지문제가 중요하지 않을 수 없고 이 점 후진국의 점고漸高하는 요구로 나타날 것이다.

본시 대전 후 선진자유국의 기본구상은 경제방면은 국제관세무역협정GATT과 국제통화기금IMF의 양 기구에 있었고, 그 위에 현상유지라는 정치구상이 따랐다. 그 후에 이 경제, 정치 체제를 보강하기 위한 세계개발은행의 구상과 공존체제가 도입됐으나, 그것은 기본적으로 자유선진국 중심의 구상이요 또 공산선진국과의 타협이었다. 정치, 경제의 양면에 있어서 방대한 저개발지역은 결국 부수물이며, 일방적으로 피동적인 자원지역, 시장이 아니면 강대국 세계체제의 장기놀이의 '졸'들이었다.

그러던 것이 제3지역은 그 지역대로 공통이해가 있다는 새로운 자각이 생겨나는데, 그것은 기실 강대국정치, 선진국체제 그 자체의 소산인 면도 있다. 그러면서 앞서 지적한 바와 같은 지역, 국제적 민족주의의 여러 가지 모습이 나타나기 시작하였다. 물론 그것은 나타나기 시작하였을 뿐이며 지역 따라, 나라의 조건 따라 서로 다른 구석이 많다. 그러나 그것은 이미 일국주의적은 아닌 경향을 보인다. 그것은 마치 지역적인 민족주의의 형성으로 세계 재부에 대한 국제적인 몫을 되찾으려는 인상까지를 준다. 아랍민족주의가 명백한 '적' 의식을 가짐으로써 비교적 강렬하고 지속적인 것은 주지된 일인데, 한편 그것이 중근동 석유자원에 대한 적정한 이윤배분과 자주적 처분권에의 요구라는 문제를 내포하고 있는 것도 알려진 사실이다. 범아프리카 민족주의는 여러 분파가 있고 현재는 온건파가 유리한 것 같다. 또 아프리카 통일기구체OAU는 분열되어있다. 극좌파, 몬로비아회의파, 카사블랑카회의(브라자빌 콩고파), 1963년 이래의 아프리카 통일기구체 등등 여러 개가 있었으되, 다른 점은 몰라도 적어도 외세간섭의 배제와 지역적, 정치적 통합에는 거의 다 합의하고 있는 형편이다. 아프리카 민족주의는 현재의 상황으로 흑아프리카 전체에 걸친 통합은 전도요원前途遼遠이로되 다만 지역별 단합은 가능한 것이며, 그 모든 운동의 배후에는 아프리카의 단일민족주의가 있는 것이 특색이다.

이 점에 있어서 중남미의 민족주의는 여러 나라가 지역기구와 또 범중남미 민족주의Patria Grande를 제창하고 있으며 공동의 협의체를 노력하고 있다. 민족주의의 형태에 있어서도 여러 나라는 전통

사회를 벗어남으로써 사회, 경제의 새로운 기반 위에 경제개선을
시도하고 있다. 이밖에 중남미 민족주의와 아시아, 아프리카 대륙
의 연대감에서 좌파의 운동이 있는 것도 보도되고 있다. 이러한 지
역민족주의, 국제민족주의의 결집도와 지속성은 당분간 그것이 지
니고 있는 '적'의식의 강도에 깊이 의존하고 있으며, 이 의미에서
저항민족주의의 한 면을 계승하고 있다. 각 지역의 시민적인 물질
기반과 등질의식이 정착해서 그 위에 지역민족주의가 서거나 또
는 대중계층의 의식적인 조직화가 이루어질 때까지는, 이러한 민
족주의의 대외면의 강조가 민족운동의 아마 가장 쉬운 형태일 것
이고, 또 이러한 대적對敵자세를 통하여 역으로 지역의 통일의식, 심
지어는 그 물질적 기반을 조속히 만들 수 있다고 생각할지 모른다.
그러나 동시에 이러한 대적방식은 민족주의운동의 강력한 지도성
을 요청하게 되고, 이 점은 또 그대로 군 출신 지도층의 성격이나
추장, 혁명가 출신의 위로부터의 지도자 개념과 합치되는 면이 있
어서, 그것은 그대로 국내정치의 권력장악에 활용될 소지를 마련
한다.

여하튼 간에 거시적으로 볼 때에 오늘의 민족주의는 이러한 제
3지역의 존재와 불가분의 관계에 있으며, 또 신생국의 지역민족주
의는 기본적으로 변혁을, 세계경제질서와 정치질서의 변혁을 요구
하고 있다. 물론 현실에 있어서 지역민족주의의 실상은 민족주의로
만 이해할 수 있는 그러한 순수한 것도 아니고 방해요소는 끊일 새
없이 쇄도하고 있다. 마치 저항민족주의 시기에 있어서 모처럼 제
창된 쑨원孫文의 대아시아[大亞洲]주의가 마침내 일제의 제국주의적
대아시아주의에 이용되듯이 그것이 반민족주의에 이용되지 말란

법은 없다. 그러나 그렇다고 해서 총체적인 흐름에는 변동이 없을 것으로 나는 전망한다. 그리고 그것이 전통적인 단일민족주의의 지역보다는 오히려 그런 전통이 없음으로 해서 홀가분하게 더 큰 규모로 민족주의를 변환시키는 새로운 지역에서 문제가 발전할 가능성이 크다.

사회주의와 민족주의에 대하여

민족주의는 전통적인 의미에서 서유럽 국제질서의 기준단위였던 이른바 근대국가의 명분이었다. 그리고 그 핵심은 시민민족주의였다. 현재 공산권에 있어서 민족주의에 대한 공식견해는 이러한 전통적 민족주의에 대한 개념으로, 따라서 그 입장에서는 민족주의는 요컨대 '민족 간의 분립을 표시하는 부르주아 이데올로기'라는 데 그친다. '민족주의는 자본주의의 특정한 단계에 출현하였으며, 자본제 하 국가 간 관계를 반영'하는 것으로, 그 유형은 대별해서 강대국 쇼비니즘과 피압박민족의 분립적 저항과 상호불신에 있다고 본다. 따라서 민족주의는 '계급' 개념의 국제성에 대립되는 분리주의로 배격된다. 물론 그러면서도 저항민족주의에 대한 전략적 고려에서 자본선진체제를 파괴하려는 데에 일조가 되는 한에는 그것은 공동전선의 일익으로 용인되고 또 격려된다. 뿐만 아니라 소련에 대한 포위를 약화시키는 중요한 역할을 한다는 따위의 저항주의에 대한 평가가 있었던 것도 주지된 사실이다.

한편 오늘날 공산국은 기본적으로 민족주의의 부르주아적 성격을 엄격히 규정하면서도, 그러면서 일방 그것을 권장하고 또 협조 태세에 있는 민족주의는 '민족해방운동'으로 인정한다. 현재 소련 및 다른 공산국의 강령에 표현된 민족해방운동은 곧 민족에 대한 자본제 강대국의 정치, 경제적 억압과 착취를 일소한다는 것인데, 그 설명의 핵심은 반제투쟁의 주담당자는 노동자, 농민계층이라는 점에 있다. 이렇게 해서 민족해방의 과정에서 형성되는 정치형태가 바로 민족적 민주주의라는 것이 소련공산당의 견해였는데, 그것은 완전한 민족의 독립을 위한 모든 진보적 분자가 단결해서 반제, 반봉건운동을 감행함으로써 획득되는 것이려니와, 그 운동의 보장은 바로 노동계층의 적극적인 참여라고 규정된다. 뿐만 아니라 민족적 민족주의는 특정한 조건 아래서는 자본제 단계를 경유하지 않고 일거에 사회주의 형태로 이행할 수 있는 독특한 과도적 정치형태로 규정되기도 한다.

그런데 사회주의국의 역사적 현실에서 관찰하면, 이러한 공식적 규정으로 해석 아니 되는 많은 사태를 볼 수 있다. 우선 무엇보다도 우리가 기억할 것은 현실적인 공산주의 세력을 과시하여 온 소련이 스탈린 시대에 있어서부터 일국사회주의의 형태를 취했음을 주지의 역사적 사실이다. 일국사회주의는 설령 대외정책의 이념은 공산주의라 하더라도 현실적인 나라 관계에 있어서는 근대국가 단위의 국제정치 틀 속에 들어온다는 것을 의미한다. 더구나 자본제 제국주의체제에 의한 소련 포위라는 오랜 대적관계의 설정으로 소련은 싫든 좋든 간에 민족주의의 원칙, 곧 외적 앞에 단일체로 단결하고 단일민족화의 방향을 취한다는 궤도를 벗어나지 못하게 되었다. 소련은 그 구성에 있어서 공인된 다민족국가로되 민족주의적인 태세에 있어서는 민족주의의 양상을 강하게 띠게 되었다. 물론 이러한 경향을 평시에 부르주아 이데올로기로 규정한 민족주의로 표

현한다는 것은 공산주의에서 결단코 용허될 일이 아니로되, 그러나
전시 중(제2차 대전)에는 스탈린의 '조국애'에의 호소 같은 형식으로
그 민족주의적 성격이 드러난다. 뿐만이 아니라 부르주아적 곡해라
고 할 것이로되, 스탈린의 민족주의론에는 민족주의의 다양성, 곧
시대와 지역에 따른 다양성이 강조되고 있는데, 이것은 객관적으로
보아 소련민족주의를 논할 수 있는 한 근거를 제시한다.

  혹은 이 점은 마오쩌둥에게도 적용될지 모른다. 마오쩌둥의《모
순론》에는 사상事象의 발전에 있어서 보편적 모순에 대하여 특수적
모순이라고 할 수 있는 역사적 개별성을 지적하고 있다. 물론 이것
은 마오쩌둥의 철학적인 변증법론이로되, 만일에 '자유주의적 왜
곡'을 가해서 본다면, 중국 공산주의의 특수성만이 아니라 그 민족
주의적 경향도 합리화하는 이론으로 간주될 수 있다. 더구나, 소련
이 일국사회주의의 입장에서 소련의 이익이 온 세계 무산층의 이
익을 대표한다는 기치 아래 현실적으로 소련의 개별이익을 우선시
키는 한에는 모든 사회주의국은 그것이 독립된 단계부터는 국가로
서의, 다시 말해서 현실적인 국민국가로서 개별이익이 없을 수 없
다. 그 갈등과 또 사회주의 민족주의라는 묘한 현실체가 지닌 성격
은 예컨대 1956년 헝가리 사건, 1968년 체코 점령사건으로 명백히
드러나고, 그리고 오래 진행하고 있는 중국-소련 분규에서 역력히
볼 수 있다. 말하자면 오늘날의 사회주의 국가는 그 계급이론이야
어떠하든 간에 필경 유럽계 세계정치의 틀, 곧 민족국가를 기준단
위로 하는 정치의 틀 속에 들어와 있는 사회주의 국가로서 그 국가
행위의 양식은 현실에 있어서 이른바 근대국가형이 아닐 수 없다.
아마 그 가장 좋은 최근 예로는 N. 차우셰스쿠 루마니아 공산당 서

기장의 공식견해일지 모른다(1972년 7월 루마니아 공산당 전국회의석상의 보고). 그러면서 사회주의 국가의 이념은 근대국가 부정형이며 또 국제주의의 성격을 띠고 있으므로, 따라서 어느 편 곧 이념면의 추구가 더 강렬하냐 또 혹은 현실정치에의 적응면이 더 강력하냐에 따라서 그 혁명적 성격이 실제상 달라지는 것은 말할 필요도 없다. 그렇기는 하나 제3지역에 대한 주된 정책이 앞서 든 민족해방 정책인 것은 물론이거니와, 그것이 또 민족적 민주주의를 거쳐 새로운 형제국의 탄생을 기대함으로써 국제정세의 유리한 조건의 조성을 의도하는 것은 의심이 없다.

그런데 이렇게 격려되고 조장된 사회주의의 전파는 반드시 기대대로 진전하지는 않았다. 그 좋은 예가 아랍민족주의이고 범아프리카 민족주의이다. 아랍민족주의의 많은 나라는 사회주의라는 방식을 취하였다. 그러나 그 '사회주의'는 우리가 이해하는 볼셰비즘도 아니요 마르크스적인 사회주의와도 다른, 이른바 '아랍사회주의'였다. 사회주의를 표방하는 바트당黨의 창설자인 아플락Aflaq에 의하면, 아랍사회주의는 곧 민족주의이며 서유럽의 사회주의 개념은 용허할 수 없고 공산주의는 위험사상으로 규정된다. 사회주의를 구현하는 아랍민족주의는 바로 이슬람의 옹호에 있다고 보았다. 나세르의 사회주의나 국호에 사회주의국이라는 명칭을 첨가한 것(1961년)이 다 이에 가까운 민족주의인 것을 우리는 명심해야 될 것이다. 친서방으로 알려진 튀니지의 부르기바 대통령의 애용어愛用語가 입헌사회주의이며, 그것이 마르크스와는 무관한 것이로되 단지 서유럽 개인주의에 반대하는 아랍민족주의의 개념인 것은 당자가 언명하고 있는 대로다. 아랍민족주의의 좌파인 벤 벨라의 혁명적 사회주의에 있어서도 그것은 아랍민족을 옹호하는 아랍주의라는 한계를 넘지 않는다. 이 점은 대체로 범아프리카 민족주의에게도 해당된다. 극소수의 극좌파를 제외하면, 마르크스주의자를 자처하는 세쿠투레, 셍고르, 케냐타 등의 정치가에 있어서 사회주의란 결국 아프리카 사회주의, 부락·부족의 협동체로서의 사회주의(셍고르), 아프리카에 맞지 않는 마르크스주의는 지양되어야 되는 지극히 민족주의적 사회주의 관념이었다.

한국민족주의와의 관련에서

현재 한국민족주의는 매우 고독한 처지에 있다. 그것은 저항민족주의의 오랜 전통 아래 생장하였거니와, 그것을 둘러싸고 있는 역사적이며 객관적인 현실은 아직도 민족주의의 성숙이라는 점에서 멀고, 또 바야흐로 전개되어 가는 새로운 국제방향의 민족주의, 혹은 지역민족주의와도 현실적으로 서로 연결되기 어렵게 되어 있다. 당초 우리의 공고한 지반으로 생각해 오는 단일민족주의는 오늘날 민족주의의 소수 예에 속하며 또 역사의 주류로부터 멀어져 가는 형편이다. 그것은 단일민족주의의 원산지인 서유럽의 통합경향에서도 볼 수 있거니와 게다가 우리는 분단된 '단일민족주의'라는 극소수의 예외사례에 속하고 있다. 단일민족주의 자체의 원칙인 전통적인 부국강병의 목표에서 본다면, 방대한 인구와 영역자원을 보유하고 있거나 혹은 선진지역으로 대人인구국이 아니면 이른바 '부국강병'의 현대적 기준에의 적응은 매우 어렵게 되어 있다. 단일민족주의는 다민족주의나 복합민족주의, 또는 지역민족주의 같은 경우의 불안정보다는 단일체 의식의 면에서 단연 유리하기는 하지만

강대국을 지향한다면, 단일민족주의를 고집하는 한 유연성을 결한
다. 더구나 분단국의 현실에 있어서는 이것이 단일민족주의의 전통
위에 서 있는 관계로 하여 분단된 상호 간의 관계는 더욱 복잡하게
된다. 그것은 단순히 분단된 민족주의의 민족'상'이 서로 다르다는
것뿐 아니라, 그것이 오래 냉전이라는 타율적 상황 아래 정착된 고
로 해서 더욱 문제는 난감하다. 본래 저항민족주의가 대외적인 필
요로 강렬한 단일체 의식을 갖는 것은 앞서 자세히 밝힌 바 있다.
그리고 그것이 당면의 목표를 우선 정치적 독립에 둔 것은 언급한
일이 있다. 그러나 저항의 적감敵感이 사라지면 곧 대내면이 민족주
의의 문제로 등장하는 것은 각오하여야 되는 일이었다.

 8·15 해방 직후의 사태에서 보면 여러 애국자들은 여전히 대외
적인 단일체감, 불가분의 또 무계층의 민족단일체감을 저항기에서
와 같이 들고 나섰는데(가령 민세, 백범 선생), 실은 저항기에도 지속
하던 문제, 누가 주도계층이 될 것이냐 하는 주도권 문제가 이미 그
때부터 나와 있었다.

 그것은 또 그대로 뼈아픈 문제, 즉 민족주의의 대내적인 반봉건
이라는 고전적 문제, 어제까지 저항전선의 일익이던 전통세력을 어
떻게 하느냐 하는 문제로도 나타났다. 1947년부터는 이미 이러한
주도권 투쟁은 미국, 소련의 대립과 냉전개시라는 국제상황 아래서
차원을 옮겨 남북 정치세력의 대치로 바뀌게 되고, 6·25 이후로는
현실적인 적대관계라는 비극적 상태로 들어간다. 여기서 민족주의
의 각도에서 문제되는 것은 이런 사태는 다시 대외적인 방식의 '적'
의 상을 갖게 하고, 따라 남북 공히 대내적인 민족주의의 발판을 잃
고 말았다는 사실이다. 더구나 민족주의의 분열 위에 냉전체제에

의한 공산과 반공의 대적감이 가중되고, 또 그 위에 대국의 군사적
보루의 역할도 맡아야 된다는 이중, 삼중의 요인이 첨가돼서 민족
주의가 차지하는 터가 현실적으로 대단히 줄어들게 되었다. 이런
의미에서 한국민족주의는 여전히 저항주의적이며 또 그나마 주도
적 정치세력이 아닌 곁방살이를 오래 하였던 셈이다.

앞서 한국민족주의는 고독하다고 하였다. 그것은 날개 잃은 단
일민족주의일 뿐 아니라 동남아나 아프리카, 중남미에서와 같은 다
민족주의나 지역주의로 나갈 주변지역의 조건도 좋지 않다. 또 제3
지역의 국제적 연대의 핵심그룹이기에는 경제적 조건이 너무나 다
르다. 공업국 대 농산국이라는 경제적 의미를 내포하고 있는 남북
관계에 한반도가 끼어들 장소가 그리 넓지 않다. 좌우의 형편은 섬
나라다운 일본의 폐쇄적 단일민족주의가 있는가 하면, 중국본토는
공식으로 다민족국가로되 한민족에게는 거의 단일민족주의적인
역사관계에 서 있다. 소련 역시 한국민족주의와는 무연無緣의 나라
거니와, 도대체 이 주변의 제3국은 정치, 경제의 현 세력 또는 잠재
력에 있어서 강대세력들로서 역사로 보아 한국민족주의의 도움 되
는 민족들은 아니었다. 실로 고독한 민족주의이다.

단 한 가지의 남은 길은 민족통일이며, 그 위에 서서 자기본연
의 위치와 기능을 찾아야 된다는 것은 거의 한족韓族의 본능적인 예
지이며 정감이다. 다행히 오늘날 민족주의 대 공산주의라는 냉전방
식의 도식에서 점차로 벗어나면서, 한반도에 있어서는 민족주의가
곧 단일국가의 실질적 형성에 있어 상위의 정치개념으로 인정되어
가고 있다. 이것을 카스텔리오Castellio 방식이라고 할까. 16세기 중엽
프랑스는 종교내란으로 사실상 국기國基가 흔들렸을 때, 나라를 초

월하는 종교신앙으로 서로 싸우는 프랑스인들에게 S. 카스텔리오
는 프랑스인이라는 국민개념이 이 경우 종교보다도 상위의 개념인
것을 역설하여 프랑스 구원의 방도를 논한 일이 있다(《고뇌하는 프랑
스에의 충고》, 1562).

 '계급' 개념은 이론상 민족과 나라를 초월하는 개념이기도 하
다. 그러나 현실정치에 있어서 모든 공산국가는 민족적 성격을 띠
고 있으며 독자노선을 밟으려고 하고 있다. 북한이 민족개념을 어
떤 입장에서든 간에 드높이고 있으며, 7·4 선언의 합의점에 민족
개념이 중심인 것도 모두 아는 바이다. 이 경우 카스텔리오 방식으
로, 진정 이 경우 우리는 민족주의가 통일의 유일의 명분이 되는 상
위개념인 것을 언사言辭가 아니라 행동으로 정립해야 될 것이다. '민
족'이라는 상위개념에서 대화를 할 뿐 아니라 통일에 간다는 데에
는 현실로는 여러 가지 고비를 겪어야 될 것이다. 통일에의 길은,
이론상으로 여러 가지 비민족주의적 각도가 있어서 민족주의가 차
지하는 몫이 오히려 적을지 모를 것이로되, 민족주의의 입장에서
보는 한 현실은 어느 민족상·국민상이냐 하는 주도권 문제에 다시
되돌아올 가능성이 크다. 아니, 우선 진정 민족적 대화가 계속되고
'평화적 경쟁'의 차원으로 옮긴다 하는 경우, 남북은 더불어 적상敵
像이 애매해지는 데에서 오는 대환장치代換裝置 문제가 바쁠지 모른
다. 그것이 근대화, 공산화의 급속한 달성으로 주력되면서 지도주
의를 유지할 것인지, 아니면 다른 양상을 띨 것인지 지금 그것을 예
측해 보고 싶지 않다. 다만, 한 가지 확실한 것은 비극적이나마 오
래 정착된 적상敵像을 민족주의의 구체면에서 어떻게든지 건설적으
로 제거하는 작업이 선행되어야 할 것이다. 이것은 현재 남북의 체

제로 보면 대화보다 몇 백배 어려운 작업으로 생각된다. 이 말은 결국 민족상, 국민상의 기준을 설정하는 데에 있어서 어느만큼 타협할 수 있느냐 하는 문제이기도 한 까닭이다.

주지되듯이, 7·4 선언 이후 한족은 선언의 '통일' 면에서 역점을 두고 보고 왔으며, 남은 선언의 평화공존 곧 분단의 안정화에 역점을 두고 보는 면이 있었다. 공식선언에서 무엇이라고 하든 간에 한반도의 통일이라는 것이 미국, 소련, 중국, 일본의 현상유지정책에 이바지하는 길이라고 주요 강대국이 생각할 가능성은 아주 희박하다. 활력에 차고 높은 경제성장이 가능한 5천만 이상의 단일민족이 국제무대에서 의당 자기가 차지할 자리를 요구하게 된다는 것은 이 지역에 이해를 가진 몇 나라에 그리 유쾌할 것 같지 않다. 서로 남북 간 대치를 계속하면서 서로 대결태세를 유지하느라고 다른 일에 여념이 없되, 다만 동북아의 현 세력균형을 파괴할 우려가 있는 격돌만 안 해 준다면 그 얼마나 고마운 일이냐고 생각하는 나라가 있을지 모른다. 그렇다면 통일의 타율적 상황은 낙관할 수 없고 다만 '대화'의 수준에서 끝날 가능성도 있다. 이런 고로 아마 이제부터가 민족주의의 자주성이 과시되어야 할 때일지 모른다.

독일의 경우에 보면 한반도에 있어서와 같은 극적인 돌변의 장면은 없었으나, 그러나 그곳에 한반도 정도의 적대감이 오래 고조되었던 일도 없다. 더구나 서독의 사회, 경제정책에서 보면, 노동임금, 연금제도, 복지시설이 동유럽, 아니 소련보다도 총체적으로 잘되어 있다. 또 주의할 바는 대공장 사업체의 경우 정부정책으로 노동-자본 공영형식 곧 중역회의와 운영결정에 노무자 대표의 참여를 촉진시켜 커다란 성과를 내고 있다. 이 점에서 말하자면 동독,

서독의 정치적 거리는 아직 멀어도 사회, 경제에 있어서는 중간점을 향하는 시책이 점진적으로 진행되고 있다. 물론 동독, 서독에 있어서도 독일민족주의의 결판은 전적으로 대내면, 곧 누가 주도층이냐를 판가름하는 데에 달렸을 것이다. 또 혹은 새로운 독일민족의 대외위기에 임하여 배후에서 그 승부가 은근히 결말날 것인지도 모른다. 한국민족주의는 앞서 든 독일식의 사회적, 경제적 준비의 면은 있을 수가 없었다. 다만 독일의 전략적 위치가 현 시점에서는 초강대국의 결투의 지역이라는 점, 그리고 서독의 서유럽 경제통합체에의 참여가 너무 깊다는 점에서 우리보다도 정치적 분단의 지속이 길 것이 예상되고, 따라서 이것에 대치하는 사회, 경제의 기능적 통일이라는 전망이 짙은 데에 대하여, 우리는 독일과 같이 심한 타율성은 비교적 적다는 의미에서 어떻게 민족통일의 방향을 모색해야 하는가 하는 것은 커다란 과제가 아닐 수 없다. 현재의 시점에서는 아마 '통일'은 우선 기능적으로 생각하는 것이 현실적일지 모르겠다. 대화의 단계가 지속된다면 그 기간에 있어서 고조되는 통일에의 압력을 현실적으로 완화하기 위하여 일시 '선택적인 협조'라는 방식을 취하는 것이 현명할지도 모른다. 여하간 한국민족주의는 분단이 지속되면 지속되는 대로 타역에의 의존도가 심화하여, 결국은 단지 고독할 뿐 아니라 세계사의 변두리에서 불구의 몸으로 신음할지 모른다.

6. 맺는 말

무릇 서유럽에서 탄생하고 발달한 단일민족주의는 본시 반봉건의 시민상을 민족과 국민개념에 투영한 시민민족주의로서 이른바 자유민주주의와 깊이 연관되어 있었다. 한편 나폴레옹 전쟁기를 통하여 외적침입에 대항하는 독일 등의 저항민족주의를 보게 되었는데, 그것은 외적에 대한 민족단결의 절대적 필요를 반영하여, 민족의 단일체감을 강조하는 나머지 민족을 신화화하는 면이 있었다. 이렇듯 처음 대내적인 시민혁명에 따라 생장한 민족주의는, 마침내 대외면의 저항형태에 있어서 '나', '남'을 준별하는 단일체감을 조성하게 되었다. 그러면서도 서유럽 안에 있어서는 기독교문화권이라는 동류의식의 탓으로 민족국가의 상호관계는 절대적 배타가 아니라 공존적 경쟁이라고 부를 정도의 절제가 있었다. 그러한 절제와 정치윤리 의식에 구애를 받지 않는 자기중심의 무제한한 권력주의는 유럽세력이 비유럽지역과 접촉할 때에 노정되었다. 이 결과 제1차 대전 이후로는 비유럽의 전역, 특히 식민지, 반식민지화한 지역에 있어서 치열한 약소민족의 저항민족주의가 일어나게 된다. 이 시기의 특징은 비유럽지역의 저항주의는 이미 유럽형의 저항과는 다른 민족의 존부存否를 건 대적對敵저항이며, 한편 강국의 민족주의는 대국주의, 침략주의로 다만 강국 간의 상호견제만이 침략의 한계가 되었다. 당시 강국주의는 곧 군사적 점령을 통한 경제적 착취가 그 핵심이었는데, 가장 일반적인 방식은 식민지 형태였다. 이 시기는 국제정치상 권력주의, 국제질서의 무정부상태로되, 한편 약소민족의 저항주의는 자연히 서유럽 민족주의에서 타도대상이 되었

던 봉건 전통세력과도 제휴가 필요하게 되고, 이 까닭에 민족상, 국
민상을 마치 무계층적인 것으로 신화화함으로써 민족주의의 대내
면을 정체시키는 결과를 가져왔다. 이 사실은 동시에 민족주의의
사회, 경제적 측면의 발전을 저해하는 결과가 되어 사상으로서의
민족주의는 사회, 경제적 기반이 못 따르는 관념적인 것이 되고, 또
카리스마적 유형에 가까운 지도적 민족주의의 운동 형태를 낳게
하였다.

약소민족의 민족주의의 당면목표는 대개 정치적 독립이었으며
궁극의 이상은 '부국강병'이었으며, 민족주의의 표준형은 단일민족
주의였는데, 당시 저항주의는 '부국강병'의 근대유럽의 권력기준을
추종하는 점에서 역으로 강대국의 식민지주의, 제국주의를 이론상
인정하는 것이 되어 원칙론에서 모순이 있었고, 한편 대국의 단일
민족주의는 단일민족 아닌 타 민족을 단일민족주의 원칙 안에 포
함된다는 모순에 빠졌는데, 어느 편이든 간에 당시 새로 대두되던
다민족주의, 복합민족주의의 성격을 이해하지 못하였다.

현대에 이르러 민족주의는 일대 변환을 보게 된다. 전통적인 단
일민족주의는 사실상 표준적인 민족주의도 아니고 그 전망에서 보
아도 역사의 주류가 될 수도 없게 되었다. 뿐만 아니라 거의 무無민
족지대로 알려져 온 흑아프리카의 신생국 문제는 민족주의를 거의
새로운 차원으로 올려놓는 결과가 되었다. 뿐만 아니라, 저항민족
주의가 종래 이해하던 정치독립의 내용이 심히 천박한 것이며, 적
어도 대내적인 반봉건과 자주적 경제, 문화체제가 없으면 민족주의
적 독립은 불완전한 것으로 이해돼서 비로소 비유럽 지역의 신생
국 민족주의가 중남미의 민족주의와 공동의 차원감, 일종의 동류의

식을 갖게 되었다. 원래 단일민족의 저항주의는 현실로서 일국주의였다. 그런데 오늘날 부강의 규모와 대·소국 사이의 빈부의 차는 거의 일국주의적인 민족주의가 의미를 상실할 정도로 명백해졌으며, 일방 저개발의 신생국은 총체적으로 선진국과의 대비에서 빈부의 격차가 줄기는커녕 더욱 더 벌어져 가는 사실, 그리고 선진국의 재부가 크게 저개발지역에 여전히 의존하므로 번성한다는 사실을 신생국 공통의 문제로 의식되게 됐다. 말하자면 재부財富의 적정분배는 일국 내의 문제일 뿐 아니라 세계적인 규모에 있어서 역시 재부, 자원 사용의 적정배분이 선진국과 후진국 사이의 시급한 문제로 나온 것이다. 그것은 경제에 그치지 않고 정치면에 있어서도 강국정치만이 국제정치의 전부인 것 같았던 사태에 대하여 제3지역 전체를 의미 있는 정치의 요인으로 요구하는 경향이 일어난다. 현대민족주의는 이러한 사태에 적응하려는 신흥민족의 여러 노력들이며 그것은 지역주의, 국제주의, 다민족주의 등등에 있어서 약소민족 및 부족의 결집으로 나타난다. 그것은 이미 서유럽적인 민족주의의 모델과는 차원을 달리하고 나간다.

한편 공산권에 있어서 그 기본단위 개념은 계급이요, '계급' 개념은 주지되듯이 초민족, 초국가적인 것으로 국제주의를 본바탕으로 하고 있다. 그러나 소련의 일국사회주의 이래 작금의 공산국의 양상은 충분히 공산민족주의라고 할 수 있는 개별성, 독자성을 보이는 경향을 시현한다. 현재 공산주의가 공식적으로 이해하고 비판하는 민족주의는 지금도 주류가 아닌 서유럽의 전통적 시민민족주의에 불과하다. 그러면서 동시에 '민족해방운동' 형식의 민족주의와 민족적 민주주의라는 과도기 정치형태만을 이른바 진보적인 것으로 받아들이려 한다. 생각하건대 이러한 입장은, 마치 선진자유국이 제3지역의 문제를 사회주의권과의 각축이라는 각도에서만 보려고 하듯이 자본제 강국과의 투쟁이라는 소위 '혁명적' 각도에서만 제3지역을 본 것이지, 총체적으로 제3지역 자체에 즉해서 보는 입장 같지 않다. 모두가 강대국 간의 관심에서 보는 강대국주의 같다. 물론 제3지역은 현실적으로는 외면상 잡동사니이다. 제3지역이 어느 기준으로 또 장차 몇 개의 큰 결집체로 나누어질 것인지조차 막연하다. 그러나 현재 민족주의가 이 혼잡한 지역을 여러 개의 세력으로 결집시키는 매제媒劑의 역할을 하고 있는 것은 틀림이 없다.

한국민족주의는 이 새로운 사태를 예의 주목하여야 될 것이다. 한반도의 단일민족주의는 그것만으로도 과거에 더 연결되거니와, 그나마 양단兩斷된 민족주의로서 오랜 비극적인 적상敵像 때문에 대내적인 정리조차 못하고 있는 형편이다. 우선 단일민족주의로서 완결이 시급한 것은 두말할 필요도 없다. 그렇다고 통일된 국민상, 민족상의 조속한 설정이 어려운 경우에 지구의 좁은 한 모퉁이에서, 타력他力에의 의존도를 높이면서 서로 다투느라고 민족의 활력과 정력을 탕진하는 어리석음은 있을 수 없다.

민족과 언론
(1980)

(1)

민족의식이 두드러지면 내, 남을 뼈저리게 느껴야 되고, 민족의식
으로 똘똘 뭉치려면 그냥 남이 아니라 적으로서의 남을 깨달아야
된다.

아시다시피 민족이란 같은 겨레라고 서로 믿고 뭉쳐사는 집단이
라지만 그것은 결코 말이나 풍습, 역사, 고장과 사는 방식이 같다고
해서 뭉쳐 있는 단순한 집단은 아니다. 한 민족은 다른 민족을 의식
함으로써 자기를 깨닫고, 남과 다르다는 의미에서 말, 풍습, 역사,
고장, 제도 따위 중에서 몇 개를 지표로 내놓았을 따름이다.

적어도 민족의 당사자들은 남에 대해서 또 다른 민족을 의식해
서 비로소 자기를 느끼게 마련이다. 이런 의미에서 민족이란 개념
은 본시 남을 향해서 있는, 곧 바깥을 내다보는 곳에 성립하는 외향
적인 뜻을 지닐 수밖에 없다. 이 까닭으로 집단이 단결하는데 민족
이 명분이 되려면 내, 남을 강렬히 느껴야 되고 또 적으로 느껴야
뭉치는 힘이 커진다. 남을 적으로 느끼는 본보기 때는 말할 것도 없
이 투쟁상태요, 나라 같으면 전쟁상태일 것이다. 투쟁과 전쟁상태

에서 그러지 않아도 편이 갈려서 뭉치게 마련이로되, 민족의 투쟁이라는 의식이 가미되면 민족이란 말은 집단의 명분 중에 가장 크고 높은 명분으로 군림하게 되고, 사회의 다른 명분 따위는 그 앞에 빛을 잃게 되는 것은 역사 예가 즐비하다.

이렇듯이 민족이란 개념은 명분으로 남에 대항할 때 강하고 적과 맞섰거나 맞싸울 때 가장 생동한다. 따라서 민족이 단결의 가장 큰 명분이 되는 세계는 기본적으로 서로 적으로 느끼는 세상이고 적이 느끼는 세상이고 적이 필요한 상태이다. 이것은 사람끼리 싸우고 사는 슬픈 세계정치의 한 단면이로되, 동시에 피할 수 없는 현실이기도 하다. 그러나 민족의 명분으로서의 한계도 여기에 있다. 일단 내, 남을 강렬히 못 느끼게 되면, 남 속에 적의 얼굴을 발견하지 못한다면, 잡아먹을 약한 남도, 대항해서 싸울 강한 남도 특별히 느끼지 못한다면, 민족의식은 자연히 약해지게 마련이고, 약해진 민족의식을 바탕으로 해서 그 위에 단결을 호소하는 명분이란 고작 명분 중에 하위에 떨어지고 말 것이다.

구한말로부터 일제 36년을 통해서 한민족은 적을 느끼고, 한편 선각자와 정치가는 적 의식을 민족 각층에 두루 고취하였다. 민족은 우리역사의 가장 큰 명분이 되었다. 지금도 일제 강점기의 적 의식을 간직하고 있는 사람은 정치의 명분하면 우선 민족을 생각한다. 사실은, 앞에서 보다시피, 민족 개념을 단결의 최대 명분으로 삼으려고 할 때는 정치는 남 속에 적을 보게 하는 능력을 가져야 할 것이다. 이 경우 정치는 적을 창출하는 능력이다.

(2)

민족이란 말이 본래 내, 남을 가리고 심지어 밖의 적을 의식하는데
서 생동하는 외향적인 것이라면, 사회라는 말의 뜻은 본시 그 성원
의 행위와 관계가 규범되고 조직되어 있는 사람의 모임이라는 점
에서 안으로 향하고 있다. 사회라는 개념은 내, 남보다는 사회가 안
고 있는 성원 사이의 관계를 고루 조정하는 각 방면의 규범과 조직
이 제대로 작동되어야 모임이 지탱된다는 의미에서 언제나 안쪽을
들여다 보고 있어 말하자면 내향적이라고도 할 만하다.

설령 남을 의식해서 민족사회라고 부르는 경우라도 그것은 사회
라는 인간모임의 가장 긴요한 계기가 민족이란 의식일 뿐 여전히
사회의 응결이라고 하는 내적 문제에 초점을 둔다. 이 까닭에 사회
라는 모임을 정당화하는 가치관념으로서 내세우는 소위 명분에 있
어서 성원 사이의 관계를 규정하는 자유니 평등, 인권, 복지, 경쟁
따위나 자유민주, 공산집체 따위가 흔히 나타난다. 이러한 내향적
인 명분도 일단 다른 사회와 격심한 적대 관계에 서게 되면 졸지에
외향적인 민족적 성격이 드높여진다. 과거로부터 내려오는 민족의
식이 새삼 발동하기도 하고 또는 새로 한 덩어리라는 동류감에 선
민족의식이 새로 싹트기도 한다.

지난 세계대전 때 공산주의 소련이 대전을 조국전쟁으로 이름붙
인 것은 모두 아는 일이고, 또 새로 생긴 나라중에 복수의 민족이나
부족을 포함하는 나라들이 남나라에 대항해서 새로 '한 민족 만들
기'를 시작한 것도 숙지된 일이다. 그러다가 내, 남의 대항의식이나
적 의식이 식어가면 별안간 내향성이 발휘되어서 사회유지의 내적
명분 문제가 새삼 쟁점이 되게 마련이다. 우리가 쓰고 있는 민족이

라는 번역말이 바로 이 사정을 잘 드러내고 있다.

서로 알다시피 외국인인 '네이션'을 우리는 '민족'과 '국민'이라는 두 말로 나누어 옮겨 놓는다. 곧 내, 남을 가리고 극단의 경우, 적대할 때는 민족이고, 밖에서 안으로 방향을 바꾸어 정치사회의 단결의 근거를 논할 때는 국민이란 말로 쓴다. 국민이란 말은 아시다시피 근대정치사회의 응결을 뒷받치는 계기로 쓰임으로써 명분의식이 붙어있다. 민족과 국민이란 말은 이렇듯이 근대국가의 문맥에 있어서 서로 안팎을 이루는 개념이다. 그러면서 오르고 내리는 길항 관계에 서로 선다. 대외관계가 대적화하면 민족의 일체감이 다른 명분을 안도하고, 반대로 대외긴장이 사라지며 홀연히 국민의 권리의식이 생동한다. 아니, 국제분규가 격심해지면 국내문제는 죽게 마련이다.

무릇 나라의 정치는 국민이 옳다고 생각한 가치 관념, 곧 명분에 알맞을 때 인정된다. 명분은 그런데 하나가 아니고 다양하다. 외향적인 것만 해도 대외권익과, 대외위신 따위가 있고, 내향적인 것으로는 앞서 든 여러 가지 명분밖에도 요새 경제성장, 물질풍요, 적정배분 따위도 명분화되었다. 그러면서 외향적인 명분과 내향적인 명분 사이에는 뚜렷한 차이가 있다. 내, 남을 가리고 심지어 적대하는 외향성 명분은 성격상 내편의 일체감 혹은 민족의 일체감이 드높여지게 마련인 반면, 배향적인 명분은 사회의 구성에 관계되는 까닭으로 구성집단-구성계층의 이익과 결부되어 있다.

말하자면 외향적 명분이 일체감을 전제로 한다면 내향적 명분은 계층 간의 경합을 상정하고 있다. 따라서 지도력의 성격도 달라진다. 민족이라는 명분으로도 단결시키는 지도력이 적 의식을 창출

하는 능력이라고 한다면 국민이라는 명분으로 단결시키는 영도력
은 광범위한 계층의 동조를 얻는 명분으로 붕당을 창출하는 능력
이 된다. 하나가 바깥에 대한 경계심으로 대세를 몰고 나간다면 하
나는 안에 동조세력을 확대함으로써 대세를 이끌어 나간다. 그리고
이러한 대세를 강제력이 아닌 동감 위에서 끌고 나가는 근거가 명
분이라되, 그렇다고 명분은 자생해서 제대로 자라고 퍼져나가는 것
은 아니다.

　명분이 속이 빈 명목이 아니라 실효있는 명분으로 작동되려면,
우선 명분이 움트게 되는 시대의 상황이 필요하거니와 나아가서
그 상황을 해석하거나, 해석을 남에게서 받아들여 명분으로 승화시
키고 퍼뜨리는 노력이 수반되어야 될 것이다.

(3)

위에서 따져 본 민족의 입장에서 우리 국토의 분단은 이상한 사태
를 가져왔다. 우리는 이북 백성을 전통적인 같은 민족으로 의식하
면서 한편으로 새로운 남으로도 느낀다. 남북이 한 민족으로 일체
감을 느끼기에는 공동의 적 의식이 없고 그렇다고 각기 내향의 세
계에 버정이자니, 남북의 긴장감은 생활 속 깊이 스며들어 있다.

　여기에 나오는 군색한 이론이 지배층과 피지배의 백성을 구별하
자는 것인데, 프로파간다로는 몰라도 지배층만을 민족 아닌 남으로
보자는 것은 말의 뜻에 어긋난다.

　모두 아는 일이거니와 한반도에 있어서 구한말로부터 일제패전
까지 민족이라는 명분은 최고의 명분으로 작용하였으며, 따라서 일
체감 위에 서는 민족단결이 명분상의 의무가 되었다. 그 까닭에 내

향적인 사회체제의 명분을 놓고 갈라 선 공산주의 운동은 명분으로도 민족에 비한 바가 아니려니와 때로 민족의 단결을 해친다는 의미에서 비난을 받기도 하였다.

해방 후 남북은 서로 상대 속에 적을 찾기에 바빴다. 첫째는 오랜 외향적 명분의 습성과, 둘째로 국제정치의 냉전 분위기에 호응하는 면과, 셋째로 국내정치의 필요를 들 수 있거니와, 민족의 명분에서는 적이 혼란을 가져오게 되었다. 아시다시피 이북은 이북대로 원수의 개념을 창출하고 이남을 거기에 종속시켰다. 이남은 이남대로 오랫동안 냉전 환경에 호응하면서 공산체제를 적대시하는 방식에서 이북을 취급하였다. 이북은 이북대로 원수에 연관해서 이남의 상을 억지로 꾸미는 바람에 민족의 일체감, 곧 민족의 명분은 헝클어지고, 한편 이남은 이남대로 본래 내향적인 사회체제를 외향화함으로써 민족의 일부를 '남'으로 보려는 바람에 민족의 명분이 약화되고 말았다.

더구나 민족은 하나며, 민족은 서로 해치면 안 된다는 명분이 평화통일의 명분으로 발전되었다. 설령 현실로서는 6·25 사변이 일어났고 또 그 후도 내내 무력충돌의 위험이 계속되었건만 민족의 명분에 서는 한, 평화통일의 논리가 아니었을 수 없게 되어있다. 평화통일론을 민족의 명분이라는 틀 속에 넣어두고 그 밖에서 적상敵像을 찾다보면 자연히 적대하는 새로운 '남'을 창출하는 셈이 되는데, 이 경우 민족의 틀을 벗어나는 새로운 적상은 그것이 강력하려면 단지 무력을 악용하는 가해자라는 원색적인 상으로서 밖에 작용할 수 없고, 민족의 명분과는 아주 멀어지게 마련이다.

뿐만 아니라 직접 피해를 겪지 않는 한 민족의 적이라는 의식 같은 강력한 일체감을 오래 지속하기 어렵고, 더구나 그 적상의 근거가 사회체제인 경우는 내향적인 사회명분과 관련되어서 민족의 틀과는 궤도가 다른 국내정치의 명분과 연관되는 까닭으로 더욱 민족의 명분과는 어언간 멀어질 것이다. 말하자면 외향적인 명분과 내향적인 명분 사이에 혼란이 일어난다.

현재 우리의 민족의식은 이렇듯이 딜레마에 빠져있다. 민족의 일체감에 있어서는 '남'이 아닌데, 사회체제라는 명분에 있어서는 위험하고 이질적인 '남'의 상을 서로 지니고 있다.

그리고 이질적인 '남'의 상이 사회체제와 관련된 내향적 명분에 연관되어 있으므로 사회 안에 있어야할 명분 경합에도 영향을 주게되어 심지어 사회불안을 가져올 만큼 명분 사이의 경합이 제한된다. 이 까닭에 민족 명분의 황금기라고 할 수 있는 일제저항 때의 일체감을 되살리려고 많은 사람이 안타까워 하고 있으나, 현실은 그렇지 않아서 민족의 명분은 약화되고 내향적인 사회의 명분 문제가 점차 상위를 차지해 가고 있는 형편이다.

(4)

우리 사회에 있어서 언론은 독특한 의미를 가진다. 언론은 말과 글의 전달만도 아니요, 말과 글의 전달모체나 업체도 아니요, 또 단순히 신문, 통신, 잡지, 방송, 서적, 텔레비전에 나타난 글과 말만도 아니다. 언론은 의당 전달되고 보도되어야 될 소식, 해설, 논설 따위이기도 하지만 그것만으로 그치는 것도 아니다. 우리 사회에 있어서 언론은 민족과 사회의 명분을 바로 잡고 또 올바른 명분을 창달하고 전파한다는 의미까지를 가지고 있다. 이런 의미에서 언론의 대표격으로 신문을 꼽아왔다. 신문의 오랜 역사가 바로 이러한 명분의 창달과 관련되어 왔기 때문이다.

구한말에 나온 《독립신문》은 모든 국민을 "조선사람으로만 알고 조선만" 위한다는 민족의식에 선 신문인 것은 주지된 일이다. 일제시대에 나온 대부분의 민간지들이 표현으로는 '신문명', '민족주의' 따위를 내세웠으나 실제로는 무수한 학대를 받아가며 민족의 명분을 창달하는데 전력을 다 한 것은 역시 주지의 일이다. 그러므로 우리 사회에 있어서는 신문은 '민족지'라야 명색이 서고, 언론은 사회의 목탁으로 자처했다. 왜 '민족지'라야 되고 '목탁'이라야 서로가 납득이 됐을까.

일제의 침략을 받던 구한말에서 일제강점기를 통하여 민족의 명분이 모든 다른 명분을 압도한 것은 명백한 적 의식을 가진 까닭이요, 이 명분 밑에 대적 역량을 기른다는 의미에서 사회의 현대화, 민주화, 경제화가 기도되었다. 요컨대 명분 간의 서열이 분명하고, 또 그 명분을 창달한다는 사명 위에 신문이 발간된 셈이고 경영된 셈이다.

그러니 자연 신문은 민족지어야 되고 목탁이 아닐 수 없다. 그러나 생각해 보면 신문은 명분의 창달이란 면에 있어서도 발표기관일 뿐이다. 발표하는 것 자체가 사회전달에 중요한 요소요, 매체 없이 대중과의 접촉이 어려운 것은 말할 것도 없거니와 그러나 발표 뒤에는 글쓰고 말하는 사람, 특히 명분을 따지고 사회관계의 기준과 가치를 헤아려서 대중의 동감을 사려는 일군의 인사를 상정하지 않을 수 없다. 본시 어느 시대 어느 곳에 있어서든 이 명분의 세계는 지식인의 담당이었다. 권력을 옹호하는 명분이든 권력에 저항

하는 명분이든 그것을 맡아 명분으로 유포시키는 것은 지식인들의
일이었다.

설령 명분의 발상이 정치가, 군인, 종교인에게서 나온 경우라도
그것을 부연하고 체계화하고 전달하고 대중화하는 것은 역대 지식
인의 책무였다고 해도 과언은 아니다. 더구나 우리나라에는 지식인
으로서의 선비의 오랜 전통이 있어서 왕가를 위하여는 정자와 주
자의 도를 창달하고, 또 때로 권세에 항거하여 명분을 고수하다가
역사를 피로 물들였다. 과거 우리의 신문은 이러한 지식인의 활동
무대였다는 의미에서 바로 언론의 세계라고 불렸던 것으로 우리는
모두 알고 있다.

그런데 명분의 담당이라는 우리 언론의 적극적 구실은 일제라는
적을 의식하는 동안은 비교적 단순하였다고 할 수 있다. 적의 상이
뚜렷해서 민족의식이 명분으로 승화한 동안에는 그 대변이 그대로
민족운동이 되고 언론이 그대로 운동의 실천이 되었다. 그것은 장
한 일이고 보람 있는 일이고 떳떳한 일이로되 복잡한 것도 없고 망
설일 것도 없었다. 그러나 해방 이후로부터 사태는 달라지고 언론
은 망설이고 고민하게 된다.

민족의 적이라는 명백한 적 의식이 없이 새로 적의 상을 창출하
는 명분을 구상한다는 일 사회체제와 연관된 사회명분이 새로운
'남'에 관련됨으로 해서 언론을 담당하는 지식인 사이의 명분다툼
이 생기는 일, 내향적 명분을 외향화하는 과정에서 생기는 국내정
와 이에 연관된 언의 문제, 사회 명분 간의 경합을 제한하는 데서
생기는 언론인의 위축, 생각 하자면 끝이 없는 명분의 분규와 더불
어 언론의 꽃이었던 명분론이 혼란에 빠지고 때로는 위축된다.

지식인이 망설이고, 사분오열되고, 심지어는 자기 소임인 명분론에 흥미를 잃게 되자 언론도 사이비 명분론인 형식적 명목론이 아니면 안이한 뉴스, 오락정보 아니면 손쉬운 외국기사, 외국정보, 외국의 명분론을 가리지 않고 전달한다. 자유세계로 문이 열려 있다는 우리 사회의 조건을 안이하게 이용해서 사실상 외국언론의 대변인도 되고 매체가 되기도 해서 아직도 넉넉하지 않은 대중을 세계 제1위의 풍요와 겨누게 하여 열등의식 조장에 한 몫을 담당하기도 한다. 급기야 언론 중에는 내, 남의 분간 못하는 지경에 이른 언론도 있게 되었다는 느낌이다.

(5)

1880년대부터 유럽사회에서 유행된 말에 '세기말'이라는 것이 있다. 19세기 말에 가까워서 당시의 물질주의에 반발한 여러 가지 행태, 특히 예술세계에서 데카당운동, 인상주의 운동 따위에 연관해서 흔히 쓰인다. 그러나 세상에서는 '세기말'이란 도의, 관습의 붕괴나 퇴폐주의가 팽배한 시기라고 이해하고 있다. 유럽의 19세기 말은 산업혁명 이후의 새로이 물질적 풍요가 사람의 감각적 욕망을 자극하고 사회의 산업화에 따라 소위 도시화가 급격히 진행하던 때이다. 이러한 때는 나라 안에 인구의 이동이 가속화되고 이에 따라 지역의 전통적인 사회규범이나 질서가 해이해지는 법이다.

나는 1980년대에 들어서면서 새로 세기말을 느낀다. 우리사회의 연약한 체질로, 선진사회가 국제적으로 던져 놓은 언론의 망사 속에 잡혀있는 형편에서 우리가 가장 손쉽게 받아들이는 것은 물질적 풍요에의 동경이오, 감각적 향락이오, 감관적인 미감이오, 개인

생활의 행복이오, 소위 선진사회의 문화에 대한 감동이다. 그리고
이에 따른 갖가지 명분이 줄을 이어 들어온다. 그러면서 동시에 젊
은 세대는 물질적 풍요에 등을 돌리는 히피에 감격하고 데카당적
미가과 향락의 논리에 최신유행을 느낀다.

내가 세기말을 느끼는 것은 기술문명의 발달로 일제의 주변이
자주 변화하고, 도시화의 진전으로 사람의 파도 속에 오히려 고독
을 느끼고, 물질의 풍요를 찾는 중에 어언간 생활의 보람을 잊고,
그리고 허무감이 데카당을 넘나보고, 감각적인 향락과 쾌락이 드디
어 초조감을 낳는 것을 좌우에서 보기 때문이다. 그리고 때로 지식
인이 때로 언론이 이것을 새 풍조라고 해서 좌시하거나 또 영합하
는 것을 보는 까닭이다. 현대는 소비문명의 시대라고 말하는 사람
도 있고 심지어 소비는 미덕이라는 유행어도 있었다. 그러나 실은
오늘의 소비문명은 어느 학자의 말마따나 소비자의 필요보다는 오
히려 생산중의 상술과 선전에 말려들은, 소위 의존효과 때문에 생
긴 과잉소비에서 나온 것이고 그 위에 허위의 풍요감이 자라고 성
감, 미감, 쾌감이 거의 상품화되어서 구제할 길 없는 감관적인 인간
을 만들어 놓은 까닭에 나는 현대를 세기말로 느낀다.

이렇게 느끼는 세기말감은 소비문명을 자랑하는 풍요한 선진사
회의 특징이며, 동시에 그러한 사회의 언론망에 걸려있는 후진사
회의 유행이다. 세기말 현상은 전통의 의미상실, 도의기준의 붕괴,
도시범죄의 창궐, 퇴폐미의 유행, 세대 간의 단절 따위로 나타난다.
세기말 현상은 자그마한 우리사회에서 자생하는 것도 아니며, 또
행정이나 관권으로 다스려지는 것도 아니고, 뿌리는 깊어서 마치
병균에 저항하듯이 외래적인 것에 저항하는 '자기'가 없는 곳에 일

어나기 쉽다. 내, 남이 분간되는 곳에 '자기'를 의식하는데 '자기'를
상실하면 내, 남이 구분될 리가 없다.

자기를 잊으면 남의 명분만이 만발하되 절실하지 않은 명분은
말이 명분이지 실은 단지 명목일 따름이다. 이런 환경에서 행정은
곧 정치는 아니되며 정치가 제대로 작동되려면 생동하는 명분으
로 밑받침이 되어야 될 것이다. 생동하는 명분은 외향적으로는 민
족의 명분이 되거나 내향적으로는 사회의 명분일 수밖에 없고 명
분 사이에는 서열이 명백해야 정책에 순위가 결정되고 실천에 선
후가 생길 것이다. 명분에 서고 명분을 통한 동감 위에 정책과 행정
이 따르지 않는다면 정치에 대한 불신을 면할 길이 없는고로 정치
논리의 출발로서 생동하는 명분을 정립한다는 것은 세기말 분위기
에 감여되어 있는 우리 사회의 장래를 점치는 거울 같이 느껴진다.

(6)

우리는 새로운 언론을 기다린다. 새로운 언론이란 갖가지 보도와
갖가지 의논을 새 풍조를 꼬아가면서 게재하는 잡론을 기다리는
것이 아니라 민족과 사회의 명분을 들고 나와 나라의 대세를 이끄
는 대언론을 기다린다는 말이다. 민족의 명분은 해방 이후 민족분
열에 부딪혀서 민족, 민족하면서 현실로는 내, 남조차 제대로 분간
못하는 쇠약한 형상이 되었다. 사회의 명분은 소위 냉전시대 이후
외향적으로 활용된 나머지 명분 간의 경합이라는 붕당형성의 과정
이 오랫동안 끊기고 말았다. 명분이 또렷하지 않고 명분의 순위를
정할 수 없는 상황에서 언론은 일종의 상품, 일종의 소비품으로 자
칫하면 전락하기 쉽다. 언론은 이러한 혼미한 상태에서 벗어날 것

을 우리는 기대한다.

　언론은 명분의 세계라는 자기라는 자기의 소임을 저버리지 말고 그 위에 서서 사회에 기여할 것을 기대한다. 우선 민족이라는 외향적 명분의 최저수위부터 찾아서 명분의 실효를 다시 구축해 주기 바란다. 오늘날 근대민족국가라고 하는 내, 남을 엄밀히 구별하고 내, 남의 치열한 경쟁 위에 선 제도 아래서 남에게 지배되지 않으려면 밀어닥치는 파도와 같은 영향력에 저항하는 저항소를 몸에 지녀야 될 것인데 그것은 바로 내, 남의 관계를 분간하고 따지고 이해와 득실을 헤아리는 '자기' 밖에 없다. 세기말적 풍조에 저항할 수 있는 최종의 저항소도 자기요, 적을 민감하게 알아내고 일제가 되어서 대처하는 것도 우선 자타의 구별이다. 이러한 의미에서 언론은 자기의 재발견 위에 명분을 구축하기를 기대한다.

　우리는 한 가지의 가치체계만이 지배하는 일원적 사회제도를 거부하고 있다. 따라서 여러 가지 가치체계가 공존하는, 여러 계층의 명분이 공존하는 다원적 사회를 택하는 이상 언론은 여러 계층의 여러 가지 명분의 경합과 공존을 반영하여야 될 것인데 이것이 현실사회에 있어서 때로 희생을 각오해야 되는 것은 언론인이 과거에 수없이 경험한 일이다. 그러면서도 싫든 좋든 간에 언론은 명분형성에 이바지할 수밖에 없다. 여러 가지 명분의 경합을 통해서 지배적인 명분이 진실로 형성되는데는 그것이 반드시 권세를 옹호하는 경우만이 아닌 까닭으로 때로 곤욕을 당할 것이다. 아니 민족의 명분을 드높이던 일제 강점기는 언론의 형극기였고 사회명분의 공존과 경합을 진실로 시도하던 어떤 때는 언론의 수난기였던 것은 만인이 아는 바이다. 그러나 결국 명분의 세계는 항상 현실과 마찰

이 있게 마련이고 또 여기에 언론의 고난과 영광이 있었던 것이 아
닐까.

《조선일보》 1980년 3월 5일

민족주의의 개념
(1983)

저 같이 변변치 못한 사람을 위해서 이처럼 성대한 자리를 마련해 주시고 기념품도 주시고 또 제가 오래 종사하던 학술분야에서 귀중한 지식의 선물을 연일 안겨 주셔서 얼마나 감사하고 감격스러운지 인사드릴 말씀이 없습니다. 이 자리에서 제가 이틀 동안 느낀 감회는 마치 낯선 타향살이에서 돌연 고향에 돌아온 기분입니다. 어떻게 생각하면 왜 고향에 그대로 머무르지 않았나 하는 한 가닥 후회 비슷한 심정에 잠시 빠지는 느낌입니다.

　오늘 저에게 기념 삼아 민족주의라는 개념을 중심으로 얘기를 하라는 말씀입니다. 이 문제에 대해서는 그간 제가 생각한 것을 계제 닿는 대로 발표도 하고 또 발표한 시원치도 않은 글을 오늘 이같이 좋은 책으로 엮어 주셨기 때문에[《한국민족주의》(1977) 발간을 말함] 과연 부연할 것이 있을지 적이 의문입니다마는 한편으로 생각하면 이 모처럼의 기회에 저의 학문의 대체를 형성해 온 과정에서 민족주의라는 개념이 어떤 구실을 하였느냐 하는 점을 솔직히 토로해서 여러분의 비평과 편달을 받는 것도 뜻이 있을 성싶어서 감히 이 자리를 빌기로 하겠습니다. 그리고 오늘 말씀드리는 민족주의라는 개념은 아시다시피 다분히 의미가 광막하고 뜻이 애매한 낱말입니다. 따라서 그것을 미시적으로 다루면 한이 없을 것 같아서 여기서는 그 대강을 아주 거시적으로 보고 취급하는 입장에 설까 합니다.

먼저 말씀드려두어야 할 것은 저는 민족주의를 학문상의 개념으로 익히기에 앞서서 생활의 체험에서 강렬히 의식하는 방식으로 자라났습니다. 저는 가친 관계로 일제시대에 초등학교, 고등학교, 전문교육을 모두 사립학교에서 지내야 되었고 그것도 민족주의적 분위기가 짙은 학교에서 시종 공부를 하게 되었습니다. 이 까닭인지 저는 민족주의라고 하는 것을 민족주의자의 행동이념이라는 각도에서 처음 느끼고 또 알았습니다. 따라서 민족주의자라는 사람의 존재가 민족주의의 내용을 일차적으로 규정할 것으로 보았습니다. 솔직히 말해서 민족주의라는 개념은 본래 매우 실천적인 개념으로 단순히 학술상 필요에서 만들어 내놓은 그러한 추상개념은 아닙니다. 주지의 일입니다만 현실에서 볼 때 민족주의는 여러 고장의 사람들이 때로 생명을 걸고 싸우던 명분이며 여러 나라의 정책으로 국운을 걸었던 가치관이었습니다. 저는 청소년 시절을 겪는 동안 그러한 각도에서 민족주의를 실감하게 되어서 그래서 이 개념을 생각할 때는 의례히 그 명분과 가치관을 내세우는 사람과 집단과 나라나 민족을 우선 따져보게 되었습니다. 그 후 어쩌다가 학문길에 몸을 던지게 되고 교실과 연구실에서 소위 학문적 개념으로 새삼 민족주의를 다루게 될 때도 저는 이 가치관을 몰고 온 사람과 집단과 나라의 구체적 사실과 또 이 가치관의 주체들이 이것을 내세우는 장소와 시기를 따져보아야 민족주의라는 개념이 딛고

서는 현실이 문맥을 잃지 않는다고 생각하였습니다. 그 까닭에 저는 민족주의에 대한 남의 학설과 이론을 검토하기에 앞서 먼저 민족주의의 현실과 역사의 문맥을 골고루 알아본 연후에 남의 연구를 접해본다는 입장을 취하려고 노력하였습니다. 그것은 마치 그림을 논하기에 앞서 안목과 감식력을 기른다는 논법인데 이것은 말로는 쉬워도 실지로는 시간이 걸리는 제법 어려운 일인 것은 여러분이 아시는 바와 같습니다. 하여간 이러다보니 민족주의에 대해서 어언간 몇 가지 눈에 띄는 것이 생겼습니다.

첫째는 민족개념과 민족주의와의 차이이며 또 그 둘 사이의 관계입니다. 앞서 말씀드린 대로 저는 민족주의를 민족주의자나 집단의 이념이며 가치관으로 파악하고 있습니다. 현실에 있어서 민족주의는 사람의 가치관이며 운동이며 집단의 정책인지라 그 사람과 집단이 사는 고장과 시기의 문맥에서 보아야 되는 특수성을 지니고 있습니다. 그런데 어떤 분은 민족주의라는 가치의식을 마치 민족성원의 애족심이나 민족의 존재 그 자체에 붙어있는 것처럼 다루었습니다. 우리 역사의 삼국과 고려시대 그리고 조선시대 중기의 민족주의를 논하는 것은 아마 이러한 생각의 소박한 표현일 것입니다. 동서의 역사를 따져보아도 민족이라고 부를 수 있는 집단이 여러 곳에 나타나서 발전도 하고 사라지기도 합니다만 그러나 민족 있는 곳에 단순한 애족심이 아니라 민족을 최고의 가치로 보고 그것에 맞춰서 정치·문화의 체계를 바로잡으려는 주의主義가 반드시 있었느냐 하면 그것은 의문입니다. 하물며 민족이 존재한다는 사실과 주의라고 할 수 있는 가치개념을 지닌다는 것은 아예 다른 것이라고 할 수밖에 없습니다. 가령 침략에 대적하는 민족적 저

항은 민족역사상 흔히 볼 수 있는 일입니다만 그것이 단순한 자기
방어냐 그것이 아닌 민족주의적 저항이냐는 완연히 다른 문제로
저는 압니다. 요컨대 민족주의는 민족 또는 국민이 정치의 근원이
요 문화의 기본이라는 가치관에서 옵니다. 이 까닭에 역사에서 보
면 민족주의는 남에 대해서 자주와 독립을 요구하고, 안으로는 국
민평등의 관념을 낳고 국민주권의 생각으로 발전하게 마련입니다.
이렇게 볼 때 민족은 자생적으로 형성되어서 도처에 발견됩니다만
민족주의라는 가치관은 그렇지 않아서 역사의 특정한 장場, 역사의
특정한 시기에 형성되어서 좌우로 번져나갔습니다. 저는 이 역사적
문맥이 중요하고 또 우리의 경우는 다분히 국제정치사적 문맥이라
고 저는 이해하였습니다.

　모두 아시는 일입니다만 과거 세계역사의 여러 가지 흐름 중에
명색이 민족주의를 들고 나와 안으로는 사회신분제를 타파하고 사
회체제, 권력이념을 바꾸어 놓고, 밖으로는 남을 압박하거나 남에
게 저항한 곳이 서유럽사회이고 시대는 근세였다고 합니다. 그리
고 유럽세력의 세계적 팽창은 이러한 가치관의 세계적 확장과 긴
히 비례한 것은 널리 알려진 일입니다. 그러면서 동시에 주목할 사
실은, 세계역사의 전국全局에서 내려다볼 때 이 민족주의의 흐름은
어디까지나 근세 이후라는 특정한 시기, 또 근대국가라는 특정한
나라 형태를 낳은 유럽세력의 세계적 팽창과 밀접히 연관되어 있
다는 점입니다. 제가 이러한 거시적 관점에 관심을 갖는 이유는 물
론 민족주의를 내세운 유럽정치의 특수성에 주의가 끌린 탓도 있
습니다만 동시에 같은 유럽역사에 있어 중세나 비잔티움의 세계는
명백히 다른 가치관에 서 있었다는 생각과 또 문명의 성격으로 보

아 우리가 속해 있던 유교문명권이나 이슬람문명권은 민족주의와
는 전연 다른 가치관에 입각하고 있었다는 의식이 있었습니다. 말
하자면 저는 민족주의를, 그것을 내세운 문화의 주체의 관점에서,
그리고 동시에 역사와 국제정치의 입장에서 그 문맥을 우선 더듬
어 보았다고나 할까요. 다시 한 번 말해서 역사에 나타난 몇 개의
문명권과 또 유럽역사의 온 과정을 감안해볼 때 민족주의는 오로
지 유럽의 특정한 지역에, 또 특정한 나라체제에서만 발달된 가치
관이며 명분으로서 유럽세력의 세계제패와 더불어 세계화되었다
는 것인데 민족주의가 이렇듯이 유럽태생이라는 것은 학계의 정론
이로되, 그것을 낳은 유럽의 '근대국가' 체제나 또 이것을 밑바탕으
로 하는 국제정치체제가 역사상 특정한 문명권의, 그리고 특정한
시기의 정치체제일 뿐일지 모른다는 점이 등한시되는 경향이 있었
습니다. 아마 제가 기왕에 엮은 책이나 또 오늘 기념 삼아 나온 저
의 논문집을 보신 분은 이미 짐작이 되셨을 줄 압니다만 저는 민족
주의를 낳은 체제를 '근대국가체제'로 부르고 또 유럽으로부터 발
전한 국제체제를 '근대국제정치체제'라고 호칭해 왔습니다. 민족
주의는 바로 이 유럽체제, 특히 그 체제의 핵심인 '근대국가', 지금
은 마치 나라의 보편개념 같이 행세하는 근대국가의 개념에 밀착
되어 있는 명분이라는 점에 주목됩니다. 그것은 정치체제에 밀착되
어 있는 고로 비단 다른 민족, 나라에 대한 관계 곧 나, 남의 관계에
서만 생동할 뿐 아니라 체제 안에서도 결정적으로 작동하는 것이
또 주목됩니다. 제가 학생시절에 미심쩍었던 일의 하나가 왜 '내셔
널리즘'nationalism이라는 외국말을 때로 '민족주의', 때로 '국민주의'
로 번역해야 되고 또 왜 '네이션'nation이란 말을 '민족' 또는 '국민'이

라는 두 말로 이해해야 되느냐 하는 점이었습니다. 우리말의 '민족'
은 아시다시피 다른 민족에 대해서 내 민족 하듯이 나, 남을 가르
는 대외적인 면이 강하고 한편 국민이란 말은 나라의 성원을 어떻
게 보느냐 하는 대내적인 면에 역점을 두고 있습니다. 말하자면 '네
이션'이라는 외국어는 이 두 가지 면을 다 지니고 있는 셈인데, 하
나가 나와 남을 구별하는 대외면이라고 한다면 하나는 반대로 성
원의 통합의 명분이 되는 대내면인데, 민족주의라는 우리말은 좁게
는 밖으로 자타를 엄격히 구별하는 면을 강하게 표시하고, 일방 국
민주의라는 번역어는 안으로 나라의 통합요건의 명분을 가리킨 것
이 되었습니다. 물론 국민개념이 국민의 평등과 주권개념을 불러
일으켜 과거의 신분제나 절대왕권의 사상을 타파하게 된 것은 우
리가 모두 아는 일입니다. 이러한 '내셔널리즘'을 우리의 경우 주로
좁은 의미의 민족주의로 받아들이게 된 이유는 말할 것도 없이 우
리가 '내셔널리즘'이라는 새 명분을 수용하던 시기가 공교롭게도
일본제국의 침략과 압박에 저항하던 때였던 탓입니다만 하여간 우
리는 국민주의의 면을 간과하기 쉽게 되었습니다. 하여간 내셔널리
즘은 안팎의 두 면을 지니고 있으며 동시에 그 두 면은 서로 밀접
히 관련되어 있습니다. 이 까닭에 '내셔널리즘'의 국민주의의 면에
서 설령 민주주의의 체제를 낳은 경우라도 그것은 '민족주의'적인
자타구별의 면에서 국경에 머무르고 같은 국민끼리의 체제의 끝이
지 남에게 원용하지 않습니다. 이러한 자타구별이 바로 근대국가의
독특한 식민지체제를 낳게 하는 근거의 하나인 것은 아마 두 말이
필요 없을 것입니다. 말하자면 내셔널리즘은 안으로 어떻게 발전하
든 필경 대외면인 나, 남의 준별에 잡히게 마련입니다. 이러한 근대

국가의 이념으로서의 내셔널리즘이 작동하는 한 현실에 있어서 민주주의든 사회주의, 공산주의든 본질적으로 일국적이 아니 될 수 없습니다. 민주주의나 사회주의, 공산주의는 마치 보편적인 이념인 양 선전되고 전파됩니다만 그러나 '내셔널리즘'이라는 프리즘에 걸리면 휘어지게 마련입니다. 모든 보편적 이념, 모든 추상적 가치관도 한번 정치의 장을 통과하면 구부러지게 마련입니다. 가령 내셔널리즘의 대내면인 국민주의가 한 지역에서 민주주의 체제로 발전되었다 하는 경우라고 그것이 밖으로 남에게 향할 때는 그것은 성격이 바뀌어, 나라의 권세를 배후로 하여 졸지에 외세로 작용하고 세력팽창의 도구로 일변하는 결과를 가져옵니다. 물론 민주주의가 나쁘다 좋다 하는 문제는 아닙니다. 국민주의와 그것의 발달로서의 민주주의가 내셔널리즘의 대내면의 발전으로 형성될 때 그것은 휘고 구부러진 것이 아닌 강인한 체제입니다. 바로 이 까닭에 우리는 내셔널리즘 위에 선 자주적인 국민주의의 발달에서 민주주의의 온건한 형성을 기대하게 되는 것입니다. 여하간 저는 민족주의(이 경우 내셔널리즘이란 의미입니다), 민족주의를 근대국가형의 나라를 성원으로 하는 특정한 국제정치와 연관시켜 파악하지 않으면 역사의 현실이 제대로 이해되지 못한다고 생각하게 되었습니다. 따라서 지역과 시기에 따른 민족주의의 갖가지 상을 살피기에 앞서 그것이 딛고 서 있는 큰 터를 미리 알고 있어야 비로소 민족주의의 큰 모습과 향방이 제대로 보일 것으로 저는 느꼈습니다. 이것이 바로 제가 이해한 거시적인 역사의 장의 문제였습니다.

　그러면 다음 민족주의에 있어서 역사의 시기와 장소는 어떠한 의미를 가졌을까요. 저는 벽두에서 민족주의를 행동이념 또는 실천

개념으로 우선 파악하였다고 말씀드렸습니다. 이 경우 민족주의는 물론 형식상의 일반개념은 아니고 '나'라는 생이 달려 있는 '내 고장', '내 사회'라고 하는 장소적 성격이 강하고 또 특정한 시기의 특수성이 클 수밖에 없을 것입니다. 마찬가지로 역사에 있어서 보면 장소와 시기에 따라 민족주의의 대세와 그 실천적 형태는 여러 번 변해 왔습니다. 따라서 동태적으로 민족주의가 큰 의미를 가졌던 지역과 시기를 구별하고 또 그 때 그 지역의 특색을 분석하는 것은 그 구체상에서 민족주의를 이해하는 데 크게 도움이 될 것입니다. 또 한편 특정한 시기, 지역의 민족주의를 정태적으로 보고 그것이 지닌 구조와 체계를 따지고 나아가 민족주의의 중심지역과 변두리 사이의 관계를 헤아려 보는 것도 해볼 만한 가치가 있다고 생각됩니다. 이 두 가지 시각을 두루 섞어서 적용하는 경우 민족주의의 주류를 이끄는 지역을 시기로 보아 다음과 같이 나누어 볼 수 있을 것 같습니다. 곧, 첫째는 제1차 대전 전의 중유럽과 서유럽, 둘째는 제1차 대전 후의 동유럽, 아시아, 중남미, 셋째는 제2차 대전 후의 중근동과 아프리카 대륙입니다. 더구나 동유럽, 아시아, 중근동의 경우는 유럽사상의 팽창에 따른 단순한 무대의 이동이 아니라 자기의 전통적인 질서 곧 이슬람세계와 유교적 정치질서의 붕괴와 연관되어 있었던 까닭에 그 충격은 막심하였습니다. 하여튼 앞에 든 시기와 주 무대였던 지역에 있어서 민족주의는 그때그때 그 주동자의 성격에 따라 그 주되는 양상이 바뀌어 간 것은 주지된 일입니다. 첫째의 단계는 말할 것도 없이 민족주의의 핵심은 단일민족주의에 있었습니다. 단일민족주의는 아시다시피 한 민족으로 나라를 세우고 안으로는 민족개념에서 나라의 주인이 되는 국민을 이룩해야 된다는 것입니다. 물론 단일한 민족이라는 것도 역사적으로 따져 올라가면 단일민족의 개념이 애매해지고 또 19세기나 20세기에 와서도 글자 그대로 단일민족으로 나라를 이룬 예는 아주 희소합니다만 좌우간 모델개념으로는 그렇게 돼야 된다고 본 것입니다. 그 당시 민족주의 모델개념은, 밖으로 민족국가를 세워서 남과 자기를 정치적으로 구별하고 안으로는 이미 민족으로 존재하는 나라의 성원은 국민으로 나라의 주인이 되어야 됩니다. 일단 민족국가로 성립되면 민족주의는 국가이익이라는 명목 아래 민족적인 자기과시의 욕구가 전면에 나오게 됩니다. 반대로 외세의 압박을 입거나 민족국가의 형성이 외세의 개입으로 어려워지면 자연 자주와 독립을 요구하는 저항이 격심하여질 것인데 그 모델 케이스는 말할 것도 없이 식민지의 독립운동일 것입니다. 그리고 대외적인 실질적 독립이 확보되면 거의 필연적으로 대내면에서 국민주권의 명분이 여러 가지 방면에서 발전되게 마련이고 또 유럽역사의 현실이 그랬습니다. 한 가지 주의를 요하는 점은, 형식적 독립 형태로만 나라를 이룩하였거나 혹은 어떤 형식으로나 남에게 예속되어 있는 형편에서는 민족주의는 그 대외면이 부득이 강조되는 나머지 대내면인 국민주의의 발달이 저해를 받거나 자연히 등한시되어서 균형을 잃은 민족주의가 되기 쉽습니다. 제가 자주 쓰는 저항민족주의란 말은 바로 이러한 특성을 지닌 대외면 치중의 민족주의입니다. 제1기의 유럽의 특색은 아시다시피 영국, 프랑스의 국민주의적 발달이요 독일의 저항민족주의의 팽창과 그 종결이었습니다. 제2기의 특색은 지역으로서 주무대로 등장한 아시아의 저항민족주의요, 또 하나 소련에서 명백해진 다민족주의의 개념이 새로운 요소로서 등장한 것이라고 할 수 있습니다. 단일민족주의가 새로 힘을 얻은 것은 비단 아시아뿐 아니라 동유럽, 중남미에 있어서도 마찬가지였습니다만 그러나 동유럽의 경우는 그 여건으로 해서 소수민족의 문제로 부각되고, 중남미의 경우는 강력한 북미영향권 안에 있어서의 실질적 독립문제로 집중됩니다만 아시아의 경우에 있어서는 아시아의 전통적 질서가 완전히 무너지고 유럽에서 발달한 근대국가의 근대적 국제질서 속에 아시아가 편입됨으로써 그야말로 단일한 세계정치가 성립된다는 역사적 대사건이 완결되는 것과 때를 같이 하는 까닭에 세계사적 의미를 갖게 됩니다. 이 까닭에 아시아의 저항적 민족주의가 특별한 뜻을 갖게 된 것은 여러 사람이 의식한 것으로, 가령 어떤 사람은 식민지 민족주의라고도 하고 소련의 레닌 같은 사람은 민족주의의 아시아형이라는 말까지 사용한 것은 모두가 아는 일입니다. 물론 아시아라고 해도 이 시기의 일본은 이미 제국주의 세력이라 여기에는 포함될 수 없습니다. 이러한 단일민족의 개념에 연관된 저항민족주의에 대해서 다민족주의는 그 개념의 형성부터가 다릅니다. 단일민족주의가 어느 시기를 기준으로 해서 이미 존재한다고 의식하는 민족이 민족개념으로 나라를 세우거나 또 재편하고 동시에 안으로 국민개념을 중심으로 체제를 정비하는 데 대해서 다민족주의는 현실적으로 나라가 먼저 서고 다음에 민족 또는 국민의 일체감을 조성하는 역사적 과정을 형태화한 민족주의 개념입니다. 하기는 단일민족의 상당한 수효가 역사를 소급해 올라가면 이것과 유사한 형식으로 민족화된 것이 사실입니다만 다만 그것은 동화 등에 의해서 자연히 민족이 형성된 것뿐이지 민족주의적 가치관에서 단일민족이나 일체적인 다민족을 기도했던 것은

아닐 것입니다. 하여튼 소련은 공식으로 다민족주의를 내세웠습니
다만 바깥세상에서는 공산주의를 표방한 나라라는 점에 눈이 쏠려
다민족주의라는 중요한 가치관이 간과된 면이 있었습니다. 그러던
것이 제3기인 제2차 대전 후 동남아시아, 아프리카 대륙에 새로 탄
생한 여러 나라에 있어서 그것이 커다란 의미를 갖게 되었습니다.
주지된 일입니다만 이 새 나라들이 전통적 민족단위나 부족단위를
무시하고 옛 식민지 단위로 나라가 형성되므로 필연적으로 민족주
의로는 다만 다민족주의를 표방하지 않을 수 없게 되었고 따라서
민족주의의 대내면인 국민주의의 형성과 발전에 단일민족과는 다
른 일대 시련을 겪게 되었습니다. 소위 민족주의에 있어서 스테이
트 네이션state-nation, 다시 말해서 선국가 후민족의 개념으로 과거의
네이션 스테이트nation-state, 다시 말해서 선민족 후국가와는 선후의
논리가 전도되게 되었습니다. 그리고 이러한 선국가 형태의 다민족
국가가 요즘 단연 다수 예가 되었습니다. 물론 이들이 국가로 우선
뭉쳤다 해도 안으로 곧 국민주의적 발달에 돌입했느냐 하면 그것
은 그렇지 않아서 실질적 독립을 추구한다는 명분에서 대부분 저
항민족주의의 면모가 뚜렷한 것도 부인 못할 사실이라 아직도 민
족주의의 큰 물결은 저항에 있다고 하여도 과언은 아닐 것입니다.

이렇게 보아오면 이른바 근대국가라는 형태는 국민국가에 이르
러서 비로소 완결되고 민족주의는 이러한 국민국가의 핵심 되는
명분인 것을 명백히 알 수 있습니다. 민족은 나라로 뭉치는 것이 기
준이며 또 나라는 그 구성이 어떻든지 간에 국민으로 일체가 되어
야 되며 따라서 나라의 성원은 국민이라고 하는 점에서 평등하고
균일하다는 이론이 성립됩니다. 그리고 이러한 명분이 유럽의 근대

국가의 발달에 있어서 그 경제, 군사의 양면의 요구를 충족시킨 것
은 이미 저의 변변치 않은 책에 소상하기에 여기서는 언급하지 않
겠습니다.

다만 한 가지 현대의 민족주의에 연관해서 유의해야 될 문제에
소위 소수민족 문제가 있습니다. 글자로 보면 문제는 다수를 점하
는 민족에 대해서 소수라는 말같이 얼핏 들립니다. 가령 동유럽의
유명한 소수민족 문제, 그리고 소련의 소수민족 문제가 그렇듯이
보입니다. 요컨대 한 나라가 되지 못하고 다수민족 틈에 끼어 사는
민족같이 들립니다. 그러나 자세히 생각하면 의문투성입니다. 첫
째 다수와 소수의 기준이 무엇이냐가 문제인데 실제로는 한 나라
를 전제하고 그 나라 안의 다수와 소수를 논합니다. 그러나 왜 소
수가 다른 독립국가보다 수효가 많으면서 특정한 나라 안에서 소
수로서 만족해야 되느냐는 또 다른 어려운 문제를 가져옵니다. 이
른바 민족자결로 민족이라고 불릴만한 집단은 모두 나라를 만들면
문제가 될 것이 없는 문제이기도 하고, 우리 같이 단일민족으로서
의식이 강한 민족에 있어서는 아예 문제도 아니 되는 일입니다. 그
런데 앞에 말씀드린 다민족주의국가에 있어서는 이 소수민족의 문
제는 민족의 일체감 형성에서 결정적인 의미를 갖습니다. 왜냐하면
다민족국가에 있어서는 민족주의의 면에서 이중구조를 지니고 있
다고 할 만합니다. 전통적으로 민족주의는 가능만 하면 국가지향
적이어서 문화적 민족주의라는 것도 따지고 보면 나라를 따로 만
들 형편이 못된 데서 나온 타협인 경우가 현실입니다. 이러한 점에
서 볼 때 다민족주의국가는 한 국가로서 한 민족, 국민을 지향하면
서 동시에 자기 품 안에 단일민족으로 독립하려는 성향을 지닌 민

족을 안고 있어야 한다는 곤경에 빠집니다. 그 하나의 해결책이 소
련 같은 연방제이긴 합니다만 그것도 같은 소련인으로 조국을 내
세우려는 입장에서는 완전히 해결되었다고 하기 어려운 형편입니
다. 본래 역사적으로 이미 단일민족으로 형성이 끝난 사회는 그 성
격이 공동체적이어서 정감으로도 일체감이 강합니다만 다민족사
회는 그 성격상 결사적이어서 이해나 강제의 면이 강합니다. 따라
서 다민족주의국가는 설령 명분으로는 새로이 한 국민을 지향한다
고 하지만 현실문제로 지배적인 민족과 열세에 놓여 있는 민족 사
이의 이해는 그리 쉽게 해결되기 어렵고 그래서 강제가 크게 작용
할 소지가 생깁니다. 말하자면 한 나라 안의 주도적인 민족과 종속
적인 민족 사이의 문제입니다. 민족 사이에 등급이 생긴 셈이기도
합니다. 하기는 이러한 문제를 안고 있는 사회에 있어서는 민족이
란 말부터 사용법이 다른 예도 있습니다. 어제 신일철 교수께서 지
적하시길, 소련의 스탈린의 예를 들면서 소련말에 있어서 민족에
해당하는 나치야라는 말 외에 나로드노스치narodnosti란 소수민족의
개념이 있다고 하셨습니다. 나로드노스치는 우리말로 무어라고 번
역을 해야 될까요. 준準민족이라는 사람도 있으나 우리에게 꼭 해
당하는 말이 없습니다. 영어로는 에스닉 그룹ethnic group으로 번역하
더군요. 이 개념은 실은 민족이라는 각도로만 보면 매우 애매모호
한 말이고, 소련에서는 행정단위에 연관된 말로 쓰이는 것 같습니
다. 소련에 있어서 구성 공화국이나 자치주를 형성하는 민족은 나
치야natsiya이고, 자치구 이하의 행정단위의 민족은 나로드노스치가
되는 모양인데 그들이 자치주로 승격되면 물론 하루아침에 나치야
가 될 것입니다. 그리고 만일에 소련에서 떨어져 나와 새로 일국을

만들겠다는 운동이 있으면 물론 그것은 일반적인 의미에서 민족주
의 운동 즉 단일민족주의의 운동이 될 것입니다. 가령 중앙아시아
에 소재하는 카자흐스탄의 주인공인 카자흐 민족은 현재는 수효에
있어서 소수민족으로 전락하고 이곳에 이주해 온 슬라브족, 유럽
인이 다수의 자리를 차지하고 있습니다. 이 경우는 다수민족이 졸
지에 소수로 전락한 예인데 이들은 미약하나마 소련서 분리해 나
오려는 독립운동을 하고 있다는 소식도 있습니다. 하기는 소수민
족문제로는 예부터 동유럽이 유명합니다만 그것도 폴란드나 체코
등등의 예에서 보듯이 일단 나라를 이룩하면 소수민족이라는 명에
를 벗게 됩니다. 그런가 하면 소수민족과 다수민족의 기준이 애매
할 뿐 아니라 스위스의 이탈리아계의 민족같이 소수이면서도 열세
관념이 없는 예도 있고 또 소수민족이 주도적인 예도 없지 않습니
다. 뿐만 아니라 흑아프리카 정치에서 보면 민족과 부족의 구별도
때에 따라 모호하기 짝이 없어서 이러한 구별이 혹은 남을 얕보는
관점에서 나오지 않았나 하는 생각도 듭니다. 여하튼 소수민족문제
의 하나로서 다민족주의국가를 생각하는 경우 현재, 그리고 장래에
있어서 최대의 문제는 다민족의 공동이익을 내세우는 결사結社적인
명분과 공동체적인 단일민족의 분리주의적인 경향, 다시 말해서 통
합에 대한 분리의 상극일 것인데 여기 이것을 막으려는 강제가 작
동하는 것이 현실의 많은 예인 것은 우리가 모두 알고 있는 터입
니다.

　지금까지 말씀드린 내용은 주로 민족주의를 그 역사적 전개에서
따져본 것입니다. 그 가운데 전에는 선민족 후국가라는 논리로 민
족주의를 생각하더니 요사이는 선국가 후민족이라는 논리로 생각

해야 되는 선국가적 민족이 생기게 되었다고 하였습니다. 그리고
이러한 선국가의 방식이 다민족주의가 딛고 서는 명분이기도 하다
고 말씀드렸습니다. 그런데 앞서 잠깐 언급한 대로, 본래 대부분의
민족은 역사적으로 소급해 올라가면 단일한 민족이 아니었던 것이
보통인데 오래 한 집단으로, 싫든지 좋든지 간에 사는 동안에 단일
한 민족감을 갖게 된 것은 우리가 다 아는 바입니다. 특히 예부터
나라라는 집단형식에서, 그리고 강제력이 수반하는 통합 형태에서
한 민족이 형성되어 나온 예는 유럽역사의 형성을 보면 명백합니
다. 말하자면 민족의 형성과정 중에는 다민족에서 출발한 예가 허
다합니다. 그것이 오늘의 다민족주의와 다른 점은 그것이 오늘날과
같이 민족이나 국민이라는 개념을 매개한 이념으로 승화돼서 정치
에 작동하지 못했다는 것뿐일 것입니다. 그러한 의미에 있어서 민
족주의는 기본적으로 정치 관념으로 작용합니다. 그러면 민족적인
문화라고 하는 경우에 생각되는 문화단위로서의 민족은 어떻게 될
까. 그것은 세 가지로 볼 수 있습니다. 하나는 나라로서 남과 내가
구별되는 민족주의적 입장에서 그 피아의 구별을 문화에서 본 것
에 불과합니다. 대개는 다분히 내 문화, 내 것에 대한 우월감이나
애착심을 가지고 말입니다. 둘은, 나라로까지 발전시킬 수 없는 형
편에서 민족주의적 가치의식을 자기문화에 투입하는 경우가 있습
니다. 이 점은 앞서도 언급한 일이 있습니다만, 가령 소위 19세기
독일의 낭만적 민족주의라고 하는 따위가 그 예가 될 것입니다. 일
제시대의 우리의 민족주의 운동 중에는 이러한 면이 섞여 있었습
니다. 셋은, 앞서 말씀드린 대로 다민족국가에 있어서 소수민족이
소수의 민족적 자주성을 유지하는 방식으로 타협된 민족주의입니

다. 소위 문화적 민족주의라는 것으로 중유럽, 동유럽에서 유명하였습니다. 그러나 주목할 것은 이러한 소수나 미未독립의 문화주의도 한번 기회만 생기면 곧 정치적 민족주의로 탈바꿈하는 것이 역사의 예라는 점입니다. 요컨대 민족주의의 충족은 과거에 있어서 나라의 형성과 관계되고 문화주의는 미충족의 상태라 하여도 과언이 아닙니다. 하기는 이러한 나라 형성을 충족점으로 보는 것과는 다른 민족주의 경향이 새로 움트는 경우도 장차는 있을 듯이 보입니다. 가령 범아랍주의, 범아프리카주의 같이 나라보다는 광廣지역주의라고 할 수 있는 운동이 있는 것은 사실입니다. 그러나 이러한 운동이 과연 사상의 운동을 넘어선 정치적인 통합운동인지 아니면 공동보조를 호소하는 일종의 정책인지 현재로는 아직 분명하지 않습니다. 생각해보면 원래 민족주의를 명분으로 하는 근대국가의 성립은 교통, 통신을 비롯한 물질적 조건 위에 이루어진 것이고 동시에 근대국가로서 군사적 수요와 경제적 필요가 어느 정도 충족되므로 그것을 추구했던 것입니다. 심지어 다민족주의국가라는 형식으로 실질적으로는 방대한 자원과 경제권, 그리고 엄청난 군사적 필요를 충족하고 있습니다. 이러한 면에서 보면 단일민족의 개념을 확대해서 광지역의 이점을 활용하는 방향은 전연 불가능하다고도 하기 어렵습니다. 물론 이 경우라 하더라도 앞에서 보듯이 민족주의의 대내면(또는 내향성이라고 할까요)이 내향적인 국민주의의 문제가 곧 뒤따라 나올 것입니다. 따져보면 민족주의가 복잡한 이유는, 대외적으로 나, 남을 구별하는 점에서 일견 간단하게 보이는데, 실은 동시에 안으로 국민평등, 국민주권의 이념 아래 지도층 문제, 정치참여 문제, 계층과 빈부문제가 잠재적으로든 표면적으로든 밀접히 얽혀있는 까닭입니다. 하기는 현실에서 보면 민족주의의 대외면이 극한에 이르는 대적對敵관계에 있어서는 잠시 대내면이 소홀히 되게 마련입니다만 이 적대감이 감소되면 곧 이 대내면이 전면에 나타나는 것이 현실입니다. 오늘 아침 잠깐 말씀을 들어보니까 손세일 씨가 전진적 민족주의의 대내면을 논하셨는데 아마 바로 이 민족주의의 내향성을 말하신 것이 아닌가 생각이 되었습니다.

그런데 이렇듯이 나, 남을 구별하는 대외면과 그 테두리 안에서의 국민주의를 민족주의의 핵심으로 본다면 소위 민족주의와 국제주의, 세계주의cosmopolitanism와 공존은 불가능하냐 하는 문제가 나옵니다. 또 대내면에 있어서도 사회주의, 공산주의의 개념 같은 초국가적 성격을 가진 가치관이 제도화된 나라의 국민주의는 어떤 것이냐 하는 문제가 나옵니다. 사상사에서 보면 18~19세기 유럽에서 적대가 아닌 우호, 자타의 준별이 아닌 국제평화를 주장한 많은 사상가가 있었습니다. 뿐만 아니라 민족주의라고 해서 요사이 우리가 쳐받드는 가치관이 국제우호와 본질적으로 어긋나고 또 국내의 민주주의는 국경을 못 넘는다는 것이 어딘가 몰인정하고 잔인하고 비평화적인 것 같아서 입에 담기가 씁쓸합니다. 사상가라는 사람이 이 개념을 듣기 좋고 말하기 좋은 개념으로 고쳐 부르고 싶은 심정은 알고도 남음이 있습니다. 그러나 사상가의 사상이 아니라 민족주의의 실지에 임해서 그 작동과 그 과정을 관찰한다면 결론은 사상가의 설과는 아주 다르게 나옵니다. 그것은 바로 근대국가의 성격에 밀착되어 있어서 입으로 곱게 다듬어 말합니다만 그 기능의 실지는 무자비하다고 하여도 과언이 아닙니다.

이상에서 말씀드린 바와 같이 민족주의의 여러 가지 면과 발전에 따른 변모를 따지고 보면 어언간 민족주의의 밑바닥에 놓여 있는 민족, 국민이라는 것은 무엇이냐 하는 문제가 나옵니다. 이 민족의 개념에 대해서 자유주의 사회와 공산주의 사회는 사회의 성격상 다루는 태도가 다릅니다. 자유사회에 있어서는 여러 가지 학설, 여러 가지 입장이 공존하고 있습니다. 공산사회에 있어서는 여러 가지 입장이 허용될 수 없습니다. 자유사회는 복수적인 접근이 경합하는 게 보통이고 반면 공산사회는 한 가지 기준으로 통제합니다. 그렇기는 하지만 민족의 개념에 대해서는 이 두 사회가 모두 단일민족주의 시대의 민족개념을 그대로 유지하고 있습니다. 역사적인 단일민족의 공통점을 추려놓습니다. 여러분이 아시다시피, 민족을 언어, 혈연, 지연, 풍습, 종교적 일체감, 역사적 공동체감, 경제적 일체감 등으로 집결된 사회집단으로 정의합니다. 그런데 이런데 전통적인 정의는 다민족주의에 그대로 적용하면 혼란이 생기게 마련입니다. 단일민족주의나 다민족주의나 간에 민족 또는 국민이라는 개념에 정치적 혹은 문화적 통합의 계기를 찾는 점에는 차이가 없습니다만 그러나 민족이라는 개념의 현실적인 실존에 있어서는 커다란 거리가 있습니다. 단일민족주의에 있어서는 민족은 개념상으로도 민족주의에 선행할 뿐 아니라 실지로도 선先존재하는 것으로 이해됩니다. 그러나 다민족주의에 있어서는 민족은 개념상 민족주의에 선행합니다만 실지로 민족은 구체적으로 형성과정에 있는, 따라서 미완성 상태에 있습니다. 이러한 의미에 있어서 요사이 학자들이 쓰는 '국민 만들기'nation-building라는 말은 어지간히 실정을 꿰뚫는 말이라고 할 만합니다. 요컨대 민족 정의定義의 현실의 대응면이 아주 다르다는 것이 됩니다. 그것뿐이 아닙니다. 민족적인 통합의 계기만 하더라도 혈연, 언어, 풍습, 역사적 일체감 따위는 다민족주의의 경우 대개 들어설 여지가 없습니다. 오히려 공동의 이해가 강조되는 것이 그 결사적 성격상 당연해집니다. 이 까닭에 페도세예프가 편찬한《레닌주의와 민족문제》라는 책을 보면, 소련 안의 모든 민족은 새로 소련인으로 통합됨으로써 통합의 풍요한 혜택을 본다고 적었고, 브레즈네프 자신이 같은 테제를 1971년도에 내놓았습니다. 이러한 이익관觀이 명분상 민족수립의 계기가 되는 것입니다. 이렇게 보면 민족의 개념을 정의하는 과거의 논설은 결국은 민족의 역사적 존재를 가정해놓고 시도한 것에 불과하게 됩니다. 따라서 몇 가지 계기를 들어서 민족통합의 작업개념으로 사용하는 것은 몰라도 그것을 객관적인 사실의 정의로 본다면 현대 '민족'의 실상을 잘 모른다는 비난을 받을 위험이 있습니다. 이렇게 보면 공산주의에서 생각하는 민족의 정의, 곧 역사공동체라는 개념은 역사적 단일민족을 대상으로 한 것이며 또 이러한 관념 아래 고전적 민족주의를 이해하고 있는 데 불과합니다. 이에 곁들여 말씀드리면 공산주의에서 내세운 입장, 곧 민족주의는(이 경우는 물론 역사적 민족주의입니다) 민족 간에 불화와 불신을 불러일으키는 부르주아 사상이고 프롤레타리아의 국제주의를 신봉하는 세계노동계급은 절대로 용납할 수 없다는 입장은 기실 선전이고, 실지의 정책은 앞서 언급한 대로 철저한 일국주의 입장이며 또 공산국가끼리 민족적 이해로 다투고 있는 것은 세상이 모두 아는 터입니다.

끝으로 제가 생각하는 민족주의의 미래상에 대해서 잠깐 말씀드리겠습니다. 저는 기본적으로 민족주의의 핵심을 근대국가체제의 명분으로 보고 있는 까닭에 민족주의의 미래상은 결국 근대국가의 미래와 연관된다고 말씀드릴 수 있습니다. 본래 근대국가는 민족주의의 대외면에서 보듯이 나, 남을 준별하고 잠재적으로는 적대관계에 섭니다. 따라서 이러한 독특한 나라형型이 기본구성이 되는 국제질서는 나라를 초월하는 국제적 권위를 인정하기 않고 오로지 실력, 특히 물리적인 힘과 경제적 이익으로 나라의 등급을 결정하는 권력주의 위에 설치되는 것은 주지의 일입니다. 한마디로 근대국가는 부국강병이 그 능력의 근원이고 또 그것만을 실력으로 인정합니다. 민족주의는 대외면에 있어서는 이 수요에 응하여야 되고 또 그 대내면도 이 대외적 필요와 상충해서는 안 되는 것이 현실입니다. 이 까닭에 민족주의가 그 성격을 바꾸는 것은 바로 이 필요, 이 수요가 바뀌거나 혹은 그 필요와 수요에 미달된 경우를 우선 생각할 수 있습니다. 아시다시피 유럽역사에서 보면 18~19세기를 통해서 민족국가는 당시로서는 엄청난 병원兵員의 동원이던 국민군의 탄생을 가능하게 하고, 또 한편으로 봉건적인 제약에 잡혀있는 경제의 생산, 유통의 면을 국민경제의 형성으로 시원하게 타파하였습니다. 왜 단일민족주의의 전통에서 다민족주의의 새 명분이 나왔느냐 하는 것도 이 각도에서 매한가지로 설명할 수 있습니다. 하나는 단일민족주의의 약점이었던 식민지체제를 지양할 수 있었습니다. 둘은 자원과 넓은 국내시장을 보유하게 되었습니다. 셋은 방대한 병력동원능력과 작전지역을 지니게 되었습니다. 다민족주의는 안으로 통합에 어려움이 있습니다만 대외면에 있어서 큰 강점이 아닐 수 없습니다. 좁게는 혈연적인 신화로 뭉쳐있는 민족주의로부터 넓게는 결사적이요, 지연적인 다민족국가로 뭉치려는 밑바닥에는 이러한 경제, 군사적 수요가 있는 것은 의심할 여지가 없습니다. 그러나 단일민족국가든 다민족국가든 간에 그것이 나라로 공통되는 한 가지 요소는 말할 것도 없이 정부의 강제력 독점입니다. 설령 나라로 뭉치는 명분이 작용한다 하더라도 만일에 강제장치의 독점이라는 기본적인 사실이 깨어진다면 과연 명분만으로 근대국가의 체제가 오늘과 같을 것인지 저로서는 적이 의심스럽습니다. 이러한 점에 관련해서 근래 무기의 발달에는 크게 주목되는 면이 있습니다. 제2차 대전 말에 비해서 오늘날 핵무기와 그 운반병기를 비롯해서 각종 무기가 엄청나게 발달하고 또 그에 연관된 기술이 일진월보하고 있는 것은 이미 상식이 되어 있습니다. 뿐만 아니라 전략무기를 전술수준에서도 활용할 수 있게 하기 위하여 소형화가 꾸준히 진행되고 있습니다. 저는 최근에 진행되고 있는 군비경쟁이 그대로 진행된다면 기술면이나 사용면에서 오늘의 가공할 무기가 소규모로 제조가능하고 소형으로 사용가능한 날이 과연 얼마나 먼 날의 일일지 궁금합니다. 이러한 추세가 빠른 속도로 진행되면 아마 우선은 군비축소로부터 국제관리의 문제가 나오지 않을 수 없는데 바로 이 단계에 가면 근대국가의 기본가정인 국제권위의 사실상의 불인정이 유지되기 어려울 것입니다. 동시에 나라 안에 소집단이 나라 수준이 보유하던 무기, 가공할 파괴력을 지닌 무기를 갖게 된다면 나라의 강제력 독점이라는 기본적인 조건도 문제되지 않을 수 없을 것이고 따라서 근대국가형의 나라는, 이름은 어떻든 간에 체제를 바꾸지 않을 수 없을 것으로 저는 추측합니다. 경제의 면에서도 비슷한 문제가 나타납니다. 오늘날 세계적인 생활수준의 향상, 곧 소비수준의 향상과 산업의 급속한 발달은 이것을 밑받침하는 세계자원의 제약을 부각시켰습니다. 여러분이 다 아시는 로마클럽의 비관적인 전망은 그만두고라도 세계자원과 오염의 문제는 이미 개별적인 나라의 조치를 넘어가고 있습니다. 물론 이러한 자원문제는 강국의 '식민지 없는 식민주의'를 낳게 하고 또 장차 강국의 이익을 중심으로 하는 세계적 자원수급계획이 구상될 것입니다만 하여간 그것은 부단히 국제분규를 불러일으키고, 나아가서는 강국 스스로가 자기필요에 의해서 근대국가적인 테두리를 넘어갈 가능성이 있습니다. 더구나 이 군사나 자원문제는 제3차 대전이라도 벌어지는 날에는 전후의 시급한 국제적 계획의 대상이 될 법합니다. 근대국가, 따라서 민족주의와 밀접히 결부되어 있는 국민경제체제만 해도 그렇습니다. 다른 것은 차치하고라도 근래 다국적기업만 하더라도 불과 10여 년 만에 지금은 세계경제의 체제의 변모를 가져오는 중요문제가 되었습니다. 다국적기업이 현재 강국정치를 더 한층 촉진하고 자본의 국제화를 더욱 더 증강시키고 있습니다만 하여간 그것이 국민경제 안에 머무는 추세냐 아니냐는 문제가 아닐 수 없습니다. 이러한 다국적기업만 하더라도 제가 10여 년 전인가 학교에서 특별강의의 제목으로 한 학기 취급한 일이 있었습니다. 그때만 하더라도 학생 중에는 왜 국제정치의 문제로 이 다국적기업을 거론하는 것인지 의아해하는 사람도 있었고 또 참고서 하나 거의 없는 형편이었습니다. 그러나 다국적기업이 단순히 경제적인 기업활동에 그치지 않고 국제정치에 큰 영향을 미치고 있는 것은 요사이 명백하다고 할 만합니다. 하여간 그래서 저는 근대국가의 성질은 한 50년 후에는 바뀔 가능성이 있고 따라서 한 50년 후는 민족주의도 그 기능면에 있어서 변모할 것으로 생각하고 있습니다. 물론 모든 나라가, 모든 지역의 민족주의가 일제히 또 일매지게 변모한다는 말은 될 수 없습니다. 역사는 아시다시피 고래古來로 불균형하게 발달하는 법이어서 앞바퀴는 굴러도 뒷바퀴는 멈추는 수가 상례로 되어 있습니다. 제가 지금 말씀드린 것은 앞바퀴 이야기입니다. 왜 하필이면 50년이냐, 요사이같이 변화가 심하고 국제분규가 날로 더하고 심각해서 일대 청소와 같은 전쟁도 머지않을 것 같은 판인데 왜 하필이면 50년이냐 하는 분도 계실 것입니다. 저는 기왕에 해방 직후 국제정치의 논리로 보아서 한반도의 정치가 한인 손에 들어오는데 5년 내지 10년이면 되지 않겠느냐 하고 계산한 일이 있었습니다. 역사의 현실은 거의 절대로 직선적이 아니고 우여곡절하며 전개된다는 사실을 오활하게도 경시한 탓이죠. 실지에서 보면 한반도의 정치는 그 주도권이 그리 쉽게 한인 손에 오지 않았습니다. 그래서 이번에는 민족주의의 변모를 역사의 우여곡절을 감안해서 한 50년 정도 뒤로 잡았습니다. 그런데 생각하면, 역사적 민족의 공동체감은 민족 전체의 통합뿐 아니라 개인의 귀속감을 안정시켜 개인행복의 요소로 작용하였습니다. '내'가 안도할 수 있는 '우리'로서 작용하였습니다. 그러던 것이 어언간 공동체의 정서면은 근대국가의 대적감에 알게 모르게 활용되게 되었습니다. 한편 민족의 대내면에서 보아도 그것이 국민주의로 바뀌어 '너'와 '나'를 같은 '국민'이라는 점에서 균등하다고 보고 그리고 이러한 '국민'이 모든 공적 권력의 연원이라는 것은 결국 그 국민사회의 구체적인 성원이 개인과, 사회의 기저가 되는 소집단이 국민 속에 안주할 수 있는 '우리'를 보는 까닭입니다. 물론 대외면이 긴장되면 이러한 '우리'의 대내면이 소홀히 되고 '개'個는 그 독자성을 유지하기 어려운 것은 우리의 경험입니다. 대외관계가 긴장되면 대내면의 민권은 약해지고 거꾸로 대외긴장이 감소되면 불현듯이 대내적인 민권문제가 전면에 나오는 것이 상례입니다. 그리고 민권의 밑바닥에 깔려있는 것은 말할 것도 없이 개個의 행복감, 충족감을 직접 지배하는 소집단과 개 자신의 문제입니다. 인생의 궁극적인 충족감은 개인이라고 하는 구체적인 존재를 통해서만 있을 수밖에 없고 또 이 정서에 찬 충족감, 행복감은, 자기가 그렇게 생각하든 말든 간에 외따로 있는 것이 아니라 평상시에는 공동체와의 일체감, 특히 가족과 벗과 같은 끼리끼리의 소집단 속에서 보통 이룩됩니다. 또 이 개의 충족감의 바로 역으로 사회발달은 근원적인 활력이기도 합니다. 이 까닭에 국민주의가 몰고 오는 민권의 문제는 평시에는 이러한 개와 개를 통한 사회적 권리의 주장을 막을 도리가 없을 것입니다. 요즘 핵가족이 번져서 옛날과 다릅니다만 하여튼 핵가족이든 전통적인 대가족이든 그 속에서 개인은 최소의 충족감을 얻으려 하고 이 가족을 통해서 사회생활을 접하려 합니다. 근대도시가 발달되면서 그 전에 맛보던 작은 공동체감, 곧 '동네'라는 인근감이 사라지고 서로 행정단위로만 묶이는 동네에 살게 되고 가족도 핵가족으로 변해 가면서 개의 정서적 배설이 과거와 달라져 갑니다. 공동체감 속에서 안도하고 있는 것과 달라서 정서적 안정이 모자라는 가운데 감각적 자극과 쾌락을 찾게 되었고 이것도 권리로 주장하게 되었습니다. 그리고 이러한 감각적 자극을 찾다보면 결국 개인정서적 안정을 갖고 오는 '우리'를 요구하게 됩니다. 요사이 서방사회에서 문제되고 있는 '히피'라는 풍조도 이러한 감각적 허무감이 낳은 끼리끼리 운동으로 보이는 면도 있습니다. 하여간 예부터 개인은 엄연히 존재하고 또 유일하고 구체적인 사회의 구성원이로되 개가 개로서 문제되고 개의 권리가 논의되고 개의 행복에 대한 권리가 문제된 것은 유럽에 있어서도 그리 오래된 일은 아닙니다. '개인'이라는 존재가 새로 발견되었다고 할 정도로 개인이 개인의 자격으로 문제된 것은 유럽에 있어서도 19세기 이후의 일이라고 한 것은 철학가 니체의 말입니다. 19세기는 또 서유럽에 있어서 국민주의가 결정적으로 작용하던 때입니다. 권리의 주체로서의 개個, 이러한 개의 자유와 평등, 그리고 심지어 기준잡기 어려운 개의 행복권까지 문제되는 것은 기실 이미 민족주의를 넘어서는 것이며, 내셔널리즘의 자기지양인 면이 있습니다. 원래 개는 보편주의에 통하고 국제주의에 연결됩니다. 민족의 기저에 있는 성원으로서의 개가 성원의 선을 넘어서 개 자체가 문제될 때 이미 개는 내셔널리즘을 넘었으며 또 민족이라는 원점에서도 이탈하려고 하는 것입니다. 말하자면 민족주의는 밖으로 근대국가의 경제, 군사의 필요가 자기의 초극을 의미하듯이 안으로 국민주의는 급기야 개인을 석출析出하게 되고, 개의 독자성에 대한 욕구는 국민주의의 자기지양을 초래할 가능성을 낳게 하였습니다.

　그러면 우리의 민족주의는 어떻게 되는 것일까요. 본래 거시적으로 본다면 모두 아시다시피 우리의 민족주의는 우리가 근대국제정치체제에 어쩔 수 없이 편입되는 과정에서 근대국가를 지향하면서 받아들인 명분입니다. 뿐만 아니라 명백히 우리는 민족주의의 뒷바퀴로서 앞바퀴와의 사이에 거리가 있습니다. 또 우리의 현실은, 싫든 좋든 간에 통일된 근대국가의 체제를 갖춘다는 의미에서 민족주의는 가야되는 길입니다. 전에도 말씀드린 적이 있습니다만, 그러나 민족주의는 그것이 우리의 종국이 아니라 이 특정한

역사적인 명분은 세계사의 조류에 따라 급기야는 극복되어야 되는
것으로 저는 이해하고 있습니다. 단지 문제되는 것은 이 길은 아직
도 길고 멀어서 짧게 끝날 것 같지 않을 뿐 아니라 그 동안은 열심
히 달려가야 할 길 같습니다. 다음은, 우리를 민족주의적 관점에서
역사적으로 보는 경우입니다. 다시 말해서 민족역사의 흐름으로 우
리의 역사적 삶을 파악하자는 것입니다. 이 경우에 민족역사관을
싸서 안고 있는 세계역사의 관념은 정태적으로 보아 근대국가라는
특정한 나라형태를 바탕으로 하고 성립하는 특정한 국제질서가 전
개되는 틀입니다. 현실적인 세계역사의 흐름은 물론 일매지지도 않
고 한 가닥 민족만을 중심으로 움직이는 것도 아니고 또 한 형태로
머물러 있지도 않습니다만 그러나 세계역사의 주류가 근대국가의
경합과 갈등, 협조로 이루어지고, 역사의 생크로닉크synchronic한 틀이
독특한 근대국제질서인 한에는 아직은 민족역사관이 자기정리의
역사적 틀이 아닐 수 없습니다. 앞서 말씀드린 대로 근대국가의 기
저에 있는 군사와 경제의 움직임이 과거와 달라지고 따라서 국제
질서에 혼란이 오고 있고 심히 사태가 유동적이기는 합니다만 그
래도 아직 우리에게 있어서는 민족역사관에 입각한 역사의 정리와
전망이 바로 근대국가조류의 뒷바퀴가 가는 길이 될 것입니다. 그
렇다고 우리의 앞날은 언제나 역사의 뒷바퀴라고 체념하자는 것은
결단코 아닙니다. 말하자면 이 시기에 우리가 처해있는 불가부득
이한 사정이 이 시기는 그럴 수밖에 없지 않느냐 하는 것뿐입니다.
멀리 보는 경우 세계역사의 흐름이 언제까지나 민족주의의 명분이
현실적으로 내포하고 있는 일국주의, 내나라주의의 바탕에서 움직
일 것인지는 앞서 말씀드린 대로 의문입니다. 또 역사의 큰 물결에

서도 세계주의가 나타날 때가 점점 다가오는 것 같습니다. 2차에
걸친 대전을 통해 그 필요는 충분히 이론화되었는데 다만 현실이
그것을 못 따르고 있습니다. 그러나 장차 다시 큰 전쟁을, 오늘날
의 엄청난 무기와 파괴력을 갖고 치러야 된다면 아마 현실도 바야
흐로 바뀌지 않을 수 없지 않을까 생각합니다만, 그러나 현재 역사
의 뒷바퀴로서는 이 민족주의의 시기는 비교적 긴 것이 될지 모릅
니다. 그러면 이러한 주변의 상황을 감안하면서 우리가 민족역사라
고 할 때는 무엇을 의미할까요. 벌써 오래 전의 일입니다만 제가 한
국국제정치학회를 맡아 있을 때 〈한국민족주의〉라는 심포지엄에서
우리의 역사를 왕조사와 민족사의 둘로 나누어 본 일이 있었습니
다. 왕조사의 개념은 간단합니다. 왕조의 역사라는 것은 일종의 정
권사이니까 정권의 흥망과 그 것에 관련된 문물의 역사를 따지면
됩니다. 이 왕조사에 대해서 제가 민족사라고 한 것은 민족주의적
가치관에서 보는 역사입니다. 앞서도 여러 번 말씀드린 대로 민족
주의에 서면 민족은 밖으로 남과 구별되는 자주, 독립을 목표로 하
고 안으로는 같은 국민, 민족으로서 균등 위에 서고 또 통치개념의
근거가 되는 까닭에 신분, 계급관념이 원칙적으로 허용되지 않습니
다. 이러한 민족, 국민관념은 물론 가치관으로도 우리 역사의 최근
사에 속할 뿐이고 왕조시대에 있어서는 있을 여지가 없었습니다.
민족역사는 없는 역사적 사실을 있다고 주장하는 역사관이 될 수
는 없습니다. 그렇다고 한민족에 관계된 모든 역사는 민족역사라는
식의 망라주의도 실은 한족韓族이라는 가상관념에 선 일종의 역사
적 허무주의입니다. 제가 그 때 민족사라고 한 것은 이러한 것이 아
니라 민족주의적인 가치관에선 민족, 국민의 총체적 형성에 직간접

으로 이바지한 역사사실을 엮음으로써 우리 역사의 맥락을 세우자
는 것입니다. 따라서 문화는 총체적인 민족의 위신을 높이는 것이
고 사건은 그것이 민족의식 형성에 연관될 때에 중요사건으로 취
급될 것입니다. 심지어 한국사회가 오래 편입되어 있던 사대주의적
국제질서조차도 그것이 근대적 국제질서와 어떻게 다름으로써 한
민족의 근대화 과정을 늦추었느냐 하는 것은 중대한 역사적 문제
가 아닐 수 없습니다. 엄밀히 따져서 인간의 역사의식은 크나 작으
나 간에 일종의 관觀입니다. 순純객관적 역사라는 것이 어떻게 가능
한지 저는 모르겠습니다만 그렇게 보려는 생각은 역시 한 개의 관
일 뿐입니다. 그러한 의미에서 민족사관은 균등한 국민관, 민족적
인 자주성을 기준으로 설정하고 총체적인 민족, 국민의 형성에 이
바지함으로써 직접, 간접으로 민족의 위신, 나라와 민족의 발전, 문
화의 창조를 도운 역사적 사실을 중심으로 역사의 체계를 세우자
는 것입니다. 물론 역사문헌의 성격이 정권중심이고 양반중심인 까
닭에 소위 천민, 백성의 커다란 공헌을 찾아내기 힘듭니다. 그러나
우리 왕조역사에서 보면 고려왕조, 조선왕조를 통해서 강토를 유지
한다는 것이 적이 힘들어 보였는데 실지로 민족의 총체적 활력은
정치적 국경을 왕왕이 넘어서 진출하였습니다. 솔직히 말씀드려서
저는 젊었을 때 만주벌판에 의지할 세력도 없이 학대를 받으면서
근거를 잡고 나아가는 우리 동포를 보고 진정 놀라고 감탄하였습
니다. 이러한 각도에서 볼 때 간도의 경우는 매우 시사적입니다. 요
컨대 정치로는 빼앗기고 민족으로는 점거하였습니다. 이러한 강인
한 생활력은 말할 것도 없이 민족사에 있어서는 엄밀히 추구해야
할 역사사실입니다. 또 이번에도 회의 중에 말씀이 있었습니다만,

3·1운동에 있어서도 대단히 중요한 것은 선각자들에 의한 기폭의 역할에 뒤이은 민족의 총체적인 참여였습니다. 물론 저는 민족사관 이라는 이름 아래 조상신화를 역사화하자는 것이나 역사사실을 과 장하는 것은 오히려 민족역사를 오염시키는 것으로 알고 있습니다. 민족역사는 역사자료의 객관적 취급을 말자는 것이 아니라 엄밀한 사료취급 위에 서서 그 평가에 체계를 주자는 것입니다. 이 민족역 사관은 실천적으로는 근대국가의 국사관으로 작용합니다만 우리 의 경우는 그 밖에 민족통일운동에 직접 관련된다는 의식이 있습 니다. 요사이 제가 학교를 그만두고 직장을 바꾼 이후 자주 저에게 묻는 말에 통일문제가 있습니다. 그리고 그것이 우리의 역사적 흐 름에서 어떻게 돼야 되느냐 하는 물음이 있었습니다. 이 물음은 실 은 앞서 말씀드린 민족주의 속에 이미 그 답이 있다고 생각됩니다. 또 민족역사의 입장에서는 한 그 각도에서도 이미 답은 나와 있다 고 생각합니다. 민족주의나 민족역사관이든 간에 매한가지입니다 만 밖으로 자주독립과 위신의 양양, 안으로 부강 위에 선 국민의 발 전을 들 수 있을 것입니다. 따라서 통일접근의 정당성도 어느 편이 부강과 국민발전을 가져올 능력을 보이느냐에 달렸다고 할 만합니 다. 그러나 저는 이것으로 대답이 족한 것인지 의문입니다. 민족주 의는 단순히 통일에 명분뿐이 아니라 통일을 넘어서 우리 민족의 앞날을 설계하는 명분입니다. 그리고 이 명분은 그 현실적인 면에 서 필연적으로 종말에는 자기를 초월해야 됩니다. 우리에게 있어서 민족주의는 단순히 자기관철에 만족하는 것이 아니라 역사의 뒷바 퀴에 그치지 않으려면 탈민족주의 시대를 내다보면서 자기를 극복 하는 민족주의라야 된다고 저는 생각합니다. 민족주의가 밀착하고

있는 근대국가는 우선 부국강병이어야 되는 까닭에 기본적으로 물
질적인 풍요와 물리적인 힘에 치중하고, 생산양식이나 요사이 문자
로 산업주의도 이에 발맞추어 갑니다. 그러나 이러한 근대국가의
성격은 결국 그 자체의 필요 때문에 변하지 않을 수 없고 또 국민
주의의 민권은 결국 개권個權의 문제까지 아니 갈 수 없을 것입니다.
우리의 경우는 주변의 정치상황이 이러한 물질주의, 산업주의와 강
병정책이 과연 남을 압도할 수 있을 것인지 적이 의심스럽고, 그러
는 동안에 역사의 앞바퀴는 민족주의를 떠날지도 모릅니다. 오늘
날 일국주의의 물질적 풍요가 그 얼마나 세계분규의 씨가 되어 있
는가는 정치의 상식입니다. 뿐만 아니라 그러한 풍요가 사회에 일
반적 복지를 가져오고 또 개인의 행복감을 어느만큼 증진시켰느냐
하면 의문이 아닐 수 없습니다. 세계제일의 물질적 풍요가 범죄와
퇴폐의 온상이라면 이것은 인생의 아이러니가 아닐 수 없습니다.
이러한 점에서 보면 서로 소위 국민소득을 올리기만 하면 국민과
개인의 행복이 오는 듯이 경쟁하면서 세계의 자원을 독점하는 것
같이 덧없는 일은 없어 보이는데 실상은 이것은 단지 핑계일 뿐 그
배후에는 근대국가의 일국주의적 부국강병욕慾이 작용하고 있는지
모릅니다. 우리는 여기에 이르러 문화의 문제를 생각하지 않을 수
없습니다. 근대국가형의 정치사회가 가진 문화로서, 근대국가적인
인간형이 생기고, 그러한 인간형이 귀의하는 일체감이 바로 일국
주의적인 물질적 욕구라면 그것은 개의 행복과는 오히려 멀어지는
것이 당연할 것입니다. 행복은 물량이나 상품은 아닌 까닭에 도에
넘친 풍요에는 쉽게 싫증이 날지 모릅니다. 아시다시피 우리는 수
준급의 풍요와 더불어 문화적 긍지가 필요합니다. 이 경우 문화적

긍지는 단지 외세에 저항하는 데 필요한 문화적 긍지에 그치는 것이 아니라 물질주의의 과잉에 적절한 정신주의를 가미함으로써 균형이 잡힌 인간을 도로 찾고 그 위에 개의 발달을 촉구할 수 있는 그러한 문화형을 창조할 의지와 긍지를 가져야 할 것입니다. 이러한 새로운 문화형의 모색을 통해서 기실 앞에 다가올 새 시대에 대처하고 동시에 우리의 민족주의를 슬기롭게 극복하는 지름길로 삼을 수 있을지 모릅니다.

오랜 시간 민족주의에 연관된 저의 잡다한 생각이나 종래 연구한 문제의 결론을 두서없이 말씀드렸습니다. 이것으로 귀중한 기회를 주신 여러분에게 감사 겸 말씀을 끝맺겠습니다. 고맙습니다.

《한국민족주의와 국제정치》, 민음사, 1983년

제3부

한국민족주의와
근대화 (2)
좌담과 대담

한국의 근대화와
민족주의
(1965)

참석자: 이용희(서울대 교수)
조동필(고려대 교수)
홍이섭(연세대 교수)
사회: 조세형(편집부국장)
일시: 1965년 12월 28일 정오
장소: 조선호텔

사회　　내셔널리즘은 최근 몇 년 동안 특히 후진 신생국 사이에 팽배되어 있고 우리 나라에서도 내셔널리즘 문제가 대두되고 있는데, 한국에 있어서 내셔널리즘이 운위되는 사회양상과 시대적 배경에 관해서 먼저 서두를 끊어주십시오.

조동필　　역사상 내셔널리즘이 대두된 것은 종주국으로부터의 이탈이나 봉건적인 분권국가에서 통일국가를 이루어나가는 과정에서 생긴 것입니다. 요즘의 내셔널리즘은 이러한 19세기적 내셔널리즘과 달리 네오 내셔널리즘이라 부릅니다. 이것은 지배세력으로부터 이탈이란 점이 다르며 안으로 볼 때는 자기라는 것을 발견하고 누적된 빈곤과 낡은 사회적 관습에서 벗어나려는 점이 지난날의 보수적이고 낡은 내셔널리즘과 다른 것입니다. 이런 특징을 뚜렷이 하기 위해 요새의 '내셔널리즘'을 '네오 내셔널리즘'이라 부릅니다.

이용희 한말로 말해서 내셔널리즘의 문제는 어떤 민족사회의 자주성에 대한 갈망, 욕구를 의미합니다. 자주성에 대한 욕구는 즉 ① 자기 자체의 발전에 자주성이 있어야한다는 확신을 말하며 ② 제3국과 비교해서 생기는 좌절과 모멸의 기운에 대한 반발에서 오는 것입니다. 내셔널리즘은 역사적으로 국제적 요인으로서 '민족자결'을 뜻하며 국내적 요소로서는 참정권과 소득배분의 적정화를 말하는 것입니다. 그러나 최근 네오 내셔널리즘이 운위되고 있는 것은 민족국가의 내용이 다원화, 각도화되어서 단순한 참정권과 소득배분의 적정화 민족자결이란 문제가 다각적인 영향을 받기 때문에 여러 가지 요소를 배합, 조정하는 것이 민족의 자주화와 직결되고 이것이 내셔널리즘이란 용어를 빌어 나타나게 된 것입니다.

한국의 경우를 예를 들면 민족자결은 고전적 의미에서 실현되었다곤 하지만 남북이 양단되어 제 구실을 못하고 있고 참정권은 실현되었지만 소득 분배의 적정화는 흔들리고 있는 실정입니다. 거기에다 국제정치의 영향으로 갖가지의 압력을 받고 있기 때문에 내셔널리즘에 대하여 새삼 문제의식을 느끼게 된 것이 아닌가 생각합니다.

홍이섭 한국에서는 일본의 식민지 통치로 인해서 해방 전후부터도 내셔널리즘에 대한 뚜렷한 이론 체계를 세우지 못했어요. 해방 직후라도 이 작업을 해야 했을 것인데 지금까지 없었습니다. 의식적으로 내셔널리즘보다 데모크라시를 부르짖었어요. 그것을 의식적으로 못하게 한 요소가 있었습니다. 이러한 영향 때문에 교육면

에서도 내셔널리즘이 반드시 문제삼아졌어야 하는데 지식층에서
까지 둥한히 해왔어요. 소련에서는 소련혁명 후 식민 침투의 무기
로 내셔널리즘을 들고 나와 스탈린의《민족론》을 쓰기에까지 이른
것 아니에요?

그러나 내셔널리즘이 공산주의라고 말해서는 곤란합니다. 한국
의 경우는 19세기 말부터 개화해야겠다는 민족의식이 싹텄으나 식
민지 시대를 거쳐오는 동안 억압되었고 미국이 들어오면서부터는
기피되어 퍼지지 못하고 밑에 깔리게 되었어요. 이 문제를 지금 누
군가가 끄집어내어 붙잡아야 하고 어느 나라에서보다 심각하게 다
루어야 할 문제입니다. 그것은 불과 몇 마일 밖의 휴전선이란 쐐기
를 박아놓고 있는 현실이기 때문입니다.

그러나 간판만 내세워지고 내용이 빈약한 한국에 있어서의 내셔
널리즘은 속히 알맹이가 채워야 합니다.

조동필　과거의 내셔널리즘은 비지블 엠파이어(눈에 보이는 제국)
에 대한 것이었습니다. 그러나 오늘날은 인비지블 엠파이어(눈에 보
이지 않는 제국)가 여전히 건재하고 있습니다. 많은 후진국들이 독립
되었지만 자체적 역량이 없고 나라밖으로부터의 힘의 작용에 의해
모든 것이 영향을 받고 있어요. 그래서 대내적으로는 낡은 역사적
잔존물이 그대로 남아있고 대외적으로는 밖으로부터의 힘의 영향
을 절대적으로 받고 있기 때문에 오늘날 후진지역의 정치적 독립
과 경제적 자유를 새로운 의미에서 구체화하는 경향이 네오 내셔
널리즘으로 부각되고 있는 겁니다.

사회　일반론적인 말씀을 많이 해주셨습니다. 해방 후 데모크
라시에 대한 개념이 복잡하게 사용되어 심지어는 공산주의자도 이

를 사용하기에 이르렀습니다. 최근에는 자유민주주의를 자기들대로 아전인수격으로 남용하는 예가 많은데, 이런 것으로 추측해 보면 한국의 내셔널리즘도 복잡다단하게 다루어지는 것 같습니다. 가령 이씨가 주장하는 내셔널리즘과 김씨가 주장하는 내셔널리즘의 뉘앙스가 다르지 않은지요?

한국이 밟아 나가야 할 내셔널리즘의 성격은 어떠해야 할 것인지 특히 아시아·아프리카 각국의 내셔널리즘과 비교해서 공통점, 이질점 등을 말해 주십시오.

이용희 구식민지 시대에 내셔널리즘이 왕성히 대두되어 민족자결로 인식되었으며 해방이 되면서 민족자결 면에서 어느 정도 성공하자 내셔널리즘이 일시 후퇴한 것 같았어요. 그러나 식민지를 갖고 있던 영국 같은 나라에서는 민족자결이 아니라 참정권과 소득분배의 적정화가 데모크라시와 직접 관련되어 왔습니다.

해방 후 내셔널리즘의 일면인 민족자결은 민족 양단으로 병신이 되었지만 일응 성공했어요. 인비지블 엠파이어라고 말씀했지만 현재 제3국과의 관계는 복잡다기합니다. 아시아·아프리카의 독립과정과 장차의 전망이 강대국들과 착잡하게 얽혀 있으며 정부의 구조, 지배층의 형성부터 직접, 간접으로 밀착되어 있어 고전적인 의미에서의 민족자결이냐 참정권이 주어졌다기에는 관계가 결코 단순치 않습니다. 네오 내셔널리즘은 아시아·아프리카의 전반적인 자주성이라는 문제까지 제기하고 있습니다.

자주성의 문제는 우리도 직면하고 있는 것인데 정부 당국자들이 여러번 자주성을 강조하고 있는 것인데 그런 의의 자체가 어떤 풍조를 말하고 있는 것 같습니다. 우리는 아시아·아프리카에서 이 문제에 관한 선두를 달리고 있는 것이 아니라 중간 즈음에서 이제 문제를 제기하고 있다고 볼 수 있습니다.

사회　노골적으로 말해서 박정희 대통령이 말하는 민족적 민주주의의 알맹이는 무엇인지? 아프리카, 아시아 각국과 비교한 한국 내셔널리즘의 최대공약수를 구체적으로 좀…….

조동필　이 교수가 말한 것처럼 자주적으로 무엇을 한다는 것이 내셔널리즘의 알맹이입니다. 그러나 이것이 외부로부터의 고립이나 과거에서의 중단을 말하는 것은 아니에요. 또 하나는 오늘날 내셔널리즘을 말하는 데는 대내적으로 '부의 균형된 분배'를 생각지 않을 수 없습니다. 그렇다고 사회주의를 말하는 것은 아닙니다. 부의 균형된 분배 없이 사회적 안정이 있을 수 없고 선진국에서도 소득의 격차를 줄이는 것이 최대 목적이 되어 있어요. 누적된 빈곤에서 이탈하고 부의 균형된 분배를 이룩하지 않는다면 내셔널리즘은 19세기의 낡아 빠진 내셔널리즘으로 되돌아가고 맙니다.

사회　19세기의 내셔널리즘은 다분히 배타적이었고 오늘날 아시아·아프리카의 내셔널리즘은 배타보다는 자기충실에 중점을 두고 있다는 특성을 두고 있는 것 같은데요.

조동필　관념상의 배타보다는 자기위치를 확보하겠다는 욕망이겠지요.

이용희　역사적으로 보아 그럴 수밖에 없습니다. 민족자결 없이 참정권, 부의 균형된 분배가 있을 수 없습니다. 문제는 요즘의 내셔널리즘의 특색이 제3국과의 관계, 국내 문제 등으로 전후 단계의 순서를 명확히 구별할 수 없게 되었다는 점입니다.

따라서 이런 문제들의 새로운 상황에 대한 의식이 기왕의 내셔널리즘에 대한 의식과는 다르다는 점입니다. 자주성은 정책결정에 대한 자주성이 가장 기본적인 것이며 이 자주성 없이는 진정한 의미의 참정권, 부의 균형된 분배가 어렵지 않은가 생각됩니다.

조동필 그렇습니다. 오늘날 제3국의 세력이 후진국에 복잡하게 침투하고 있어 분명한 한계를 찾기 힘들 지경입니다. 과거의 콜로니얼리즘은 눈에 보이나 네오 콜로니얼리즘은 눈에 보이지 않게 침투하고 있는 것입니다. 자기들도 모르는 새에 침투당합니다. 이래서 근대화를 부르짖고 한 나라를 이끌어가려는 후진국 지도자는 고도의 추상력이 필요한 겁니다.

홍이섭 19세기에 있어서 내셔널리즘이 배타적이었다는 것은 왜 배타적이었나를 살펴야 할 것입니다. 유럽에서도 독일과 이탈리아에서 국민국가의 형성이 제일 뒤늦었는데 그 이유는 배타적이 아니었기 때문입니다. 한국의 경우 19세기말 일본 침략시 배타적이었는데 그 때 사정으로는 그렇게 될 수밖에 없었습니다.

이용희 배타적이라기보다는 정당방위라고 말합시다.

홍이섭 정당방위도 정당방위지만 정신적으로는 배타적입니다. 맨주먹으로 나서서 훈련된 왜병을 해치운다는 것, 이것이 민족운동을 개방적으로 만들었고 일면 국제정치를 통해서 움직여왔다는 것을 말하는 겁니다. 그러나 해방 후에는 이것이 확대되어 기현상을 나타내고 있는데 그 하나는 내셔널리즘을 한국지역에서 살고 있는 한국의 현실에서 보아야 한다는 것, 또 하나는 가깝거나 먼 장래에 통일된다면 통일을 전제로 하는 내셔널리즘을 생각해야 한다는 것입니다. 결국 모든 문제의 귀결은 경제적 자립인데 이것은 역사적인 인식이 바로잡힌 후라야 하는 것입니다. 한국 사람 자체가 한국사에 대한 인식이 그릇되어 있습니다. 인식하는 태도와 방법이 일본 식민주의 시대에 물려준 그대로입니다. 즉 순수한 내셔널리즘의 입장에서, 또 하나는 마르크스주의 입장에서 바라보는 것인데 해방과 6·25를 겪으면서 이 두 가지 생각은 완전히 갈라서고 말았습니다.

사회　20년 동안 본격적으로 자기 위치를 생각지 못하고 있었다는 말씀이나 자주성에 대한 의식이 뒤졌다고 말씀하시는 것은 우리나라에 있어 내셔널리즘이 없었다거나 공백상태를 이루어왔다는 뜻으로 해석할 수 있습니까?

이용희　그렇지 않습니다. 오히려 정반대입니다. 역사학도의 입장에서는 그와 같은 역사학적 고찰이 가능하다고 봅니다. 그러나 일반 민중의 입장에서 본다면 이 땅에 내셔널리즘은 양양하게 흐르고 있습니다. 문제화하는 과정에서 정치적 역량이 약했다면 그것은 마땅히 규탄되어야 합니다만 정치 리더가 문제로 제기한 것과 내셔널리즘의 움직임이 공백상태였다고 하는 것과는 그 성질이 아주 다르다고 생각합니다.

사회　아까 조 선생께서 인비지블 엠파이어라고 말씀하셨는데 한국이 오늘날 처해 있는 내셔널리즘에 있어서 인비지블한 요소는 무엇이라고 보시는지요?

조동필　곤란한 문제인데요, 원조라는 것이 혜택을 주는 것 같기도 하지만 긴 안목으로 볼 때 정치, 경제적 자립성과는 거의 관계가 없습니다. 해방 20년 후의 정치, 경제가 이토록 기형화되었습니다. 20년간 경화된 이 구조를 가지고는 정치적, 경제적 자립은 기대하기조차 어려운 문제입니다. 원조라는 메커니즘을 통해 쌍방은 복잡다단하게 얽혀가는 것입니다.

사회   정치적으로 보면 우리나라의 통일을 가로막고 있는 외재적 요소도 그 예가 아닐까요?

이용희   간단히 말할 수 없으니까 복잡하다는 것 아닙니까. 가령 일반적인 예를 들면 세계에는 신생국가들이 아주 많고 다 자주독립적으로 기본법을 만들었습니다만 그 형태는 불과 두 세 가지로 분류할 수 있습니다. 또 가치체계 문제에 있어서나 정책결정 과정에 있어서의 그 접근이 처리방식이 이상하게도 똑같은 패턴에 의해 이루어지고 있다는 것입니다. 신문이 자주적이라고 하지만 매스미디어에 들어오는 커뮤니케이션 소스가 특정한 소스에 의해 들어오고 있습니다. 따라서 신문은 어떤 뉴스의 에이전트 역할 밖에 못하게 하지 않습니까? 이만하면 알지 않겠습니까?

사회   이 내셔널리즘은 우리가 갈구하고 있는 국가사회의 근대화를 추진할 수 있는 이데올로기와 무브먼트에 어느 정도 기여할 수 있는 것인지 말씀해 주십시오.

조동필   생산 패턴은 하나도 모더나이즈되지 않은 기형을 낳은 셈이지요. 우리는 내셔널리즘이 대두하지 못한 채 데모크라시에 휩쓸려 데모크라시를 운위하며 20년 동안 살아왔지만 데모크라시를 생활화할 만한 캐릭터 빌딩이 되어 있지 않아요. 선거도 으레 하는 것이니 별 수 없이 한다는 식이고 기형적인 사회구조 속에서 배급받은 데모크라시를 영위한 것 같은 감이 들어요. 선진국들은 민주주의를 운영해 온 지 2, 3백년, 그 동안 모든 생활양식에는 캐릭터 빌딩이 이루어졌고 퓨리파이되어 기형적인 요소가 배제되었습니다. 그러나 우리나라에는 수백 가지 기형적인 사회요인이 혼재하고 있어요. 자식이 부모에게 순종하는 종적 윤리는 고도로 발달되어 있지만 데모크라시의 기본인 횡적 사회윤리가 세워져 있지 않습니다. 캐릭터 빌딩이 되어 있지 않은 채 선거를 치르고 민주주의 제도를 영위하고 있다는 것은 심각한 자기모순이 아닐 수 없습니다. 크리스마스 이브를 들뜨게 했던 40만명 청소년들은 그들이 가질 수 있는 가치 관념이 전혀 없어요. 생활을 지탱하는 가치관 말입니다.

홍이섭　　민주주의는 체제화되지 못하면 사회적 지표를 제시치 못합니다. 크리스마스 이브의 혼란도 그 예입니다. 내셔널리즘에는 민족적 전원에게 공통한 생활지표가 있어야 합니다. 집권자들은 국제적인 간섭이 심하면 집권을 유지하기 위해 즉각적으로 외국의 영향을 반영하기 때문에 곤란합니다. 이 혼란상태를 건져내기 위해서는 내셔널리즘이 필요하고 새로운 가치관이 절실히 요망됩니다.

이용희　　가치관, 세계관이 필요하다고 많이 강조되고 있지만 구체적으로 어떤 것이 나올 수 있는 것인지 모르겠어요. 새로운 가치관이 필요하다는 데까지는 모두 찬성하지만 그 다음이 문제입니다.

홍이섭　　지금까지 이런 문제를 다같이 느끼고 있다는 것은 큰 진전입니다.

이용희　　19세기의 내셔널리즘의 본령은 자주독립이었습니다. 그 후 단계가 바로 데모크라시입니다. 데모크라시를 해 본 결과 (우리가 데모크라시를 채택해보았지만) 우리 현실에 그대로 적용되지 않았어요. 데모크라시가 제2단계(내셔널리즘의 후단계)에 맞지 않은 것 아닌가, 그래서 내셔널리즘으로 다시 돌아가서 생각해 보자는 것이 아닌가 여겨집니다.

데모크라시는 누구도 반대하지 않습니다만 내셔널리즘의 후단계로 다시 돌아가서 데모크라시를 넘겨다보아야 하느냐는 것이 항상 문제로 제기되는 것입니다. 최근 여러 가지 사회변동으로 정치, 경제, 사회제도 전반에 중대한 변화를 가져왔습니다. 제일 큰 변동은 6·25 사변이었지요. 방대한 수의 농촌 장정들이 일선에 나갔다가 다시 농촌에 돌아간 것은 기존 이미지를 근본에서부터 뒤흔들어 놓은 결과를 가져 왔습니다. 또 하나는 6·25의 대민족이동입니다.

남북이 엇갈리고 동성 부락이 깨어졌으며 도의 장벽이 무너졌습니다. 또 다른 하나는 농촌 장정들에 의해 외국 특히 미국사회의 모럴이 농촌사회로 무비판적으로 침투되어 구 사회제도의 붕괴를 가져오게 된 것입니다. 다른 완만한 사회제도에까지 급속한 영향을 미쳐 새로운 가치관이 나오기도 전에 모든 사회제도의 벽이 무너지는 바람에 위기감이 떠돌고 니힐리즘이 횡행한 것입니다. 이러한 과정에서 내셔널리즘은 우리의 것, 자주적인 것, 민족이념의 것으로 작용되지 않았습니다. 여러 선배 역사가들은 우리의 고전적인 전통과 위업을 찬양하고 있지만 제대로 젊은 청년층에 먹혀들지 않고 어딘지 단절감을 자아내고 있어요. 근대화 문제가 나왔지만 이와 관련해서 내셔널리즘이 문제되는데 근대화를 정의하자면, ㉠ 세계사적인 견지에서 지도국가들이 지향하고 있는 과정에서의 근대화, ㉡ 일반 인간 사회에서 물질적인 행복과 번영을 누리고 경제의 공업화, 산업화를 이룩한다는 세계적인 확신, ㉢ 제일 중요한 것은 한 국민이 처해 있는 현실에 처해야 한다는 이상까지의 마진을 메우는 것이 근대화의 과정이라는 것입니다

내셔널리즘이 기여하는 근대화는 이러한 갭을 메우는 것이며 정부가 이것을 표방하고 있는 것도 사실입니다. 그러나 근대화, 근대화하지만 현실적으로 거리감이 너무 두터워요. 세계 각국이 물질적인 번영을 이루어가고 있다고 해서 근대화를 물질적인 것에 치중되는 경향이 많은데 암만 따라가도 세계 순위로 보아서는 나아질 수 없지요. 결국 따라갈 수 없다는 체념과 절망이 수반되게 마련입니다. 생산성 투자의 자본량과 장래의 기대 가능량을 따진다면 그 속에 끼인다는 것은 얼마나 어렵고 고통스러운 일입니까. 내셔널리즘은 어떤 의미에서 적어도 불만을 극복한다는 점에 있어서는 열등감과 절망감을 조장하고 맙니다. 어떻든 이것만은 극복되어야 합니다. 근대화를 국제정치적 안목에서만 보지 말고 국내의 가능의 한도에서 찾아내자면 내셔널리즘은 근대화와 일치되고 오늘날 구체제가 붕괴되고 있는 과정에서 내셔널리즘은 재빨리 적을 발견해야 합니다. 새로운 가치관을 정립하기 위해서는 적에 대한 투쟁 과정을 필요로 하는 겁니다.

재빨리 투쟁 과정에 들어서서 새 가치관을 창조하지 않는 내셔널리즘은 구두선口頭禪 일반론에 그치고 요청만 하다가 시들어버리는 결과를 가져옵니다. 우리에게 필요한 것은 내셔널리즘의 적을 찾는 것입니다.

조동필 이 선생이 말씀하신 것을 부연한다며 인간행동에 있어 적을 발견한다는 것은 탄력성 있는 방법입니다. 후진국들이 오늘날 내셔널리즘을 내세워 자주적이며 자립적인 것을 표방하는 데 그 특징은 세 가지로 말할 수 있어요.

첫째는 이질적인 역사적 잔존을 청산해야 하는 것인데 우리는 그것을 못하고 있습니다. 둘째로 경제면에서 소비 패턴은 미국의 영향을 받아 현대화되는데 비해 생산 패턴은 그대로 놓아두고 있는 경향인데 이를 거꾸로 생산패턴을 현대화한다는 문제입니다. 이를 위해서는 외국의 원조만을 받아서도 안 되고 원해서도 안 됩니다. 셋째로는 어느 사회에 있어서나 전진적 자세를 갖추기 위하여 사회구성원이 캐릭터 빌딩을 이루어 사명감을 지닌 인간을 형성하는 일입니다. 사명감 없는 사람에게 발전이 없습니다. 이 세 가지에서 이탈되면 한국사회는 발전할 수 없다고 봅니다. 이제까지 한국에서는 내셔널리즘에 대한 개념만 던져 놓았지 이를 위한 논리적 추구가 없었어요. 내셔널리즘을 말하는 사람들이 논리적 작업을 하지 않았어요.

사회　내셔널리즘의 이런 기운을 담당하는 전국민이어야겠지만 내셔널리즘을 태동시키고 추진하는 지도세력 혹은 계층은 어떤 사람이 되어야 한다고 생각하십니까? 내셔널리즘이 역사적으로 태동할 때는 이를 전담해 온 세력이 있었는데 특히 우리나라의 경우 반내셔널리즘의 세력이 있다면 이에 대항하는 계층이 어떤 사람이겠습니까?

조동필　이질적인 사회적 요소를 제거하고 생산과 소비 패턴을 바로잡고 사회적 사명감을 가진 사람을 갖추기 위해서는 어떤 계기를 만들어야 되는데 이 계기는 리더십을 가진 정치인이 만들어야 합니다. 후진국에 있어서는 국가가 빅 푸시를 해주지 않습니까? 다음으로 이 내셔널리즘 운동을 지탱하며 떠밀고 나가는 것은 건전한 양식을 지닌 인텔리겐치아가 핵심이 되어야 할 것이고 시간적으로 지속적이며 반복이 필요하다고 생각합니다.

우리나라에는 지금 반민족적인 세력이 있는데 아직도 식민지적인 요소를 청산하지 못하고 있는 세력이 바로 반내셔널리즘적인 세력이라고 할 수 있습니다.

홍이섭 한국사회는 과거적인 것, 즉 봉건적인 요소와 식민지적인 요소를 탈피하지 못하고 있습니다. 위정자에 대해서 덮어놓고 저항하는 것은 솔직히 말해서 식민지적인 요소를 탈피하지 못하고 있습니다. 위정자에 대해서 덮어놓고 저항하는 것은 솔직히 식민지적 피압박민족의 피해의식에서 나온 것입니다.

해방이 되자마자 이와 같은 악의 요소는 일절 청산되어야 했음에도 불구하고 미군이 진주하면서 관리와 경찰이 그대로 남아있었고 총독부 관리 세상이 되고 말았으며 일제 강점기의 경찰이 대학 교수를 지내고 있는 판국이었습니다. 이런 현상이 오히려 자신의 과거에 대한 콤플렉스 때문에 집권층에 대해서 더욱 반발적으로 나온 것이 아닌가 생각됩니다. 현재 우리나라는 이런 요인이 혼합되어 있고 역대 집권층은 이런 문제를 하나도 처리하지 못하고 말았습니다. 야당의 기질도 과거적인 것에서 오는 것은 분명한 것 같습니다.

이용희 내셔널리즘 운동을 담당할 군群(세력)은 형성되고 있다고 봅니다. 어떤 주의, 주장이 운동화한다는 것은 담당 그룹의 형성을 전제하는 것입니다. 우리 사회의 급격한 붕괴 과정과 혼란 상태는 내셔널리즘 운동의 군群이 형성될 수 있는 과정을 뜻하는 것이며 또 급격히 형성되어 가고 있습니다. 이런 현상은 한반도가 냉전의 초점이 되어 고유의 정치형태가 이그러진 상태에서부터 반도의 특수한 지리적 요건이 회복되어 가고 있는, 변하는 국제적인 정세와 일치합니다. 국제정치의 경향은 이미 리저널리즘(지역정치)으로 흐르고 있으며 이런 경향은 내셔널리즘의 방향과 일치하고 있습니다. 국내외의 정치적 변동으로 보아 내셔널리즘 군의 형성과 운동이 급격히 진전될 것으로 생각합니다.

조동필 군이 형성되어도 활발히 움직이기 위해서는 임팩트가 필요하고 논리적인 뒷받침이 있어야 해요. 그렇지 않으면 지그재그 코스를 걷기 쉽고 목적지에 효과적으로 접근하기가 어렵습니다. 그러기 위해 바로 인텔리겐치아가 필요하다는 말입니다. 20년간은 이렇게 살다보니 이제는 젊은층이 자아의식을 상실한 감각마비에 걸리지 않을까 염려되는군요. '나'를 잃어버리고 비합리적인 현상까지도 정상인지 비정상인지 판단을 못하게 하고 있는 것 같습니다. 모두들 집지으면 다방이나 짓고 다방에 앉아 시간을 보내는 것을 옳은 것으로 알게 되는 것 같아요. 여고생들은 외국의 히트송을 모르면 행세를 못한대요. 오늘도 어떤 장소의 쌍쌍 파티에 초대를 받아갔었는데 어쩌면 그런 춤을 추는지, 이건 해괴망측해서 볼 수가 없더군요. 외국사람인지 한국사람인지를 모를 젊은이가 많다는 것입니다.

이용희 그런 면이 있지만 그러나 나는 젊은 층을 통해 본 앞날을 낙관하고 있습니다. 내가 만나는 학생이나 인테리 층을 보면 시국의 혼란상을 잘 알고 있어요. 전체 사회구성분자를 보면 비관이 될는지 모르지만 그중의 엘리트 군##을 보면 건실하고 훨씬 성열되어 있어 앞을 내다보고 생각하고 있습니다. 아주 낙관적입니다.

홍이섭 문화적, 현상적으로 나타나는 퇴폐에 너무 신경을 쓸 필요가 없을 것 같아요. 비관만 하다가는 이에 대체할 게 문제가 됩니다. 칸소네고 샹송이고 얼마든지 받아들여도 좋아요. 들어오는 것을 막으면 우리가 성장을 못합니다. 문화면의 내셔널리즘은 언제가 개방적이어야 합니다.

조동필 주체성 없이 외부의 것에 덮어놓고 동화하는 것이 걱정이지요.

홍이섭 좋은 것이 들어오면 동화되지만 한국문화는 뿌리깊고 폭이 넓어 일본의 것은 훨씬 인공적입니다. 생기가 있기 때문에 쉽사리 흡수되지 않을 겁니다. 본질적으로 우리 문화는 쉽게 외부 것에 동화되지 않습니다.

이용희 이 문제에 대해 세 가지를 말하고 싶습니다. 첫째는 우리나라 왕조사도 그랬고 정권사도 그랬지만 특출한 지도자가 적었습니다. 그러나 민족사적으로 보면 우리 민족은 훌륭한 민족이라고 자랑할 수 있습니다. 둘째로는 국제정치나 세계사의 조류에 비추어 보면 우리나라는 역사의 뒷바퀴에 따라가고 있습니다. 국제적으로 내셔널리즘을 극복해서 인터내셔널리즘으로 가고 있는데 우리 나라도 내셔널리즘을 극복해서 앞바퀴를 따라가야 되겠다는 것입니다. 셋째로는 인텔리겐차의 핵심 분자라고 볼 수 있는 우리나라 여론이 커머셜리즘을 지양하고 좀 더 사회의 목탁적 성격을 견지하는 것이 필요합니다.

사회 그것은 자본주의 경쟁의 희생이 되기 때문입니다.

조동필 현실면에서 볼 때는 신문도 상품입니다. 커머셜리즘의 기풍을 갖출 때 비로소 팔리는거니까요. 결국 모든 일반 사회부문과 함께 기형적인 양상이겠지요.

이용희 커머셜리즘에는 윤리가 있어야 하는데 한국에서는 이게 없어요. 사회의 니힐리즘도 언론이 책임을 져야 할 것 같아요.

사회　　그런 문제는 몇몇 의식분자의 힘으로 좌우되지 않습니다. 사회구조가 어떻게 되었는가에 따라 좌우됩니다.

이용희　　그건 최종적인 것이고 부분적인 노력은 끊임없이 계속해야 하지요.

사회　　오늘은 이만으로 그치겠습니다. 바쁘신 시간에 좋은 말씀 많이 해주셔서 감사합니다.

《경향신문》 1965년 1월 1일, 신년대담

3·1 운동 반세기
그 역사적 의의를 재평가한다
(1969)

대담: 박종홍·이용희

1

박종홍 3·1 운동은 역사적으로 볼 때 먼저 근대사적인 일반상황과 관련을 지어 생각해 보아야 할 것 같습니다. 근대사의 진행과정과 떼어 생각하기는 곤란하다고 봅니다.

철학적으로는 근대사를 흔히 '인간의 자각사'라고 하지만 근대사란 정치적 측면에서 볼 때는 결국 침략사라고 할 수 있습니다. 현대에 와서는 침략 가지고는 안 되니까 호혜주의로 나가고 있는 듯합니다만.

이렇게 볼 때 우리가 일본에 국권을 박탈당한 것은 서구의 근대화를 재빨리 본뜬 일본의 근대화 과정, 다시 말해 식민지화 과정에서 하나의 제물이 되었다고 볼 수 있겠지요. 따라서 3·1 운동은 일본이 근대화하는 과정에서 국권을 빼앗긴 민족의 울분이 잠재의식속에 있다가 어떤 계기를 맞아 폭발된 게 아닌가 이렇게 생각합니다.

그러나 나는 이 운동이 어떤 깊은 자각이 있어서 일어났다기보다는 오히려 3·1 운동이 있음으로 해서 자각을 더욱 환기시켰다고 봅니다. 그 당시 3·1 운동을 지도했던 분들은 자각이나 깊은 생각이 있었겠지만 농민이나 일반대중은 그렇지 않았던 것 같아요.

만세를 부르면서 '억압당하고 있구나'하는 것을 몸소 느낀 게 아닐까. 다시 말해 서구적인 자각이 다 되어서 일어났다기보다는 그걸 계기로 해서 자각이 환기되고 촉진된 게 아닌가 생각합니다. 내 개인의 경험을 보더라도 만세를 부르다 끌려가 경을 치면서 '내가 왜 경을 치는가', '우리나라 사람이 우리나라 독립을 외치는 게 뭐가 잘못일까' 하는 생각을 비로소 하게 되고, 민족이니 국가니 하는 걸 생각하게 되었으니까요.

이용희　저도 어릴 때는 민족이다, 국가다 하는 말을 그저 감정적으로 받아들였지요. 그러나 나이가 차면서 이러한 말들이 지닌 개념의 진정한 의미를 몰라 고민한 적이 있습니다.

민족이니 국가니 하는 것에 대해서는 무조건 숭상하고 존경해야 하나 하는 문제에 대해 오랫동안 방황하다가 정치학을 하면서 제나름대로 생각하게 되더군요. 그저 막연한 감정적 호응만 가지고는 안 되겠다, 어떤 결론을 내리지 않으면 안 되겠다 하는 절박감 같은 게 생겼습니다. 그래서 3·1 운동을 단순한 하나의 '사건'으로 볼 것이냐 그렇지 않으면 '운동'으로 볼 것이냐 하는 생각을 하게 되었지요.

이렇게 문제를 제기해 놓고 보니 3·1 운동을 그저 지나간 하나의 '사건'으로 본다면 역사적인 상황이나 정치의식이 문제가 되겠고, 하나의 운동으로 평가할 때는 '사건' 자체보다는 미래를 내다보는 지향성에 중대한 의의가 있는 게 아닌가 하는 생각이 들더군요.

박종홍　3·1 운동을 하나의 '사건'으로 보느냐, 그렇지 않으면 계속성을 지닌 '운동'으로 보느냐 하는 점은 초점을 정확히 잡은 문제제기라고 봅니다. 나도 처음에는 3·1 운동을 그저 하나의 사건으로만 보았지요. 3·1 운동이 하나의 운동으로서의 시원적인 의미를 지닌 것인 줄은 모르고 '이제 독립이 다 되었구나. 그러니 만세를 부르자' 하는 단순한 생각에서 만세를 불렀지요. 결국 3·1 운동은 처음 하나의 사건으로 발단이 돼서 차츰 운동이라는 방향으로 흘렀다고 봐야 하지 않을까요.

이용희　3·1 운동이 사건이 아니라 하나의 '운동'이라는 점에서 그 지향성이 오늘 이 시각에 연관된다는 것은 그 객관적인 역사적 의의에 대한 평가로 봅니다. 요컨대 3·1 운동은 죽은 사건이 아니라 우리가 짊어진 산 역사적 행적이겠지요.

박종홍　그렇지요. 3·1 운동은 사건이나 운동으로서의 완결 여부보다도 그 속에 흐르는 정신이 문제가 되겠지요.

2

이용희　3·1 운동은 고종 독살설에 대한 비통한 감정이나 망국 설움 등도 하나의 계기가 되었겠지만 전 국민의 '행동으로 표시된 강력한 참여에 의한 일체감'이 근본적인 의의였다고 봅니다. 이건 우리 역사상 처음입니다. 우리는 이 일체감이 내포하고 있는 역사적 지향성이 무엇인가를 생각해 보아야 할 것 같습니다.

박종홍　민족의 응집된 정신적인 일체감이 3·1 운동에서 행동을 통해 비로소 구현되었다는 사실은 극히 중요한 의미를 지녔다고 나도 생각합니다.

이용희 3·1 운동이 어떤 지향성을 가진 분수령을 이룬 운동이라면, 그 구조를 먼저 따져봐야 하지 않을까 하는 생각이 듭니다. 과연 3·1 운동 때 있었던 지도자 그룹의 성격은 어떠했으며 일반대중의 구성 성격은 어떠했고, 격렬한 저항이 있었던 지역의 역사적인 연관성은 어떠했는가에 대해 좀 생각을 해보아야 하겠지요. 그러면 홍경래란이나 고종 때 각처에서 일어난 민란, 그리고 동학란과 3·1 운동에 가장 행동적으로 움직였던 지역 및 인물 계층과 어떤 연관성이 있다는 결론이 나올지 모릅니다. 이렇게 보면 3·1 운동은 여러 계층의 여러 움직임이 복합적으로 나오다가 3·1 운동에 이르러 하나로 응집, 분수령을 이루었다가 그 뒤 다시 흩어진 걸로 일단 볼 수가 있지 않을까요.

박종홍 3·1 운동 이전의 여러 움직임들은 구조적인 면뿐만 아니라 동시에 그 성격 자체도 복합적인 요소를 지니고 있어 꼭 같지 않았을는지도 모르지요. 그런 여러 가지 운동의 정신이 단순치 않았었는데 3·1 운동 때는 하나로 형성되었다가 3·1 운동 후 묘한 방향으로 갈라져 나오지 않았나 생각합니다.

또한 조금 전에 3·1 운동을 일으킨 지도자 그룹이나 일반대중의 성격 구성에 대한 문제제기가 있었는데, 그와 관련해서 저는 평소에 이런 의문을 갖고 있었습니다.

일제강점 이후 각처에서 봉기한 의병들은 대부분 유학 세력이었는데 운동 때 보면 민족대표 33인 가운데 유학자는 한 사람도 없어요. 그러면 유학은 그 때 무엇을 했나 하는 문제가 나옵니다. 어떤 의미에서는 의병을 일으키는 등 독립에 선구先驅했던 유학 정신이

3·1운동에 적극 참여하지 않은 것으로 되어 있는 것은 무엇 때문
인가 하는 문제입니다. 이 점은 아직도 덜 밝혀진 측면이 아닌가 생
각됩니다. 어떻게 보면 3·1운동의 자유민주주의적인 이념과 유학
의 이념이 맞지 않는 것이 있지 않았는가, 또 가령 유학 관계자들은
옛날 치자의 입장에 있었으니까 표면에 나서기가 곤란했던 게 아
닌가 하는 생각도 듭니다만 아무튼 앞으로 연구과제가 될 것 같아
요.

이용희   3·1운동을 보면 어느 의미에서는 왕조부흥 아닌 자유
민주주의라는 정체관념을 뚜렷이 하고 있는 면이 있는데 이 점이
왕조통치라는 기본정체에 대해서는 의심하지 않고 있는 유학 정신
과 상합할 수 없지 않았나 하는 생각이 듭니다. 을사년 이후 유생이
중심이 되어 일으킨 의병은 국권을 뺏겼다는 데에 중점을 두었지,
그것이 왕조라는 정체 자체에는 아무 의심을 갖지 않았던 것이 아
닙니까. 그런 점에서도 유생이 적극 참여하지 않는 일면이 설명되
겠지요.

박종홍   아무튼 개화에 적극적이고 의병운동 등 항일운동에도 앞
장섰던 양반세력이 3·1운동에는 왜 적극 참여하지 않았나 하는
점은 앞으로 좀 더 연구해서 밝혀져야 할 겁니다.

이용희   3·1운동에서의 '민족'이라는 개념은 동학란이나 의병
봉기 때와는 다른 것 같습니다. 3·1운동은 민족주의적인 면에서
볼 때 저항적인 요소가 크고 그것이 또 정체관념까지 깊이 들어가
고 있음을 알 수 있습니다. 3·1운동 때 민중이 보여준 저항의 구
조적 성격을 분석해보는 것도 이 운동을 이해하는 데에 초점이 되
지 않나 생각합니다.

3·1 운동의 저항 양상을 보면 이념적인 요소를 갖춘 지도층은 대개 초기에는 평화적인 시위에 주력하다가 점점 농민층이 나오면서 저항 형태가 전투적이 되어 가지 않았어요.

박종홍 모든 운동이 대개 처음에는 평화적으로 나오다가 뒤에 가서 전투적으로 변하지요.

3

이용희 3·1 운동이 일어나기 이전의 모든 운동은 왕조사적인 전통에 따른 상의하달上意下達식 통치방식에 젖어 자발적 일체감이 일어나기 힘들었지요. 그런데 3·1 운동의 특성은 그런 여러 모순점이 지양되어 나갈 수 있는 계기가 되었다는 점과 3·1 운동에 와서 비로소 적극적인 참여에 의한 일체감으로 응집, 정치의식이 제고되고 고양된 점에 있다고 봅니다.

3·1 운동 후 만주 등지에서는 전투적인 조직형태가 나오고 국내도 비밀결사가 나와 일체감에 대한 구현 방식으로 나타나기 시작하거든요.

박종홍 3·1 운동의 성격 얘기가 나왔습니다만 저는 〈독립선언서〉를 읽으면서 이런 걸 느꼈어요. 〈독립선언서〉의 취지가 현대 세계사가 지향하고 있는 점과 통하는 점이 있는 게 아닌가, 다시 말해 서구 사람들이 전개하려는 방향, 즉 공존공영하자는 식이 아닌가 하고 생각했어요.

이용희 그 점에 대해서는 저는 의견이 좀 다릅니다. 방금 말씀하신 점은 어디까지나 전술적인 배려에서 나온 것이지 3·1 운동의 현실적인 진행과정에서는 투철한 '적'의 관념이 민중을 지배한 게 아닙니까. 선언 가운데도 목적이 관철 안 되면 끝까지 싸운다는 구절이 있고, 억압된 국민의 감정을 제고하는 데에는 그들이 갖고 있는 일체감을 고무하는 '적'의 관념이 가장 효과적이니까요.

박종홍 내면적으로 볼 때는 그럴지 모르나 좀 더 앞을 내다보고 세계사적 견지에서 의의를 찾자면 무엇을 시사하는 그런 각도에서 보는 것도 필요하지 않을까 하는 게 제 생각입니다.

이용희 아까도 잠깐 얘기가 나왔지만 3 · 1 운동의 민족사적인 의의는 대내적으로 볼 때는 행동적인 참여를 통한 민족의 일체감이 비로소 이루어졌다는 점에서 찾을 수 있겠지만 밖으로 볼 때는 이와 함께 왕조부흥이 아닌 자유민주주의라는 정체관념으로의 지향성을 갖고 있었다는 점, 다시 말해 정치적 지향의 방향이 대개 나와 있었다는 점에서 찾을 수 있겠지요. 아마 이것은 이 운동 지도층이 중산계층적인 면을 가지고 있던 탓이며 또 가장 운동이 격심했던 관서지방이 그 당시 자작농의 비율이 가장 높고, 자유주의적 신교新敎 사상이 일찍 도입됐던 것과도 관련이 있을 것입니다. 이렇게 볼 때 단순한 저항에 그치지 않고 세계사적인 정치조류에 뛰어 들어가 참여하는 역사적 계기가 되었다는 데 3 · 1 운동의 또 하나의 큰 의의가 있지 않을까요.

박종홍 그렇지요. 그런 안목이 중요하다고 생각해요. 그저 일제에 대한 저항운동으로만 볼 게 아니라 전체적인 입장에서 그렇게 되게끔 정세가 익어간 게 아닌가, 나는 그렇게 봅니다.

이용희 3 · 1 운동을 '사건'으로 보느냐 '운동'으로 보느냐 하는 문제가 다시 제기되는데요. 3 · 1 운동을 일단 운동으로 볼 때 아직 끝나지 않은 운동으로 보아야 되겠지요. 3 · 1 운동은 진정한 국민

이라는 의식형성에서는 일단 성공했으나 실현되어 가는 과정에서
는 아직 미결된 게 아니겠어요. 이렇게 볼 때 일제의 사슬이 풀린
오늘에도 3·1 운동은 여전히 실천적인 의미를 지녔다고 보아야 하
지 않을까요. 3·1 운동이 아직 달성되지 않은 하나의 숙제적인 운
동으로 남은 것이라면 단순한 회고가 아니고 3·1 운동에서 실현되
지 않았던 면을 이어 나갈 수 있는 어떤 요인을 찾아내는 게 중요
하지 않나, 또 민족적 일체감이 다시 생길 수 있는 그런 계기가 있
어야 하지 않나 생각합니다.

　　박종홍　　이론적인 면만 가지고는 되는 게 아니고 감정적인 면이
결부되어야 한다, 다시 말하면 그 이모셔널한 것이 행동과 합쳐져
전체적인 옳은 일체감이 느껴지는 게 아닌가 하는 그런 얘기지요.

　　이용희　　오늘날에도 전체가 참여할 수 있는 어떤 계기가 마련되
어 그 정신을 이어 주어야 하지 않나 하는 생각입니다.

　　박종홍　　그렇게 하려면 파토스(감성)적으로 밀고 나가야겠
지요.

　　이용희　　파토스적인 동시에 로고스(이성)적이어야겠지요.

　　박종홍　　파토스에 빠지면 맹목적이 되니까 파토스적인 면이 로고
스적인 면과 합쳐서 3·1의 정신을 북돋우고 싹트도록 해야 하겠지
요.

　　이용희　　그런데 3·1 운동에서 리더십이 갖고 있던 상징적 의미
에서 볼 때 오늘날 이 같은 상징화에 어떤 이변이 일어나고 있지
않나 하는 생각이 들 때가 있어요. 이를 비非상징화시키고 3·1 운
동으로보다는 사건으로 보아 헐뜯고 격하시키려는 경향이 농후한
것 같아요. 3·1 운동이 지닌 상징적인 가치관의 의의 상실은 실로

중대한 문제라고 생각합니다.

박종홍 그 문제는 아주 중요한 동시에 가장 힘든 포인트라고 생각되는데요, 그저 생각하는 게 아니라 같이 몸으로 일체감을 느낄 수 있도록 해야지요. 그게 밑바닥에서 올라오면 좋겠는데 자연 발생되기만 기다리면 백년하청百年河淸 격이 될 테고 밑에서 올라오도록 위에서 좀 해 주었으면 하지만 그렇게 되면 위에서 억압하고 강제하는 것 같아서 곤란하고…….

4

이용희 그건 정치하는 사람의 역량에 달렸지요. 모두가 참여함으로써 생기는 일체감, 그것이 나올 때 3·1 운동이 다음으로 이어지는 게 아닐까요.

박종홍 그렇지요. 3·1 운동의 진정한 정신을 살리고 계승하는 길은 전체의 참여를 통해서 일체감을 느끼게 하는 것이겠지요. 이것이 오늘날처럼 절실히 요청된 때는 없다고 봅니다.

이용희 3·1 운동에서 결집되었던 참여를 통한 일체감이 반세기가 흐른 오늘날에 와서 흩어진 게 아닌가 하는 생각을 때때로 하게 됩니다. 이 일체감이 다시 모일 수 있는 계기를 마련해 주는 것이 실로 진정한 정신을 계승하는 길이 아닌가, 또 어느 역사적 시점에서는 필연적으로 새로 마련될 게 아닌가, 가령 어느 지도자가 그 방향을 찾아내 준다든지, 이런 생각을 해봅니다.

박종홍 우리가 때때로 모래알같이 흩어져 있다는 말을 흔히 듣는데 우리 세대에서도 이런 새로운 결집이 가능하다고 봅니다. 3·1 운동에서 한 번 실천해서 가능했으니까. '우리도 가능했다'는 본을 3·1 운동에서 찾아 자진해서 참여함으로써 일체감을 몸소 느끼고 고조시켜 나가는 게 우리의 과제가 아니겠어요.

이용희 그렇지요. 그건 우리 세대의 임무이기도 하지요. 그런데 오늘날의 3·1 운동의 평가를 보면 선언이 어쨌다, 누가 어쨌다 하는 말하자면 보조적인 역사현상과 주연적인 역사현상을 전도시키고 있는 듯 한 느낌입니다. 세계사에 대한 참여 이외에도 대중에 의한 참여를 늘 시도하지 않으면 운동을 평가 계승하는 데 있어 중대한 정신 하나를 뺀 것 아니겠어요. 정치는 친화라고도 하는데 말하자면 그 친화로 대중을 참여토록 해야 할 것 같습니다.

박종홍 그와 관련해서 생각되는 건 대중에게 쉽사리 침투하는 게 신앙인데 오늘날 정치가 좀 이상한 표현이지만 종교와 결탁할 수 있을까 하는 의문이 생기는군요.

이용희 제 뜻은 '각계 각층'의 지도자가 모두 민중을 참여시키고 일체감을 형성토록 해야 하지 않나 하는 것입니다. 이를 위해 그 지도자들이 어떤 모티브에서 했건 그 지도력은 상징화되어야 하지 않나 하는 생각입니다.

박종홍 상징화되어야 한다는 데에는 좀 문제가 있는 것 같아요. 주의해야 할 일면이 있지 않나 생각하는데요. 이론적으로 밝히기 어려운 부분을 상징화하는 건 좀.

이용희 그건 조작이지요. 조작되어야 한다는 의미는 아닙니다.

박종홍 심벌은 심벌이어야지 우상화해서는 안 되겠지요. 일체감 자체가 상징화되어야지요.

이용희 명분으로 일체감을 강요해서는 안 되겠지요. 생활과 명분이 합일되는 일체감이 되어야지요. 생활에서는 일체감을 거부하면서 명분으로만 일체감을 요구해서는 안 되겠지요.

박종홍 누가 하라고 해서가 아니라 저절로 그렇게 되는 계기가 마련되어야 합니다. 나는 4·19 때 학생들의 장엄한 데모행렬을 바라보며 세종로 거리를 몇 번이고 생각에 잠겨 왔다갔다 했습니다. 3·1 운동도 생각되더군요. 한 50대 여인이 감격해서 엉엉 우는 모습도 보였어요. 남산도 부들부들 떠는 것 같더군요. 이렇게 되었을 때 일체감이 안 생길 수 있겠어요.

이용희 민족이니 국가니, 하는 의식보다는 행동이 앞섰다는 처음 말씀을 제 나름대로 표현한다면 정치에 있어서의 '세'勢를 일으키는 것, 세를 흔드는 것, 어떤 바람을 일으키는 것으로 말할 수 있는데요. 3·1 운동은 이렇게 볼 때 전형적인 정치적 형태를 지녔어요. 오늘날 이런 바람이나 세를 어떻게 일으키느냐는 문제를 정치지도자에게 바라야지요.

박종홍 속된 표현으로 붐을 일으킨다는 말과 같겠지요. 그게 자리가 잡히면 불붙이는 것같이 세차게 일어날 수가 있지요. 그러나 그 바람을 어떻게 불게 하느냐가 문제가 아닐까요.

이용희 동감입니다. 외국의 퇴폐적인 풍조에 대한 걱정 등 자질구레한 것을 하나하나 쫓아 고치는 것은 행정적 조치지만 큰 것은 정치적인 세를 일으킴으로써 고쳐야 합니다. 요즘 와서 민족사를 다시 찾자는 부르짖음이 나오고 있는데 이런 조류를 3·1 운동과 관련시켜 볼 때 3·1 운동의 연속성이나 계속성을 새삼 인식한 게 아닌가 생각됩니다. 오늘날 3·1 운동을 하나의 사건으로만 해석한다면 민족사적인 중요한 과정 하나를 빼는 게 아니냐 하는 게 제 생각입니다.

박종홍 그렇습니다. 그런 의미에서도 정치가 철학과 가까워져야 한다고 생각합니다. 3·1 운동을 과거에 지나간 사건에 그치는 걸로 보는 건 우리가 취할 태도가 아니라고 봅니다. 어디까지나 3·1 운동으로서 앞날을 건설하는 데에 있어서 적극적으로 참여함으로써 일체감을 앙양할 수 있는 커다란 하나의 세를 일으킬 수 있도록 노력하는 게 진정한 의미에서 3·1 운동을 올바르고 뜻있게 이어나가는 길이 아닌가 생각합니다.

《경향신문》 1969년 3월 1일

한국 인식의 방법론

이용희 박사에게 듣는다

(1971)

대담: 이용희 · 노재봉

우선 소크라테스적 무지로 돌아가야

노재봉 오늘의 테마는 '한국 인식의 방법론'입니다. 그 동안 한국을 인식하는 상황이 어떤 식으로 끌어왔느냐 하는 것이 일차적으로 이야기해 보아야 할 사항이 아닌가 생각됩니다. 지금까지 한국 인식, 또는 한국 연구를 보면, 먼 옛날은 그만두고 현재만 이야기하자면, 일본 사람들이 한국을 보았던 그 눈, 또는 이러한 외부적인 관점에 자극되어 우리나라를 보고 연구하는 흐름이 지금까지 이어져오지 않았나 생각됩니다. 따라서 독특한 사상적 의미가 상당히 개입된 것 같습니다.

최근의 흐름은 이런 것들을 다 합쳐서 민족주의적 입장에서 한국을 보는 방향으로 나아가고 있는 것이 아닌가 생각됩니다. 이와 같이 민족주의적으로 우리나라를 볼 때 여러 가지 문제가 발생할 것 같습니다.

특히 역사학이라든가 기타 여러 분야에서 민족주의적인 철학 위에서 한국 연구를 해야 한다고 하면서도 구체적인 방향이나 업적으로 아직까지 내놓지 못하고 있다는 데에 중요한 문제점이 있을 듯합니다.

역사적인 편견이라고 할까, 이런 것 속에 말려 들어가서 갈피를 못 잡고 있는 것이 현재의 상황이라고 한다면, 한국을 어떻게 하면 과학적으로 이해할 수 있느냐 하는 것이 초점이 될 수 있을 것 같고, 따라서 근래의 한국 연구의 방법, 또는 흐름이 대개 어떤 식으로 되어가고 있는 지를 따져 보았으면 합니다.

이용희 '한국 인식의 방법'이라고 하는 거창한 문제를 다루기 위해서는, 내 생각으로는, 유명한 소크라테스의 방법을 일단 빌려서 전연 그 문제는 모른다고 생각하고 하나하나 따져 나가는 것이 좋지 않겠나 생각됩니다. 먼저 왜 이런 시기에 왜 이런 문제를 제기하느냐 하는 데에 대해 노 박사의 의견을 들려주면 좋겠습니다.

노재봉 이런 시기에 이런 문제가 제기될 수 있는 조건은 여러 가지를 들 수 있겠습니다. 우선 우리가 하나의 민족으로서 살고 있는 이 나라가 가는 방향이 어디냐 하는 데 대해 확고한 견해를 갖기 어렵다고 하는 현실 생활적인 문제가 있고 그 다음에는 지금까지는 주로 국학을 통해서 한국 연구가 되어갔는데, 그 업적을 보고 느끼는 것은 어딘지 모르게 너무 비과학적인, 혹은 쇼비니스트chauvinist 적인 경향이 강요되고 있다는 점입니다. 따라서 이런 것이 아닌, 좀 더 과학적, 객관적이며 누가 보아도 타당한 현대적 언어로써 한국의 역사나 전통이나 현재를 설명할 수 없을까 하는 의식이 일반적인 것 같습니다. 그래서 이 두 흐름 속에 갇혀 뚜렷한 시각을 갖기 어렵다는 것이 일반적인 문제의식이 아닌가 하고 생각합니다.

단일민족 관념, 현실과 갈등 일으켜

이용희　내 생각으로는 한국이라고 하는 개념에는 여러 가지 의미가 있는데, 그 고차원적인 의미는 차후로 미루고 우선 아주 상식적으로 말을 한다면, '대한민국'이라는 의미가 있고, '한민족이라는 민족이 모여 사는 사회'라는 의미도 있고, 또한 '한민족의 정치적인 영역으로서의 한반도 내의 정치사회'라는 것도 있고, 또 그런 정치사회가 갖고 있어야 할 '문화적인 전통이나 문화적인 양태', '현재 상태' 등이 있는 것으로 느껴집니다. 우리가 가야할 방향과 그 방향을 정립, 또는 확정시키기 위해 어떻게 우리들 스스로를 보고 우리의 자세를 규정짓느냐 하는 문제와 관련해서 지금 한국에 대한 상식적인 개념, 곧 한국사회, 다시 말하면 한민족의 사회, 더 쉽게 말해서 '우리', 이러한 '우리'를 인식하는 방법을 생각하는 경우, 내 생각으로는 현실에 있어서 이 문제가 제기될 수 있는 가장 큰 원인은 한민족을 단일하게 생각해 온 전통 또한 단일민족이어야 한다고 생각하던 당위적인 관념과 오늘의 현실이 어느 정도 충돌되고 있다는 것이 아닐까 생각돼요. '한국' 하는 경우, 한국을 '대한민국'이라는 의미를 넘어서 한민족의 사회 또는 한민족이라고 하는 한에 있어서의 단일한 사회, 즉 '단일한 우리'라고 할 때, 우리 현실이 적어도 1세기 전쯤이면 모르지만 현재는 그러한 상식적인 전통적 관념, 또 당위적인 관념과 약간 어긋나는 것이 있지 않을까? 아니 약간이 아니라 크게 어긋나고 있는지도 모르지.

우리가 안심하고 가졌어도 괜찮을 만한 전통적 관념이나, 당위적으로 가져야 할 관념이 현실과 잘 맞지 않고 있다는 모순감이 가장 큰 문제로서 이 시기에 나와 있지 않을까? 따라서 이와 같은 자기존재에 대한 모순감으로 되돌아가서 한국 인식의 문제를 본다는 의미가 있어야 비로소 이 문제가 갖고 있는, 크다고 하면 크고 깊다고 하면 깊은 문제점이 드러날 것 같아요. 둘째로는 그러한 모순이 일시적이나마 있을 뿐 아니라, 그것은 의당 해결되어야 한다고 한다면 바로 해결되어야 한다고 하는 면에서 고려해야 할 우리의 문화형태, 전통, 행방을 단일하게 설정할 수 있을까 하는 중대한 문제가 나올 것 같아요.

이러한 자기존재의 모순감에서 나오는 의식의 기본적인 불안, 존재의식의 불안이라는 관점에서 이 문제를 논의하고, 또 그러한 의미에서 역사를 회고해 보고 앞길을 보고 또 현황을 볼 뿐 아니라, 그것을 보는데 새로운 방법이 있다면 새로운 방법을, 또 기왕의 방법이 있다면 기왕의 방법을 검토하고, 조상이 쓰던 방법과 우리들이 새삼 도입한 방법을 비교한다는 의미가 이 문제 속에 있다고 보아요. 그리고 이것이 일차적인 단계에 있어서의 문제점이 아닐까 생각하는데 노 박사는 어떻게 생각하세요?

노재봉   저 역시 당위에 대해서 우리가 갖고 있는 관념, 그리고 당위와 현실의 차이에서 일어나는 여러 가지 모순감이 의식 속에 섞여 있다고 생각합니다. 문제는 여기서부터 출발해서 방향을 어떻게 모색하느냐 하는 데에 있는 것 같습니다.

현재의 양상을 본다면 그러한 불안을 넘어 서기 위해서 하나는 그야말로 우리 것이라고 할 수 있는 것이 있다고 하는 전제 위에서 우리 것을 그대로 다시 찾으려고 노력하는 경향이 있고, 또 한편으로는 우리 것이라고 하는 것들이 사실은 우리 아닌 다른 유닛unit와 관련된 문제이기 때문에 우리를 좀 더 확대해 나가려면 어떻게 할 것이냐 하는 것을 문제로 삼는 경향이 있어요.

이용희　확대한다는 것은 어떤 의미죠?

노재봉　우리라고 하는 것에 몰입해서 우리 고유의 것이 있다. 그 야말로 다른 유닛이 갖지 못한 유일한 그 뭣이 있다 하는 측면을 고집할 것이 아니라 다른 유닛과의 관련 속에서 우리를 보아야만 앞으로 나갈 수 있는 여러 가지 퍼스펙티브를 얻을 수 있지 않느냐 하는 의미입니다. 다시 말하면 현실적으로 당위개념과 현실과의 충돌을 의식하면서도 그 모순을 의식하고 있는 그 의식 속에 또 하나의 모순이 나타나고 있지 않나 생각됩니다. 더 구체적으로 이야기 한다면 우리의 것을 찾으면서도 우리 것에서 탈피해야 한다고 하는 묘한 상반성이 있는 것 같습니다.

우리라는 존재양식부터가 문제

이용희　아까도 말한 바와 같이 소크라테스적으로 말하자면 아직은 난 잘 모른다고 해야겠어요. 지금부터 점차적으로 따져 보기로 하고…….

내 경우에 있어서는 나라고 하는 개체가 있는 존재양식이 '우리' 곧 민족이란 말이야. 그런데 현재 우리가 단일한 '우리'로서 안정된 개념으로 있지 않고 따라서 하나의 '우리'라는 것은 단순한 개념에 지나지 않고 존재양식으로서는 과연 '하나의 우리'라고 할 수 있을까 하는 의심이 있다고 하면, '우리'라고 하는 그 자체의 존재양식 부터가 문제가 아닌가, 그것이 바로 이 문제의 심각성이 아닌가?

가령 과거의 예를 본다면 아까 국학을 말씀하셨는데 국학적인 방법이 있다고 할까, 국학적인 입장에서 보는 방법이라고 할까, 이것도 그냥 저절로 생긴 것이 아니고 그 당시의 '우리'라고 하는 민족관념이 일본, 기타 외국과의 관계로부터 충격을 받아 그 존재가 불안해졌기 때문에 국학이라 하는 활동의 계기가 되었지요. 같은 의미에서, 현 단계에서 우리가 이 문제를 다시 제기하여 과거를 되돌아보고 앞길을 보고 현재를 따지는 것도 보통 우리가 쉽게 말하는 '우리', 한민족, 한韓사회, 그런 의미에서의 한국이라는 말이 단순히 문제가 되는 것이 아니라, 과연 그것이 실제에 있어서 단일한 것이냐 하는 데에 대한 자기모순을 느끼고 충격을 느꼈기 때문이 아닌가 생각됩니다. 이 시기에 한국 인식의 방법론이라는 문제가 제기될 수 있는 의의도 여기에 있다고 봅니다.

노재봉 동감입니다. 그런데 한 가지 덧붙여서 말씀드릴 것은, 지금까지 우리나라를 연구한다고 하는 경우, '우리'라는 말에는 다분히 윤리적인 내용이 들어있다는 점입니다. 말하자면 우리라고 하는 것이 단순히 사실로서 문제가 되었던 것이 아니라 윤리적인 내용을 가진 우리였고, 따라서 항상 우리라고 하는 것은 당위로서 내던져졌지요. 그렇게 되니까 어떤 사실을 연구하는 데에 있어서도 당위가 우선하는 결과가 생긴 셈이죠.

이용희 물론 그럴 수 있지요. 그러나 당위적으로 생각하는 경우에도, 그것이 안정되어 있는 경우에는 새삼 반성하거나, 문제로 삼을 필요가 없어요. 당위적이건, 또는 사실적인 '우리' 존재에의 인식이든 간에, 새삼 이 문제를 우리가 의식하는 것은 어떤 충격을 받았기 때문이에요.

아까 말씀하신 대로 우리라는 관념이 전통적으로는 당위적인 요소가 있고, 그런 의미에서 윤리적이라 하더라도, 지금 그것이 그대

로 통용될 수 없는 충격을 받았기 때문에 새삼 문제가 되는 것이
아니냐 하는 것입니다. 다시 말하자면 모든 문제의 출발은 현 시기
에 있어서 우리가 받는 충격이 도대체 무엇이기에 우리가 이 문제
를 논의하게 되었느냐 하는 데로부터 시작되어야 할 것입니다. 곧
이 시기에 있어서는 '우리' 그 자체가 갖고 있는 것에 대한 내재적
인 의문보다도 타율적인 충격과 연관되어서 문제가 발생되지 않느
냐 하는 것이지요.

　보통 한 사회에 소속되어 있는 자기가 그 사회에 소속되어 있다
는 점에서 우리라는 안정된 관념을 갖고 있으면 문제가 되지 않는
데 이 안정이 깨졌기 때문에 문제가 심각해지는 것이지요. 그래서
이러한 안정이 깨어졌을 때에, 과거의 우리 조상들은 비슷한 상황
에서 어떻게 문제를 취급해 왔느냐 하는 것을 보기 위해 과거의 한
국 인식의 방법을 회고해 보면, 그 충격의 차이 그리고 조상들이 가
졌던 문제의식과 우리의 그것과의 차이라고 하는 것이 어느 정도
부각되어 다음 이야기의 실마리가 열릴 것 같은데…….

　노재봉　다음으로 넘어가기 전에 한 말씀 더 드릴 것은 우리라고
하는 당위개념의 윤리적 내용을 주장하다 보니까 오늘날에 와서는
아무리 주장을 해도 아무 해결도 나오지 않아서 말하자면 좌절감
에 빠져 있어요. 그래서 우리에 대해서 새로운 미래를 보는 눈을 가
질 수 있지 않겠느냐 하는 안타까운 마음을 느끼게 됩니다.

단일한 우리라는 당위성은 사회의 지표

　이용희　노 박사한테 논쟁을 거는 것 같은 인상을 주어서 안 되었
지만, 내 입장에서 말한다면, 마치 당위적으로 민족을 생각하는 것

이 불충분하고 그것 이외에 다른 방식이 있지 않느냐 하는 어감을 갖고, 또 그것이 일반적인 요청인 것처럼 말씀하시는 듯 한데 그렇습니까?

노재봉 글쎄요. 제 표현이 잘못되었는지 모르겠습니다. 그런 의미가 아니고 우리라고 하는 것은 좋지만, 지금까지 이야기되어 오던 우리를 조금 더 다른 각도로 넘어서서 이야기할 수 없나 하는 것입니다.

이용희 물론 그것은 나옴직한 문제이죠. 내가 지금 노 박사의 말씀을 듣고 논쟁적인 흥미를 느끼는 것은, 당위적인 우리라고 하는 것은 어느 사회든지 그 사회가 유지되고 있는 한 있는 것이고 그때 당위적인 '우리' 의식은 한 사회를 이룬 것에 대한 명분을 만들고 있다는 점에서입니다. 당위적인 우리가 어떤 현실에 의해서 그 실재의 양상이 깨지는 경우라도 우리는 우리여야 한다. 단일한 '우리'여야 한다고 하는 당위개념이야말로 대개는 그 사회가 지향하는 목표가 되고 있는 경우가 많지요. 그런 의미에서 당위적인 우리라고 하는 개념의 성격 자체가 잘못된 것은 아니라고 생각해요. 문제는 우리라는 개념이 어떻게 당위적인 '우리'로서 받아들여지느냐 하는 데에 있어요. 바꾸어 말하면 애당초 우리라고 하는 묘한 표현을 썼습니다만, 그런 식의 의식은 사실은 한 개인 곧 구체적으로 존재해 있는 개개인, 다시 말해서 너, 나 하는 개개인이 집단적으로 모여 살면서 안정된 행위형식과 생활의 안정감을 지니는 한 존재양식이거든. '우리'라는 사회형태가 되고 싶어서 되고, 우리라는 말을 쓰고 싶어 쓰는 것이 아니고 그것이 바로 나, 너라고 하는 개개인의 존재양식이 아니겠어요? 그 양식의 기본요소에는 '우리' 식으로 있어야 된다는 당위적인 관념이 내포되어 있단 말이죠. 만일 이 관념이 갖고 있는 의미를 씹지 않으면 사실은 일종의 아나키라고 할까, 개개인만을 문제 삼는 니힐nihil한 문제가 되고 말지. 따라서 내 생각으로는 앞으로 이야기를 전개해 가는 데에 있어서 '우리'라고 하는 개념을 기준관념으로 쓰는 것은 좋지만, 우리라는 관념이 갖고 있는 당위성이 존재개념으로서의 '우리'와는 다르고 또 대립된다고 본다면 이야기의 각도가 퍽 달라지지 않을까, 다시 말하면 한국 인식의 방법론이 아니라 한국 존재의 성격문제로 들어가는 것이 아닌가 하는 생각이 들어요. 어떻게 생각하시는지?

노재봉　그렇게 될 수 있을 것으로 봅니다. 설명이 불충분했는지 모르겠습니다. 우리라고 하는 당위 개념에 윤리적인 내용을 부여하고 그러한 눈으로 한국을 인식하도록 지금까지 훈련되어 왔는데, 학술적인 면에서 본다면 이것은 차분한 연구나 차분한 여러 방법을 구사해서 납득할 만한 것이 아니에요. 비분강개조지요. 우리는 이런 식으로 지금까지 우리라고 하는 문제를 취급해 왔는데 현재의 시점에서는 이런 식으로 해서는 아무 것도 볼 수 없고 찾아지지도 않는다고 하는 데에 고민이 있다는 말입니다.

이용희　아주 얕은 레벨의 통속 관념을 말씀하시는군요.

노재봉　네, 일반 관념을 말씀드리는 것입니다.

이용희　내 얘기는 당위적인 '우리'라는 관념조차도 그것이 관념, 의식, 태도로 실존하고 있다는 사실면의 성격이 파악되어야 한다는 것이죠. 당위적인 우리 의식을 가졌다는 것은 한 개의 사실이며 또 중요한 사실이거든.

노재봉　그런데 지금 일반적인 의식세계에 있어서는 우리를 인식한다고 했을 때에 아까 말씀드린 비분강개조의 방식으로 하고 있습니다. 가령 국민학교 때부터 받아 온 교육이라는 것도 지금 말씀드린 이런 면이 강해요. 그래서 국학이라는 문제를 지금까지 많이 연구해 왔습니다만 진전은 하나도 보지 못하고 있다는 것이 일반적인…….

이용희 진전을 못보고 있습니까?

노재봉 대개의 결론이 한 가지 방향으로 쏠려 있는 것 같아요. 여러 가지 각도에서 세밀한 분석을 가해 그야말로 현대의 과학적인 인식에 도달해야 할 텐데 아까 말씀드린 윤리적인, 다시 말하면 비분강개조의 당위에 모든 사실을 맞추어 버리기 때문에 결론도 응당 그 쪽으로 나오게 되어 있단 말입니다.

충격에 대응하는 방법은 실천적인 것

이용희 말씀의 문맥이랄까, 어감은 알아듣겠습니다. 그런데 지금 말씀 중에는 논의를 전개하는 데 중대한 문제가 하나 들어 있어요. 곧 국학, 기타에 대한 평가문제인데 내 개인 생각으로는 과거의 선인들의 발상, 가령 국학이나 실학이나 주자학이나 기타 여러 가지 의식형태가 단순히 과학적인 의미의, 사실에 대한 분석이나 증명이나, 또는 자기존재에 대한 해명을 목적으로 하고 나왔다기보다는 기실은 아주 강렬한 실천적인 의식에서 나온 것이 아닌가, 뿐만 아니라 오늘날 그것을 과학적으로 보자, 객관적으로 보자 하는 새로운 태도가 있다는 식으로 말씀하셨는데 그런 경우에도 넓은 의미에 있어서는 그런 객관적 취급방식, 또는 과학적 취급방식이라는 것조차도 어떤 실천적인 목적의식에 의거하는 것이 아닌가, 다시 말하면 방법의 기술적인 면에서는 차이가 있는 것 같지만 그 동기에 있어서는 모두 의식적이든 무의식적이든 간에 비슷한 실천적인 의도가 움직이는 것이 아닌가. 따라서 고하高下를 따질 수는 없고 그 시대에 따라서 소위 접근하는 방식, 또 실천적인 요청의 성격이 다른 것뿐이지 마찬가지가 아닌가. 이와 같이 보았을 때 선인들이 주자학이나 실학이나 혹은 국학을 내세웠을 때 그 실천적인 성격이 우리와 다르다 하더라도 그것을 단순히 비과학적이라든가, 비분강개조라든가, 객관적이 아니라든가, 하는 식의 평가를 하는 것은 마치 스스로의 입장도 사실은 실천적인 것이면서도 그 실천적인 것이 놓인 시기와 상황이 다르다고 해서 마치 문제가 기본적으로 다른 것같이 생각한다는 것은 오해를 사지 않을까……. 이러한 의미에서 과거의 이러한 한국 인식의 방법을 아까 말한 바와 같은 존재적 '우리'라고 하는 데에 대한 개개의 역사적 충격을 어떤 실천적인 의식 하에서 어떤 구체적인 방법으로 대처했느냐 하는 식으로 회고하지 않으면 자칫하면 선인들은 방법론상으로 틀렸다고 주장하고 마는 중대한 오류를 범할 두려움이 있지 않을까 하는 생각이 드는군요.

노재봉 그 자체에 실천적인 내용을 포함하고 있는 우리라는 개념이 잘못되었다는 의미는 아니고, 현재에 있어서 종래의 우리라고 하는 개념에 의해 성립된 인식을 갖고 모든 것을 보려고 하니까 잘 보이지도, 잘 맞지도 않는다. 다시 말하면 지금 와서는 종래의 우리라고 하는 개념이 무엇인지 모르겠다. 따라서 우리라는 개념을 재규정해야 되지 않겠느냐 하는 문제가 생긴다는 말입니다. 이 선생님의 말씀을 빌린다면 지금 우리가 어떤 충격을 받아서 종래의 우리라고 하는 개념이 무엇인지 모르겠다 하는 데에 도달하고, 그 개념 속에 들어있는 여러 차원의 내용이 점점 효력을 상실하고 있지 않느냐 하는 것을 따져보아야 하겠다는 것입니다.

이용희　지금 노 박사가 말씀한 데에 대해 내가 잘못된 인상을 받았는지는 몰라도 전통적인 우리라는 관념, 전통적인 우리에 대한 태도, 혹은 우리 존재에 대한 접근방식으로써는 현재 불만이다, 또 그것을 갖고는 우리가 욕구하는 어떤 목표를 달성하지 못하고 해결하지 못한다고 하신 것 같은데, 혹은 선인들이 남겨 놓은 방법이나 '우리'라는 개념을 우리가 제대로 이해를 못해서 불만족하게 느끼는지도 모르지…….

노재봉　아마 그런 점도 있겠지요.

선인의 적응능력이 겨레의식을 수호

이용희　따라서 불만족하다고 단정하기 전에 우선 그들이 가졌던 우리라고 하는 관념에 대한 새로운 개념구성의 시도를 통해 그것을 따져보아야 그것이 과연 우리의 지금의 실천적인 목적에 부적합한 것인가, 아니면 실은 우리가 오해했다 뿐이지 실천의식의 면에서는 같은 것이었는가 하는 것이 밝혀질 거예요. 철학적인 비유를 쓴다면 부정된다는 것은 긍정에의 진실한 씨앗이죠. 그런 의미에서 이렇게도 정리해 볼 수 있지 않을까. 개인의 지혜라는 것이 결국은 외계에 대한 적응능력이듯이 한 존재로서의 민족 단위를 설정할 때, 그것이 외적 또는 내적 충격에 대처한다는 것을 적응과정으로 일단 파악하고, 둘째로 근대적 내셔널리즘이건 혹은 소박한 의미의 한 겨레라는 관념이든 간에 이 논리의 단계에서는 구별하

지 않는다면…… 적어도 역사적으로 명백하게 한 겨레라는 '의식'
을 검증할 수 있는 이후의 우리의 조상들은 대체로는 제법 훌륭하
게 시대상황에 적응해서 겨레의식을 수호한 것이 아닐까. 하기는
단군시대까지 올라가서 민족단위를 설정하는 학자도 있습니다만,
난 잘 모른다고 해 두고, 아마 삼국통일시대 이후는 적어도 정치적
통일단체 형성의 시기요, 그에 따른 관념상의 노력도 있겠죠. 그리
고 겨레로서 의식면에서 반영되고 자리가 확고히 잡힌 것은 내 생
각에는 고려의 초기 이후 같아요. 임금이 몽고 복색을 하고 제 나라
에 돌아오는 것을 보고 눈물을 흘렸다는 일연의《삼국유사》첫 장
이 단군시대로 시작되는 것을 보면 이미 그 때 겨레의 단일성이 의
식으로도 정착한 지 한참이 된 탓이 아닌가 생각됩니다. 물론 이 경
우 인류학적 의미에서, 또 인류사회학적인 면에서 백의민족은 본래
한 민족이었다고 보는 것은 내 얘기와는 관계가 없는 일입니다. 그
것은 그럴지도 모르죠. 고려 이후의 우리 조상의 적응 과정을 보면
이데올로기 면에서 가장 뚜렷한 것에 몇 가지, 또 몇 시기가 있었어
요. 하나는 고려 말 이왕조 초엽의 주자학 도입, 또 영조, 정조 간의
실학, 일제 하의 국학과 민족주의 운동이 아니겠어요? 하기는 민중
의 움직임으로 천주교도 들 수 있으되, 이데올로기의 운동으로까지
는 결실을 보지 못한 것은 모두 아는 바입니다. 지금 이러한 이데올
로기의 도입 또는 운동을 적응이라는 기준에서 보면 여러 가지 생
각해야 될 점이 많죠. 첫째는 일본 같은 나라와는 애당초 지리적 조
건도 다르고 문화권 내의 위치도 달랐습니다. 이미 성호 이익 선생
이 갈파한 대로 일본은 섬나라, 오래 작전지리상 유리했고, 또 문
화권 내의 변두리요 미개국이라고 관념된 나라에 당시 누가 관심

을 가졌나요? 한반도의 경우는 아주 다르죠. 지리에 있어서도 동북아시아에 군사적 변동이 있을 때마다 문제가 아니 될 수 없는 위치에 있을 뿐 아니라 옛 문화권에 있어서도 변두리에 머물 수만 없는 위치에 있었죠. 그 정치적 안정을 위해서도 그 당시 문화권의 성격에 밀착해야 되었죠. 따라서 선인들의 이데올로기적 적응도 이러한 상황조건에서 우선 보아주어야 될 것입니다. 이런 의미에서 우리 선인들은 상당히 탁월한 적응능력을 발휘한 적이 있었다고 봅니다. 그것이 때로는 사대주의적이라고 해서 오늘날의 기준에서 비난 받는 예도 있습니다만, 아마 그것은 사대주의가 과연 무엇이었느냐 하는 것과 동시에 오늘의 기준의 성격을 먼저 따져보아야 되겠지요. 물론 선인들의 적응태세는 당시 군사, 경제에서 약세였다는 점이 그 적응의 성격을 규정하는 데에 밑바탕이 되었죠. 그러나 그 당시 왜 강대하지 못했느냐고 힐난하는 것은 너무 가혹하고 오히려 어려운 환경에서 적응해온 과정을 정당하게 평가해보려는 것이 올바른 일이겠죠. 그때그때의 시대적 제한, 신분사회의 약점, 왕조제도의 문제, 특히 구한말의 적응 불능의 경직된 정치 같은 마이너스 점도 있었습니다만 민족 전체의 활기라는 점에서는 적응능력이 높은 것으로 나는 이해하고 있어요.

적응이 독립이냐 종속이냐

노재봉 지금 하신 말씀 중에 한 가지 문제가 나타나는데 적응능력이 있어서 적응할 수 있었기 때문에 이제까지 버티어 나올 수 있었다고 말씀하지 않았습니까? 문득 찰스 다윈이 떠오르는군요.

그런데 적응과 생존의 문제가 이야기될 수 있다고 하면 적응과 독립이라고 하는 것도 별도로 문제가 되지 않을까요? 적응의 결과로 단순히 생존했다는 것과 독립이 되었다는 것은 다르지 않을까요?

이용희 어떤 독립? 정치적 독립? 근대적인 의미의 정치적 독립?

노재봉 제 의견이라기보다 일반적인 통념을 이야기하는 것입니다만, 가령 역사적으로 보면 우리는 중국문화라든지, 중국사회라든지, 중국제도라든지 이런 것과 아이덴티파이identify함으로써 생존해왔는데, 이것은 진정한 의미에서의 자아는 아니고, 또 반드시 오늘날 우리가 의식하고 있는 의미의 독립은 아니지 않느냐 하는 것입니다. 이러한 식의 적응은 사실은 종속관계가 아니냐하는 것입니다. 이러한 의미에서 전통적으로 해온 적응양식이 달갑지 않다는 것이지요.

이용희 내 생각으로는 그런 식의 관념 자체가 상당히 천박한 데가 있는 것 같아요. 왜냐하면 거기엔 두 가지 문제가 혼합되어 있어요. 문화형태로서 흡수한 것과 정치적 독립관계를 혼동해서 이야기하는 것 같아요. 정치에서는 종속적 관계나 독립관계는 힘의 관계로써 규정되어 왔어요. 지금 내가 이야기하고 있는 것은 의식형태로서의 문화적인 적응, 문화적인 수용관계예요. 문화적인 수용관계가 아니고 근대적인 의미에 있어서 정치적인 독립이 있었느냐, 다시 말하면 유럽적인 의미의 독립이 있었느냐 하는 것은 애당초 문제로서 성립되지 않아요. 왜냐하면 그런 식의 독립은 과거의 동남아, 동북아세계에서는 개념으로도 존재하지 않았으니까. 그러한 개념은 문제가 되지 않아요.

다음에 정치적인 힘에 있어서 왜 강대하지 못했느냐, 조상들이 강대해서 몽고의 칭기즈칸이 세계를 지배하듯, 당 태종이 서역을 경영하듯 청조가 중국을 유린하듯이 왜 유린하지 못했느냐…… 이런 문제에 대해서 우리가 얘기하는 것은 아니지 않겠어요? 그것은 아주 소박한 문제의식이니까 별로 문제 삼지 않겠어요. 이 말의 뜻은 조상들이 왜 전지전능한 조건을 갖고 있지 못했느냐고 욕하는 것과 같아요. 그들의 약점이 있었던 것은 사실이지만 그들이 놓여 있던 환경도 고려해야 되죠. 지금 정치적인 힘의 관계를 잠깐 두고 문화수용에 대해 말한다면 독립이니 종속이니 하는 것은 천박한 말이 아닙니까. 마치 왜 문화의 원적지가 되지 못했느냐 하는 말과 같아요. 그런데 이상스러운 것이 있어요. 지금 유럽에는 기독교국가가 많은데 기독교는 그 발단이 서구에서 나온 것이 아니에요. 현재 헤브라이즘이나 헬레니즘을 많이 논하는데 헤브라이즘이든 헬레니즘이든 서구의 문화가 아니에요. 그러면 서구도 종속인가? 그러한 유치한 발상으로써 우리 조상들의 문화수용을 논한다면 그것은 애당초 현재 있는 사람들이 얼마나 조상들보다 떨어지는 수준이냐 하는 말밖에 안 돼요.

노재봉 지금 문화수용의 문제가 나왔습니다만, 가령 주자학을 예로 든다면 주자학적으로 적응을 해서 우리 민족, 곧 우리가 결정이 되었다고 할 때 설령 통속적인 이해에 따라 주자학은 남의 것이었고, 그런 의미에서 그것은 사대주의적인 것이었고 우리의 것이 아니었다고 말하겠지만, 역사적인 전개라는 점에서 사회사정, 정치제도 등 여러 가지를 종합해 보면, 잘 알지는 못하지만 주자학을 받아들이기는 했지만 확실히 우리의 상황은 중국의 상황과는 달랐던 것 같습니다.

이용희 한국의 주자학은 우리의 것이고 한국의 실학은 우리의 것이고 한국의 국학은 우리의 것입니다.

노재봉 그래서 사상적인 내용이나 사회적인 것이나 제도적인 것도 중국과는 다른 발전을 해오지 않았는가 합니다. 요사이 서양 사람들은 이 점을 의식하기 시작했는데, 말하자면 한국을 중국의 일부라고 생각해 왔으나 따지고 보니 한국은 중국과는 다른 뉘앙스를 갖고 발달해 왔다는 것을 알게 된 것입니다. 이런 경우 인류학적인 연구를 보면 발전단계설이 있는데, 이것은 어떤 외적인 요인의 영향을 받지 않고 그 자체 내에서 무엇이 싹터 오는 것을 말하는 것이 아니겠습니까? 문화전파설은 외부요인의 영향을 받는다고 하는 것이지요. 그린데 주자학을 받아들였을 때 중국과 같아지지 않고 우리 나름대로의 어떤 독특한 형태가 되었다고 하는 경우, 어째서 그렇게 되었을까요? 다시 말해서 토착적인 요인에 의해 중국의 학문과 사상이 받아들여졌는데 이 토착적인 요인이 무엇이었느냐, 무엇이 작용해서 중국과는 다른 발전을 하였느냐 하는 문제가 생깁니다. 곧 여러 가지 다른 문화를 수용하되 문화의 원산지의 형태와 같아지지 않도록 한 요인은 무엇입니까?

고유문화 있다는 것은 신비설

이용희 그것도 그럴 듯하게 들리기는 하지만 기본적으로 따지고 보면 신화설이예요. 속담에 '같은 날에 나온 손가락도 다 다르다'는 말이 있지요. 한반도만 하더라도 지역에 따라 생활형태가 다르고 집안에 따라서 다릅니다. 곧 우리 인간생활을 조건 짓는 영향은 무수해요. 물질적인 영향도 있겠고 정신적인 영향, 역사적인 영향, 기타 사회생활에서 나온 영향도 있어요. 이와 같이 특이한 영향이 복합되어 있는 곳에 어떤 문화가 들어와서 원산지의 형태를 그대로 유지하고 있다면 그것이 오히려 이상하지 않아요? 가령 지금도 호남, 호서, 영남, 관서 할 것 없이 다르다고 생각하면서 논하지 않아요? 이 말의 뜻은 공통된 것 외에 우리 힘으로는 어쩔 수 없는 풍토적인 요인을 인정한다는 것입니다.

그런데 이렇게 생각하지 않고 외국의 문화를 수용하면 마치 그 문화가 우리 생활의 전부인 것처럼 생각하고, 그것이 다르게 전개되고 다르게 발전되면 그 문화 전부와는 다른 또 하나의 무엇이 있지 않느냐 하는 식으로 생각해요. 그래서 그 무엇을 신비롭게 생각해서 그것이 우리 고유의 것이 아닌 하는 식으로 말하는 사람들이 많이 있어요. 내가 보건대 그것은 일종의 신비설이예요.

사람이 갖고 있는 문화형태 전체를 전부 다른 데서 받아들이는 일은 인간이 할 수도 없는 일이고 또 역사상 있어 본 적도 없어요. 사실상 우리가 중국의 주자학을 받아들였다고 하지만 주자학은 우리 문화생활의 일부에 그것도 의식의 레벨에, 그것도 이데올로기의 레벨에서 일부를 받아들여서 우리 생활이 갖고 있는 생활감이나 정치생활의 정당성을 안정시키는 명분으로 작용시켰다는 데에 불과해요. 곧 우리 생활, 혹은 우리 생활이 포함하고 있는 문화의 어떤 조그만 부분에 받아들여서, 그것이 다른 문화의 협조체제 안에 있도록 한 데에 지나지 않아요. 따라서 왜 주자학을 가져 왔는데 우리나라에서는 중국과는 전개가 다르고 양태가 달라졌느냐 하지만 안 달라지면 이상하지. 왜냐하면 문화요인 간의 협조관계가 다르지 않아요? 생활형태가 다르니까 협조관계가 다르지 않겠어요?

노재봉　생활형태가 달랐다고 하셨는데 그 달랐던 것이 무엇이냐 하는 것입니다.

이용희　그 말은 무슨 말인가 하면 아까도 말했지만 물질적 기반, 또는 역사적 기반이 각 지역마다 모두 달라요. 그런데 우리가 지역마다 모두 다르다는 것이 마치 특수한 것 같이 봐서 왜 다르냐고 말한다면 그것은 보편적인 개념을 특수화해서 말하는 오류밖엔 안돼요. 다시 말해서 역으로 어떤 문화가 수용돼서 다른 지역에 들어와 원산지의 문화형태를 그대로 유지했던 예가 하나라도 있어요? 역사적으로나 현실적으로나 다른 것이 당연한데 당연한 것을 마치 당연하지 않은 것처럼 말한다면, 그것은 신비설이예요. 나는 그러한 신비설을 믿지 않아요. 다만 어떤 생활형태에 어떤 문화 콤플렉스가 들어와서 그 생활형태와 어떤 관계를 이루는가 하는 것을 실증적으로 연구하는 것은 가능하고 또 바람직한 일이지. 그러나 어떤 문화형태가 다른 지역에 들어와서 왜 그대로 있지 않고 변했느냐 하면, 역으로 왜 그대로 있어야 하느냐고 묻고 싶지. 그런 일은 있을 수 없거든. 있어 본 예가 있어요? 그러니까 위와 같은 질문은 애당초 이상한 논리적 오류를 범하고 있어요. 보편개념을 마치 특수개념처럼 말하고 있어요. 그렇기 때문에 중국의 것이 들어와서 한국적인 것이 되는 것은 당연하고 또 당연하죠. 음악도 그렇고, 그림도, 춤도, 옷도 그래요. 또 한국만이 그런 것이 아니에요. 어떤 사회에서도 마찬가지에요. 소박사회, 지금의 소위 미개사회로부터 문명사회에 이르기까지 예외가 하나도 없어요. 그런데 지금 굳이 그런 식으로 생각하는 발상, 그 자체가 사실은 현대한국 사람이 갖고 있는 독특한 선입견에 (그것이 자발적이건, 외국인에게 이양받았던지 간에) 귀결되는 것이지요. 그런데 왜 그러한 선입견이 생겼느냐? 아마 가장 큰 이유는 외국 사람들, 특히 일본인들이 우리 자체에 어떤 특수성을 인정하지 않는 것이 유리한 입장에 섰던 사람들이라는 것이지요. 말하자면 그 사람들은 우리 존재의 개성 혹은 생활양식의 특수성을 무시하려고 했어요. 그래서 외래적인 중국적인 요소, 인도적인 요소(불교와 조소의 경우)만 보려고 하지요. 따라서 들어온 것만 문제를 삼고 다른 것은 문제시하지 않으니까 원산지의 원형만이 문제가 되지 않겠어요?

그러나 주자학도 중국적인 것만은 아니거든. 그런데도 퇴계의 설 중에서 주자에 연沿해서 설명한 것이 아주 훌륭하다고 해서 퇴계의 설이 마치 중국적인 것처럼 보려고 해요. 이런 말을 하는 사람들은 사실한 어떤 특수한 정책적 목적이 있어서 그런 말을 하는 것인데, 그 말을 하도 듣다 보니까 우리들이 열등감이 생겨서 굳이 다르다는 것을 주장하고 싶어지지요. 자기를 주장 안 할 수가 있나? 어느 존재든지 존재하는 이상에는 자기존재를 주장하는 법인데, 자기를 주장하려다 보니까, 마치 한국적인 것은 없고 중국적인 것만이 있다고 하는 것이 보편개념 같고 자기를 주장하는 것이 소수의 견이요 특수한 것 같아서 자꾸만 고집을 하다가, 어떤 외부 사람이 그렇다고 인정을 하면 자기 뜻을 얻은 듯이 좋아하는데, 따져보면 우리가 요새 얼마나 궁해졌길래 이렇게 됐나 싶어요. 외국 사람들이, 특히 일부 특수한 사람들이 한국적이라고 생각되는 특수성을 보지 않으려 하고 중국적인 것만 보려고 하는 데에 하도 화가 나서 아까 말한 선입견까지 생겨 묘한 논리를 전개해서 우리 고유의 무엇이 따로 있는 듯이 주장하는데, 그러한 신비한 무엇을 외래적인 것 외에 따로 설정하는 것이 올바른 주장같이 생각한다면 솔직히 말해서 논리로서도 소박하고, 주장으로서는 그 동안 얼마나 당해왔느냐 하는 것을 느끼게 돼요.

노재봉　만약 그러한 논리가 잘못된 것이라고 한다면, 이러한 잘 못된 논리를 주장하는 것이 민족주의적이라고 생각하는 요즈음의 일반적인 통념에 잘못이 있는 것이 아닌지요?

국학운동은 유럽적 근대화운동

이용희　그런 식의 민족주의가 어느 시기에는 필요해요. 비록 잘 못되었다 하더라도 우리 것이 없다는 것이 항거하기 어려울 정도로 자꾸 프로파간다되는 경우, 이에 맞서 항거하였다는 데는 의미가 있어요. 따라서 이러한 민족주의가 필요한 당시에는 의미가 있어요. 항거하는 것이 옳지 않아요? 다만 문제는 그 시기가 넘었는데도 그것만 주장하는 경우에는 항거의 역점이 바뀌어야 될 텐데, 바뀌지 않기 때문에 상황과 맞지 않는다는 인상을 받지.

좀 더 구체화해서 아까 노 박사가 통속적인 견해에 이런 것이 있다고 소개할 때에 지금 주로 일제하의 국학운동, 그 민족주의적인 역사관 같은 것에 비판이 쏠리고 있다고 했지요?

노재봉　네.

이용희　그렇다면 나는 그것을 국학운동이 갖고 있는 진정한 의미의 건설적이고 중요한 공적을 잊어버린 것이라고 생각해요. 국학운동이 일제의 과도한 정치적 야욕에서 나온 선전에 저항한다는 것이 노골적으로 드러났던 것은 사실이지. 그리고 그것이 중대한 의미가 있어요. 그 당시 그것은 아주 훌륭한 일이었어요. 그러나 지금에 와서 뒤돌아 볼 때 국학운동의 진정한 의미의 중요성은 이러한 점에만 있는 것이 아니고 사실은 더 중대한 것이 있어요. 표면상으로 보면 국학운동이 우리나라의 역사를 소위 근대적인 민족주의 개념, 유럽적인 것에서 보았다고 하는 점이 눈에 띄어서 그 구체적인 국사관, 역사관이 자꾸 얘기되는 것 같은데, 기실은 배후에 있는 것이 더 중요해요. 왜 그러냐 하면 우리나라가 근대 이후에 세계사의 조류에 적응하는 과정에 있어서 근대유럽의 민족주의를 도입한 것은 자아를 세우려는 입장이 아닙니까? 정치적인 면에서 근대국가라고 하는 정치적인 단위로서의 우리를 주장한 것이 아니겠어요? 기실은 국학운동이라고 하는 국수주의적인 역사관을 통하여 일제의 이데올로기적인 탄압에 저항을 하는 사이에 알게 모르게 유럽적인 근대적 민족주의가 실천적인 지표로서 전개되었다는 것이 아주 중요하지요. 그 당시 나는 청년이었지만, 국학운동이 벌인 여러 가지 실천운동을 통해, 역설적이지만 국수운동을 통해 근대적인 유럽의 민족주의 사상이 완전히 우리 것으로 받아들여졌거든. 이것이 매우 중요한 것인데 이를 무시하고 있어요. 선인들이 국학운동의 실천을 통해서 유럽적인 근대민족주의를 완전히 우리 문화권으로 받아들이지 않았더라면 아마 현재도 우리는 근대화과정에서 유럽적인 근대민족주의에 적응하려고 애써야 할 거예요. 국학운동을 한 사람들이 일제하에서 한 저항은 표면상 국수적인 역사관과 어문관語文觀의 형식으로 새로운 국민관을 모색하였지만 그 배후에 있었던 것은 진정한 의미에 있어서 유럽적인 근대화 활동이었어요. 국학운동이 표면상으로는 국학이라고 해서 아주 완고덩어리 같지만 그 사람들이 가진 기준은 우리의 전통적인 것이 아니라 유

럽의 근대민족주의였어요. 그것을 갖고 모르는 새에 계몽의 지침을
삼은 셈이죠. 유럽사회에서도 민족주의 관념이 여러 번 변천을 했
으니까, 그 당시의 민족주의 관념이 제2차 대전 후의 민족주의 개
념과 혹 맞지 않을런지 몰라도 적어도 유럽의 근대적 민족주의를
받아들이는 데 있어서 국학의 실천의식은 엄청난 영향을 주었어요.
좋은 예로 3·1 운동을 보세요.

3·1 운동은 민족의식을 세계사에 연결시켜

3·1 운동에 대해서는 여러 가지 평가가 있지만, 나 개인으로서는
왜 논의되지 않나 하는 한 가지 점이 있어요. 3·1 운동은 민족주의
운동과 연관이 있는 것인데, 결정적인 의미는 무엇인가 하면 3·1
운동에 와서야 비로소 우리의 정치사적인 독립의식이 세계사적인
의식의 조류와 연결되었어요. 3·1 운동 전에도 의병운동 등 나라
를 되찾으려는 여러 가지 운동이 있었지만, 세계사의 조류와 의식
적으로 연결시켜서 생각하지 않았어요. 일종의 복구적 성격이 지배
적이었지. 우리 한반도의 전통적 자립을 목적한다든지, 일제점령의
배제라든지, 우리 조상들의 것을 지킨다든지, 왕권을 지킨다든지,
전통적인 문화를 지킨다든지, 단발에 반대해서 상투를 유지하여 우
리의 전통을 지킨다든지 하는 식으로 한반도라는 판국이 국면의
전부였어요. 김옥균도 동북아시아적인 국면에 그쳤어.

　그런데 3·1 운동에 와서는 적어도 의식형태에 있어서는 윌슨이
니 세계대전이니 하게 되었고, 심지어 소련 공산주의혁명이라든가
하는 세계적인 전개에서 민족주의를 세웠거든. 3·1 운동이 진정한
의미에서 중요한 것은 우리 한반도의 의식형태에 있어 의식적으로

자기의 역사성을 세계사에 연결시켰다는 엄청난 사실인데, 이점은 덜 강조되는 것 같은 인상을 받아요.

국학운동이 단군신화를 강조하고 구사舊事를 새로 풀이하고 일인들의 왜곡된 역사관에 저항하였다는 면만 말하지만, 실은 그런 운동을 했던 원동력이 유럽의 근대민족주의이며 이를 실천하였다는 면은 덜 주목되고 있어요. 오늘날 국학을 비판하는 젊은 학자나 청년들이 갖고 있는 비판의식의 원천도 그들이 뿌려 놓은 것이 아니겠어? 그것을 왜 무시하려고 해? 좋은 점은 덮어두고 약점만 자꾸 이야기를 하지?

노재봉 왜 그렇게 되었느냐 하면, 한국 인식이라는 문제가 왜 이 시점에 문제가 되느냐 하는 것과도 관련이 됩니다만, 지금 문제가 되고 있는 것은 무엇을 버릴 것인가 하는 것입니다. 이 선생님은 우리 선조들이 해놓은 것 가운데서 인정해야 할 것들을 주로 말씀하셨습니다만, 무엇을 버릴 것이냐가 문제이므로 오히려 선조들의 업적을 긍정하는 태도가 약화되어 있는 것입니다.

선인 업적을 긍정해 디딤돌 삼아야

이용희 내가 지금까지 선인들의 적응능력을 긍정적으로 보려고 애쓰는 이유는 기실 요사이 우리는 너무 선인의 유산을 부정적으로 보고 마치 생땅에서 새 출발하는 식으로 생각하고 말하는 탓이겠죠. 요사이 우리 것을 사랑해라 하는 것은 그릇이니, 그림이니, 활자니, 고적이니 하는 것을 애호하는 것인 줄 알고 그것을 만들고 또 그 속에서 인간으로 생활하던 사람 자체에 별로 애정을 담지 않는 것 같아서 그러는 것이죠. 그런데 민족의 진정한 의식은 민족 속에 자기라는 개個를 안정시키는 것인데, 이런 경우 자기 것, 또는 우리 것이라는 것은 하늘에서 비 오듯이 줄줄 떨어져 내려오는 것이나 혹은 상자를 열면 보이는 물건 같은 것은 아니죠. 민족에 의탁하는 자기를 찾는다는 것은 곧 민족을 찾는다는 것인데 그것은 애쓰고 힘써서 찾아야 되는 것이고, 또 꾸준히 노력해야 되는 것이죠. 그래서 가정교육, 일상적인 사회생활, 또 학교교육, 이밖에 정치, 문화의 여러 제도를 통하여 애써서 주입하고, 나와 민족의 관념을 깊은 애정으로, 잠재의식에까지 깊이 파고 들어가 연결시키고 그 위에서 그런 테두리 속의 자기를 안정시키도록 하는 것이 다른 사회의 통례입니다. 그런데 만일 이러한 자기존재의 양식으로서의 민족의식에 대한 애쓰고 힘들인 탐색과 노력, 아니 지적인 것을 넘어서 생의 양식으로서의 탐색을 하지 않고 물건 취급하듯이 무엇이 있지 않느냐, 우리 개개인 속에 그냥 내재해 있지 않느냐, 심지어 개념화해서 상식으로 알면 된다 생각한다면 이미 그것은 진정한 의미에서 자기를 잃은 것이죠. 자기를 우리라는 틀 속에서 진실로 살리려면 새로운 안정을 얻기 위하여 맞지 않는 저해요인, 또 묵은 것을 과감히 버려야 될 것입니다만 동시에 자기가 딛고 서는 긍정적인 면을 선인 속에서 발견하고 연결짓지 못하면 결국 우리라는 개념은 무無전통인 개념이 아니겠어요? 이런 의미에서 우선은 먼저 긍정적인 면을 한번 개괄해 본 것이죠. 디딤돌이 있어야 물을 건너기도 쉽지 않아요? 먼저 선인들이 남긴 여러 행위양식 중에 그것이 축적돼서 다음 시대의 사람들이 그 위에 서서 또한 발을 내밀 것이 없다면 역사개념으로 '우리'가 없는 것이고 유물만이 있게 되죠. 물론 적응 면에서 현실상으로 채택된 이데올로기 체계나 이와 연관된 사회습관이 오늘날의 것과 모순되는 경우가 많은 것은 당연하지. 가령 이씨조선에서 채택하고 인텔리들이 도입한 주자학은 비록 그때에는 불교를 위주하던 몽고세력에 대한 청산, 또 사대주의적인 정통사상에서 채택돼서 그것이 생활습관에까지 영향을 주어 오늘에 있어서는 때로 크게 저해요인이 되어 있지. 애당초 기본적으로 생명주의적인 근대유럽사상에 영향을 받고 그것에 적응하느라고 발버둥치고 있는 오늘의 한국 같은 아시아 사회에 있어서 기본적으로 반생명주의인 유교사상, 특히 주자학의 엄숙주의 아래 발달된 예의관념, 사회습성이 오늘날 이 사회에 알맞는다고 생각될 리가 없지. 그것이 얼마나 반생명주의적인 사상이냐 하는 것은 퇴계 선생 이래 소위 사단칠정의 논에 나오는 정情에 대한 관념으로 짐작할 수 있지. 이 점은 유럽 합리주의의 비조인 데카르트의 감정론 같은 이성주의의 입장과 비교해도 그 기본발상이 다른 것을 짐작할 수 있어요. 그러면서 근대유럽적인 것에의 적응과정에서 이 주자학설의 엄숙주의, 명분주의, 그리고 생활풍습이 안 맞는 것을 느끼면서, 자기들 자신이 새로 적응과정에 있기 때문에 이 점이 더 두드러지는 사실을 잊고 있지. 그저 본래 우리 것이 아니라나. 과거의 모럴이 현실에 비춰 보아 위화감을 주는 것은 당연하되 위화감을 주게 된 큰 이유가 원산지를 따지자면 또 하나의 남의 것인 것을 잊고 있지. 이 점에서만 본다면 적응상황의 시대적 차이지. 그러나 주자학의 명분주의를 결정한 동기 위주의 윤리관, 정서적인 것의 억제를 위한 성리주의, 주정주의는 그 시대대로 실천적 의미가 있었을 뿐 아니라, 본래 주자사상의 밑바탕에는 넓은 의미의 민족주의가 있었던 것은 대금對金강화 반대의 상주문에서도 역력하고, 또 한국의 주자학이 퇴계의 사상을 받은 일본 주자학파로 변해 강한 민족주의로 발전한 것을 보아도, 왕조변경기 곧 정권개변기의 모럴로 쓰인 이유가 짐작이 되죠. 따라서 모럴의 말단은 현재 새로운 적응에의 저해요인이 되고 있는 것은 틀림이 없으되, 그 구체적인 모럴과 이데올로기의 배후에 있는 적응의 방식, 혹은 왕성한 적응력은 우리가 오늘날 직결시켜야 되는 민족의 큰 줄기가 아닌가 생각돼요.

변증법적 발전이 바람직해

노재봉 그러니까 말을 바꾸면 직선적으로 우리가 앞을 내다보고 나가자고 하는 것이 아니라, 변증법적으로 나가야 한다는, 이러한 의미에서 과거를 보면 어떠냐 하는 생각이 듭니다.

이용희 옳은 말씀이에요. 변증법에서는 논리적인 형식구조보다도 진정한 의미의 구조가 중요해요. 테제가 테제다워야 안티테제가 나오고, 안티테제가 안티테제다워야 진테제가 나와요. 처음부터 테제답지 않은 테제를 잡으면 그 안티테제는 올바르지 못해요. 그런 의미에서 아까 내가 말한 것은 진정하게 과거를 비판하고 과거가 갖고 있는 의미를 활용하려고 한다면, 그 의의를 적극적으로 깊이, 또 건설적으로 비판해 주어야 한다는 것이죠.

변증법에 있어서 테제-안티테제-진테제라는 논리의 형식이 실재하는 것은 아니지 않아요? 그러한 형식은 어떤 사물의 전개에서 나오는 것이지 윤리가 왔다갔다 하는 것은 아니거든. 결국 우리라는 개념이 테제와 안티테제로 움직이는 것이 아니고 기실은 '우리'가 이런 식으로 움직이고 있는 것이지요. 아까 '우리'라는 개념이 모순을 갖고 있다고 한 것은 시대적 조건이 테제에서 안티테제로 온 것이 아니냐 하는 말이에요. 따라서 선인들의 의식형태의 어떤 약점을 건드렸다고 해서 안티테제가 되는 것은 아니에요. 진정한 의미의 안티테제는 선인의 옳았던 점, 긍정적인 면이 현재의 사회조건, 시대조건 하에서는 맞지 않는다고 하는 절실한 의식이 나와야 정립되는데, 그것은 그 긍정적인 면이 명백히 되어야 가능해요. 가령 국학이 유럽의 근대적인 민족주의를 계몽시키는 데 아주 큰 역할을 했지만, 현대에 와서는 우리의 민족주의가 과연 유럽적인 근대민족주의냐 하는 문제가 대두되거든. 다시 말하면 현대의 사회조건이 국학시대의 민족주의 형태로는 안 된다는 데서 문제가 나오지요. 국학시대의 시대조건, 특히 일제의 압박 하에서 국학하는 사람들이 그러한 테제를 가졌다는 것이 잘못은 아니며, 현대의 사회조건과 시대조건에서는 당시의 그것으로는 안 되겠다는 데서 안티테제의 문제가 나오는 것이 아니겠어요? 다시 중언하지만 선인의 업적이 정당히 평가되지 않는다면 오늘날에 있어서 문제설정이 되지 않는다고 생각해요. 테제가 설정되지 않고 안티테제가 설정될 수는 없지.

여기서 맨 처음 하던 이야기로 되돌아가면, 왜 새삼 한국 인식의 방법을 문제 삼느냐 하는 것이었는데, 이렇게 생각할 수 있겠지요. 조상 때에 있어서는 주자학 때나 실학 때나 국학운동 때나 '우리'라는 관념이 안정되어 있었어요. 물론 그 폭이 좁아서 '우리'라는 관념에 과연 현대의 민주주의적인 의미의 대중이 포함되느냐 않느냐 하는 것은 문제가 되지만……. 그 시대적인 조건이나 환경이 그럴 만하지 못했지만……. 그러나 우리라는 관념의 정립은 안정되어 있었어요. 그리고 안정된 조건 하에서 우리라는 개념이 넓어지는 경향이 있었어요. 주자학 때의 우리라는 개념은 아주 좁아서 사대부 계급에 국한되었고 실학 때에는 좀 넓어져서 중인까지 포함되었으며, 국학운동 때에 있어서는 비록 그 운동의 주동자가 지주계급이어서 많은 한계를 갖고 있기는 했지만, 적어도 명분상으로는 민주주의적인 국민관념을 갖고 있었어요. 이런 식으로 폭이 넓어지는 어떤 경향이 있었어요. 그런데 우리 시대에 와서는 넓어지는 문제보다는 그러한 '우리'라는 관념이 현 상황 하에서 안정되게 정립될 수 있느냐, 이런 분열된 상황 하에서 현실적인 감각이 당위개념으로서의 민족관과 어떻게 일치되느냐 하는 기본적인 모순에 빠졌어요. 이러한 새로운 양상 하에서는 바로 우리의 선대인 국학시대의 지주였던 내셔널리즘이, 자기모순에 빠져 있는 현재의 우리한테도 통용되는 민족주의냐 하는 문제가 나와요.

'불가분의 하나'라는 우리 개념 깨져 불안 느끼고

지금까지 오랫동안 과거를 논해서 지금 토론하고 문제설정의 의의가 명백해지는 것 같은데, 여기서 우리 민족개념이 가장 문제가 돼요. 그 이유는 처음에도 말했지만 보통 우리가 말하는 민족이다, '우리' 다 할 적에는 이건 분할할 수 없는 '하나'였지. 민족은 하나니까 민족에 들어갈 수 있는 사람은 다 포함되어 있는 하나의 민족이라는 불가분의 단위를 중심으로 여러 가지 상황, 기능, 활동, 전개를 보아왔어요. 그런데 현실적으로 그러한 단일감을 갖기 어려우니까 문제가 일어나는 거지요. 과연 단일한 단위, 불가분의 단위인가, 조금 더 깊이 들어갈 수 있는, 좀 더 세분할 수 있는 내부구조를 가진 무엇이 아닌가 하는 문제가 나올 거야. 다시 말하면 민족이라는 개념, 우리라는 개념의 구성요소를 재검토할 필요성이 있지 않느냐 하는 문제인데 이것이 현대적인 특징이야. 국학운동 때나 3·1 운동 때는 상상도 못한 이야기지. 사실은 3·1 운동 이후부터 문제가 나왔어요. 의식형태로서는 공산주의 운동을 하던 사람들이 3·1 운동 때까지의 민족이란 개념(아까도 말했지만 이 개념을 세계사에 연결시킨 것이 바로 3·1 운동이지요)의 개념 구성요소를 따지자는 파가 나타났어요. 그래서 당시 우리가 갖고 있던 유럽의 근대민족주의적인 민족개념에 혼란이 일어났어요. 그런 민족개념의 구성요소를 따지자는 입장과 그런 것을 따지지 않고 민족은 불가분의 단일체로서 하나다, 라고 하는 입장 사이에는 일종의 갈등이 생겼는데 그것은 의식적인 갈등에 불과하고 소수의 운동에 불과했지만 현대에 와서는 그렇게 단순하지가 않지. 지역적인 양단과 더불어서 그것이 이중으로 투영되어 왔어요. 따라서 아까 말한 불안감이 제고되었지. 내부구조를 갖지 않은 단일체라고 하는 것이 이제는 깨졌기 때문에, 그것이 현실감에서 깨졌을 뿐 아니라 개념으로서도 안정될 수가 없기 때문에, 현재 민족주의라는 말이 갖고 있는 어감이나 인상이 우리 선대인 3·1 운동 때나 국학운동 때와는 그 방향이 아주 달라졌어요. 오늘날에 있어서 우리가 느끼는 우리라는 관념, 또는 의식형태에 대한 불안정감의 근원이 바로 이 점에 있어요. 기실 이러한 문제는 어떻게 그 구성요소를 보아야 되느냐, 민족이라고 하고 우리라고 하는 경우에 내가 안주할 수 있는 한 고유개념으로서의 '우리'나, 이와 같이 구조가 복잡하고 또 구성요인 간에 일치단결이 아닌 분리 상황이 있는 경우, 민족주의를 어떻게 보아야 하느냐, 또 거기에서 생기는 불안정감, 민족개념에 내포된 불안정감을 어떻게 처리해야 되느냐, 이러한 불안정감과 분리감에서 나오는 현 상황에 대한 판단은 어떻게 되고, 이런 경우 그 외적 표현으로서의 우리 문화는 어떻게 보아야 되느냐, 뿐만 아니라 우리 문화와 다른 나라의 문화 사이의 관계는 어떻게 보아야 되느냐, 이런 문제가 나 올 거예요.

그런데 맨 처음에 내가 말한 바와 같이 우리 조상이 주자학 때 나 실학 때나 국학 때나 그 발상은 비록 방법이나 입장이나 시대 조건은 달랐지만 실천적이라는 점에서는 같았어요. 마찬가지로 현 재 한국 인식의 문제가 왜 중대하냐 하면 단순한 사실의 문제, 의식 의 문제가 아니라, 우리가 느끼는 불안의 성격이 실천적인 의미를 갖고 있다는 데 있어요. 이에 대해서 어떻게 이해하느냐, 개념하느 냐 하는 것은 곧 자기존재의 불안과 관계되고 그 불안을 해소하려 는 실천문제와 관련돼 있어요. 따라서 이것이 정치성을 띠고 실천 성을 띠고 있어 심각해지는 것이 아닐까요? 우리 사회에서 이 문제 가 갖고 있는 중압감 때문에 그 실천성을 솔직히 받아들이지 못하 는 사람은 일종의 허무감에 빠지고 자포자기하게 되고 어떤 경우 에는 한국사회에서 탈출하고 싶어지고, 우리라는 개념 속에 들어가 기 싫어하고, 이왕이면 일본 사람의 가면을 쓰거나 미국 사람의 국 적을 갖고 서양 사람의 탈을 씀으로써 불안감을 처리하려고 하는 일종의 허무주의, 자기분열주의가 나오지요. 따라서 이 사태를 어 떻게 하느냐 하는 문제가 나와요. 이것은 아주 고도로 실천적인 문 제이기 때문에 가장 다루기가 어렵지요. 그래서 나는 평소에 전진 적인 민족주의라는 개념을 갖고 현재 우리가 직면한 민족주의 개

넘을 재규정할 필요가 있지 않을까 하고 수차 이야기한 거예요.

　　노재봉　민족주의를 재규정한다는 것은 다시 말해서 아까 문제가
나왔던 것과 마찬가지로 우리라는 개념을 어떻게 재규정하느냐하
는 문제가 아니겠습니까? 그런 경우 우리 한반도가 갖고 있는 문제
는 무엇에 대해 어떻게 적응하느냐 하는 문제가 된다고 생각되는
데……

단일한 한국규정 어려운 오늘의 상황

　　이용희　이 문제를 더 심각히 파고든다는 것은 아무래도 적당한
자리 같지 않으니까 잠깐 보류하고 그 주변문제를 살핀다면, 한국
인식의 방법에 있어서 지금은 한국은 뭣이냐 하는 문제가 다시 나
오게 되겠지요? 처음 우리는 그것을 대한민국이라고 하는 개념보
다도 한국사회라고 규정하자고 했지요. 한국사회와 단일민족이라
는 것은 의식이 있는 개개인이 설정하고 있는 개념이다, 이렇게 생
각했어요.

　　그런데 지금 이 단계에 와서는 우리라고 하는 개념구조 속에는
여러 가지로 따져야 할 것이 있을 뿐 아니라 구성요소 사이에도 분
열이 있어서 아까와 같이 단순하게 한국을 규정할 수가 없어요. 아
까 우리가 일차적으로는 단순하게 규정을 했지만, 이 단계에 와서
는 한국 인식의 방법에 있어서의 한국은 아주 중요하며, 그렇게 단
순한 문제가 아니라 골치 아픈 문제지.

　　이제 방법에 대해 말한다면, 우리처럼 학문하는 사람의 입장에
서 본다면, 조작주의적인 입장에서 보면 대상에 적응해서 목표한
성과를 가장 잘 내는 것이 좋은 방법이고, 또는 만일 우리가 전통적

인 객관주의의 입장에서 본다면 그 대상에 내재하고 있는 성격에 따라 접근의 방법을 맞춰 가는 것이 진정한 의미의 방법이라고 생각하겠지. 그러나 지금의 경우에는 그것만이 아니다, 하는 것이 느껴져요. 왜냐하면 지금 우리가 말하는 방법은 현대의 유행에 따라서 실증적이고 과학적이어야 할지 모르지만, 동시에 고도로 실천적인 성격을 갖고 있어요. 실천과 떠난 어프로치, 요새 문자로 실증주의다, 혹은 과학적이다, 양화量化하여 측정가능하다 하는 그런 의미가 아니고, 한국 인식이라고 하는 경우 한국의 역사적인 성격 때문에 그 방법이 고도로 실천적인 성격을 띠고 있어요. 따라서 단순히 한국이라는 주어진 대상에 접근하는 단순한 방법이 아니라 자기의 존재양식을 규정하는 행위의 향방을 규제하는 방법, 실천적인 자기 생활에 어떤 가치관과 생활의 패턴과 행동의 방향을 설정해 주는 방법, 따라서 아주 실천적인 방법이 돼요.

노재봉 우리라고 하는 것이 문제가 되고 있는 이 시점에서 민족성이라는 것도 악센트가 많은 문제가 아니겠습니까? 과연 민족성을 말할 수 있느냐 없느냐 하는 문제는 학문상으로도 논란이 많은데 만일 이야기될 수 있다면 민족성이란 무엇일까요?

민족성을 말하는 것은 열등감의 발로

이용희 학문적으로 민족성이라는 것은 모델개념이에요. 모델개념 이외의 아무 것도 아니에요. 민족성이라는 것이 따로 있는 것은 아니고.

노재봉 막연히 저널리스틱한 입장에서 우리라고 하는 한민족을 전체로 포함해서 이야기할 수 있을지는 문제입니다만, 좌우간 답답

하고 못된 민족성이 있다고 하는데…….

이용희 그렇다면 우리 사람들이 가진 독특한 열등감이죠.

노재봉 그런데 단순히 열등감이라고 해서 처리하기에는 현실의 생활이나 의식작용에 미치는 영향이 너무 크고, 역시 그것이 문제가 되는데요…….

이용희 통속적인 이야기죠. 현대한국을 생각하는 경우라도 민족성이라고 해서 현대한국의 모델을 분석하는 경우도 있겠고 사회의 대집단이나 소집단, 농촌사회연구, 문화비교 등 여러 방식이 있는데, 사실은 지엽말단의 일이지 절실한 자기 존재에의 탐구, 또는 자기존재의 불안감과 연관된 것은 아니에요.

정말 중요한 문제가 있지. 아까 노 박사가 통속적인 어떤 견해를 소개한다는 의미에서 전통적으로 민족개념은 윤리적이고 당위감에 차 있다, 이것을 납득하기 어렵다고 하는 것이 통속적인 사조라고 하셨죠? 나는 그러한 통속적인 사조가 있다는 것을 인정하면서 그러한 통속적인 사조에 구애받지 않고, 민족개념은 당위적인 것이 된다고 판단해요. 그 이유를 간단히 설명하죠.

지금 우리라고 하는 민족관념에 대해 불안을 느끼고 동시에 이에 대한 저해요소 또는 괴리관계를 논하게 되고, 역사적인 연관에 있어서 역사에 대해 위기라 할까, 불안감을 안고, 따라서 그 전망에 대해 예측할 수 없다는 자신 상실감을 느끼는데 이러한 가운데서도 우리를 뒤에서 지탱해 주는 것은 무엇일까? 가령 일시적이기는 하지만 현실적으로 지역적인 분열이 있고, 또 분열이 아니더라도 애당초 우리라고 하는 민족관념 자체 내에 내재된 구조적인 어떤 요인의 분석이 필요하고 이 구조적 요인 간에 균열이 있을지도 모른다는 것을 느끼면서도 이 문제를 논하게 된 이유는 무엇일까? 우리 개개인, 너나 할 것 없이 개개인의 오늘의 생을 현재와 같은 세계사회에서 영위해 가려면 불가불 한반도를 중심으로 한(역사적으로나 사회의 풍습으로나 언어상으로나 뭣으로나 관계되고 있는) '우리' 관념에 우리 생을 당위적으로 연결을 시켜야 편하지, 그렇지 않으면 못 견딘다고 하는 것이 전제되어 있지 않아요? 현재 우리가 불안을 느끼면서도 이 불안을 그대로 탈피할 수는 없고 대다수는 이러한 불안에도 불구하고 기본적으로는 하나의 우리여야 한다고 생각하는 것은 당위감에서 나오는 것이야. 곧 아까 말한 전진적 민족주의의 단계에 있어서는 민족개념에 대한 처리가 전통적인 시기와는 다르고, 따라서 민족을 단일체로 보지 아니하고 단일 속에 있는 구성요소에까지 들어가지 않으면 안 되며, 또 그것이 현실적인 사태와 합쳐서 복잡한 양상을 이루고 있지만 기본적으로는 하나의 민족이 되어야 한다는 당연감 때문에 우리라는 관념이 유지되는 것이 아니겠어요? 뿐만 아니라 우리의 모든 문제의 타개점은 이러한 당연감으로써 어떻게 안정감을 얻을 수 있느냐 하는 노력에 집결되는 것이 아닐까?

노재봉　그런데 이러한 요청이 있습니다. 그것이 당위라고 할 적에 그 당위가 어떤 식으로 객관적으로 검증될 수 있느냐 하는 것이 문제입니다.

이용희　이미 답이 나온 줄 아는데……우리끼리 싫어하든 좋아하든 남들이 우리를 하나로 본다는 객관적 조건이 있고, 또 우리가 역사적으로 하나로 생각해왔다는 습성도 있고, 또 우리의 여러 가지 생활형편이 하나의 단위로 생각하는 것이 편하다는 점도 있고……,

또 방법에 대해서도 우리 한국이라는 것을 당위적인 하나로 안정하는 것이 타겟이라고 한다면 그 방법은 실천적인 것밖에 없다는 것, 실천을 매개로 하지 않는 방법론은 의미가 없다는 이야기도 되겠고…….

노재봉 아까 뒤로 미룬 문제로서 전통 속에는 좋은 것만 있는 것이 아니고 나쁜 것도 있는데, 이것을 어떻게 버리느냐, 어떻게 탈피하느냐 하는 문제가 있었는데, 지금까지 말해왔던 큰 테두리 안에서 버려야 할 것이 무엇이냐 하는 문제가 언급되어야 하지 않을까요?

현대의 민족주의는 전진적이어야

이용희 여러 기회에 내가 국학시대의 민족주의, 다시 말해서 의병운동으로부터, 아니 동학운동으로부터 국학운동까지의 것을 저항적 민족주의라고 말하고 현대는 그것이 전진적 민족주의여야 한다고 말했습니다. 왜 전진적이냐 하면 저항적 민족주의 속에 저항의 필요 때문에, 통일전선의 필요 때문에 우리 사회의 시대적 조건에 맞지 않는 많은 요소들을 그대로 포섭하지 않으면 안 되었는데, 이러한 요소들을 청산할 단계가 되었어요. 또 한편 민족주의는 남에 대한 대항, 남에 대한 우월의 표시, 남에 대한 '나'라는 면도 있으면서 동시에 민족 내부의 민주화라는 국민주의의 면이 있지 않아요? 저항적 민족주의는 전자가 강조된 것이고 아마 전진적인 것은 후자가 강조되는 경향이 있겠죠. 이러저러한 면에서 전진적 민족주의라는 것이 문제되겠죠. 따라서 이 물음에 대한 답은 이 이야기 속에 이미 포함되어 있는 셈인데…….

노재봉　전진적인 민족주의로 나가기 위해 저항적 민족주의에서 버려야 할 것이 무엇이냐를 구체적으로……, 예를 들면 요전에 모든 것이 다분히 권위주의적이다, 라는 말씀을 하시지 않았습니까?

이용희　아까 우리가 말하듯 형식적인, 또 속된 의미의 테제와 안티테제라고 하는 것을 그냥 웃음거리로 받아들여서 이용한다면 주자주의적인 것에서 나왔던 안정감이 현대에 와서는 우리 안정감을 이루는 것이 아니라 깨트리고 있다고 볼 수 있죠. 새로운 안정감을 갖는데 저해요인이 되고 있어요. 비생명주의적인 그러한 형식주의랄까, 주자주의적인 것이 갖고 있는 가부장적인 권위주의라든가, 혹은 그러한 형식주의에서 나와 있는 여러 가지 의례적인 생각이라든가, 동기주의라든가, 더욱이 지도방침에 있어서 일반대중의 자치적인 능력을 지도자가 반영하는 것이 아니라 우매한 대중을 월등한 지도자가 이끌고 나간다고 하는 식의 지도개념이라든지 그러한 식의 관념, 그리고 그 다음에는 왕조 말에서부터 국학운동에 이르는 시기의 근대적인 민족주의가 갖고 있는 약점, 곧 하나의 '우리'라고 하는 개념이 사회체제에 있는 경제적, 사회적, 문화적 혹은 세대적 모순을 덮고도 남음이 있을 만큼 강인하다고 생각하는 일종의 오해, 그것으로 모든 것이 다 유지된다고 하는 오해, 이러한 것의 청산이 전진적인 민족주의에 관련되겠지.

노재봉　아까 적응의 능력을 강조하셨는데 적응에 실패한 경우는 어떤 것인지요?

요즈음 근대화는 시행착오 너무 많아

이용희　적응에 실패한 경우는 대단히 많지요. 적응이라고 하는 것은 시행착오적인 요소가 많지 않아요? 가령 요사이 볼 것 같으면 우리가 구미적인 전진을 해야 한다는 생각에서 근대화를 택하는 경우에 있어서도 물량주의적인 요소를 너무 과대평가한다든가 또는 근대화가 가진 타겟이 근대화를 이룩한 사회에 있어서조차 현재 부인되고 있는데, 공해라든가 기타 여러 가지 문제 때문에 부인되고 있는 사태에 대한 분석은 하지 않고 일단 따라가려고 한다든가, 또는 우리 사회 규모에 어떤 규모가 맞느냐 하는데 대한 고려가 적다든가 또는 객관주의, 과학주의라는 명목 하에 일반적으로 구미적인 객관주의, 과학주의를 지지하면서 마치 보편적인 객관주의, 과학주의가 있는 것처럼 착각한다든지 하는 것이 모두 시행착오적인 문제지. 더 여러 가지 문제가 있지만 그것은 다 짐작할 수 있으니까 생략하고……. 이러한 시행착오를 가장 적게 줄이는 올바른 방법은 다른 게 아니라 자기분석이지. 철저한 자기분석, 우리에 대한 분석, 단일한 우리라는 관념이 갖고 있는 역사적 전통에 대한 분석, 구성요인 간에 있는 균열의 성격문제 등, 현재 우리가 갖고 있는 여러 가지 문제가 명백히 되어야 비로소 남에 대한 관계가 명백히 되는 것이지요. 또한 우리니 나니 하지만, 비교적으로 말하자면 다른 사회의 ‘우리’에 대한 ‘우리’거든. 따라서 그런 의미에서 다른 사회는 우리는 거울 같은 역할을 하지요. 이런 의미에서 타 사회에 대한 연구가 필요해요. 그러나 연구다, 비교다 하지만 그것은 아까 말한 우리의 논리에서 본다면 지엽문제예요. 근본문제는 아까 방법론에서 말했듯이 ‘우리’라는 생의 양식의 불안을 제거할 수 있는 실천적인 의미의 의식이 섰을 적에 그것이 그대로 방법으로서 나오는 거예요. 그때의 방법은 객관주의다, 과학주의다, 주관주의다 하는 저차원의 방법이 아니라 인간의 생 그대로에 연결되는 것, 즉 나의 생, 또 나의 생의 안정의 기반으로서의 우리, 그 우리가 안정되는 것이 곧 나의 안정이고, 나의 안정이 곧 우리의 안정이지. 또 우리가 갖고 있는 물질적, 사회적, 기타 객관적인 기반에 연관되는 것에 대한 자기태도의 결정, 또 그 태도에서 연관되는 행위의 결정이라는 것에 연결되는 실천적인 방법이에요.

노재봉 지금까지의 이야기하고는 다른 문제가 될지 모르지만, 문화수용의 채널 말인데요, 문화수용을 해서 그것이 우리적인 것이 되려면 상당히 시일이 걸리지 않겠습니까? 한 세대를 30년으로 잡으면, 30년이 되어도 안정되지 못하고 흔들리는 불안이 있지 않습니까?

외래문화 안착의 명분은 인텔리가 만들어

이용희 그렇게 보는 수도 있지만, 나는 조금 다르게 봐요. 현재는 문화수용의 기술적인 조건이 아주 달라졌어요. 가령 이씨조선 시대만 하더라도 문화수용은 계층의 문제였어요. 소위 사대부층이지. 사대부층에서도 특히 독서자라고 하는 층, 곧 인텔리지. 문화수용의 전매업자지요. 이들이 채널이 되는데, 이들이 집권층과 결탁이 되면 그 문화가 확산돼요. 어느 정도까지 확산되느냐, 말단까지 가느냐 하는 것은 의문이지만. 우리 사회에서 보면 확산하는 깊이가 얕지 않아요? 이씨조선 시대에 있어서 샤머니즘이나 불교가 그대로 유지되었던 측면을 보면 알 수 있지만.

주자학적인 상부문화도 그것이 내려간 층은 얼마 깊지 않았어요. 따라서 우리 사회는 문화의 구조로 보아서 주도적인 문화형태

는 이중적이었지. 그런데 그때는 지도계급이 밑바닥계급까지 내릴
필요가 없다고 생각했는지도 몰라.

일제시대에 있어서는 문화수용이 상당히 넓어졌지만 그래도 지
식인이라는 좁은 채널의 성격이 꽤 강했어요. 그렇기 때문에 어용
학자나 일본 유학생들의 영향이 쉽게 좁은 채널을 거의 독점했지.

그런데 지금에 와서는 퍽 달라진 것이 현재의 문화수용은 지식
계급을 매개로 하지 않는 경우가 압도적이거든. 가령 팝송이 들어
오는 것을 봐요. 다시 말하면 매스컴을 통한 대중접촉에 의해 직수
입되고 있어요. 그러면서도 한편 우리 사회에서 문제가 되는 것은
우리 사회의 문화의 가장 중요한 명분, 곧 정당성에 관계된 분야는
지금도 여전히 지식인을 통해서 들어온다는 점이예요. 문화의 지엽
적인 현상은 대중접촉으로 들어와도 문화의 명분, 소위 레지티머시
라는 것은, 또는 그 문화를 정당화하는 것은 인텔리들이에요. 가령
요새 말하는 민주주의 이론이나 전통, 사상의 전파를 보면 알 수 있
어요. 인텔리에 의해 명분이 세워지면 지엽적인 것도 오래 유지돼
요. 그것은 이씨왕조 때나 마찬가지야. 다시 말하면 인텔리겐차가
명분을 공고하게 하고 이를 유지하며 정권과 합작했을 때는 여기
에 연관된 잡다한 문화적 현상도 오래 유지돼요. 이러한 레지티머
시가 없으면 곧 변해서 생활화하지를 못해요. 그런 면에서 지식인
의 문제가 중요해지지요. 따라서 지식인은 문화수용에서 보면 문화
전파의 대리점이지요.

경제적 후진성 때문에 지식인의 어용화 불가피

그런데 어떤 경우에는 대리점이 매판역할을 해요. 우리나라의 경우

에는 지식인이 아까 말한 진정한 한국 인식의 방법과 연결이 안 될 경우에는 자칫 매판적인 지식인이 될 가능성이 대단히 많아요. 또 이러한 지식인들이 레지티머시를 부여하여 들여온 문화는 우리 문화에 안착할 가능성이 적어요. 수요에서 달라지니까. 이런 의미에서 지금도 역시 진정한 의미의 문화수용 형태에서는 지식인의 힘이 클 뿐 아니라, 자기들의 깊이, 자기존재의 깊이, 존재가치, 자기존재의 의미를 씹는 지식인들을 통해서만 진정한 문화수용이 가능해요. 지금 현재로 보아서는 우리 사회에는 이러한 요인이 적어요. 그래서 문화수용의 양태가 아주 피상적일 뿐 아니라 우리한테 플러스적인 것이 아니에요.

아마 지금 우리 사회에서의 문제는 지식인이 지식인으로서 독립이 되지 않았다는 것이 특징인데, 자유주의 사회라고 하는 자본주의 사회에서는 지식인의 그룹이 19세기 전반과는 성격이 달라요. 19세기 전반까지는 파트론patron에 의거하지 않으면 살 수가 없었거든. 따라서 그 존재양식, 경제적인 생활양식이 어용적이예요. 그러나 19세기 후반서부터는 대중에 의거해 생활을 하게 되었어요. 이것이 자유주의 사회, 자본주의 사회의 지식인의 특징인데, 우리 사회에서는 아직도 대중에게 의존하는 것은 유행가수, 영화배우, 탤런트 정도일까? 그러나 진정한 의미의 지식계급은 현재 대중에 의거해서 살 수가 없어요. 우리의 사고방식은 20세기적이고 현대적이지만 물질생활의 방식에서는 19세기 전반이거든. 따라서 우리 사회에서는 파트론과의 관계에 따라서 지식인 사이에 균열이 생기고 대립이 생겨 지식인 사회에 동일성이랄까, 단결성이 없어요. 따라서 지식인은 여론의 리더로서의 역할을 하지 못하고 있어요. 우리

사회의 경제적인 후진성이 지식인의 성격을 결정하고 있기 때문에, 기본적으로는 어용성이 될 수밖에 없고 파트론을 구해 우왕좌왕하며 파트론끼리의 싸움에 앞장을 서야 해요. 따라서 지배자를 비판하기 어렵게 되어 있어요.

노재봉　오랜 시간 감사합니다.

1971년 9월 23일 이용희 교수 서재에서

사대주의

그 현대적 해석을 중심으로

(1972)

대담: 이용희 · 신일철

신일철　오늘은 이 선생님을 모시고 사대주의에 관한 말씀을 듣기로 하겠습니다.

사대주의 문제는 지금까지 우리가 여러 가지로 개념의 혼란을 일으켜 왔고, 또 사실상 우리 한국사 인식 문제와도 깊이 관련되는 문제가 아닌가 생각됩니다. 먼저 통념상으로 적지 않은 혼란이 있는 것은, 사대는 무조건 나쁘다는 고정관념도 문제려니와 그 대對개념은 자주다, 그러니까 사대냐 자주냐 하는 너무 단순화한 대개념도 문제이겠습니다.

우리가 역사적으로 사대라는 관념과 사대주의를 어떻게 이해하고 평가하느냐의 문제는 아직 결착되지 않은 듯합니다. 특히 조선왕조 시대 전반에 걸쳐서 언제나, 우리의 국제정치적인 환경이 크게 구조적으로 변할 때마다 그 도전에 대처하는 우리 내부의 자세 설정에 항상 주전파냐 척화파냐의 심각한 대립이 생기곤 했습니다.

조선왕조의 건국과정에도, 명청이 교체되던 병자호란 때도 마찬가지였습니다. 이것 역시 사대와 관련이 깊은 것으로 보여지는데 이 박사님, 어떻게 이해하는 것이 좋을지 우선 사대의 개념 문제부터 말씀해주셨으면 합니다.

이용희 '사대주의'는 물론이고 '사대'라고 하는 말까지, 요새는 어감이 좋지 않은 모양이지요, 어떠세요?

신일철 사대라고 하는 말 자체까지도 좋지 않은 말, '사대'를 지지하는 사람이라면 마치 강대국에 의존하려는 반反자주분자를 연상시키는 정도까지 그 개념이 평가절하된 느낌이 드는데요.

이용희 그러니, 어감이 고약한 '사대주의'라는 말을 어설피 다루다가는 뒤집어쓰기 꼭 알맞겠군요!

요새는 '사대'라는 말에서 '줏대가 없다'는 뜻으로 '사대적'이라는 말이 나오고, 또 '사대주의'에서는 사대주의적 인간형, 곧 권력을 상전으로 우러러보고 따라 다니는 하잘것 없는 인간의 형으로까지 쓰이지 않습니까. 그것은 그렇다고 하고, 한편 역사학계에서 보면 일제시대에는 한국사의 특징을 사대주의로 보던 총독부 어용의 일본인 학자들도 있지 않았습니까. 그들의 의도야 명백한 것이 아니겠어요.

신일철 '사대'라고 하는 말에 대해 우리가 나쁜 의미로 통념화해서 통용해 왔다기보다는 다만, 일제 관학자들이 한국사를 사대주의적 성격을 가졌다고 왜곡하기 위해서 사용한 역사해석상의 가장 대표적인 개념규정이었기 때문이 아니었나 하는 생각이 우선 듭니다. 그네들 나름대로 식민지사관적인 관점을 정당화하기 위한 도구로서 사용한 사대주의 위주의 한국사 해석의 틀을, 우리도 별로 반성이나 재검토 없이 답습해왔다는 것이 지금까지의 통설 중의 대표적인 것 같습니다.

사대주의라는 가치관의 검토

이용희 아마 그런 이유도 있어서 해방 이후 우리 역사학계에서도 사대주의 문제를 중요시하게 되고, 또 그래서 일본 어용학자들의 잘못과 왜곡을 캐고 바로잡으려 힘쓴 게 아니겠어요? 어디선가 이기백李基白 씨가 이 문제에 관한 여러 입장과 논설을 잘 간추려 놓았더군요. 하여간 우리 역사, 특히 이씨왕조에 들어선 이후는 이 문제를 한번 자세히 살펴보지 않을 수 없을 것입니다.

우선 이 문제를 생각하는 데에 전제할 것은 사대 또는 사대주의를 한 번, 그것이 통용되던 역사의 문맥 속에 넣어놓고 따져보자는 것입니다. 무엇보다 먼저 그것이 필요한 이유는, 그렇지 않으면 결과적으로 우리 선인들을 바보, 등신으로 돌리고마는, 엄청난 결과가 되는 것입니다. 가령, 러시아 황제의 대관식에 갔다 오는 도중에 구미 등지를 두루 보고 온 민충정공閔忠正公 같은 분의 시무책, 아마 이것은 여행 직후의 소작所作 같은데, 그곳에는 구한국의 근대화 방안을 논하면서 동시에, 조선은 중국의 동번東藩이고 자소사대字小事大는 고유명분이라고 전제하고도 태연했어요. 요사이의 '사대'의 어감으론 끔찍한 생각인데, 그것을 1890년대 후반에서 서슴지 않고 하고 있어요. 아마 그 당시만 해도 그렇게 쓰는 것이 당연한 인상을 주었던 게죠. 그러니 이 이전으로 거슬러 올라가면 여말, 조선 초부터 '사대의 예', '사대의 성誠' 해서, 사대관계를 가치관으로 바꾸어 놓은 예가 예사였습니다.

따라서 우리 선인들이 바지저고리가 아니었다면, 그들이 생각한

사대의 가치관을 그 역사의 문맥 속에서 우선 이해해보려고 하여
야겠습니다. 요전 〈한국 인식의 방법론〉에서도 잠깐 언급이 되었습
니다만 진정한 의미의 전진은 과거를 송두리째 부정하고 영零에서
출발을 매번 하는 것이 아니라, 부정조차도 과거를 토대로 하는 하
나의 축적이 되고 긍정은 전통으로 살아나는, 말하자면 과거를 살
리며 그 위에서 앞으로 한 걸음 더 나아가는 방식의 전진이어야 되
지 않겠습니까? 그런 의미에서도 선인들의 사상을 오랫동안 지배
해 온 사대의 예라고 하는 것이 무엇이냐 하는 것을, 그 역사의 문
맥에서 우선 이해해 보려고 하지 않는다면, 그것은 곧 선인들의 사
상, 행동의 방식을 그저 부정하는 결과가 되지 않나 하는 생각이 듭
니다.

신일철 이 박사께서 '이소사대'以小事大를, 과거에 있어서 우리 선
인들이 당연시했던 점을 얘기해주셨는데, 약소국이기 때문에 큰 것
을 섬긴다고 하는 자괴지심自愧之心 같은 것이 있지 않았을까 생각되
지만 문제는 오히려, 사실은 그렇지 않았다는 말씀으로 이해가 됩
니다. 대개 4반세기간 우리나라의 학생들에게 해방 이후 계속해서,
'이소사대'는 나쁘다고 가르쳐 왔고, 또 그것 때문에 특히 이조건국
에 관해서만 하더라도 건국이념 자체가 말하자면, 나쁜 의미에 있
어서의 사대주의에 기초해 있었다고 이해해 왔다는 말입니다. 사실
상 이성계李成桂의 이른바 '4불가론'만 하더라도 위화도 회군에 내세
웠다는, '이소역대'以小逆大는 불가하다는 논리가 반드시 반자주적이
요 굴욕적인 것이었는지, 오히려 그 반면이 간과된 느낌입니다. 이
논리는, 이성계 일파는 국제정세의 변화에 오히려 민감한 현실주의
적 사고의 소산이 아니었나 생각되기도 합니다.

이용희 아까 말씀드렸듯이, 현재의 어감으로는 사대와 사대주의 는 시원치 않은 의미입니다. 이에 대해서 이씨 5백년간에 쓰인 '사 대의 예'는 그런 어감을 갖고 있지 않았던 것 같아요. 따라서 이 신 구新舊 두 가지의 어의語義, 어감을 동시에 채택하려면 딜레마에 빠지 겠죠. 다음은 이성계의 '4불가론'의 '이소역대'인데, 이 '이소역대' 라는 것이 당시 어떠한 문맥에서 이해되어야 되느냐 하는 문제는 장차 병자호란 때의 예와 더불어 한 번은 언급해야 되겠지요. '이소 역대'를 말한 이성계는 사대주의, 왕과 최영 장군은 자주였다는 식 으로 소박하게 위화도 회군 전후를 해석한다면, 그건 이미 역사의 진정한 이해는 아니겠지요. 그것은 고려의 대원對元과 대명對明의 이 중외교 정책과 관련해서 대명관계가 악화되고, 마침내 철령위鐵嶺衛 문제로 번지는 것은 다들 알고 있는 것인데, 고려가 요동토벌의 계 획을 세우자 폐지했던 원나라 복식을 다시 국민에게 입게 한 것으 로도 자주 대 사대라는 간단한 문제가 아니었던 것을 알 수 있습니 다. 전략적으로 보면, 아마 4불가 중의 대명, 대왜구의 양면작전의 위험이 있다고 한 대목이 연구거리가 되겠지요.

그것은 그렇고, 사대주의를 역사의 문맥에서 보려면 우선 개념 의 정리부터 해야겠습니다. 아시다시피 사대에는 현실적인 사대관 계라는 사실의 면이 있고, 또 사대의 제도라는 면도 있고, 또 끝으 로 사대관계를 정당화하는 사상과 이념의 면, 곧 사대주의라는 가 치관이 있습니다. 일본 어용학자 중에는 사대주의를 한국역사의 특 정한 경향 또는 방식으로 보는 사람도 있는 모양입니다만, 나는 사 대주의는 역사적 가치관이라는 입장에서 말씀드립니다. 사대주의 의 밑바닥은 '사대'인데, 사대는 요컨대 나라 사이의 관계를 상하의 서계적 관계로 놓고 그 관계를 조공, 빙문聘問의 예로 제도화하는 것입니다. 물론 사대의 현실적이며 역사적인 관계가 바로 '사대의 예' 혹은 사대주의 가치관념과 그대로 부합되었느냐 하면, 그것은 그렇지 않습니다. 요컨대 이념과 현실은 서로 괴리되기 쉬운 법이죠. 몇 해 전 하버드대학의 페어뱅크 교수가 편찬한 《중국의 세계질서》라는 책에 여러 사람이 이 문제를 다루었더군요. 사대관계라는 것은 현실에 그대로 타당한 예가 적다는 것을 강조한 글이 많았습니다. 그야 그럴 것이고, 사대의 가치관은 본래 '자소사대' 곧 '큰 나라는 작은 나라를 사랑하고, 작은 나라는 큰 나라를 섬긴다'는 유교의 윤리관, 덕치관德治觀에서 이룩된 가치관인데, 이런 윤리가치관이 현실에 그대로 타당하기야 어려울 수밖에 없죠. 애당초 '사대'니, '사대의 예'니 하는 제도나 가치관은 출발서부터 유교적이었습니다. 지금 기억을 더듬어 생각하면 진시황 이전, 곧 선진先秦 시대라는 까마득한 옛날 중국에 있었던 책에 이미 사대의 모델형이 나오는데, 다만 《묵자》墨子, 《국어》國語나 《한비자》韓非子 같은 유교계통이 아닌 문헌에는 '이소사대'를 힘의 강약에서 보고 있는 데에 반해서, 《춘추》春秋의 〈곡량전〉穀梁傳, 〈좌전〉左傳, 《맹자》孟子, 《주례》周禮 같은 문헌에 보면 '사대의 예'는 다시 말해 국제간의 법이며, 단순한 물리적 힘의 관계가 아니라는 가치관이 나옵니다. 적어도 선진문헌을 참고하면 사대의 이념화 혹은 가치관은 유교 계통이고, 그것도 《좌전》 같이 비유교적인 사대관이 삽입된 경우도 있습니다만, 대개는 전국시대의 문헌들입니다. 《주례》 같은 것은 조근朝覲, 빙문聘問에 대한 번거로운 의식절차가 상세한데, 《주례》도 현재로는 전국 말에 생긴 책이라는 것이 대체로 통론 아닙니까?

이렇게 보면, 혹은 전국시대에서 평화로운 통일천하를 꿈꾼 유교이데올로기 같은 냄새가 나는 것도 같아요. 왜냐하면, 군웅이 할거해서 매번 전쟁만 하고, 사회의 기강은 문란해지고, 전통적인 신분의 질서도 붕괴하던 시절에 유학도들은 세상이 무질서할수록 더 강렬히, 천자를 중심해 제후의 나라가 서로 상하서계의 예로써 평화적으로 같이 사는 국제적인 평화통일세계를 꿈꾸었으니 말입니다. 이 경우 예는 말할 것도 없이 오늘의 공법 같은 것이죠. 말하자면 왕도의 덕치로써 이룩된 질서 있는 국제사회의 법이라는 의미죠. 재미있는 것은 이 소위 '사대의 예', 곧 나라 사이의 법은 본래 좁은 의미의 천하, 다시 말해서 중국문화권에만 적용되던 것이지, 이적夷狄 곧 오랑캐에게도 적용된다고는 생각되지 않았어요.

춘추전국시대의 예를 자세히 살펴보면 조근, 빙문 등등의 예는 엄밀히, 천자와 제후 간에 실시되는 것이며, 권외圈外의 소위 '야만인', '오랑캐'에 대한 관계에서는 그것을 다만 준용할 따름이지, 굳이 엄격하게 실시하려고는 하지 않았던 점입니다. 그런 의미에서는 한중 관계도 송조宋朝까지는 사대의 예라는 것도 중국 측이 엄격히 요구하기보다는 반도 측에서 부지런히 지켜서 문화권다운 체모를 갖춘 면이 있습니다. 외국 이민족에 대하여도 사대의 예를 소상히 규정해서 적용하려한 것은 명나라 이후의 일이죠. 하여간 그 당시의 사대의 예라는 '예'는 요새 의미와는 달라서 오늘의 국제공법 같은 의미였습니다.

전통사회에서의 사대의 예

신일철 지금 예는 일종의 우리 전통사회, 특히 동아시아에 있어서의 전통사회에 있어서 국제규범의 성격을 가지고 있다, 이렇게 얘기가 됩니다. 이것을 유학이라든가 중국철학 같은 데에서 이해한 다면, 인간의 대인관계에 있어서의 예를 국제관계로 확대시킬 때에 도 예가 된다고 이해가 됩니다. '예'라고 했을 때에 우리는 진부한 것으로 생각되고, 대인이나 나라 간의 행위규범으로서 '예'의 규범 이 지닌 중요성을, 오늘 우리로서는 잘 납득이 가지 않는 것도 사실 입니다.

우리가 살던 지난날의 동북아문화권 속에서 힘, 폭력에 못지않 게 '예'가 큰 비중을 차지한 예의 질서였다고 여기는 데에는 우리로 서 무언가 앞서 전제해야 할 전통사회 나라 간의 규범에 대한 이해 가 선행해야 할 것 같습니다.

사실 '예'를 부정하고 나면 폭력이 난무하는 사회, 또는 물리적 힘에 의한 약육강식하는 사회집단, 또는 나라 간의 관계를 긍정하 게 된다는 귀결로 말려들게 되는군요. 나라 간의 관계를 규범하는 예의 규범이 있으므로 동북아 국제사회가 질서 있고 안정된 문화 를 가지고 있었다는 증거가 되지 않을까 하는 생각이 듭니다. 그러 나 또 한편 생각해 본다면, 예라고 하는 것은, 한마디로 말하면 인 간관계로부터 그 논리가 출발하지 않았나 하는 생각도 듭니다.

그 인간관계는 대개 크게 두 가지로 나누는 것 같은데, 상하 간 에 있어서의 '공경지례'恭敬之禮라고 하는 것과 대등한 관계에 있어 '화평지례'和平之禮라고 하는 것이 있어서, 군신관계라든가 부자관 계 같은 것은 상하의 공경지례라 하고, 완전히 대등한 관계에 있을 때에는 화평지례로써 이해되지 않았나 하는 생각이 드는데, 그 예 에 있어서 나라 간의 힘의 관계의 대소가 뚜렷할 때에는 공경지례

로써 그 규범을 삼고, 그 힘의 규모가 균등할 때에는 화평지례로써
그 관계가 규범화하는 듯 싶습니다. 우리 역사상의 '사대'와 '교린'
이라고 하는 대외관계에 대한 이원적 규범으로 정리되지 않았을까
하는 생각이 드는데요, 저는 너무 우리 한국사의 해석에 대한 관심
에 사로잡혀서 넓은 '사대적' 문화권 자체에 대한 일반적 이해를 무
시하게 되는 것 같습니다만…….

　　이용희　재미있는 생각이올시다만 너무 단순화한 느낌이 드는군
요. 간단할까 좀 의문이 있어요.

　　얘기가 좀 산만해지겠습니다만 꼭 매인 얘기가 아니니까 얘기를
하면, '예'라고 하는 개념은 본래 사람 관계가 아니지요. 어원부터
말하는 것이지만 그것은 하늘이나 귀신을 섬기는 방식을 '리'禮라고
했지요. 그래서 '예'를 '履', 곧 '밟을 리履'와 연결시킵니다. 인간이
밟아야 되는 것, 따라서 예의 원 의미는 하늘이나 귀신을 섬기는 것
인데, 그러다 보니까 섬기고 거동하는 방식이 '예'라고 하게 되고,
나중에는 그것이 미치어가지고 사람 사이의 중요한 거동의 형식도
'예'라고 하게 된 것이지요.

　　신일철　제사로부터 유래했다, 그렇게 볼 수 있겠지요.

　　이용희　그러믄요!

　　신일철　그래서 예악禮樂과 일치하는……예와 악을 같이 얘기하는
것…….

　　이용희　그것이 원시적인 것이고, 지금 우리가 말하는 예는 그 당
시에 말하는 예, 조그마한 예 그것을 얘기합니다만, 원 예는 그런
예가 아닌 것이, 지금 남아 있는 유교의 3례(의 경전)를 보면 흉례凶
禮, 길례吉禮서부터 빙례聘禮 등등 별별 예가 다 있습니다.

그 중에 길례라고 하는 것은 좋은 일에 관한 것, 가례嘉禮라는 것, 흉례는 송장 치는 것서부터 여러 가지 관계되는 것, 갖가지 예가 있는데, 그 '예'라고 하는 의미에는 어떠어떠한 일에 꼭 맞추어서 해야 되는 행동의 방식이 포함됩니다. 인간이 행동하는 방식이지요.

그런데 우리가 말하는 사대도 예다 하는 경우는 무엇인고 하면, 나라가 나라를 대하는 데 있어서 꼭 밟아야 되는 행위의 방식, 곧 규범이 있다는 생각이죠. 그러니까 이런 식의 예 관념으로 자소사대를 이데올로기화하는 경우, 사대는 단순히 대국에 섬긴다는 것이 아니라 여러 가지 예다운 의식, 절차, 규정에 맞아야 된다는 것이 됩니다. 적어도 가치관으로 전개된 '사대의 예' 혹은 역사적인 사대주의는, 특정한 형식, 절차, 규정과 가치관이 구조적으로 통합되어 있는 것이죠. 이런 의미에서는 간혹, 사대를 논하는 학자가 사대의 종속관계를 치중해서 말하고, 또 한편 조공은 조공대로의 기능을 논하곤 하는 것은 문제의 구조적 연관성을 보지 않는 것이 될 것입니다. 하기는 사대의 예라는 관념이 유난히 유교적이고 그 파의 소산인 때문에, 소위 사대의 예에 관한 여러 가지 자세한 규정, 춘추전국 시대의 규정도 그것이 역사적 사실이었나 하는 점에서는 의문이 많습니다. 아예 《주례》니 《의례》니 하는 유가의 경전이 대체로 전국시대에 완성된 것으로 보는 것이 보통이고, 더욱이 그 자잘한 규정은 유가의 형식주의를 반영한 면이 두드러지니까, 그것을 실제에 그대로 대응하는 것으로 보면 무리가 있겠죠. 그러나 선진 시대의 사적을 감안해 보면 '사대의 예'에 해당하는 여러 가지 형식, 절차, 규범이 이미 보입니다. 가령 조관朝觀은 아래나라가 천자 혹은 윗나라에 가서 뵙는 법. 빈례는 손님 다루는 절차, 형식. 공례는 토산물을 바치며 위를 섬기는 예. 그러니까 이소사대는 신분사회에 알맞게 외교관계의 절차와 방식 속에 담겨져 있는 것이죠. 그 외교적 성격이 강한 면은, 마치 오늘날 외교사절의 신분이 그 사절의 임무에 맞지 않으면 외교의 효과를 거두지 못하듯이, 《좌전》 같은 데에 보이는 소위 회맹會盟의 장면을 보면, 그 회맹에 알맞은 신분의 대표가 오지 않으면 사대의 예에 어긋난다고 해서 징벌의 대상이 되었죠. 말하자면 이 레벨에서는 외교의 방식인 면이 강하게 나옵니다.

천하는 단원적이라는 사상

신일철 그러면 우리의 전통적인 국제관계에 있어서의 현대적인 용어를 빈다면, 외교관계에 어느 정도 해당하는 것이 되겠습니다.

이용희 그렇지……국제 간의 관계니까. 물론 '외교'라는 요새 말을 쓰는 경우 현대의 외교와는 다르죠. 그럴 수밖에 없지 않겠어요? 우리가 요새 쓰는 '외교'라는 말은 유럽의 사상과 나라 관념을 새로 받아들인 후에 나온 말입니다. 소위 주권국가로서의 나라는 평등하니까 평등한 나라끼리의 관계라는 데에서 '외교'라는 관념이 나오죠. 그런데 사대의 예에서 주체가 되는 나라는, 이른바 근대국가로서의 주권국가의 개념이 아니거든. 애당초 '외교'라는 말부터, 신하가 군주 몰래 남 나라와 통한다는 식의 나쁜 의미로 썼거든……나라라 하는 경우, 동북아의 문화 관념에서는 소위 '천하'가 있고, 또 제후의 나라인 '국'이 있지 않았습니까? 이런 의미에서 보면, 근대국가라는 의미의 '나라' 관념은 중국문화권에선 아예 존재를 하지 않았던 것이죠. 그럴 뿐만 아니라 '천하', '국'의 두 개의 나라 관념도 그냥 따로따로 있는 것이 아니라 상하관계, 곧 '천하' 속에 '국'은 있어야만 된다는 식의, 포섭관계에서만 이해되던 나라 관념이죠. 물론 '천하' 속에서 그 위치가 애매하여, 포섭되는 것도 같고 혹은 포섭되지 않는 것과도 같은, 소위 이적夷狄의 외국이 있죠. 중국의 사서를 보면, 이러한 외국을 표현하는 데에 별 수 없이 나라 국國 자를 원용했어요. 자기네와는 다르지만 표현은 불가불 자기의 하위의 나라 관념을 빌어썼던 것인데, 이 점은 고대 그리스인이 자기네의 독특한 도읍국가 관념인 폴리스(나라)라는 말을 동방의 비非도읍국가에 대하여도 별 수 없이 원용한 것이나, 유럽인이 유럽적이 아닌 아시아 사회의 나라를 자기네의 독특한 정치 관념인 네이션nation, 스테이트state 등으로 표시한 것과 마찬가지입니다. 그것이야 표현의 불가부득이한 것이지만 학자들은 현실적으로 마치 나라의 성질이 같은 것으로 착각을 해서 같은 정치기준으로 판단을 하는 오류를 범하게 되는 것이죠. 오랫동안 이 점이 정치학도들이 빠지기 쉬운 학문상의 함정이 되었어요.

그러니까 사대의 예라는 경우, 그것에 앞서 전제되어 있는 나라 관념은 애당초 세계적 관념으로 그 위치가 규정된 그러한 나라이고, 따라서 '조'朝니 '공'貢이니 '빙'聘이니 하는 여러 가지 행위방식도 단순한 방식이 아니라 나라의 위치에 따른 존비尊卑의 관계가 있는 말이었죠. 물론 관념적이나마 오늘의 국제사회는 '평등한' 나라끼리 모여 구성되고 있다고 믿고들 있죠. 그런 사람들에게 불평등한 상하와 존비의 위치에서 서로 관계를 짓는 국제사회라는 관념은 적이 저항을 느낄 대상일 것입니다. 더구나 자기 나라가 하국下國인 것을 자인했다는 것은 오늘의 나라와 국제사회의 개념으론 굴욕적이라고 느낄 것이에요.

하여간에 사대의 예라는 것은 전통적인 사회에서는 제도로나 또 가치관으로서나 나라 사이의 법이요, 동시에 '천하의 법'이었던 것이죠. 그럴 수밖에 없던 것이, 아예 '나라'라는 개념이 단일하지 않고 상하의 관념을 내포하고 있었고, 게다가 '천하'라는 관념은 이념에 있어서 단원적이어서, 적어도 두 개 이상의 '천하'라는 것은 개념상 모순된다고 생각하였겠죠. 역사적 현실에 있어서는 모든 나라는 '천하'라는 단일한 문화권적인 나라 관념 속에 집어넣을 수는 없었고, 또 단원적 천하로 모든 나라를 흡수하고 포함할 수도 없었지만, 이념으로서는 어디까지나 천하는 하나요 둘이 될 수는 없는 것이기 때문에, 천하가 분열한 소위 전국시대나 정권교체기의 '천하'라는 관념은 결국 '나라'로부터 '문화사회'라는 정도로 개념이 바뀌게 되고, 또 '천하' 밖에서 웅거하던 다른 문화, 다른 민족에 대하여는 '만이'蠻夷라는 차별 관념을 내세워서 예외시하게 되었죠. 하기는 다른 문화, 다른 형식의 나라에 대한 이러한 만이시蠻夷視는 고대 그리스, 유럽 세계에서도 마찬가지니까, 말하자면 역사의 유형을 따랐을 뿐이라고 할 수 있을까요?

중요한 점은, 나라 관념 속에 상하의 두 단위를 내포하고 있을 뿐만 아니라, 상위의 나라가 천하의 중심이며 천하는 단원적이라는 사상인데, '사대의 예'라는 독특한 국제관계의 형식은 바로 이러한 나라 관념 위에 서 있던 것이죠.

신일철 사대의 예가 대소大小 나라 간의 이른바 '외교상의 절차' 면에 잘 나타난다고 말씀하셨는데, 그 천하의 법으로서 '사대'에 어긋나는 절차, 행위양식에서 오히려 많은 나라 간의 문제가 야기되었다면, 그 사례는 어떤 것이겠습니까?

가치기준으로서의 예법관념

이용희 요컨대 사대의 예라는 것은 유가에 의해서 가치관으로까지 앙양된 명분이고 이념이 되었습니다만, 명분이 되기 전에도 중국문화권에서는 관례, 규율로 됐던 모양이에요. 선진시대의 예를 참고해보면, 나라 사이의 외교적 규범으로서 사대의 절차를 밟는데에, 소위 화외華外의 오랑캐라는, 즉 중국 사람의 입장에서 비중국적인 주변의 나라가 제대로 사대의 형식의 절차를 밟지 못하는 경우 그것은 화외의 민, 곧 야만인이니까 약간 예에 어긋나더라도 봐주어야 된다는 사례를 보게 됩니다. 요컨대 사대의 예는 앞서도 언급했듯이 본시 중국 나라들끼리의 예법이었지요. 그러면서 현실적으로 중국문화권 밖에 있는 나라와도 사귀게 되니까, 상대가 사대의 예법을 지킴으로서 스스로 '문화'를 흠모하는 한 그 예법을 준용하되, 자연 엄격한 적용을 피하였던 것이죠. 이런 선진시대의 예는 반고班固가 지은《전한서》前漢書〈흉노전〉에 명백히 정책시되고 있습니다. 요컨대 만이는 신하국으로 여길 것이 아니고, 정교政教가 미치지 못하는 곳이니 정삭正朔을 가하지 말고 적당히 대우하되, 대의를 흠모해서 공물을 바치러 오거든 예의로써 대하라 하는 것이죠. 말하자면 사대의 예는 문명국 사이의 법이로되 만이에게도 때에 따라 준용한다는 것입니다. 이 점은 마치 19세기까지도 유럽의 여러 나라가 그들의 국제공법은 기독교적인 문명국에만 한하는 것이지, '야만국' 곧 아시아 등의 나라엔 적용되지 않는다고 생각한 것과 꼭 마찬가집니다.

그래서 유럽의 국제법을 적용하는 것이 비유럽 나라에 대한 특혜, 또한 그 나라의 문화 정도를 인정하는 것과 마찬가지로, 동북아 사회에서 사대의 예를 적용한다는 것은 상대가 문화권에 들어온 것을 의미하고, 또 문명국으로서 대우하는 것을 뜻한 결과가 되었습니다. 마치 일본이 메이지明治 이래 유럽 기준의 문명국으로 점차 인정되고, 또 그래서 유럽 국제법사회의 일원이 된 것을 득의양양한 것과 똑같이, 사대의 예라는 중국 국제법사회의 일원으로 인정되면 주변 나라들은 의기양양하였던 것이죠. 문제는 어느 국제정치 체제에 속하였었더냐 하는 문제로 압축될 수 있을 것입니다. 좌우간 사대의 예라는 것은 가공이든 실제이든 간에 대체로 그 근간은 이미 선진시대에 확립되고, 그 가치관은 한나라 이래 유가의 이데올로기로서 더욱 공고히 됩니다. 그런데 여기 한 가지 문제가 생깁니다. 다름이 아니라, 사대의 관념에는 유가식의 예법관념 외에《묵자》《한비자》에서 볼 수 있듯이 물질적 힘에 의한 관계로 보는 면이 있었습니다. 소위 패도覇道죠. 이런 힘의 강약에서 오는 나라 사이의 관계는 물론 현실 관찰에서 오는 것이고, 이데올로기로서 승화할 수 없는 것이었습니다. 말하자면 유가는 이러한 현실을 자기들의 왕도사상에 의해서 일단 부정하고, 그것을 다시 고차적인 예법관념으로 승화시켜 국제질서의 가치기준으로 전환시킨 것이라고 하겠죠. 따라서 이 두 개의 사대관념은 예리하게 대립합니다. 그러면서 현실에서는 이 두 개의 사대관념이 혼동되기 쉽습니다. 명분으로서는 사대의 예는 어디까지나 가치관이며, 국제질서 유지의 법개념인 데에 대해서, 실력관계로서 사대는 어디까지나 강약관계며 현실의 힘의 문제지 명분은 아닙니다. 이 점이 바로 중국의 남북조시대, 원명 교체기, 명청 교체기에 나타나는, 우리나라의 중국정권과의 사대의 갈등이었죠. 명분으로서의 사대의 예법에 대하여는 선인들의 의식에 하등 굴욕감이나 열등의식을 발견하기 어려운 이유가 여기에 있었던 것이죠. 마치 오늘날 우리가, 유럽적인 국제법 사회에 속해 있는 것에 조금도 굴욕감을 안 느끼듯이, 선인들도 그러한 사대의 국제질서는 당연하다고 의식한 면이 있습니다. 이에 대해서 강약관계, 힘의 관계에서의 사대는 명분을 결하는 것이라고 해서 크게 고민하고 말할 수 없는 굴욕감을 느꼈습니다.

가령 병자호란 때를 생각해 보십시오. 지천遲川 최명길崔鳴吉 같은 주화파가 있었고, 3학사 같은 주전파가 대립되었는데 얼핏 보면 주화파는 사대파 같고 주전파는 자주파 같은 인상을 받기 쉽습니다. 그런데, 사실은 그렇다고 볼 수 없습니다. 3학사는 물론이요, 청음 淸陰 김상헌金尙憲 같은 주전파, 척화파의 의견을 보면 어떻게 우리가 명분, 곧 명나라를 섬기는 사대의 명분을 버리고 짐승 같은 오랑캐에게 항복하느냐 하는 것이며, 주화파의 이유는 현실적으로 항전할 수 없으니 보국안민의 길을 취하자는 것이었죠. 그 주화파가 인조에게 여러 번 국방태세의 조속한 확립을 재촉하고, 또 항복 후에도 명나라와 내통하여 형세를 뒤집으려 한 것은 모두 알고 있는 일입니다.

요컨대 문제는 많습니다만 사대만 가지고 말한다면, 주전파는 사대의 예라는 명분을 위하여 나라가 망하더라도 항전해야 된다는 것이 돼서, 철저한 사대주의의 모습이 보입니다. 따라서 힘에 의한 사대는 철저히 배격한다는 것이 되니까 역으로 이른바 명분으로서의 사대관념이 무엇이었나 하는 점이 어지간히 이해됩니다.

그들에게는 명분으로서의 사대의 예는 오히려 고수할 만한 일이
요, 이에 반해 힘에 의한 사대는 굴욕이요 수치였다는 것이죠. 아마
오늘 사대주의의 어감이 나쁜 것은, 명분으로서의 예법관념이 유교
문화권의 붕괴에 따라 사라지고, 오로지 힘에 의한 사대관념만 현
실로서 남게 된 결과일지도 모르죠.

물론 명분으로서 사대가 어느 정도로 역사의 실체에 타당하였
느냐 하는 점은 또 다른 문제입니다. 중국의 정권이 사대를 요구할
때 그것이 예법과 명분에만 서 있었다고 생각하는 건 역사의 현실
을 모르는 사람의 말이죠. 현실적으로 힘에 의해서 종속관계를 공
고히 할 필요가 있을 때는 서슴지 않았던 예로 명나라 때의 안남安南
관계를 들 수 있지 않습니까. 그러나, 적어도 사대주의라는 가치관,
명분, 사상에서 볼 때에는 그것이 오늘날 생각하는 것과 달랐던 건
의심의 여지가 없겠죠.

신일철 선생님의 말씀을 듣고 있으니까, 전통사회에서 우리의
조선왕조 시대에 여러 가지 작은 사건들이지만, 중국과의 어떤 외
교관계상의 절차나 또는 그 문서의 서식이라든가 이런 것이 틀려
서 (현대인들의 눈으로 보아서는 상당히 사소한 것인데도) 그것이 아주 거
창한 국가관계의 악화를 가져오고, 또 그로 말미암아서 전란을 야
기시킨 일도 많이 보아온 것 같습니다.

또 한 가지, 지금까지 이 박사님께서 말씀하신, 천하의 법규의
원형을 유교의 경전에서 볼 수 있었다, 그 예의 개념에 의한 동아시
아에 있어서의 중화문화권의 이해를 기본으로 해서 생각해야 한다
는 말씀이 계셨습니다. 그 문화의 큰 권역 즉 '장'의 이해가 선행해
야 할 것 같습니다. 그 '장'이란 것은 중국 사람들이 '천하', '사해내'

四海內라고 불렀던 문화권 영역이 아닌가 생각됩니다. 유교에서 대개 보면, 수신제가치국평천하修身齊家治國平天下해서 수신에 그 '신', 즉 우리 인간의 '개체'가 있고, 그 다음에 '제가', '집'[家] 자, 그 다음에는 '치국'이니까 '나라 국國', 그보다 큰 영역으로 '천하'의 네 가지 집단의 단위가 과거 동아시아 문화면을 해석하는 아주 중요한 집단개념이라고 할까, 집단의 단위가 된 것같이 생각이 됩니다. 그래서 그 집단의 단위 사이에는 엄연한 서위序位가 존재하고, 또 그러한 이데올로기하고 그 제도 자체에서 일사불란하게 '나라', 즉 국으로서 국가 간의 권내 관례가 영위되어야 한다는 도리가 다름 아닌 예였다고 이해가 되는 것 같습니다. 그런데 여기에 하나의 문제는, 천하의 법에 해당하는 예라고 하는 어떤 규범, 그 규범의 모체가 혹시 동북아문화권에서 서위집단의 단위에서 '집'[家], 그 집이 아닌가…….

왜냐하면 전통적으로 이 중국윤리에 있어서 상하관계라든가, 그 밖의 윤리적인 관계가 대개는 '부자유친'이어서, 오히려 부자 간의 관계를 기본으로 생각한 가부장적 성격의 모체들이었다는 것입니다. 그것이 확대되어 나라 안의 상하규범으로서 '충', 나라 간의 규범으로서 '사대'가 되었다는 것입니다. 국가 안팎의 질서나 천하의 질서에 있어서 언제나 그 모델로서 부자지간의 상하관계, 그 '효'의 규범이 모체가 되어 '충'도 '사대'로 이해되는 것이 아닌가 합니다. 결국 이 동북아의 중화문화권에 있어서의 나라 간의 규범도 결국은 '집', 즉 가부장적 질서의 확대가 아닌가 하는 생각이 드는데요, 어떠세요?

상하의 세계로 질서 주는 사대의 예

이용희   집이라는 집단이 전통적인 동양사회의 중추였던 것은 틀림이 없죠. 물론 이 경우 집, 가족은 요새 있는 핵가족이 아니라 대가족으로 형성되는 집이죠. 이 대가족 중심의 사회구조는 비단 동양사회뿐 아니라 농경사회의 어느 단계에서는 어디서나 나타나는 것이 아닙니까. 유럽중세도 그랬고……또 상하관계, 서계관계를 부자와 같은 인륜관계로 표현하는 것도 농경사회를 토대로 한 국제관계의 유형이 아니겠어요? 아마 이 문제는 노동력을 집약적으로 투입하지 않으면 아니 되는 농경생산 방식을 중심한 사회구조의 표현으로 이해하는 방법도 있겠습니다. 다만, 그렇다고 해서 사대의 예가 가족제도의 확대라고 단순화해서 생각하고 말 것인지 조금 의문이 가는군요. 우선 이 사대의 예라는 것을 담고 있는 국제정치질서의 성격을 한 번 생각해 볼 필요가 있겠죠. 그 전에 내 책에서도 잠깐 언급한 일입니다만, 사대주의에는 여러 가지 면이 있습니다만, 비교적 등한시된 면에 국제정치적 질서의 면이 있습니다. 본시 국제정치는 국내정치와는 달라서 일종의 아나키다, 무질서, 무정부의 상태다 하는 것이 유럽학자의 통행설인데, 이것이 바로 근대유럽의 국제정치를 말한 것은 될 수 있긴 하지만, 국제정치 일반의 형태는 아닙니다. 대개 국제정치를 질서 주는 경우를, 그 구성요소인 나라를 중심으로 생각하면 두 가지 경우밖에 없습니다. 국제정치의 엠파이어 같은 상위체를 두고, 그 아래 나라를 두어서 질서를 주느냐, 아니면 모두 평등한 입장에서 질서를 형성하느냐, 이 두 가지입니다.

또 상위체를 두는 경우도, 나라 중의 한 나라에 상위권을 주느냐, 아니면 비국가체에 상위권을 주느냐, 또 세분하면, 상위권은 물리적 힘으로 강제력이냐, 아니면 복종을 받게 되는 권위에 의한 것이냐, 권위에 의한 상위체로서의 예는 아마 중세의 로마 교황청 같은 것을 들 수 있겠죠. 이렇게 보면 국제정치에 있어서 사대주의는 한 나라에 상위권을 주어 그 나라의 권역과 위치를 다른 나라와 구별하는 방식이죠. 그러나 이와는 다른 방식으로 상위체, 혹은 상위국을 선정한 예도 있습니다. 가령 앞서 든 중세의 로마 교황청, 동로마 제왕, 이슬람 세계의 칼리프(일종의 교황)제……이러한 상위체 설치에 대립되는 것이 근대유럽사에서부터 시작되는 주권국가 사이의 세력균형의 원칙이죠. 이런 점에서 보면, 세계 전체의 흐름으로 볼 때 '평등국가' 간의 세력균형의 원칙은 아주 새로운 것이죠. 그런데 상위체를 설정해서 국제질서를 도모하는 국제사회에서는 상하의 관계를 부자로 표현하는 예가 아주 흔합니다. 중세 기독교사회가 그런 것을 말할 것도 없고, 비잔티움 제국 중심의 국제사회에서도 그랬어요. 그뿐 아니라 자기 문명권 밖의 다른 나라, 소위 '야만인'에 대하여 그것이 강대할 경우에는, '형제'라고 칭한 것도 동북아 사회나 비잔티움 사회가 서로 같습니다. 또 야만하고 미개한 나라의 국서國書에 대하여, 화외의 민족에 대하여 그들의 칭호를 그대로 불러주는 예도 세계적 현상입니다. 이렇게 보면 사대의 예가 통용하던 동북아 사회에서 상하관계를 부자관계로 표시하던 것이 실은 국제적인 예 중 하나였을 뿐 아니라, 애당초 사대지예의 골자인 상하서계에 의한 국제질서의 절차, 형식은 이상스럽게도 중세 유럽, 이슬람 사회, 동로마교 사회가 모두 그랬습니다. 사대의 예는 이렇게 보면 국제정치질서의 한 역사적 유형인 면이 있죠.

다시 앞으로 되돌아가겠습니다. 말씀하신 수신제가치국평천하로 말하자면, 집이 대가족일 뿐 아니라 '국', '천하'가 모두 나라이되 그 의미는, 앞서도 말씀드렸듯이 요새와는 아주 다른 것입니다. 선진시대로 보면, '국'이 제후의 나라인 것에 대하여 '천하'는 천자의 나라이죠. 이 경우 '국'과 '천하'의 관계는 단순한 상하라기보다 포섭관계인데, 그렇게 된 이유의 하나로서 역사적 이유가 있는 것 같아요. 아시다시피 서주西周 왕국의 성립을 보면, 은나라를 이긴 후에 각지에 공신, 친척을 보내어 소위 '봉건'을 해서 나라를 만들었죠. 그러니까 이렇게 만들어진 제후의 나라는 그 탄생서부터 주나라 속에 있게 되고, 또 그로 인해서 성립된 셈입니다. 이것이 소위 '방국'邦國이니까, 주나라 같은 우위의 나라가 그 세력을 미치는 곳이 천하가 되겠지요. 다시 말해서 중국사의 형성에 있어서의 상황이 상하서계적인 나라 개념을 가능하게 하고, 나라 개념의 이중성을 결정한 셈이죠. 뿐만 아니라 주나라의 제후국을 보면, 희성姬姓의 친족제후 아니면 주나라 종묘에 참배해야 되는 공신제후였으니까, 넓은 의미에서 가족관계가 천하와 방국의 핵심으로도 볼 수 있겠죠. 하기는 애당초 사대의 예는 그것을 구성하는 나라는 물론이요, 그 국가형태를 버티고 있는 사회제도 곧 신분제도의 확산으로 이해할 수 있는 면이 있으니까, 그런 의미에서는 신분사회의 가족관념이 확대됐다는 면도 있겠죠. 천자는,《좌전》에 보면 천왕天王이라고 하지 않았습니까. '천왕'이라는 것은 하늘의 뜻을 받들어 다스린다는 뜻이겠고, '황제'의 '제'帝도 본시는 상천上天에 있는 조상신을 가리킨 것이니까, 이렇게 보면 천명에 의한 천자의 통치라는 것도 조상신 곧 가족관념에서 볼 수 있는 면도 있죠. 하여간 전국시대

에 오면 정치에서 상하의 서계가 깨질 뿐 아니라 사회각층의 대변
동이 생기는데, 이때 왕고往古의 질서 있는 국제정치를 되돌아보고
숭상해서 마지않는 유교의 무리가 상하의 서계로 질서 주는 사대
의 예를 구상한 것은 알 만하지 않겠습니까?

신일철 그런데 지금까지 이 박사님께서 말씀하신 천자라든가 제
와 제후와의 관계, 또는 그러한 왕들 사이, 나라와 나라 사이의 관
계에 있어서 사대관계가 성립되었다고 말씀하셨는데, 여기에는 사
대가 현대적인 관념 때문에도 그렇고 오늘날 세력균형이라는 권력
정치의 관점에서 보아도 그렇지만, 소小측에서 보면 언제나 대大를
섬기는 측면만이 일방통행적으로 강요되어온 것 같은 인상을 주기
때문에 이 개념이 평가절하되는 것 같습니다.

이용희 그것은 한국사적인 입장에서 보아서 그렇지요.

신일철 그래서, 거기에서 문제가 되는 것은 조금 전에 말씀하신
'이소사대'라고 할 때에, 약소자가 강자에 대드는 것은 현실적이 아
니다 라는 면 이외에, 사대의 예를 갖춤으로서 약소한 나라에 무슨
이득이 있는가 하는 문제입니다. 부자간의 윤리적 관계를 확대시
켜서 대소국 간의 윤리규범 같은 것으로 이해한다 하더라도, 아들
이 어버이에게 지켜야 할 도리는 다했다는 말이 되겠지요. 그것이
전통적 문화관념상 대소 나라 간에 지켜야 할 당위요, 외교규범 같
은 것이 있다 하더라도 소측에서 사대의 예를 지킴으로써 이득이
무엇이었을까에 관심이 갑니다. 제가 상하관계에서 아래쪽이었던
한국사에의 입장에 너무 집착해서 문제를 아전인수 격으로 해석할
실마리를 얻는 데에 너무 골몰한 것 같습니다만······.

이용희 지금 나는 가능한 한 사대주의를 그 역사의 문맥에서 일

단 이해하려고 노력하는 참이니까, 그 공과를 따지는 것은 미루고 있습니다. 그런데 앞서도 말씀드렸습니다만, 사대에는 명분으로의 사대가 있고, 명분 없는 힘에 의한 사대의 현실이 있었어요. 하나는 가치관념 혹은 이데올로기고, 또 하나는 단순한 힘의 부족, 힘의 위협 아래에 생기는 현실과 그 적응입니다. 그리고 아까도 말씀드렸습니다만, 명분으로서의 '사대의 예'는 우리 왕조사에 깊이 영향을 주었는데, 그러한 명분으로서의 가치관에는 사대의 예로써 무엇을 얻느냐, 실리는 무엇이냐 하는 것이 강조되고 있지 않습니다. 또 그러니까 명분이고 이데올로기죠.

또 이런 명분으로서의 사대는 남만을 따르는 것도 아닌 것 같아요. 이씨왕조의 지중至重한 명분의 하나가 사대였던 것은 이성계의 불가론도 있어서 납득이 가는데, 양성지梁誠之의 세조에게 바친 건의문에 보면, 꼭 지켜야 될 것으로서 사대의 명분과 더불어 조선 고속古俗을 따라야 한다는 조목이 나옵니다. 우리 생각에, 사대와 자기고유의 전통의 유지는 서로 상치될 것 같은데, 이왕조 초의 사람들은 사대의 명분과 전통의 고수는 공존되는 것으로 이해했어요. 이왕조초에 고려 야사野史의 전통을 받아 우리 역사를 단군시대로부터 이해한다는 풍조도 재미있는 일이죠. 물론 단군 이야기는 일연 스님의 문적에도 나오고, 아마 항간에는 그 전부터로 당겼겠습니다만, 사대의 명분을 드높이는 사람들이 단군시대로부터 역사를 생각하고, 자기전통의 고수를 주장한다는 점이 재미있는 점입니다. 그러니까 사대가 굴욕적인 것은 명분이 아니라 힘으로 강요된 사대의 현실인데, 이러한 명분과 현실은 고려와 요·금·원, 조선과 청 사이에 여러 번 나타났죠.

이렇게 보면 사대의 명분의식이라는 고인古人들의 의식구조를 생각지 않으면 그 실리론의 의미를 전개하기 어려울 것이에요. 명분을 위해서는 나라가 망해도 좋다는 강경한 척화파에게 실리론이 문제가 되겠습니까? 물론 결과로 보아서 사대의 예가 무슨 이득을 나라에 가지고 왔느냐 하는 문제는 따져볼 만한 일입니다. 보통 그렇게 생각하느니보다, 좋아서 자진해서 조공을 바치고 사대의 비굴한 의례를 자발적으로 할 리가 없으니, 무슨 실리가 있어서 한 것이 아니냐 하는 입장이 많죠. 요컨대 사대의 명분을 이해 못하는 것이죠. 마치 신, 구교로 인한 프랑스 내란 때, 설마하니 신교信敎 문제로 목숨을 걸고 나라가 양분돼서 싸울 리 없으니, 필시 감추고 말하지 않는 내막이 있지 않겠느냐 하는 따위죠. 하여간 결과로 보면 무슨 이득이 있었을까요? 본래 자소사대의 '자'字는 사랑 '자'慈입니다. 그런데 사대의 예의 모델이 형성된 선진시대 유가의 설을 따르면 사대는 신信이요, 자소는 인仁이라고 했어요. 대국은 인으로 관후하게 소국에 접하고, 소국은 신으로 대국을 대하여 배반함이 없어야 된다는 것이죠. 국제간의 신의로 해석한 셈입니다.

《맹자》에 보면 사대는 외천畏天이요, 자소는 낙천樂天이라 했는데, 사대의 예를 상천上天의 뜻으로 밝히고 있는 셈이죠. 마치 삼강오륜이 상천의 뜻이고 군신부자의 관계가 역시 하늘의 뜻이듯이 사대의 예를 천명사상에 붙인 것이죠. 이 결과로 국제정치질서의 권위면이 아주 강해졌습니다. 그래서 무력에 의한 질서의 유지가 아니라 권위에 의한 면이 강해서 이런 점은 국제평화의 유지방식으로 어느 정도 실효가 있었겠죠. 어떤 사람은 사대의 예에 참가함으로써 중국천자의 책봉을 받고, 왕권이 공인됨으로써 다른 나라에 대한 위신을 높인다고 하죠. 또 한참 유행한 설로는, 자유교역이 허락되지 않던 시대에서 조공을 통해 국가무역이 가능하고, 조그만 나라는 무역의 실리도 본다는 것이 있으며, 그렇다는 의미의 문헌도 많습니다. 아마 그런 예도 있겠죠.

송나라 소동파蘇東坡가 이 점에서 고려를 헐뜯은 것은 모두 아는 일이죠. 또 《명사》明史에도 이런 견해가 나옵니다. 이씨왕조에서도 이런 생각을 한 예가 있습니다. 가령 인조의 《대청답서》對淸答書에도 나옵니다. 그러나 그것은 그때그때 사정에 따라 다르겠죠. 전해종 교수는 대청관계에서 조공이 경제로도 불리했다는 논문을 냈더군요. 힘에 의한 사대의 경우, 조공은 그야말로 착취이거나 가혹한 공부貢賦요, 한편 명분관계인 경우 여러 가지 이익이 소국에 있었던 게 대체의 실정이 아닌가 생각되는군요. 그러나 가장 중요한 것은 정권과의 관련이죠. 이 문제는 상당히 복잡해서 약간의 정리를 해가면서 말할 필요가 있군…….

보통 우리는 나라라고 할 때 나라와 정부, 혹은 정권을 구별하는 것을 잊기 쉽죠. 하기는 나라와 정권을 구별하는 건 근대민주주의 이론에서 확립된 사실은 모두 알고 있지만, 막상 그 이론을 적용할 때는 잊어버리고 있거든요. 현실적으론 나라의 이익이라고 하지만, 구체적으론 그 당시의 정권이 해석한 식의 이익이죠. 나라의 유지라고 하는 경우도 흔히 정권의 유지를 의미하는 경우가 많지 않습니까? 그러니까 사대의 예라 하여도 그 구체적인 현실에서 보면 정권 간의 상하관계며, 또 그런 관계의 국제적 실정에 따른 정권의 공동유지의 면이 강합니다. 실제의 예에서 보면, 중국은 상국의 자격으로 번국藩國의 정치질서를 감독하고 간여하는 면이 있었어요. 소

위 왕위의 찬탈이 있는 경우 그것에 간여하는 경우가 많고, 심지어
는 무력을 발동하는 경우도 생겼어요. 안남사安南史의 경우죠. 고려
말에 왕위의 불법계승을 명나라가 여러 번 따진 것은 모두 아는 일
이죠. 천자의 책명이라는 것은 이 점에서 보면 왕권의 정통성의 인
정이며, 동시에 간섭권을 내포하고 있습니다.

요새 정치사상으로 보면 내정간섭이니까 그것을 받는다는 것
은 수치스럽다고 생각할지 몰라도, 사대주의 국제정치의 문맥에서
는 오히려 왕조의 유지를 밑받치는 지주의 역할이 있어서, 왕조로
는 일단 책명을 받으면 유리한 점이 많았습니다. 물론 간섭하려고
해도 현실적으로 실력이 따르지 않으면 찬탈을 해도 결국 새 정권
을 인정하는 경우가 많습니다만, 하여간 미묘한 외교문제가 생겼습
니다.

말하자면 사대의 예는, 신분사회의 상부 권력구조로서의 왕조정
치의 현상유지를 꾀하는 명분인 면도 있죠. 물론 구체적으로는 그
당시의 상국과 그 상국의 책봉을 받은 소국 사이의 관계로 나옵니
다만, 사대의 예는 그런 의미에 있어서의 정권의 정당성을 보장할
뿐 아니라, 나아가서는 신분사회의 왕조유형이라는 정권형태를 유
지하는 구실도 합니다. 하기야 북조, 요, 금, 원, 청 같은 정권이 들
어서서 상국의 행세를 하는 경우, 그 출자出自가 유교적인 명분으로
분식粉飾하기 어려워서 급기야 사대의 명분은 힘에 의한 사대문제
로 바뀌고 따라서 국제정치의 긴장상태가 발생합니다만, 그것도 중
원의 정권이 안정되면 다시 사대의 예로 돌아가는 것은 결국 왕조
정권의 유지에 서로 이해가 같은 면이 있는 탓이죠. 물론 천자국도
조공국이 많이 있다는 것은 명분으론 제덕帝德이 높다는 것이 되고,

또 위신을 내외에 앙양하는 것이 되니까 싫지 않았겠죠. 역대의 중국이 조공국을 만드는 것도 이런 뜻이죠.

이렇게 보면 사대주의는 왕조시대의 현상유지의 방책인 면도 있어요. 마치 19세기 유럽에서 유럽협조체제라고 하여 몇 개의 강국이 상국 노릇을 하면서 소국에 간섭하고 보수정권의 현상유지를 꾀한 것과 결과로는 비슷한 면이 있었습니다. 소위 메테르니히 시대입니다. 아마 사대주의의 역사적 성격과 명분을 이렇게 보아야 그 역사성도 이해되고, 또 먼 나라의 소국들이 오지 말래도 열심히 조공을 바치느라 중국에 간 이유도 알게 되죠. 아시다시피 지금의 자바, 수마트라 등지에서 죽을 욕을 겪어 가면서 어려운 여정을 밟아 중국에 옵니다. 물론 힘의 압박을 받을 하등의 위험도 없는 경우도 말이죠. 현실적인 사대관계는, 그때그때에 따라 현실적인 교역의 이익, 원군의 필요, 중재요청, 위신획득, 명분 등 여러 가지의 면이 있습니다만, 국제정치질서의 유지라는 거시적 안목에서 보면 이러한 왕조정권의 유지체제라는 것이 가장 큰 문제겠죠.

이 점은 오늘날 자유진영, 공산진영 할 때의 명분과 정권과의 관계를 생각해 보면 수긍이 가지 않겠어요? 이 각도에서 보면, 정권에 욕심이 있었던 이성계가 고려와 사대의 특수관계에 있는 원을 버리고 새로운 상국으로 나온 명에 대해 사대의 명분을 세운 것은 알 만한 일이죠.

또 한 가지 우리가 잊으면 안 될 일이 있습니다. 지금 나는 사대의 예를 명분이라는 이데올로기 면에 치중해서 말하고 있습니다만, 본래 사대의 예는 명분 외에 국제정치체제로도, 또 외교정책으로도 기능하는 면이 있는 법입니다. 마치 유럽의 세력균형이 명분으로도, 국제정치체제로도, 그리고 외교정책으로도 기능하는 면이 있듯이, 이태조의 경우는 사대의 예를 외교정책으로 이용한 면이 강하죠.

신일철 과거 한국사 이해에 있어서, 이조 건국시의 '책봉'의 예나, '봉왕'封王에 그치고 '칭제'稱帝해 본 적이 없다는 것은 반드시 잘못되었다고 볼 필요가 없게 되겠습니다. 동북아 중화문화권에 대한 소속감에서 보면, '칭제'란 예에 어긋날 뿐만 아니라 일종의 불법이 되겠지요. 오히려 우리나라가 중화문화권에서 '소중화'를 자처하는 데에서, 전혀 화외에 속해 무시되었던, 가령 일본 같은 나라에 비해 볼 때 문화적 우월감을 가질 수 있었다는 것도 당연한 일이라고 생각됩니다.

우리가 책봉을 받았다든가 사대적 문화권 서계는, 군신관계, 부자관계, 형제관계에서 '이소사대'의 명분에 만족했다는 것은, 그러한 사대적 관계에서 소외되었던 나라들에 비하면 수치감 같은 것은 없었으리라는 것도 이해가 갑니다.

사대정치권의 역사

이용희 일본 사람 중에는 일본국서에 대하여 중국국서에 일본을 일출처日出處의 천자라고 하였다고 해서 신이 나있는 사람이 있죠. 소위 쇼토쿠聖德 태자 시대의 일입니다. 그것은 결국 화외化外의 나라에 대하는 방식이죠. 가령 흉노의 칸[可汗]이라는 칭호를 중국에서 그대로 써 주는 식과 같은 것이죠. 우리의 경우, 한중 관계를 선인들이 이해했느냐 하는 예로, 앞서 양성지의 글을 다시 들면, 이소사대는 예의 상도常道라고 하면서, 한편 우리나라는 동방의 변두리로 자처하고, 수당隋唐의 성盛으로도 우리를 신하로 삼지 못했고, 요나라는 이웃나라의 예로 대하고, 금나라는 우리를 부모의 나라라고 불렀고, 송나라는 우리를 빈례로 대하였고, 원나라는 수십 년 동안 무력을 써서 우리를 신복臣服케 하였으니, 조카, 장인이라 칭해서 반도 사정이 옛과 다르다고 하여 무력 이외로는 신사臣事한 일이 없는 것을 밝혔죠. 명에 이르러 혹은 외교사절을 구금하고 또 세폐를 늘려서 우리를 어렵게 한 일이 있으나 급기야 오해가 풀려 번국藩國으로 봉했으니, 사대의 예를 안 할 수 없다고 하여, 사대가 힘의 관계가 아닌 점을 암시하였죠. 그러나 요컨대 사대가 진정으로 시작된 것은 명나라 때부터라는 생각이 있었던 모양입니다. 그 당시 우리나라의 왕권의 근거는 국민이 아니라 하늘에 있고, 그래서 대천리민代天理民한다고 생각했는데, 하늘로 말하자면 천자가 바로 그 아래라고 관념했으니까, 자연 왕권의 근거도 천자의 책봉에 있다는 이론 역시 나올 만했습니다. 왕권의 정당성, 권위를 사대의 예를 매개해서 천자에 연관시키는 것이죠. 그러니까 천자의 지위가 위태로워서 역성혁명이 일어나는 때는 자연 그 영향을 받게 되죠. 이 점에서도 사대의 예는 왕조적 정권유지의 기능이 있는 셈입니다. 그러니 명나라가 조선을 가리켜 '파지예악'頗知禮樂이라고 해서 조공의 도수度數를 남 나라보다 많이 해주는 '특전'을 가해 주니 그 당시의 명분주의자들은 그 얼마나 득의였겠어요. 왕조정권의 현상유지에 공헌이 큰 이데올로기라고 할까요…….

앞서도 말했듯이 나라에는 상하의 두 가지가 있고, 제후 레벨의 나라는 천하라는 큰 나라 관념 속에 그대로 포함되어 있으니까, 왕국의 산천은 바로 천자의 것이라는 표현이 가능합니다. 왕국의 산천은 천자의 것이라는 사대적인 표현은 요새 사람이 들으면 기가 막히고 더러운 아첨이라고 하겠지만, 그 당시는 별로 이상스럽지도 않은 표현이었을 것입니다. 애당초 문화와 정치의 발상이 전연 달랐던 탓이죠. 사대의 예에서 보면 상국의 기능에는 마치 국제기구의 기능 같은 예가 제법 있었죠. 일국의 정치질서의 파괴에 대하여 간여한다는 이야기는 하였습니다. 중재, 조정도 상국의 입장에서 하였죠. 지금의 인도차이나에 있던 안남과 점성占城, 진랍眞臘과는 자주 다투었는데, 명나라에 심판을 요구한 예도 있습니다. 이 점도 사대의 예가 국제질서, 아니 유교적으로 말하면 국내외를 막론한 정치질서의 가치관인 또 하나의 증거죠.

신일철 선생님께서 말씀하신 사대주의적인 질서 중화문화권이라할까, 그 권내의 구조나 성격은 오늘 우리가 살고 있는 세계와 판이한 것 같은데 어떻습니까? 오늘의 근대국가 간의 세력균형에 의한 세계질서와 다른 점은? 사대주의적 명분사회에서는 힘보다 권위에 의존해서 평화가 보장되었다는 말이 되겠습니까? 그리고 '순망치한'이라 해서 상호의존적 연대감도 깊어서 집단안보 같은 구실도 한 것 같습니다.

이용희 앞서 말씀드렸듯이, 천하라는 관념은 단원적 정치사회관이죠. 그리고 사대의 예는 신분적 사회에 대응하는 상하의 서계로 구성된 국제사회의 가치관이었죠. 그것이 힘보다 권위에 의존하는 면이 강해서, 사대정치권 내에 평화를 유지하는 경향은 확실히 컸던 것 같아요. 아시다시피 권력은 그 구성요소로 봐서 강제력과 권위로 되어 있는데, 그 두 개의 구성요소 즉, 강제력, 권위는 서로 반비례의 관계에 섭니다. 가령 나라의 통치가 강력, 곧 무력에 크게 의존하는 때는 '권위'라는 요소는 줄어들고, 역으로 권위에 대한 귀의심이 높은 사회에 있어서는 무력의 발휘가 필요 없고, 따라서 무비武備가 약해집니다. 권력은 그런 구조를 가지고 있죠. 그래서 가령 유럽 중세에서, 교황의 권위가 가장 높았을 때는 아무 무력 없이 왕국의 군주를 습복慴伏시킬 수가 있었죠. 반대로, 마키아벨리의 시대같이 혹은 전국시대같이, 권위가 무너진 마당에서는 무력이 제일이죠. 무력이 곧 지배력이었습니다. 유교적인 사대의 예는 결국 권위 위에서는 가치관이니까 사대의 예가 비교적 잘 준수되던 때는 대체로 평화적이고, 권위가 권력의 큰 비중을 차지할 때입니다.

국제정치질서가 곧 평화주의는 아닙니다만, 대개는 국제질서가 유지되는 경우는 평화의 가능성이 더 크죠. 이런 의미에서 전쟁상태 아닌 것은 평화라는 통속적 개념을 채택한다면, 사대정치권의 역사가 단적으로 그것을 증명합니다. 물론 사대정치권은 전쟁이 없었던 것은 아니고 무력으로 결말을 내는 일이 누차 있었던 것은 모두 아는 일이지만, 유럽국제사회의 전쟁 횟수에 비하면 그것은 거의 문제도 아니 될 것입니다. 이렇게 사대정치권에서 권위에 의존하는 나머지 무비를 얼마나 소홀히 했는가 하는 것은 병자년 남한산성에서 청군에게 항복하기 직전에 보낸 국왕의 회서回書에서도 역력히 볼 수 있다고 할까요? 지금 기억으론 이소사대는 상리常理고 세세世世 명의 후은을 받았으며 시서詩書를 하되 병사를 일삼지 않았다고 토로하였는데, 하기는 평화가 길면 무비는 게을리 하는 법이죠. 얼마나 대국에 의지하면서 이소사대로 족하다고 생각했는가를 알 수가 있습니다. 그런 의미의 평화만 가지고 말하면, 사대의 예는 국제평화의 유지를 위하여는 상당히 공헌했다고 볼 만합니다.

신 선생 말씀대로 이러한 사대체제에 대한 근대 유럽의 체제는 세
력균형에 서 있습니다. 세력균형은 그 전제부터 사대체제와는 다르
죠. 첫째로 단원적 천하관이 아니라 다원적 국가관입니다. 둘째, 사
대체제가 나라 사이의 상하의 서계를 설치하는 데에 대하여, 적어
도 명분으로는 주권국가는 평등하다는 의미에서 평등주의에 서 있
습니다. 물론 실지로는 강약을 구별했습니다만 명분으로 평등이죠.
셋째, 사대체제는 항상 단일상국上國의 천하, 다시 말해서 단일세력
을 중축으로 해서 소국과 주변국이 붙어있는 국제정치를 정상적으
로 보고 상위세력의 분열, 열국의 쟁탈을 예외로 보았는데, 반대로
세력균형체제는 평등한 강대국의 경합적 공존을 중심으로 그 사이
에 소국을 점철하는 식의 국제정치를 정상적인 것으로 보았죠. 이
점이 바로 20세기 초기까지의 국제법 책에서 세력균형을 규정해서,
단일한 강대세력이 유럽을 제패하는 것을 막는 데에 그 원칙이 있
다는 의미로 적은 이유이죠. 따라서 세력균형 자체가 평화주의거
나 전쟁방지수단은 아닙니다. 현실의 역사에서 보면 세력균형을 채
택한 유럽의 전쟁 도수는, 내 책에서도 적었습니다만《일반국제정치
학》엄청난 횟수였습니다. 그러나 이보다도 중요한 차이가 있죠.

　앞서도 말했습니다만, 원래 사대체제는 단순한 국제정치체제
일 뿐 아니라 일국의 국내정치, 왕권의 계승에까지 미치는 정치체
제 일반과 관계되어 있고, 또 그것은 신분적인 사회구조를 정확하
게 반영하는 것입니다. 신분적인 사회구조 위에 선 천명을 받은 군
주 간의 예법이었죠. 이렇게 보면 정치, 사회, 문화 전반에 걸친 유
가의 보수주의가 국제정치의 명분으로 표시되었다고 할까……, 그
런 것입니다. 이에 대해서 세력균형체제는 유교와 같은 식으로 세

계관, 윤리관과 연결돼서 출현한 것은 아니었어요. 베스트팔렌 조
약 이래 점차로 민족국가가 형성되는 과정에서 절대주권론이 나오
고, 그것에 맞춰서 복수국가의 공존을 정당화하는 정책관으로 나온
것뿐이죠. 그런데 이 복수적인 정치집단, 곧 나라들의 평등한 공존
이라는 것은 유럽사회의 구조변화, 다시 말해서 내셔널리즘에 의한
국민개념의 전개, 나라 단위의 국민경제의 발달과 밀접히 연관되는
것이죠. 하기는 사대체제에서 말하는 천자의 권위, 상국의 우위론
도 허구입니다만, 또 세력균형의 국가평등설도 현실에 비춰보면 허
구죠. 그러나 원칙으로서는 사대체제가 예법의 권위와 명분을 중심
한 데에 반해서 세력균형은 무력에 의한 상호견제를 중요시하였습
니다. 요컨대 사대체제가 신분적 왕조의 예교관념 위에 서 있는 데
에 대하여, 세력균형은 근대국가의 군사주의 위에 서게 되는 것이
죠. 생각하면 사대체제가 유독 동아시아에만 존재하던 특정한 국제
정치체제였느냐 하는 점에는 의심이 갑니다. 앞서도 잠깐 언급하였
습니다만, 중세 유럽, 동로마 정치권, 이슬람 정치권의 비교사의 입
장에서 유형화해 보면 놀랄 정도로 사대체제와 같은 면이 나온다
는 인상이 듭니다. 물론 사대라는 말도 쓸 리 없고 유가의 정치관이
나올 리도 없습니다만, 그 국제정치질서의 상하관, 국가개념의 이
중성, 부자로 권내圈內는 호칭하고 강대한 만이蠻夷에 대해서는 형제
로 부르는 예, 조공의 제도와 책봉의 의식 등등이 너무나 유사한 데
가 있어서, 사대체제는 혹 어떤 커다란 역사적 유형의 한 특수 예가
아닌가 하는 생각도 드는군요. 세력균형은 앞서 들었듯이 베스트팔
렌 조약 이래의 원칙인데, 무력중심이고 군사주의적이죠. 전쟁 횟
수가 많다는 것은, 결과적으로 용병제에서 국민개병제로 옮겨 가면

서 국민의 참정권 획득에 이바지하게 되고, 한편 군사재정의 급속한 수요는 담세층의 정치적 발언을 허용하는 결과를 가져 왔죠. 요컨대 세력균형은 내셔널리즘과 보조를 같이하며 발달한 강국주의의 국제정치원칙이고, 이에 대해서 사대체제는 서계적 국제주의라고 할 수 있지 않을까요?

사대주의의 현대적 이해

신일철 그런데 오늘 우리는, 개화 이후 근대적인 주권국가의 관념을 가지게 되었으나 그 이전에는 사대적인 명분질서 속에 살았고, 서구세계도 근대민족주의 형성 이전에는 결국 우리와 다름없는 이른바 '사대적 질서', 중세적 권위주의, 제후 간의 위계질서 속에 있었다는 뜻으로 이해됩니다. 따라서 권위주의적 질서는 우리만의 것이 아니라 세계사의 보편적 현상으로 일단 간주해야 하겠지요.

이용희 대체로 그런 의미입니다. 아까도 말씀드렸듯이, 세력균형이 전제하는 국가평등만 하여도 그것은 법적인 힘의 평등은 아니고, 따라서 18세기부터 일류국, 이류, 삼류, 사류국으로 나누어 생각하고, 그 등급에 따라 외교사절의 급도 결정하는 것이 통례가 되었어요. 그러니까 힘의 입장에서 보면 국가평등은 허구죠. 마찬가지로 사대의 명분이라고 하여도 과연 신信과 인仁의 자소사대로서 상하의 양극兩極이 서로 대하게 되느냐 하면, 실지에는 강약관계와 상하의 명분관계가 어긋나는 수가 있어서 사대의 예와는 다른 경우가 많았습니다. 그러니까 이 두 개가 모두 원칙이고 또 가치관으로서, 그 당시 사태를 평가하는 기준의 구실은 할지언정, 그대로 현실인 경우는 오히려 많지 않았을지 모릅니다. 그러나 이러한 가

치관, 원칙이 오래 명분으로 사람의 의식을 지배해왔죠. 세력균형
만 하더라도 요새 국제법 교과서에는 법 개념이 아니라고 해서 뺍
니다만, 얼마 전까지만 해도 국제법의 기본개념으로 교과서에 실렸
습니다. 혹은 요새 교과서에서 채택하지 않는 또 하나의 이유는, 지
금 국제정치의 원칙으로 집단안전보장제가 채택된 결과인지 모르
죠. 집단안보체제라는 것도 요새 유엔을 보면 이념일 따름이지 허
구고, 실지는 아직도 세력균형이 기능을 발휘하는 인상입니다. 그
런데 세력균형의 강국주의에서는 국제법을 국내법에서 규정하는
일이 아주 드뭅니다. 유엔 관계를 요새 기본법에 삽입하는 예는 얼
마간 있습니다만 몇 줄에 그치죠. 이에 대하여 사대체제 아래서는
조선시대의《경국대전》등에서 보듯이 사대의 절차를 국내법으로
규정합니다. 이런 점에서도 사대체제의 국제주의, 협조주의가 엿
보이지 않아요? 세력균형은 근대국가의 군사주의와 관련이 있어서
협조보다도 대립, 견제주의에 서죠. 이 점만 들어 말하면 중국의 전
국시대의 양상과 흡사한 면이 있어요. 그런데 좀 심각하게 생각하
면 이런 문제가 나오지 않을까요? 앞서 발표한〈한국 인식의 방법
론〉에서도 언급되었습니다만, 왕왕, 우리의 과거의 선인의 행적을
자주적으로 비판한다 하면서, 과거의 체제와는 수화水火의 관계에
있는 유럽의 가치관과 입장에 서서 보는 일이 많지 않을까…… 얼
핏 생각하면 과거 신분사회와 왕조봉건시대의 사대체제는 그 시대
의 역사상황으로 이해한다 하더라도, 오늘은 그것을 깨끗이 버리고
세력균형이 지배하는 유럽체제를 택할 것이 아닌가, 얼핏 생각됩
니다.

　우리의 민족주의도 그 모체는 유럽근대국가의 유형과 밀착되어

있으니, 어차피 그 방향으로 부지런히 갈 것이 아닐까. 그런데, 부
국강병을 목표로 하는 근대국가의 이념과 그 단계의 내셔널리즘을
지향하는 한 여러 가지 딜레마에 빠지게 됩니다. 세력균형은 오늘
날도 사실상 세계정치를 지배하는데, 그 세력균형의 골자는 몇 개
의 강대국 간의 군사력을 기준으로 하고 있습니다. 그러면 현대의
군사력의 수준으로 봐서 까마득한 앞을 낙관적으로 내다보아도 강
국의 싹이 보이지 않으면 어떡하나? 사람들은 흔히, 이 사대체제
에서 자소(字小)하는 상국이 못 되고, 사대하는 소국이며 동번東藩이
된 것을 분해하는데, 사대체제에 대치되는 세력균형체제에 있어서
도 현재와 장래를 내다보면 역시 소국이지 중심 강대세력이 되기
어렵다면 결국 어디가 다른 것일까? 그나마 사대체제에서 '소화'小
華라고 자처하고 '파지예악'頗知禮樂한다는 중국천자의 평을 듣고 의
기意氣가 자못 올랐으니, 세력균형체제에서 '파유군력'頗有軍力이란 말
을 듣도록 노력하면 될 것인가? 사대체제 아래서 오래 평화를 누리
고 문약에 흐르다가 몇 번 큰 봉변을 당했으니, 오늘은 세력균형의
전제를 따라 부지런히 무비를 닦을 것인가? 지금 우리가 생각할 때
사대가 비굴하였다면, 사대의 비굴한 것과 강국정치체제 아래 발생
하는 경제, 정치, 문화의 식민지적 양상은 과연 사대의 비굴보다는
나은 것일까? 아무튼 생각하면 끝이 없이 의문이 나오는데, 이것은
그만하죠. 여하튼 사대주의 문제는 역사적 개념으로도 그리 단순한
게 아니라고 해두죠.

신일철   그러면 그러한 사대의 예가 행해지던 과거의 명분이 국
제사회에서는 우리가 별로 중국에 대해 굴욕감을 느끼지 않았고,
한국사 이해에 있어서도 우리의 사대주의적 사고가 지나치게 온당

치 못한 사고방식이었다고 여길 필요가 없게 되었구먼요.

　이용희　그 시대의 상황과 조건에서는 그렇게 되죠. 만약에 힘의 사대가 아니라 명분으로서의 '사대의 예'에도 굴욕감을 그들이 느꼈다면, 다른 체제, 다른 시대상황에서이긴 하지만 오늘같이 거의 전적으로 외래의 가치관, 의존관계에 있으면서도 고속古俗을 따른다는 자주적 전통감마저 없는 오늘의 우리는 어떻게 봐야 되죠? 뿐만 아니라 보통 사대를 논할 때 천하는 곧 중국이라고 생각했는데, 그렇게 생각하는 것이 바로 현대의 사고방식이며 비전통적인 생각이죠. 천하를 중국으로 해석하고, 천하의 예법은 중국이란 나라의 예법이라고 생각하는 것이 바로 유럽적이죠. 선인들의 머릿속에 있던 '중국', '대국', '천하'라는 관념에는 그런 것을 넘는, 폐쇄적 국가개념을 넘어 한 문화 세계, 자기도 포함되는 어떤 국제사회 관념이 나라 관념에 묻어 있죠. 아주 달라요. 우리는 자꾸만 근대국가적인 개념으로서 바꾸어 놓고 그렇지 않은 의미로 해석하려고 노력하지만, 벌써 그렇게 바꾸어 놓으면 그렇게 해석 안할 수가 없지…….

　신일철　그러나 오늘날 사대관계를 이해할 때 문제가 되는 것은, 아까도 말씀드린 바와 같이 사대를 한 쪽이……우리의 한국사에 이어서 우리 쪽이 굴욕적이었다라고 지금까지 통념적으로 이해해 온 것은 사실인데, 현재에도 우리가 문제 삼고 있는 것은 대외인식이나 강국에 대한 자세지요.

　이용희　누가 굴욕을 느꼈다는 것이에요?

　신일철　굴욕을 느꼈다고, 오늘날 우리가 그렇게 이해하는 경향이 있다는 말이 되겠지요.

　이용희　아까도 말씀했습니다만, 사대의 예라는 명분에 굴욕을 느낀 예는 찾기가 힘들어요. 물론 힘에 의해 강요당한 사대의 형식에는 굴욕과 수치감을 견디지 못했습니다. 명청 교체기에의 사대가 전형적인 예죠. 그러나 명분으로서의 사대의 경우는 오히려 반대였어요.

신일철   좀 전형적인 예를 든다면 19세기 개항 때 일본 세력이, 우리 조선의 조정으로 하여금 청나라와의 사대적 관계를 끊고 '독립'을 선포하라, 다시 말해서 '자주독립의 주권국가가 되라'고 권하는 것을 굳이 반대한 것을 들어, 그 당시 지도층들이 얼마나 의존적이고 이른바 나쁜 의미로 사대주의적이냐고 말하는 것이 아직도 통념이거든요. 그 당시 일본의 주장은, 한청 간의 사대적 관계에 떼어져 이조를 고립시키려는 의도가 있었겠지요. 그러나 오늘날의 근대국가 간의 세력균형의 관념에서는 과거의 사대적 외교를 비판적으로 말하게 되겠지요.

이용희   그뿐인가요. 앞서도 말씀드렸듯이 돈화문 옆 자리에 동상으로 서있는 민영환閔泳煥 선생은 구미를 여행하고 나서 시무책을 건의하면서도, 우리는 중국의 동번이요, 이소사대는 고유한 명분이라고 하셨으니, 그 양반은 아주 우매한 분이 되게! 또 병자호란 때의 예를 들었습니다만, 남한산성에서 항전하던 주전파의 논거는 나라의 독립이 위태롭다는 식의 주권이론이 아니라, 사대의 명분에서 오랑캐에게 항복할 수 없다는 것이었죠. 그러면 삼학사나 선원仙源이나 청음淸陰이 모두 얼빠진 사람이 되고 말아요. 선인을 그렇게 이해하는 게 아니지 않겠습니까? 한일수호조약도 그렇죠. 그 때는 이미 개화기였으며 수구파의 항거도 있었습니다만, 도대체 총포로써 위협하고 맺는 조약에서 자주독립국으로 인정한다는 말을 한다고 귀에 쏙 들어오겠습니까?

신일철 그런 관점에서 본다면 그 앞에 몇 가지 문제가 될 것 같습니다.

우선 사대관계가, 말하자면 한국사에 있어서도 우리 입장에서 본다면, 조공이라는 형식을 통해서 무역의 리利를 보았다는 한 면과, 그보다 더 큰 것은 오히려, 중화문화권에 있어서 우리와 같이 화외에 있으면서 용병에 의한 군사주의적 힘의 대결이 아닌 어떤 명분적인, 또는 뭐라고 할까, 윤리적 규범에 기초해서 살 수 있는 이점이 있겠지요. 이것이 그 동안에 우리가 누렸던 평화요 안전보장의 방법인 동시에, 국제관계에 있어서 무력에 의한 침략이라든가 또는 힘에 의한 강압을 피할 수 있었던 하나의 길도 되었다는 점에서, 또 하나의 득이라고 오늘날 볼 수 있겠지요?

이용희 물론 거기에는 여러 가지 문제가 있어요. 어느 각도에서 보느냐에 달려 있는 것입니다. 만약에 그 사대주의적인 국제질서를, 권위가 물리적인 힘보다도 더 우세할 가능성이 많았던 사회라는 점에서 평화가 오래 유지되었다고 하는 점을 본다면 그것이 유리한 것이고, 그 대신 그런 사회적 질서의 기반에는 바로 계급사회적인 농촌구조를 기저로 하는 왕조체제의 현상유지책이 숨겨있었다면, 우리 역사의 발전을 가로막은 결과가 되죠. 또 역으로, 그런 국제정치적인 각도에서 보아 그 국가형태가 세력균형적인 그런 나라 형태와 전혀 다르기 때문에, 주권개념이라고 하는 근대적인 개념으로써는 도저히 이해할 수 없는 대소상포大小相抱의 독특한 형태라고 하는 점을 얘기한다면, 현재 우리가 한말 이전의 우리 사회에 대한 근대주의적인 모든 판단이라는 것은 객관적으로 보아서 잘못이오. 역으로, 그런 것을 가졌었기 때문에 따라서 전쟁 도수가 적고 따라서 전쟁을 위한 병비가 적기 때문에 결국은 나중에 이런 근대사상이 들어올 때 병력으로 대항을 못하게 했다는 점에서는 약점이 아니냐고 본다면 그것은 약점이죠. 어떤 기준에 따라서 보느냐가 문제인데 다만 한 가지 확실한 것은, 적어도 우리 선인들이 한 행적을 객관적으로 타당하게 보려면 그들이 가지고 있는 그 사회의 문맥과 조건 아래서 알아주지 않으면 안 되고, 그 틀을 알아주어야 비로소 우리가 가지고 있는 위치를 알 수 있다고 생각돼요.

왜 그러느냐 하면, 지금 우리가 유럽적인 세력균형의 원칙이 통용되는 근대국가체제 내에 산다 하는 경우에 마치 사대주의적인 세계에 살면서 완전히 번국의 성격을 탈피하지 못한 면이 있듯이, 우리가 지금 근대국가적인 것으로 산다 하면서 근대국가적으로 완전히 못 되는 점이 너무나 두드러지거든요. 국내정치적으로나 국제정치적으로나……이런 경우에, 만일에 근대국가적인 기준으로 선인들의 행적을 평가하려 드는 것은, 자칫하면 자기도 제대로 적응 못하는 기준을 가지고, 선인들이 남겨놓은 것을 모조리 영으로 돌리고 무로 만들어서 다시 영에서 출발하려는 것이 아니겠어요? 실은, 현대의 최대 문제는 세력균형이 작용한 강국정치, 군사주의가 드디어 오늘같이 제 무기에 자기도 꼼짝 못하고, 또 잘못하면 지구상의 모든 인류가 손상을 입을지도 모르는 위험한 사태에서 사람은 살고 있어야 된다는 것이죠.

그것뿐인가요, 이런 강국정치, 군사주의로 해서 여러 나라의 정치형태가 왜곡되고, 국민의 복지와 평화경제의 기틀이 저해 받고 있다는 사실이죠. 국민의 기본권도 때로는 무시되고, 국가라는 한 개의 체제가 점차로 괴물화되는 면이 생겼다는 문제가 아니겠어요.
마치 선인들이, 사대의 예와 사대의 명분에 때로는 목숨을 걸고 노
력했지만, 결국 '파지예약'이라는 말은 들었을 뿐 번국이라는 카테
고리는 면치 못했듯이, 지금 강국정치적인 국제정치 아래서 부지런
히 경제성장을 꾀하고 소위 선진국의 뒤를 밟으려 해도 그 방향에
서는 그 한도가 거의 명백한 형편이죠. 핵무기를 가진 강대국으로
서의 여러 조건이 우리에겐 모두 힘겨워요. 앞서도 의문을 발發했습
니다만, 사대체제가 오늘날 채택할 여지가 없는 것은 이미 역사적
조건이 다를 뿐 아니라, 그 당시만 하더라도 왕조정권의 현상유지,
정권의 국제적 연대보장, 서계주의가 봉건신분체제의 반영인 면
등 그 시대에서도 벌써 역사의 발전을 결과적으로 저해하는 면이
점차로 노출돼서 그런 것이죠. 그러나 한편, 생각하면 소를 대 속
에 흡수시켜서 국제질서의 유지를 꾀했다는 방식은 적지 아니 흥
미가 나는군요. 너, 나를 그 개별성에서 초월해서 포섭하면서 국제
질서를 유지하는 국가관념에는 기본적으로 근대국가관념과 유類를
달리 하는 것이 있는데, 장차 도래할 세계평화를 지향하는 국제주
의 사회를 상정하는 경우에 암시하는 바가 없지 않은 것 같아요. 현
재의 집단안보체제는 이론으로도 강대국의 협력 없이는 아니 되는
것이고, 그 최종의 기본 형태는 국제기구에 강제력, 곧 우세한 병
력을 보유하는 방식이에요. 말하자면 상위의 군사기구를 국제기구
로서 설정하는 것이죠. 권위주의이기보다는 강력주의입니다. 현재
의 유엔 체제는 집단안보로서는 이미 실패한 지 오래니까 문제 아
니 된다 하더라도, 오늘날 국제정치의 기본단위인 근대국가형의 국
가는 이미 시대에 맞지 않는 시대착오적인 요소가 상당히 많아서,

그것이 자체의 모순을 서서히 드러내고 있는 형편이죠. 이런 상황 아래 작은 나라가 갈 길의 하나는 아마 장기적으로는 평화와 정치 정의를 위한 국제체제를 추진하는 데에 힘쓰면서 나라와 국제체제 사이의 장막을 벗겨버리고, 개별이면서도 일체가 돼서 작은 나라대로 진정 자주적이 될 수 있는 것일지도 모릅니다. 하여간 우리는 사대의 예라는 가치관의 의미를 그냥 과거의 것, 현대의 시각에서 보아 케케묵고 굴욕적인 것으로만 성급히 돌리지 말고, 거기서 건질 것은 건지면서 사대 외 케이스를 하나하나 살펴봐야죠. 하여간 다시 한국사의 사례로 돌아가 보죠.

한국사 인식 상의 사대주의의 문제

신일철　역시 한국사의 인식에 있어 사대주의가 문제되는 경우로서 병자호란의 문제가 있습니다. 병자호란에서 본다면 명과 교체되어 후금을 계승한 청이 우리에 대해서 과거의 대명對明 사대관계를 단절할 것을 강요해 오지 않았습니까? 그 때 우리나라 사정에서 본다면 나라 안의 여론이 둘로 갈라졌지요. 주전파와 주화파로 갈라져 논쟁을 계속했습니다. 주전파는, 말하자면 중화 사대주의적인 입장을 취하여 명분론적 차원에서 충분히 이해가 될 수 있고, 또한 최명길 일파가 주장한, 말하자면 화평파의 입장도 그것 나름대로 현실주의적인 차원에서 이해가 되는 것 같습니다. 그러나 이런 경우, 이것을 어떻게 척결해서 인식해야 되겠느냐…….

이용희　어떻게 척결하다니?

신일철　말하자면 대외적으로 들어오는 임팩트에 대해서 우리가 대응하는 데에 있어서 단일중심적인, 또는 대명對明 일변도적인 그런 단일중심적 권위를 인정하기만 고집하고 있다가, 이제 하나의 사대질서에서 새로운 어떤 권위 또는 새로운 힘이 발생했을 때, 오히려 그것 때문에 적응력을 잃거나 약화시키게 되지 않았느냐 하는 문제입니다. 사실상 사대의 예가 통용될 수 없는 새로운 청과의 국제관계에 있어서 주전파적인 대응책이 그 당시로 보아서 옳았느냐 하는 문제, 이런 문제들이 언제나 그 이후 대원군 시대에 있어서도 거의 그와 유사한 상황을 조성하여 척사파와 개항파의 대립을 낳기도 했지요.

이용희 내 생각에는 두 가지 경우가 서로 아주 다른 것 같은데……병자호란 때의 주전파와 주화파는 서로 청군에 대한 대책을 달리했지만, 주화파라고 해서 주전파의 명분에 이론異論이 있었던 것은 아니죠. 명분은 그렇지만 보국안민을 위해서 현실적으로 병력이 모자라니 화평하자는 것뿐이죠. 그 시대의 조건으로 보아서 사대의 명분을 가지고 시비한다는 것은 생각이 안 되죠. 다음 만청滿淸이 입관 후에 생긴 사대의 예라는 국제질서의 문제인데, 이 점도 대원군 때와는 아주 다르죠. 애당초 호란 때에 명분을 들고 나오게 된 것은 만청 같은 야만이, 화외의 세력이 어찌 사대의 대상이 되느냐 하는 그 자격과 정통의 문제였죠. 따라서 만청이 중국 땅을 점령한 후에 자소사대의 예법을 버리고 새로운 질서를 세웠다면 문제는 다르겠지만, 청조는 오히려 전통적 자소사대의 예뿐 아니라 다른 유교적인 정교와 문화를 철저히 장려하고 자기도 익혔으니까, 국제질서 그 자체의 성격에는 변화가 오지 않았죠. 청조에서는 홍무洪武 연간에 명조가 제정한 외국과의 사대의 예규를 고쳐서 더 철저하게 자세히 규정하였죠. 말하자면 청조 초의 그 출자가 이적이라고 해서 그 자격이 문제되었지, 국제질서나 국가체제에는 하등의 변화가 없어서, 결국 나중에는 사대의 예가 다시 궤도에 오르게 되었죠.

그러나 대원군 시대나 그 이후의 위정척사를 들고 나온 척화는 그 대상이 사대체제와는 전연 다른 국제정치체제와 국가체제였죠. 그것을 인정하는 것은 사실상 사대체제의 부정을 의미하고, 사대체제의 고수는 사실상 새로 들어오는 세력균형의 유럽체제에 대한 항거를 의미했죠. 이 두 가지는 전연 성격이 다르다고 할 수밖에 없지 않겠습니까?

신일철 그런데 특히 병자호란 때 관심을 끄는 점은, 명분론 상으로는 확실히 주전파 쪽이 옳았지만, 그 주전파 쪽에 대해서 지금까지의 평가 중에 지나친 명분주의에 사로잡힌 이유는, 그 이전에 임진왜란에서 연유한 '재조본방'再造本邦이라고 하는 의리관계가 깊이 작용했다는 것은 통설로서 주장해 온 것 같은데, 우리는 우리대로 상당히 중요하지만 현실적으로 지금 새로운 강대국으로서 청이 대두했다는 현실 자체를 보는데, 사대주의적인, 명분적인 이데올로기가 상당히 저해요인이 되었다는 것도 한 쪽으로 생각이 되는 것 같고, 그런 문제가 하나 있는 것 같고요. 거기에서 그 당시 당면했던 우리나라의 입장에서 명과의 용병에 의한 힘의 관계를 해결하는 방식으로서, 강화교섭을 나갈 때에는 과거에 대명對明 사대의례라는 것을 외적 강요에 의해서나마 탈피할 수밖에 없었고, 그렇게 해서 비로소 어느 정도, 말하자면 평화라고 할까 강화를 획득했다, 그런 것이 있는 것 같아요.

이용희 그것은 현실 문제가 아니겠어요? 내가 신 선생의 초점을 잘 모르겠는데, 내가 얘기하는 것은 모델 개념이 문화권 내의 것이고, 문화권 외에 대해서는 그저 그것에 준할 뿐이라고 하는 모델 개념을 세웠어요. 따라서 대청관계라는 것도 한국의 입장에서 그 모델개념에 안 들어맞거든. 따라서 자질, 그 자격이 문제되었다는 말이에요. 마치 양성지가, 몽고가 용병을 해서, 병을 써 가지고 고려를 굴복시켜 조공관계에 들어간 것은 사대관계가 아니라고 판단한 그것과 마찬가지지요. 명분에서 보면 그래요. 그 점은 결정적이지.

또 명에 대한 의리 때문에 그런 사대에 대한 예라고 하는 전통적인 관념보다도 의리 때문에 더 그랬다, 나는 그렇게 판단할 수 있는지, 좀 연구가 필요하다고 생각해요. 나는 그렇게 판단 안 해요. 마치 우리나라가 어디에 대해서 파병한다고 그럴 적에 의리 때문에 그런다는 얘기가 있었는데, 그것이 옳은 것인지 의문이듯이 말이에요.

사대의 대對개념으로서의 자주

신일철　그 다음에 이 사대 문제하고 마지막 문제가 이런 문제 같아요. 지금까지 통념상으로 얘기할 때 사대와 대對개념으로서 자주라고 하는 것을 얘기하면서, 한국 인식에 있어서 사대적인 중화문화권에 속해 있었다 하는 것을 일방 전제하고라도, 무엇인가 문화적으로 보아서 중국문화에 대해 우리의 고유한, 또는 주체적인 정신영역이 있었다는 것을 주장할 수 있는 근거를 어떻게 확보하느냐 하는 문제가 남게 됩니다.

이용희　요전번에 내가 얘기를 했던 문제군요……. 통속적인 의미에서 사대와 자주를 대립시키는 것은 아예, 사대는 타력의존의 나쁜 것으로 규정하고 그에 대하여 자주독립이다, 하는 식의 발상인데……, 우리가 이제까지 취급한 사대의 명분은 그러한 대치를 무의미하게 하는, 말하자면 전연 다른 카테고리의 얘기죠. 앞서도 여러 번 들었습니다만 양성지에 보면, 고속古俗을 따른다는 자기 전통에의 집착이 사대를 깍듯이 해야 된다는 의식과 조금도 마찰이 되지 않아요. 아주 자연스럽게 고유의 전통과 사대주의가 병존합니다. 그런 마당에 사대와 자주라는 대립을 생각하는 것은 의미가 없죠.

신일철   지금까지 한국사의 인식에 있어서 민족사학이 시작을 했다는 단재사학丹齋史學의 문제가 여기에 걸리는 것 같습니다.

단재가 한국사를 인식할 때에 그러한 사대주의적인 중화문화권이라고 하는 장보다는 근대적인 자주라는 개념에 기초한 한국사 인식을 새로이 하려 했겠지요. 그러나 거기에서 한국사의 출발점은 〈조선사 일천년 상에 최대사건〉이란 논문에서 강조된 묘청妙淸과 김부식 간의 한국사 인식의 차이로부터 출발했다고 단재는 보지요. 오늘날까지도 계속해서 한국사 인식에 있어서의 하나로 계속되어 내려온 그 문제를 계승하려는 사람들에 대한 줄거리가 하나 있다 그랬는데, 사실상 단재는 그 당시에 중화문화권에 속해 있었다는 인식보다는 독특한 우리의 선사仙史의 문제라든가, 화랑도, 발해 문제, 이런 것을 통한 민족사학의 출발점을 마련하려고 했는데, 이의 사대주의 문제와는 어떤 관계가 있겠습니까?

민족사학의 출발과 한계

이용희   역시 이것도 어렴풋이나마 전번에 취급했던 것이군요. 문제는 둘인데, 하나는 단재사학의 성격이고, 또 하나는 묘청란을 계기로 한국 고유한 선도仙道 혹은 낭도郎道가 끊기고 사상, 학술, 관습, 정치가 모두 사대주의로 흘렀다는 사관이겠습니다. 전번 대담 때도 잠깐 언급했습니다만 우리 국학운동, 또 민족사학은 비록 외형으로는 국수적이고 한국사의 민족적인 고유성격을 모색해서 크게 사회에 영향을 주었지만, 그 발상은 근대유럽의 내셔널리즘이죠. 또 그래서 큰 영향을 우리 사회에 준 것입니다. 단재 선생은 영문학도 하시고 외국 물정도 잘 아시고, 또 독립운동에 참여하신 분이니까, 그분의 애국심이 학문에서는 국사로 향했지만, 그 발동을 그 당시로는 새로운 관점이었던 근대유럽의 내셔널리즘이었다고 봅니다.

아시다시피 그 당시의 유럽 내셔널리즘은 민족의 고유성, 고유문화, 고유 성격을 찾습니다. 민족사학이 이러한 각도에서 한국사를 다시 보고, 우리를 다시 보려고 한 점은 그 역사적 의의가 큰 것이죠. 그러나 동시에 민족사학의 한계도 여기에 있는 게 아니겠어요? 더구나 그분들의 사대주의에 대한 해석은 그야말로 근대유럽적이어서, 이 대담 서두에 전제한 대로 어감이 나쁜, 고약한 권력에 아첨하는 타력의존의 뜻인 것은 말할 것도 없죠. 단재 선생뿐 아니라 국학에서 사대주의를 모지게 때리는 것은 그 각도에서는 당연한 일이라고 할까요…….

다음은 묘청란의 해석인데, 단재 선생은 이 사건을 낭불郎佛 대 유儒의……그러니까 민족고유문화 대 중국의존의 대결로 보았죠. 묘청 때는 아시다시피, 중국은 요·금의 세력이 북부를 점령해서 천자의 위세가 형편이 없을 때였습니다. 사대의 예를 갖추려도 반반한 대상이 없을 때고, 요나라는 그대로 상국의 노릇을 하려고 들

던 때죠. 묘청이 서경천도西京遷都를 왕에게 권하고 칭제건원稱帝建元
을 역설한 것은 그 당시의 세태로 보아서 있음직하였습니다만, 아
마 요새 우리가 당시 사람보다 더 통쾌감을 느끼고 있는지 모릅니
다. 그러나, 한 가지 유의할 점은 칭제건원해서 사대체제를 벗어나
고 북벌이 성공하면 천하에 호령할 수 있었다고 가정하는 경우, 새
로이 상국에 위치했을 때 국제정치질서로 무슨 체제를 채택했을
까 하는 문제입니다. 불행히 묘청당이 패배해서 칭제건원하고 북벌
하는 통쾌사를 실현시키지 못했지만, 아시다시피 요·금·원·청은
모두 성공해서 상국의 황제 노릇을 해보았습니다. 우리의 고유문화
의 정신이 있듯이 그들에게도 고유문화에 대한 애착이 있다고 보
아야겠죠. 하기는 몽고·만청 할 것 없이 건국의 지地를 봉금封禁해
서 성역聖域으로 삼고, 자기고유의 문화와 전통을 보존하느라고 애
를 썼습니다.

그러나 요, 금, 원, 청이 하나같이 정국이 안정되자 국제정치질서
로는 사대의 예를 채택했어요. 말하자면 그 당시의 사회조건·계급
구조·왕조체제에서는 저절로 그런 방식을 택했던 것이죠. 마치 중
세 유럽, 이슬람, 비잔티움 정치권의 사회, 경제, 정치의 구조와 성
격이 흡사하지요. 국제정치 체제도 비슷하듯이.

그러니까 사대주의의 문제를, 우리가 소국이 되어 사대했으니
분하고 슬프다는 식으로 한국사에 너무 집착해서 보면 그 전모가
보이지 않을 우려가 있습니다. 오히려 분하고 슬픈 것은, 한국 사회
의 경제, 정치구조가 왜 먼저 왕조적이고 봉건적인 테두리를 벗어
나지 못했느냐 하는 점이겠죠. 더구나 기억할 것은, 묘청란을 계기
로 해서 고유의 것은 망했다고 본 것과는 좀 달리 양성지는 고속을

따라야 되는 것을 역설하고, 단군시대 같은 역사관이 조선 초에는 사인士人의 상식이 되었어요. 이런 점도 우리는 아울러 생각해야겠죠.

신일철 국학운동과 관련해서, 국사의 상한선 문제가 나오는 것 같습니다. '국사'란 개념을 근대적인 민족국가 형성과정에서 이해할 때, 근대적인 국가사는 사회주의 질서 내지는 중화문화권으로부터 탈권脫圈하려는 노력에서 시발始發되는 것 같습니다. 물론 이 박사께서 이미 〈한국의 민족주의〉란 심포지엄의 기조논문에서 왕조사와 민족사를 구분한 그 구분에서 민족사적 측면에 관심한다면, 근대적 민족자립의 명맥을 고려사까지는 뻗칠 수 있겠지만, 문제는 중화문화권 내에서의 사대주의적 왕조사 시대를 일단 구분해놓고, 우리 한국사의 '국사' 개념을 근대 이후로 한정시켜서 생각할 수는 없을까 합니다.

이용희 신 선생의 말씀을 잘 모르겠는데요. 잠깐 생각나는 것은 우리 역사를 고인古人이 중국역사에 맞추어서 쓰는 것도 잘못된 일이지만, 우리 역사를 유럽역사의 기준과 개념도구를 사용해서 정리하려는 것도 위험천만이죠. 또 사대주의에 깊게 빠졌다 하여도 그것도 정도의 문제이죠. '파지예악'의 칭찬은 받았지만 번국은 번국이 아니었어요? 요컨대 정회원은 못되고 결국 준회원 노릇만 한 것이죠. 더구나 앞서 말했듯이, 나라다 하지만 실지의 담당자는 왕조적인 정권입니다. 그리고 명분을 드높이던 사인들은 좀 어감이 나빠서, 미안하지만 정권의 정당화에 관여된 어용사인들이죠. 그러니까 한국사의 사대주의라는 명분이라고 해도 정권에 관여된 왕조적인 것이고, 또 그런 까닭에 정권유지의 국제보장 같은 면이 사대체제에는 있다고 생각된 것입니다. 그러니까, 현실적으로 보면 사대로 인한 문화라고 해도 상층인 지배층에 집중하지 일반대중은 대체로 소외되게 되고, 따라서 신분사회의 하층에 존재하던 대중은 불가부득이 토산적인 고유성, 고유문화에 집착하게 되기 마련이죠. 이 점이 왕조사의 한계점이며 또 사대명분의 한계도 됩니다.

　이렇기 때문에 정신적으로 상층의 사인·문인 중에는 자기전통에 집착하느니보다는 중국 사인과 문물에 더 애착을 느끼게 마련인데, 이 점은 유럽의 귀족사회에서도 매한가지였죠. 19세기만 하더라도 유럽의 귀인, 문사文士들은 나라를 넘어서 국제적인 사회를 형성하는 면이 있었습니다. 말하자면 사대가 가진 선진문화에의 지향은 기실 그 사회의 구조와 밀접한 관계가 있는 것 같고 그 시대만의 문제가 아닌 것 같아요. 생각해 보세요. 요새 우리 사회의 상층과 문화인의 구미 선진사회에의 지향이 조선왕조 시대 때보다도 덜하다고 생각하십니까? 그런 의미에서는 오늘이 조선왕조 때보다도 몇 배 더 사대적이 아니겠어요?

　다시 문제에 되돌아가겠습니다. 아까 말씀드렸듯이 우리는 사대체제에 잘 적응한 셈이지만 결국 정회원은 못 되고 준회원인, 예악을 아는 번국으로 남았어요. 그리고 적응도 나라와 사회의 성격과 구조 때문에 상층에 그친 감이 있어요. 이렇게 변두리의 번국으로 남았다는 것이 실은 오늘 보면 민족사가 형성될 수 있는 근거인지 모르죠. 아이러닉하지만……선진의 초나라, 오·월은 물론이요, 요, 금, 원, 청에 이르기까지 방대한 중국을 지배하면서 역으로 자기의 고유성, 자기의 역사는 잃게 되고 중국 역사로만 남게 되었죠.

　하여튼 간에 사대체제는 나라의 정권 중심의 체제이지 대중에게 무연無緣한 것일 뿐 아니라, 나아가서 왕조체제를 연장시키는 데에 도움이 된 셈이죠. 따라서 사대의 이러한 측면은 엄밀히 검토를 해서 그 정치적 기능과 시대적 성격을 파악해야 할 것입니다만, 동시에 사대체제가 가지고 있는 역사적 유형의 성격도 유의해서, 그것이 지닌 시대적 특징만을 버린다면, 혹은 근대국가체제와 그것을 구성요소로 하는 세력균형의 국제정치에로부터 소국이 강국정치에 휘말리지 않고, 따라서 '나라'라는 명목 아래 정권이 대중의 희생 위에 재미를 보는 일이 없는 본래의 정치상을 그리려는 데에 도움이 될지도 모르죠.

　　신일철　장기간 좋은 말씀 많이 들었습니다.

　이 방면에 문외한인 저로서는 오늘날의 근대국가 간의 세력균형 하에서 생각할 수 있는 '자주' 개념으로, 지난날의 중화주의적인 사대나 사대주의에 대한 일의적 가치평가를 해서는 안 되겠다는 것을 알았습니다. 그러나 무언가, 한국사의 민족주의적 명맥을 찾아보려는 노력은 한국 인식의 방법론이란 틀에서, 달리 민족사에의 문제에서 고려해야 하는 것으로 돌리고 이만 그치겠습니다.

《지성》 1972년 2, 3월호

《정치사상과 한국민족주의》 출전

"서문 1".《정치와 정치사상》, 일조각, 1958년.
"서문 2".《한국민족주의》, 서문당, 1977년.

제1부 정치사상

"고대".《사상계》1957년 5월호.
"중세".《사상계》1957년 6월호.
"근세 전편".《사상계》1957년 9월호 "전제군주사상",《사상계》1957년 10월호
"근대국가사상의 등장",《사상계》1957년 11월호 "근대국가사상의 등장(속)"
을 합친 것이다.
"근세 후편".《사상계》1958년 1월호 "계몽주의사상",《사상계》1958년 2월의
"자유주의: 근대민주주의사상 1",《사상계》1958년 3월호 "사회평등사상: 근대
민주주의사상 2",《사상계》1958년 4월호 "반혁명과 보수주의: 근대민주주의
사상 3"을 합친 것이다.

제2부 한국민족주의와 근대화 (1)

"단일민족주의국가와 다민족주의국가".《신천지》1947년 6월호.
"정치명분으로서의 근대화".《신동아》1965년 8월호.
"한국민족주의의 의의".《국제정치논총》6집, 1967년.
"한국민족주의의 제문제".《국제정치논총》6집, 1967년.
"한국근대화의 기본문제".《국제정치논총》8집, 1969년.
"한일관계의 정신사적 문제".《신동아》1970년 8월호.
"현대민족주의".《신동아》1973년 9월호.
"민족과 언론".《조선일보》1980년 3월 5일.

"민족주의의 개념".《한국민족주의와 국제정치》, 민음사, 1983년.

제3부 한국민족주의와 근대화 (2): 좌담과 대담

"한국의 근대화와 민족주의".《경향신문》1965년 1월 1일.

"3 · 1 운동 반세기".《경향신문》1969년 3월 1일.

"한국 인식의 방법론".《지성》1권 1호, 1971년.

"사대주의".《지성》2권 2, 3호, 1972년.

동주 이용희 전집 2

정치사상과 한국민족주의

2017년 12월 20일 초판 1쇄 발행
2019년 11월 20일 초판 2쇄 발행

지은이 | 이용희
펴낸이 | 권오상
펴낸곳 | 연암서가

등록 | 2007년 10월 8일(제396-2007-00107호)
주소 | 경기도 고양시 일산서구 호수로 896, 402-1101
전화 | 031-907-3010
팩스 | 031-912-3012
이메일 | yeonamseoga@naver.com

만든곳 | 서울대학교출판문화원
전화 | 02-880-5220
팩스 | 02-888-4424

ISBN 979-6087-022-0 94340
ISBN 979-11-6087-020-6 (세트)
값 30,000원